Sara Castro-Klarén (ed.)
**Narrativa Femenina en América Latina /
Latin American Women's Narrative**

TCCL - TEORÍA Y CRÍTICA DE LA CULTURA Y LITERATURA
INVESTIGACIONES DE LOS SIGNOS CULTURALES
(SEMIÓTICA-EPISTEMOLOGÍA-INTERPRETACIÓN)
TKKL - THEORIE UND KRITIK DER KULTUR UND LITERATUR
UNTERSUCHUNGEN ZU DEN KULTURELLEN ZEICHEN
(SEMIOTIK-EPISTEMOLOGIE-INTERPRETATION)
TCCL - THEORY AND CRITICISM OF CULTURE AND LITERATURE
INVESTIGATIONS ON CULTURAL SIGNS
(SEMIOTICS-EPISTEMOLOGY-INTERPRETATION)

Vol. 24

EDITORES / HERAUSGEBER / EDITORS:

Alfonso de Toro
Ibero-Amerikanisches Forschungsseminar
Universität Leipzig
detoro@rz.uni-leipzig.de

Luiz Costa Lima
Rio de Janeiro
costalim@visualnet.com.br

Dieter Ingenschay
Institut für Romanistik
Humboldt-Universität zu Berlin
dieter.ingenschay@rz.hu-berlin.de

Michael Rössner
Institut für Romanische Philologie der
Ludwig-Maximilians-Universität München
Michael.Roessner@romanistik.uni-muenchen.de

CONSEJO ASESOR / BEIRAT / PUBLISHING BOARD:

J. Alazraki (Barcelona); G. Bellini (Milán); A. J. Bergero (Los Angeles); A. Echavarría (San Juan de Puerto Rico); Ruth Fine (Jerusalén); W. D. Mignolo (Durham); K. Meyer-Minnemann (Hamburgo); E. D. Pittarello (Venecia); R. M. Ravera (Rosario); S. Regazzoni (Venecia); N. Rosa (Rosario); J. Ruffinelli (Stanford).

REDACCIÓN:

René Ceballos, M.A.

Sara Castro-Klarén (ed.)

Narrativa Femenina en América Latina: Prácticas y Perspectivas Teóricas

Latin American Women's Narrative: Practices and Theoretical Perspectives

IBEROAMERICANA ● VERVUERT ● 2003

Bibliographic information published by Die Deutsche Bibliothek
Die Deutsche Bibliothek lists this publication in the Deutsche Nationalbibliografie;
detailed bibliographic data is available in the Internet at http://dnb.ddb.de

El volumen forma parte del Proyecto:
Pluralidad de discursos. Comunicación intercultural e
interdisciplinaria en la postmodernidad y postcolonialidad.
Latinoamérica y la diversidad de discursos.
Dirigido por Prof. Dr. Alfonso de Toro y auspiciado por
la Deutsche Forschungsgemeinschaft (DFG).

La publicación de este volumen ha sido posible gracias a
la generosa subvención prestada por la *Sparkasse Leipzig*
y por la Universidad de Manitoba / Winnipeg.

© Iberoamericana, 2003
Amor de Dios, 1 – E-28014 Madrid
Tel.: +34 91 429 35 22
Fax: +34 91 429 53 97
info@iberoamericanalibros.com
www.ibero-americana.net

© Vervuert, 2003
Wielandstr. 40 – D-60318 Frankfurt am Main
Tel.: +49 69 597 46 17
Fax: +49 69 597 87 43
info@iberoamericanalibros.com
www.ibero-americana.net

ISBN 84-8489-070-8 (Iberoamericana)
ISBN 3-89354-224-8 (Vervuert)
ISBN 0-945179-19-7 (Markus Wiener Publishers)

For information within the United States please write to Markus Wiener Publishers, 231 Nassau Street, Princeton, NJ 08542 USA.

Diseño de la cubierta: Michael Ackermann

Ilustración: Teresa Volco (Buenos Aires): Objetos de la serie *Eccidio América*

The paper on which this book is printed meets the requirements of ISO 9706

Printed in Germany

TO MY MOTHER, ZOILA ROSA (1900-1998),
WHOSE DOGGED STRUGGLE FOR HER CHILDREN
TAUGHT ME TO ENDURE, AS A WOMAN

ÍNDICE

Sara Castro-Klarén
Introduction:
Feminism and Women's Narrative: Thinking Common Limits/Links 9

Stephanie Merrim
Still Ringing True: *Sor Juana's Early/Postmodernity* 39

Francine Masiello
Women as Double Agents in History 59

Jean Franco
On the Impossibility of Antigone and the Inevitability of La Malinche:
Rewriting the National Allegory 73

Vicky Unruh
Las rearticulaciones inesperadas de las intelectuales de *Amauta*
Magda Portal y María Wiesse 93

George Yúdice
De la guerra civil a la guerra cultural: testimonio, posmodernidad
y el debate sobre la autenticidad 111

Ileana Rodríguez
Montañas con aroma de mujer: reflexiones postinsurgentes sobre el
feminismo revolucionario 143

Sylvia Molloy
The Theatrics of Reading: Body and Book in Victoria Ocampo 161

Alicia Borinsky
Tentadoras, indiferentes, apáticas: mujeres y cuerpos 185

Diane E. Marting
Dangerous (to) Women: Sexual Fiction in Spanish America 197

Laura J. Beard
Discordant Identities and Disjunctive Authority in a Perverse Narrative:
Julieta Campos' *Tiene los cabellos rojizos y se llama Sabina* 221

María Inés Lagos Pope
   Relatos de formación de protagonista femenina en Hispanoamérica:
   desde *Ifigenia* (1924) hasta *Hagiografía de Narcisa la Bella* (1985)   237

Erna Pfeiffer
   Las novelas históricas de Carmen Boullosa:
   ¿una escritura posmoderna?   259

Mary Beth Tierney-Tello
   Reading and Writing a Feminist Poetics: Reina Roffé's *La Rompiente*   277

Áurea María Sotomayor
   Tres caricias: una lectura de Luce Irigaray en la narrativa
   de Diamela Eltit   307

Susana Reisz
   Estéticas complacientes y formas de desobediencia en la producción
   femenina actual: ¿es posible el diálogo?   331

Debra A. Castillo
   Finding Feminisms   351

Annegret Thiem
   La búsqueda del Yo en el centro del *logos*   375

Notes on the Contributors   391

Acknowledgments   399

Sara Castro-Klarén

Johns Hopkins University

INTRODUCTION:
FEMINISM AND WOMEN'S NARRATIVE:
THINKING COMMON LIMITS/LINKS

> These three dimensions —knowledge, power and self— are irreducible, yet constantly imply one another. They are three ontologies. Why does Foucault add that they are historical? Because they do not set universal conditions.
> (Gilles Deleuze)[1]

> Diversa de mí misma.
> (Sor Juana Inés de la Cruz, *Romance* No. 51)

I.

The rise of Feminism and more especially the rise of feminist theory coincide in the West with the appearance of the problematization of the capacity of Western thought to continue to universalize both within and outside the limits it had set for itself with the Enlightenment. Gilles Deleuze (1986: 115) points out that "the events which lead up to 1968 were like the 'rehearsal'" of the three questions —"What can I do, What can I know, What am I"— which lead to the reframing of the intellectual's functions. The events of 1968 brought to light the intellectual's new sense of operating in particular (historical) rather than universal (transcendental) spheres of Knowledge, Being and

---

[1] It is important here to quote in full Gilles Deleuze's understanding of Foucault's thinking on the historical constitution of these three ontologies in view of the fact that I consider them fundamental to any future feminist thinking and will be referring to this concept of historical ontologies throughout this essay. Knowledge, power and self are historical ontologies inasmuch as:

> Knowledge-Being is determined by the two forms assumed at any moment by the visible and the articulable, and light and language in turn cannot be separated from the 'unique and limited existence' which they have in a giv-

Power. Feminism and feminist theory have been grappling with the consequences of having lost the foundational grounds —woman— which had previously enabled us to think that we knew what we were, which was our truth and most especially how we could arrive at the necessary truths in order to face new struggles.

Feminism's modern roots, uncritically posited in the United States during the 1960's and well into the 1970's, the integrated, unfissured subject of modernity as the subject upon which devolved a new cultural and political struggle. Women were seen as subjects whose work was not merely to resist the male domination always already inscribed in patriarchy, but rather as subjects whose agency at home and universal leadership would eventually liberate all women from the political, economic, sexual and ideological domination of patriarchal systems. To its utter surprise, when questioned by women of "color" in the United States itself, and by women whose identity had been forged in cultural matrixes which recognized their difference from the West as formative and even determinant, the universalist claims of North American academic and public feminists had to come to grips with the fact that the analytical framework of feminism "tended to reflect the viewpoints of white, middle class women in North America [and] Western Europe" (Nicholson 1990: 1). The modernist assumptions of feminist thought had in fact silenced the voices of many different groups of women. But this is not to say that fragmentation of Feminism into feminisms diminished the force emanating from the North American academy. Quite to the contrary, the encounter of forces fueled the ardent question of woman/women and the construction of the feminine/masculine within patriarchies. It has been pointed out that a

> [...] large part of the problem was the consequence of the methodological legacies which feminist scholars inadvertently took over from their teachers (*ibid.*).

Thus feminist scholars replicated the problematic of the universalizing tendencies of the academic disciplines in which they had been formed, for it was those very disciplinary knowledges which authorized and regulated their thinking together with the *publication* of their findings. While the problem of this legacy is generally acknowledged, although it has not been easy to overcome, there remains a concomitant problem that bears examination. That is the linkage of feminism to disciplinary knowledges which in their very constitution occlude or des-authorize other knowledges.

---

en stratum. Power-Being is determined within relations between forces which are themselves based on particular features that vary according to each age. And the self, self-Being, is determined by the process of subjectivation: by the places crossed by the fold (the Greeks have nothing universal about them). In brief the conditions are never more general than the conditioned element, and gain their value from their particular historical status. The conditions are therefore not 'apodictic' but problematic (Deleuze 1986: 114).

INTRODUCTION

Some of these knowledges bear on the center/margin constitution of the North American academy in the world.

The imbeddedness of disciplinary assumptions as an aspect of the engine of power-knowledge as understood by Michel Foucault has only recently begun to draw the attention of feminist theorists[2]. In "Truth and Power" Foucault (1980: 131) posits that truth is not outside of power for it is not the "reward of free spirits", nor is it the "privilege of those who have succeeded in liberating themselves. Truth is a thing of this world: it is produced only by virtue of multiple forms of constraint". In other words, if truth is a thing of this world, and the world is the flux and endless contestation of forces, feminism faces not only fragmentation into feminisms but also the loss of innocence.

The location of knowledge —knowledge understood as a series of "sequences which are congruent with previously established categories of knowledge" (Probyn 1990: 178)[3]— was not precisely understood as a multiple set of constraints which would have unexpected truth effects in the West as well as in its peripheries. Probyn (1990:

---

2   In "Truth and Power" Michel Foucault relates how when he was a student in the 1950's:

> [...] one of the great problems that arose was that of the political status of science and the ideological function which it could serve [...]. These could all be summed up in two words: power and knowledge (Foucault 1980: 109).

Foucault goes on to argue that instead of looking at relations of meaning, in order to understand the relations of knowledge to politics, we need to look at relations of power, for:

> History has no 'meaning', though this is not to say that it is absurd or incoherent. On the contrary, it is intelligible and should be susceptible of analysis down to the smallest detail – but this is in accordance with the intelligibility of struggles, of strategies and tactics. Neither the dialectic [...] nor semeiotics [...] can account for the intrinsic intelligibility of conflict (*ibid.*: 114).

Later in the essay he concludes that the important thing is not to forget that:

> [...] truth isn't outside of power, or lacking in power [for] isn't the reward of free spirits [...] nor the privilege of those who have succeeded in liberating themselves. Truth is a thing of this world: It is produced only by virtue of multiple forms of constraint. And it induces regular effects of power (*ibid.*: 131).

3   Elspeth Probyn (1990) clarifies the meaning of Foucault's concept of "location" so often confused with the "local" and even "locale". For Probyn "locale" designates:

> [...] a place that is the setting for a particular event. I take this "place" as both a discursive and nondiscursive arrangement which holds a gendered event, the home being the most obvious example (Probyn 1990: 178).

185) soberly points out that location means the hierarchical classification of knowledges, a grid which she fears leads to the marginalization of subaltern (women's) knowledges. This is an epistemic practice only too well known to the Latin American intellectuals, both within the colonial constitution of knowledge there and the world at large. Walter Mignolo's *The Darker Side of the Renaissance* (1995) deals extensively with this phenomenon in the history of the geopolitics of knowledge. Nevertheless it is only now theoretically acknowledged in Probyn's attempt to engage Foucault's theories on power/knowledge as a corrective to the feminist disciplinary legacy.

It would be relevant here to add that the practices of disciplinary validation of feminist scholarship in the United States practically required, during feminism's modernist phase, that what was known about the history of the location of knowledge in colonial situations, such as Latin America, be ignored. It is important to link to this attempt to harness Foucault's thought on truth and power for a repositioning of feminist theory to the consistent aversion to engage with and even the suppression of the knowledges developed in the United States under the regionalist, i.e. Latin America, rubric. It would seem as if the rules of discourse of these knowledges —thick empirical sedimentation, dominion over languages other than English or French, contestation of Europe's subalternization of local knowledges— would disqualify them from being considered as learning possibilities for a feminist theory that is concerned with correcting its modernist approach by staging the subtle and very useful distinctions elaborated by Probyn in her delineation of the "local", the "locale" and "location"[4].

Taking up the postmodernist critique of the very idea of a possible unified theory of knowledge, justice and beauty, feminists such as Kirstie MacClure, Linda Nicholson, Jane Flax, Judith Butler and others have recently inspected the ground that could ultimately legitimize a struggle for the liberation of women. MacClure (1992: 342) points

---

"Local", in contrast, is that which is "directly ensuing from or related to a particular time" (*ibid.*). "Location" refers to:

> [...] the methods by which one comes to locate sites of research. [...]. Location, then, delineates what we may hold as knowable, and, following Foucault, renders certain experiences "true" and "scientific" while excluding others. Thus, the epistemology that this suggests most often works to fix the subaltern outthe sanctified boundaries of knowledge, determining the knowledge of the subaltern as peripheral and inconsequential. (*ibid.*)

On the formation of discursive objects see also Foucault (1972: Chapters 3 and 5) and Dreyfus/Rabinow (1982: 61-67).

4   I do not mean to say here that post-colonial intellectuals such as Gayatry Spivak or Jean Sharp have not been acknowledged. It is interesting to see, for instance, that Gayatry Spivak, the author of *In Other Worlds* (1988), has recently self-described herself as a Europeanist by training (see here Spivak 1992: 58). However, the intent of Spivak's essay is quite other than to affirm a European point of departure. The importance of revisiting French feminists is linked

out that the "new political formlessness" of our postmodern condition intersects directly with or may even augment the weight of the problem of authority in political discourse. Liberal (unjust discrimination), Marxist (women's exclusion from public production), Socialist (radical versions of Marxist alienation) and Radical (male control of women's sexual and procreative capacities) feminisms all rest on contested foundational narratives incompatible with each other (MacClure 1992: 353). In view of the multiple critical practices of feminism MacClure finds that the question: "what, if any [...] is the political specificity of feminist political theory?" remains an open question. Is the absence of a unified, single perspective feminism the herald of what is now referred to as post-feminism?

In a different gesture towards theory and authority Jane Flax (in Nicholson 1990: 6), finds in postmodernism a possible deterrent to the lingering attraction of many feminists to the Enlightenment world view with its certainty of autonomy, rationality and promise of progress. Rather than hoping to speak from an Archimedean point (Flax 1990: 48), Flax envisions a feminist theory that belongs in the terrain of postmodernism. Feminism shares with postmodernism notions of a fragmented self, suspicion of both the claims of objectivity and truth, and the belief in the constructedness of sexuality and language. Nevertheless, there are those who ask if postmodernism is not yet another male thing? And more importantly, is the adoption of postmodernism really compatible with the goals of feminism, an ideology which depends on a relatively unified notion of the social subject "woman", together with a notion that implies a referent and which postmodernism would, if not reject, at least question? (Nicholson 1990: 7). Fraser and Nicholson (*ibid.*: 9) respond with the idea that postmodernism:

> [...] need not demand the elimination of all big theory, much less theory per se to avoid totalization and essentialism. The key is to identify types of theorizing which are inimical to essentialism.

Opening the way for Foucault, they call for a:

> [...] theorizing which is explicitly historical [...] which situates its categories within historical frameworks, less easily invites the dangers of false generalizations (*ibid.*)
> [...] [and] avoids simple celebration of difference or of particularity (*ibid.*: 10).

For other theorists the chief problem facing not just feminism but all of Western culture is how to reconstitute the self, gender, knowledge and social relations without resorting to binary oppositions as well as linear and teleological thinking (*cfr.* Flax 1990: 39).

---

to the experience of changing subject positions from which, as an Indian woman in the North American academy, Spivak has written and taught. She sees the "normative narrative of metropolitan feminism [as] asymmetrical wedged" (*ibid.*) in the structure of postcolonial violence that precedes her. Thus "no Europeanist should ignore the once and future production of 'Europe'" (*ibid.*). That is all well and good, but this is not the point I am making here.

Nevertheless, as Probyn points out and many of the essays here included show, if postmodernism means abandoning cross-cultural categories, what happens to *gender*? Would any determinate generalizations be possible? (Nicholson 1990: 8). It would seem that *feminist* theorizing needs a stopping point, and that place is, as Nancy Hartsock (in Nicholson 1990: 8) states, gender. In fact for Hartsock postmodernism does not offer a way out of the present subordination of women inasmuch as it cannot explain "Why are we —in all our variousness— systematically excluded and marginalized? What systemic changes would be required to create a more just society?" (Hartsock 1990: 159). In this interrogation of the limits of postmodernism to offer an explanation of domination, what plays is a slippage in the way *gender* is deployed first, as a category which avoids the essentializing of Enlightenment reason, which struggles against biological determinism[5], and is then folded into a category which can explain the systematic and world wide subordination of women[6]. The explanatory expectations set on *Gender* are not only high but often contradictory. It would seem as if *gender* has come to provide a new ground, a sort of foundation even for a feminist theorizing that has grown up in the postmodernist battles. Called upon to carry out the work of many agendas, *gender* seems to have traveled well across cultural and gender boundaries. It has become a protean category inasmuch as its English language foundations have been forgotten. *Gender* seems to have survived despite Judith Butler's *Gender Trouble* (1990), while *woman* has remained highly problematized by virtue of the North American feminist theory association of *woman* with sex and with biological determinism.

In this regard it is illuminating to recall how English language theory has decried the fact that Spanish does not readily make the sex/gender distinction. Nevertheless the

---

5 Having appropriated the category of gender first developed by psychoanalyst David Stoller in 1963, Gayle Rubin opposed sex as biology to gender as culture in 1975. For her and for most feminists afterwards gender came to mean a key term in the conception of a

> [...] sex/gender system [as] the set or arrangements by which a society transforms biological sexuality into products of human activity, and in which these transformed sexual needs are satisfied (Rubin 1975: 159).

6 After careful consideration of a theory of power for women in which Foucault's thinking on power could serve as a grounding, Hartsock (1990: 166) concludes that:

> Reading Foucault persuades me that Foucault's world is not my world but instead a world in which I feel profoundly alien.

Hartsock (*ibid.*: 167) goes on to say that:

> [...] perhaps the stress on resistance rather than transformation is due to Foucault's profound pessimism.

grammatical category "género" has been expanded to play an analytical role similar to its English cognate. Concerned about the reductionist capacity of the sex/gender binary Amy Kaminsky observes that:

> [...] feminist scholarship needs to retain the notion of sexuality as a key to gender hierarchy and therefore as a site of oppression without pushing women back into the little corner in which there is nothing but sex and have nothing to say about anything but sex (Kaminsky 1993: xiii).

Kaminsky struggles to disentangle "género" from the fear and reservations that many Latin American feminists have of the sweeping and problematic force of North American feminism. She warns that if "género" were to be adopted uncritically into Spanish speaking feminism:

> [...] it would carry an even stronger connotation of the arbitrary nature of gender, making the adoption all the less likely, for being counter intuitive (Kaminsky 1993: 7).

The fact is that even before Kaminsky wrote in 1993, "género" was already being used widely in the social sciences in Latin America, as Kaminsky herself notes (*ibid.*: 9), and has since expanded widely and uncritically into the humanities. The recent appearance of "Centros de Estudios de Género" indicate, in the market place of ideas, that universities and research institutes are up to date in Latin America.

What is often forgotten in research in women studies is that the work of *Gender Trouble* is not to reaffirm gender as the cultural or constructed part of the sex/gender binary. Butler's thought points to the cultural constructedness of the male/female opposition. *Gender Trouble* is an arrow fired into the heart of the stability of the biology/culture opposition. Butler destabilized the integrity of the opposition by arguing that its elaboration rested on the exclusionary logic that under girths heterosexuality. Butler's arguments did not only prey open gender from sex but it opened the what for her chief argument: that sex too is simply discursive and thus cultural and without biological basis. For Butler (1990: 7) sex is "as culturally constructed as gender". Following her conclusion that there is no "recourse to a 'person', a 'sex', or a 'sexuality'" (*ibid.*: 32), the body, she writes:

> [...] [is] not a ready surface awaiting signification, but a set of boundaries, individual and social, politically signified and maintained (*ibid.*: 33).

In her critique of the sex/gender binary in the promise of finding a better strategy for dismantling the oppression of women, the author of *Gender Trouble* goes even further when she claims that:

> [...] the construction of coherence, conceals the gender discontinuities that run rampant within heterosexual, bisexual, and gay and lesbian contexts in which gender does not necessarily follow from sex, and desire, or sexuality generally, does not seem to

follow from gender; indeed, where none of these dimensions of significant corporeality 'express' or reflect one another (*ibid.*: 336).

Jettisoning the material (body) and social (embodiment) referent together with the dismantling of *gender and sex*, gender trouble produces a discontinuous series. Such discontinuity stands in stark contrast to the isomorphism between the three arts that Foucault discovered among the Greeks and which gave rise to the free (self-disciplined) subject, the city and the political[7], all echoes of the desire for freedom, justice and participation in the public sphere desired by feminists almost anywhere. In contrast in her recent study on new Latina narrative, Ellen McCracken (1999: 184), on the basis of very close readings, establishes that "certain Latina writers, present gender, ethnicity, social justice and the aesthetic, as elements of a continuum". *The House on Mango Street* (1984) by Sandra Cisneros constitutes the prime example of such continuum. The fiction of Cisneros stands however in contrast with Julia Alvarez's novels and short stories where the gender, ethnicity and aesthetic continuum rests on occlusion and blind spots.

Thus released from the category and the practices of *woman, gender* for Butler (1990: 336)

> [...] becomes a fabrication [...] [for] the gendered body is performative [...] it has no ontological status apart from the various acts which constitute its reality.

Not precisely re-figured, women are now repositioned and conceived as:

> [...] embodied beings socially positioned as 'women' who, now under the name of feminism, have something quite different to say (*ibid.*: 324).

So it would seem that *gender trouble* does away with both gender and sex as identitarian categories and repositions *women*, as performative acts, somewhere in the social organization of discursive possibilities from which, interpellated by feminism, they "have something quite different to say". Problematized at first and dismantled later, the

---

7 Gilles Deleuze (1986: 99-100), writing on Foucault's understanding of Greek thinking and sexual practices, discovers that:

> Greek education presents new power relations which are very different from the old imperial forms of education and materialize in a Greek light as a system of visibility, and a Greek logos as system of statements. We can therefore speak of a diagram of power, which extends across all qualified forms of knowledge: governing oneself, managing one's state, and participating in the administration of the city were three practices of the same type, and Xenophon shows the continuity and isomorphism between the three arts.

INTRODUCTION 17

word *woman*, persists even if it is only to signify a discursive location. The problem of the political remains.

There has emerged the general perception that gender theory has not achieved either the promise of its explanatory power nor the ability to lay the foundations for a feminist thinking which can lead to effective political action because it has been too focused on the exclusionary power of concepts and on the inadvertent deployment of gender as a reductive category over the infinite modalities of being *a woman in the world*[8]. In "Prisoners of Gender" Jane Flax (1990: 40) states that while the foundational goal of feminist studies remains committed to the analysis of gender relations, "theory by itself cannot clear all the obstacles. It needs political action". This is precisely the point at which high theory, of which *Gender Trouble* is a magnificent display, reached an impasse, a limit.

For Flax feminist theory, which expects to effect understanding of the political, belongs within two larger modes of knowing: analysis of *social relations* and postmodernist philosophy. As a corrective to the universalized reading of Gayle Rubin's 1975 formulation of the sex/gender system as always already oppressive, Flax (1990: 40) contends that gender relations have no fixed essence for they vary "within and overtime". Flax does not advocate a return to the complex connections of reason, autonomy and freedom postulated by the Enlightenment by which the right use of reason resulted in the necessary obedience of laws achieved by the logic of a trans-historical reason. Fully aware of Foucault's thought on the conflict between truth, knowledge and power and of feminists' ambivalence towards claims of objectivity and truth, Flax nevertheless argues that feminism belongs in the realm of postmodernism because of the

---

8 Toril Moi (1999: 33) illustrates the stiffness of the construction of the sex/gender binary which may have led to its own reductionism shown in the following two columns:

SEX	GENDER
biological	political
natural	cultural
essence	construction
essentialist	constructionist
body	mind
passive	active
base	superstructure
being	doing
substance	performance
fixed	[mobile, variable]
stable	unstable
coherent	non-coherent
prediscursive	discursive
prelinguistic	linguistic
presocial	social
ahistorical	historical

shared concerns and approaches to the problems of self, knowledge and truth (*ibid.*: 43). What is paramount to feminist thought, however, is to analyze how we think, or do not think, or avoid thinking about *gender* (*ibid.*), for thinking about *gender* has become a morass.

The fact is that there is no consensus in feminist thought. The long list of questions that Flax develops call for serious re-thinking. These include:

> What is gender? How is it related to anatomical sexual differences? How are gender relations constituted or sustained [...]? How do gender relations relate to other sorts of social relations [...]? What causes gender relations to change over time? What are the relationships between gender relations, sexuality, and the sense of individual identity? What are the relationships between heterosexuality, homosexuality [...]? What are the relationships between forms of male dominance and gender relations? Could [...] gender relations wither away in egalitarian societies? Is there anything distinctively male or female in modes of thought and social relations? [...] are these distinctions innate or socially constituted? [...] what are the consequences of the feminist goal of attaining gender justice? (Flax 1990: 43-44).

For Flax part of the problem is to not have come to grips with feminists' indebtedness to its foundations in Western knowledge and to have assumed the possibility of an Archimedean point from which to speak with a different voice (*ibid.*: 48). Doubtless, the greatest barrier for feminism remains the relationship between sex and gender or rather how to think of our anatomical differences, how to disentangle the opposition built between biology as presocial, prehistorical and prediscursive and the body and the seat of embodiment of difference, identity and self without falling into the reductionism to which the Gayle Rubin's sex/gender binary has led.

Equally dissatisfied with the prison house of the sex/gender binary work, Toril Moi (1999) questions, in a genealogical account, the very philosophical necessity of the opposition and concludes that gender, by positing the body as pre-historical and pre-discursive, does in fact occlude *woman* and in doing so sets the stage for the series of unanswered questions listed above. The chief task that Moi sets for her *What is a Woman?* (1999: 119) is to clear the linguistic fog in which the sex/gender distinction has been elaborated in order to release feminism from the futile task of asking questions that have no answers. She considers that part of what went wrong with the sex/gender binary was the theoreticism of poststructural feminists. For Moi, the work of poststructural feminists achieves its highest point in the work of Judith Butler and the belief (theoreticism) "that certain theoretical positions function as guarantee of one's radical political credentials" (*ibid.*: 118).

Moi thinks that the stress on identity in poststructural feminist theory in the United States contributed greatly to derail an inquiry which should have actually been focused, as in the case of Simone de Beauvoir, on freedom (*ibid.*: viii). In part disagreeing with Foucault, but even more keenly critical of the Foucault deployed by Butler in *Gender Trouble*, Moi departs from the idea that subjectivity should be viewed as a "concrete,

INTRODUCTION 19

social and psychological phenomenon" (*ibid.*) rather than as an effect of discursive disciplinarities. Her goal is thus to "liberate the word *woman* from the binary straightjacket [in which] contemporary sex and gender theory imprison it" (*ibid.*: ix). Through a powerful reading of Beauvoir, based on the French originals, Moi proposes to restore the concept of woman and of women's bodies as a situation. The body is thus conceived of as not an external structure but rather as an:

> [...] irreducible amalgam of the freedom (project) of the subject and the conditions in which that freedom finds itself [...] [thus], the body as situation is the concrete body experienced as meaningful and socially and historically situated (*ibid.*: 74).

Re-thinking the body as a situation would provide feminism with an alternative to the thinking that posits the body as materiality outside history and culture. The task at hand is to rescue the word *woman* from the essentialist charges that the fear of biological determinations layered on it as feminists sought to escape the stereotyping by which medical and psychological knowledges of the first half of this century converted woman into a giant ovum[9].

Moi's genealogical account of the English-based sex/gender binary leads her to conclude that "no amount of rethinking of the concepts of sex and gender will produce a good theory of the body or subjectivity" (1999: 4-5). In *What is a Woman?* the distinction becomes "simply irrelevant" (*ibid.*: 5) to the task of understanding —historically— what it is to be a woman. Embodiment theory —"embodied beings socially positioned as 'women'" (*ibid.*)— would seem yet another metaphysical (soul/body) reiteration. Moi's radical questioning of poststructuralist theoreticism does not mince words nor does it stop short of the ultimate consequences of its arguments. In her attempt to bring about a feminist thinking that considers woman in a more comprehensive manner, in less exclusionary relations and disciplines, she writes that "a feminism that *reduces* woman to their sexual differences can only ever be the negative imagine of sexism" (*ibid.*: 8) for there is not a single answer to *what is a woman* but rather many and multiple answers[10].

---

9 Dissatisfied with the then trendy translation of Elaine Showalter's *gynocentrism* and with several of the essentialist thesis advanced in *The Madwoman in the Attic* by Sandra M. Gilbert and Susan Gubar (1979) because I thought that these portrayals of women placed undue stress on anger at the expense of reason and advocated a misguided women centered mode of knowledge, I wrote an essay that, drawing on Bakhtin's sense of heteroglossia, attempted to provide another ground for thinking women's contingent and historically situated differences (see Castro-Klarén 1989).

10 In this regard it is worth adding one of several passages in which Moi (1999: 31) states the insufficiency and error of poststructural theory:

> The problem of poststructural Feminist Theory is not the ultimate goal but rather that the goal is not achieved [...] [because] the theoretical machine

It is interesting to see that many of the essays included in *Feminism/Postmodernism* and *Feminists Theorize the Political* as well Moi's *What is a Woman* strive for a philosophical thinking that will allow the reconsideration of woman in historical terms and that these historical terms are sought out as an antidote to what Moi calls the failures of theoreticism. But while *What is a Woman* argues that a careful reading of Beauvoir's *The Second Sex* (*Le deuxième sexe* 1949) and a phenomenological approach to our understanding of woman and her situatedness in history as a free subject, could release feminism from its present sex/gender impasse, Nicholson (1990: 3) warns against the limitations of traditional historicism —all inquiry inevitably influenced by the values provided by the inquirer. What I find most promising in all these debates is the return of the woman's body as a constitutive part of the historical and with it the recuperation of the concept of lived experience. In Moi's recovery of Beauvoir's feminism the conception of the body as a situation implies the refusal to break it down into an objective and a subjective component (Moi 1999: 73). In this scheme woman is always being made. The rigidity of the sex/gender list of oppositions is broken with the implication that being and being made are mutually constitutive. They are never ending rather than congealment of the sex/gender dynamics of oppression and thus "identity" can never only amount to or coincide with a fixed identity of difference nor the proliferation of performances.

Despite Moi's distance from Foucault it is important not to forget here that there is no better ground in which to test the exclusionary dimensions of the knowledge/power juggernaut than in colonial situations. And so it would be foolhardy to dismiss, for the study of women and especially women in Latin America or feminist working on Latin American women writers in the North American academy, the power of the teaching machine as Gayatry Spivak has characterized this particular situation for women intellectuals. For that reason I find it necessary here to return to Deleuze's interpretation of Foucault's concept of power/knowledge in order to differentiate from other takes on power/knowledge and to suggest that, seen as Deleuze understands it, power/knowledge can be a useful frame for investigating the historical becomings of woman. The feminist trinity —knowledge, power and self— are for Deleuze historical ontologies. Given that light and language cannot be separated from the unique and limited existence which they have in a given stratum, it follows that:

> Knowledge-Being is determined by the two forms assumed at any moment by the visible and the articulate (Deleuze 1986: 114).

Similarly:

> Power-Being is determined within relations between forces which are themselves based on particular features that vary according to each age (*ibid.*).

---

they bring to bear on the question of sex and gender generates a panoply of new theoretical problems that [they] feel compelled to resolve, but which no longer have a connection with bodies, sex or gender.

And finally "self and Self-Being is determined by the process of subjectivation" (*ibid.*), by the places crossed by the pleating and doubling of the outside into the outside.

Whether we speak of contingencies or determinations it is clear that neither *woman*, as the object of feminist thinking and action, nor feminist thinking which seeks to liberate woman from her historical oppression as well as understand the forces that operate in such oppression, can take away its gaze from the historical constitution of the past as present nor the historical formations that attend to women's lives and imaginations within varying territorial boundaries. How Latin American women have sought to write their lived experience[11], how they, as subjects, have been constituted through their experience of and in history, how their diverse consciousness has engaged the power/knowledge machine and how their authorized readers have envisioned the worlds of understanding that their narrative portray is the subject of this collection.

II

The story of women's writing, the telling of women's learning and the understanding of women's agency in patriarchal societies has entailed a concomitant struggle for interpretative power[12]. The engagement with theory is only part of that vast, contradictory and uneven story. The larger and more deeply multiple part of the unveiling of the story of women in the world is constituted today by the immense array of scholarship brought on by the emergence of Women Studies here in the United States and elsewhere in the world. There is no question that feminism, despite theoretical impasses and reformulations, has ignited a bonfire which has brought irreversible changes in our ways of learning, thinking and acting in both the halls of the academy as well as the world in general. In the age of globalization the feminist thrust has unleashed a historical retrospective which has filled the previously empty places that the canvas histories

---

11 On the question of experience and how to make it visible it is important to note that Joan Scott (1992) calls for attention to the historical as theorized by Foucault. Scott's sense of historical experience and Moi's idea of refiguring the concept of "lived experience" differ in important ways. For Scott (1992: 26-27):

> [...] making visible the experience of a different group explores the existence of repressive mechanisms, but not their inner workings or logics; we know that the difference exists, but we don't understanding it as constituted relationally. For that we need to attend to the historical processes that, through discourse, position subjects and produce their experience. It is not individuals who have experiences, but subjects who are constituted through experience.

12 For a discussion of the failure of Euro-North American Theory to provide answers to the question of women's agency so sorely needed for an understanding of women's struggles in all order of things in Latin America see Castro-Klarén (1996).

of art, literature, music science and politics had painted with the faces, deeds and thinking of women. Where there were no women writers, as in Colonial Latin America, the nuns appeared in the gaps of the larger picture. Where there were no women engaged in the arts of politics, the Mariscalas, the Monja Alférez and conspirator for Mexican Independence appeared right next to the men on horseback and in the nineteenth-century literary salons of Buenos Aires and Lima.

Our received image of nuns has been greatly modified. Sor Juana's exceptionality now presides over a good number of women intellectuals. The great poet and "feminist" speaks next to skilled and powerful Mother Superiors who negotiated successfully discursive and economic sites of power and independence for themselves and their orders. While many of these women sought refuge in the convent and either followed obediently or resisted in silence and pain the domination of priests and more powerful nuns inside or outside the walls of the convent, some of these religious women found in their diaries and confession logs the possibility of escaping complete obedience and mimicry from the established norms of the Counter Reformation (see Lavrin 1983; Arenal/Schlau 1989; McKnight 1997). While we cannot speak of "freedom", it is nevertheless clear that Sor Juana, and the mystic of Tunja, for instance, held tenaciously to a learning and erudition that enabled them to question the misogynist strand of Catholic ideology[13]. The study of nuns, a tripled subaltern category of social beings, inasmuch as they were viewed as 1. unmarried, 2. women, 3. shut away from the realm of public life, has revitalized and refigured the understanding that the social sciences had of colonial (spiritual) economy as well as the cultural relations between Indigenous elites and their *criollo* counterparts[14]. The singular importance of Sor Juana's legacy for theory today rests on the fact that she, as Jean Franco (1989: xv) has pointed out, "defended the rationality of women". Ahead of the key issues in theoretical thinking today, Sor Juana

> [...] was able to do so because the slippage between her devalued status as woman and her empowerment by writing led her to understand gender difference as a social construction, and interpretation as a rationalization of male interests. This is why she separates "true" knowledge from its instrumental use —a major insight, all the more remarkable for the fact that she came to it on her own (*ibid.*).

As the restoration and re-evaluations of the nuns demonstrates, one can confidently assert today that feminism has operated a shift in perspective and understanding. However it is relevant to underscore here that such a shift in perspective is neither unilinear —from

---

13 I make here special reference to Stephanie Merrim's "'Still Ringing True': Sor Juana's Early/Postmodernity" in this collection and to Jean Franco's "Sor Juana Explores Space" in Franco (1989: 23-54).

14 There are many studies that can be cited in this regard. See for example the path breaking work by Josefina Muriel (1946). For a more recent study see Kathryn Burns (1999).

feminist cultural critiques or theory to the discovery of women writers— nor does it originate in the North as an inquiry which shapes the South as object of study, although such directionality is not without substance. The picture that accounts for feminist approaches to Latin American women writers is much more complicated and, while I cannot account here for the details of the complexity, let me note, as it were, "de dónde son los cantantes".

With the notable exceptions of Diamela Eltit, Áurea María Sotomayor and Erna Pfeiffer, all the other essays collected here are written by members of the North American academy. Whether born in Latin America, England or the United States, these specialists in Latin American culture and literature, by virtue of the object of study which defines their learning (the geopolitics of knowledge) occupy a marginal and often contestatory place in the North American academy. Just like Latin America itself is asymmetrically wedged in the history of European thinking, students of Latin America find themselves occupying a variety of asymmetrical and conflicting positions regarding dominant and Eurocentric thinking in the North American academy. Such positionality includes the awareness of the always present dangers of thinking about Latin American "Under Northern Eyes". Such suspicion, often expressed in Latin America about the coming ("paso a paso, se viene el feminazo") of feminism, sees it as yet another outside force which bends out of shape indigenous cultural traditions and processes. Such multiple asymmetrical insertions do not, however, wrest away from a fundamental sense of solidarity with Latin American culture, a sense of belonging attached to the voice and tone of the essays brought together in this collection.

In close contact with and attentive to the theoretical developments which have marked the twists and turns of feminist theory both in France and the United States the essays in this volume follow, adopt, bend, respond, appropriate, contest, push, and even avert the question of gender and its attendant debate. Perhaps most notable is the sense of moving beyond the stage in which women studies focused on the denunciation of the victimization of women. While the subordination of women is taken as the ground of operations what these essays uncover is the fact that despite the networks of domination entailed in pleated dominations implicit in the layering of patriarchal, colonial and racialist and even linguistic ideological formations, women have managed to claim places, voices and agencies for themselves. The terms of the struggle, the quality and the permutations of the interdictions placed upon women, the variegated constructions of and crisscrossing of gender-class-ethnicity differences, the limits and dimensions of sexual experience, the structures of feeling in Catholic societies, the irresistible pull of testimony, are aspects of women's lives illuminated in various ways by more than one of the scholars writing in this volume.

Even when the focus of inquiry is the Latin American narrative published after 1970, no consideration of women's writing in Latin America can depart without an understanding of Sor Juana's legacy. Readers of Sor Juana ignore, at their own peril, the fact that like Garcilaso de la Vega Inca, she is first and foremost a colonial subject and that the coloniality of power has yet to come to an end in the world. In colonial Mexico

Sor Juana formed part of a tiny band of Spaniards and *criollos* for whom a "white" woman represented an immeasurable treasure. In the colonial weighing scale the worth of an intelligent and self-educated woman increased right along with sense of peril that the presence of any educated subject posed to the imperial crown. Sor Juana's colonial subject position, in a paradoxical way, enabled her very will to write. What is more, such colonial subject position also allowed her, as it did in the case of other colonial subjects, Guamán Poma de Ayala, for instance, to see the constructedness of knowledge and authority and especially to understand with unusual clarity the imbrication of power and knowledge. It is thus the coloniality of her life experience as a catholic intellectual that enables Sor Juana to sound so in tune with postmodern themes and with some of feminism's challenges to the modern bourgeois patriarchy.

In this regard Stephanie Merrim observes that Octavio Paz has it "none too difficult" to recover the colonial tensions of Sor Juana's life and thought for the imperatives of our times (49)[15]. Feminist critics on the other hand, Merrim adds, have claimed Sor Juana as "a woman against her times and for ours". In her essay here Merrim develops further and with deep critical acumen the later part of the feminist claim: Sor Juana for our times. Deploying subtle and keenly focused readings of key passages in the entire corpus of Sor Juana's texts, Merrim does in fact go well beyond all previous interpretations of Sor Juana's poetics. Merrim is able to show that the ending of the *Primero Sueño* constitutes "an entry point for the matters of unseizability and indeterminacy in the nun's early/post/modern works" (51). In Merrim's essay the assumed integrated subject of the Mexican nun turns into a "battlefield of competing self-images, a self-civil war" (52) in which contradictory self-representations remain unresolved. By "pressing the resources of drama into the services of autobiography and self-defense" (52), Sor Juana sets the terms for what Sylvia Molloy has characterized as the "theatricality of the self" in the autobiographical texts of Victoria Ocampo, a modality for self-representation deployed by many other women writers in this century. Sor Juana's legacy as an intellectual and artist remains as a living and inexhaustible gift precisely because her multiple selves can always be read for "our times".

In her inquiry into the problematic relationship of woman to the state and to national identity Jean Franco observes that the Greek imperative to commemorate the (dead) heroes leaves the possibility of a heroine mute. If the master narrative of the nation is still cast into the terms of the epic, then narrating the story of women heroines, as in the case of Rosario Castellanos and Elena Garro, runs the risk of finding the place of the feminine associated with treachery. In part this is so because the:

> [...] interpretation of Antigone undergoes a sea change in Latin America where Polinices is identified with the marginalized, and the role of the one who commemorates the dead and does not permit them to be consigned to oblivion is taken by the [male] writer who 'masculinizes' the Antigone position (85).

---

15 The page numbers without further indication refer to this present volume.

INTRODUCTION

For Franco such a permutation in the terms of the epic poses problems for women who write fiction that narrates the nation inasmuch as the novels can only achieve ambiguous ideological closure. Thus in Garro's novels women appear aligned with the marginalized. Together they plot against the state or the family and inevitably emerge guilty of the sin of *malinchismo*.

The problematic relation of women intellectuals and the terms of public discourse has also been given attention to by scholars who have examined the ways in which women appear in the writing of history. Francine Masiello takes the case of Catalina de Eráuso, the Spanish woman who in the XVI century fled a Spanish convent, and dressed as a man, joined the Spanish soldiers who fought in the Spanish wars against the Araucanians (Chile). Masiello examines how historians writing in the nineteenth century portray the private and public transgressions of this woman. Masiello is especially concerned with the double identity of Catalina de Eráuso and the treatment that liberal historians (José Victoriano Lastarria) conferred upon questions such as the place of women under the law, women as agents in political life and women in the republican project and women who, like Eráuso, crossed (dressed) the limits of sexual and gender identity. Surprisingly enough, the liberal project downplayed the outrageous crossings of the Monja Alférez. The upper classes of the nineteenth century saw women active in public life, Eduarda Mansilla de García for instance, as individuals who, somehow, circulated across linguistic and cultural borders (73). For Masiello these women in public life were especially interested in:

> [...] restablecer a los sujetos excluidos en los debates sobre la formación de las naciones. En este contexto introducen las voces reprimidas mediante los recursos del viaje y de la traducción (73).

Like in novels written a century later by Elena Garro and Rosario Castellanos, the women that Masiello studies played the role of a double agent in history, coming and going from the domestic to the public sphere, from the micropracticas to the monumental roles demanded in times of war and social crisis.

In her study of women and the avantgard movements in Latin America, Vicky Unruh finds yet another double position for women in public life. Unruh examines how in this vexing and complex relation women played the doubled role of writer and muse —Norah Lange and the Martin Fierro group in Buenos Aires and Patricia Galvão among the anthropophagic group in São Paulo. In other cases the women's relation with the avantgarde —Teresa de la Parra, Victoria Ocampo, María Luisa Bombal and Nellie Campobello— appears to be more directly enabling of innovative artistic an intellectual projects which did not require ties to specific groups. But in the case of Magda Portal and María Wiesse in Peru, the intellectual and artistic work of these two women is inextricably tied to the *Amauta* project and to some extent to José Carlos Mariátegui's both essentialist and liberating views on women.

Mariátegui established a distinction between "escritoras serias" and "escritoras diletantes". No doubt both Portal and Wiesse fell into the first category for they avoided the pitfalls of a superficial modernity which more often than not displaced and alienated women without necessarily offering practical paths for liberation. Unruh contrasts here the paths followed by Magda Portal, a political leader in APRA, a woman who went to jail and exile together with the men of her political party; a single mother, who was expected to inspire the "hombres nuevos del Perú" (107), with the life of María Wiesse, also a member of *Amauta* and the wife of the powerful painter José Sabogal. Far from any charges of *malinchismo,* as in the Mexican case, the public-private life experience of Magda Portal constitutes an exemplary case of an "equilibrio imposible". Unruh sees this search for an impossible equilibrium as a journey that takes place "entre guiones culturales en conflicto" (104). Portal's novel *La Trampa* (1956) embodies "[el] retrato de un personaje femenino sin albergue —intelectual o político" (111).

Married and more interested in cultural events than politics María Wiesse, in time, produced a very large body of work. She has recently entered the canon of Peruvian literature as "the best woman writer" of her period. Unruh finds Wiesse to be keenly aware of the ambiguities of cultural modernity and the unspoken dangers that it posed for women. In her newspaper columns Wiesse subtly warns that "frivolity" —the desire for the new at any cost— is not liberating but rather does in fact continue and exacerbate the "gran comedia social" in which women fare poorly. Like Mariátegui and Portal, Wiesse thought that women's writing could be profound, tender and gracious. Though essentialist, their view of women was positive and hopeful, for women could indeed provide an "antídoto vitalista y orgánico —'calor de nuestro corazón'— al 'polvo de la biblioteca'" (117).

As Sylvia Molloy reads the ten volumes of *Testimonios* (1935-1977) authored by Victoria Ocampo in the light of her autobiography, it becomes plain that for the Argentine writer "reading is a vital performance" (175). The library's dust is brushed off in an act of reading that enables Ocampo to narrate the events of her life through the experience of other writers and fictional heroines. With a brilliant genealogical approach Molloy shows how Ocampo's autobiographical act is constituted by one scene of reading upon another. "Book follows upon book and discovery upon discovery" (171) in Ocampo's interdicted search for representation. Molloy believes that Ocampo's obsessive search for representation reflects a "gender-related cultural predicament" (176) which is linked to a final lack of writerly authority of a woman who was perceived by her critics as a "rich woman, at once fascinating and exasperating, who writes" (187). Ocampo therefore opted for the performance of the "writer as an actress in disguise" (179). Differing clearly from Kristeva's theory on women, language and subjectivity, Molloy's finds that:

> Lacking a voice of her own and a feminist system of representation [...] by the sheer fact of enunciating [male author voices] from a feminine "I", [she] succeeds, much in the way Pierre Menard did when rewriting Cervantes" (191).

On the question of the body, that is to say Ocampo's sense of embodiment, Molloy's close reading shows that Ocampo conceived of her-self-body as a *presence* in the world. Molloy's sense of *presence* amplifies on Ocampo's self-figuration as a person endowed with stage presence. This is a presence which "society would have repressed and of which her body is the most visible sign" (187). Presence is thus understood in visual terms. It refers to Ocampo's (good) looks, to the way in which she is looked at, desired and even flattered (187).

Lack of writerly authority, which in Ocampo's case leads her to read and translate in order to find or rather enact an "altered voice" for herself also drives the multiple and perverse narrative acts of Julieta Campos and the most of the authors of adolescent life stories studied by María Inés Lagos Pope. Laura Beard examines in detail the intertextual tunnels by which the search for writerly authority circulates in the work of Julieta Campos and much of what she has to say on discordant identities and disjunctive authority can be extended to the problematic narrators in Elena Poniatowska's own fiction. Molloy's felicitous term, an *altered voice*, could probably be incisively deployed to account for the successful narrative appropriation of Josefina Bórquez's voice (recordings) in *Hasta no verte Jesús mío* (1972). However, while the quest for writerly authority entails the unsatisfied play with many possible points of view, genres and narrative modalities, in Julieta Campos's *Tiene los cabellos colorados y se llama Sabina* (1978) Laura Beard finds a systematic and conscious destruction of all possible avenues inherited. The door is closed for writing as translation as well as for all forms of mimetic acts. Campos does indeed search for zero degrees in writing as "she systematically cuts out from under the props that hold up her authority as author" (244).

The singular lucidity that Latin American literature has attained on the workings of language, self-reflection and playful relationships to history is only sporadically recognized outside Latin America and, when it is so, it is often exclusively associated with Jorge Luis Borges. The theoretical worth of Latin American literature has been consistently underestimated in almost all quarters. In *Theoretical Fables* Alicia Borinsky (1993: x) contends that certain texts authored by Macedonio Fernández, García Márquez and María Luisa Bombal, among others, "ask us to perform [readings] that would take into account literature's most destabilizing effects". As she develops her essay on the silence in the fiction of Maria Luisa Bombal it is not difficult to see where an antecedent for Julieta Campos may be found. What intrigues Borinsky in her essay on Bombal is the deployment of passivity, the refusal of anecdote in the construction of the narrative, the vocation for the meandering ways that lead us away from the facts. In Bombal's narrative we find the problematic that remains at the heart of the feminist impasse: "the difficulty in adequately defining and portraying a woman" (197), the mystery of the connection between a name and a body. Borinsky finds that Bombal's sensitivity for nature and music enables her to portray an erotic energy in women that is linked to the vegetable world. The critic warns that this is not a metaphysics of the eternal feminine, but rather a "notation of details that disseminate certain feminine characters into their natural counterparts" (199), for the uncanniness of Bombal's women is indeed difficult to grasp within the frame of referential language. Bombal's melancholy play with death, the constant deferment of action that create an atmosphere of stillness, are interpreted by Borinsky's as a "voluptuousness of inaction", as a woman's silence that "articulates hatred and resentment" and which keeps the story of a dead woman from substituting the "worthlessness of everyday life with something loftier, more poetic" (202). At the heart of Bombal's fiction lies the question: "What is a (body-name) woman?"

Eros is undoubtedly the sign that is both repressed and represses in Bombal's fiction. The heroines' desire is always already too dangerous, like writing itself, it first appears with the mark of the forbidden. Diane Marting writes on the fiction that explores this dangerous face of desire. Departing from Luisa Valenzuela's short story "Other Weapons" (1985) Marting elaborates a series of questions that includes asking:

> [...] do stories about the sexual woman veil threats that she who follows the path of attacking society will bring down upon herself the wrath of society? Has the woman reader been coerced so that she obeys in fear, attacking the woman who produces critical discourse? Do the women who attack [authority] turn the gun on themselves or do they defend [authority]? Do they aim the gun at the society who punished sexual women for so long? (208).

Marting's study shows that for most of this century a woman writer courted danger by writing about women's sexuality. The story of woman as a subject who desires rather than the object that is desired has yet to be told. Marting's essay here and her forthcoming book *Women's Dangerous Desires* goes a long way in mapping of sexualized power relations in novels authored by both men and women. Here she shows how the sanctions for a woman writer who explored the pleasures of love and sex —Delmira Augustini, Frida Kahlo, Rosario Castellanos, Armonía Sommers, Cristina Peri Rossi— have taken a variety of forms, from physical attack to social ostracism to censorship and, of course, dismissal. Noting one of the most fundamental changes that has occurred at the end of the century, Marting indicates how the sexual rebellion which begun in the 1960's, enabled writers in countries where censorship was extremely repressive, to deploy sexuality as a means to

> [...] criticize the state or the elites from a position of relative safety, since censors often missed the metaphorical and lateral social commentary in sexual fiction (226).

While the woman/nation/state series is explored in terms of individual bio-graphies or individual characters in fiction by both Jean Franco and Francine Masiello, the work of Ileana Rodríguez returns to the same series in order to bring under consideration not just fiction but also the real life-experience of women in guerrilla armies. The experience —in the collective— of women who fought in the Central American wars and struggled in the power networks of "triumphant" armed revolutionary movements destabilizes the concept of "the" revolutionay subject.

In an earlier work, Rodríguez (1994: 4) studied the national vision of Teresa de la Parra and concluded that in:

> [...] narratives of nation formation everything is tied to the land, to agriculture, to lineage and family, and to the ethnic groups associated with them. Land is the yearning for nation and nationhood.

INTRODUCTION

In this account land plots and replots the making of history, for the history in which ethnicity, gender and nation intersect is an uninterrupted history, it is the "history of a map of disputed borders and frontiers in the ever-polemical discussion of nation and nationality" (*ibid.*).

In her essay here Rodríguez analyzes once again the relationship of women to the state, taking into account the lived experience and the structures of feelings which emerged in the period of the most recent civil wars in Central America. Rodríguez points to the unmistakable codes of solidarity that define the encounters of "comandantes guerrilleras salvadoreñas, mujeres sandinistas revolucionarias, indígenas guatemaltecas" when they speak of their experience in war. These vanguard women, this not as yet demobilized intelligentsia, speak "not of pleasure or revolution, as expected, but of pain, of the fury and the rancor of a pounded sexuality" (153). In her essay, "Montañas con aromas de mujer", Rodríguez argues that the revolutionary movements deployed an image of the ideal guerrillero/guerrillera based on a romantic and liberal figuration of Ché Guevara (154) which did not permit women's entry into the scenario of heroism. Women continue to be thought of as bodies that carry armament while "Ché retains for his writerly self all guerrilla authority" (156). Thus Rodríguez asks how has the place of the feminine subject been elaborated so that when women enter the terrain of insurgency the result is their exclusion from power? What are the hidden links in the discourses, feminist discourse included, that produce woman as a "surprising subaltern subject" (156) even in revolutionary situations? The fiction written on the Central American wars links the fate of the insurgency to that of the nation, the masses and women, that is to say, the subaltern. But that very fiction is not aware of the fact that it

> [...] establishes a relationship between erotic love (heterosexual love of men and women), and patriotic love (the homosocial love of men for men and of men for their country) (Rodríguez 1996: 19).

The reality (the real is that which hurts) of the Central American wars, which followed right in the footsteps of the Dirty Wars in Chile, Argentina, Uruguay and Brazil, is only one of the factors that propel feminist discourse into a post-feminist face for students of the historical phenomena in Latin America and the world at large. As the thinking of John Beverley and George Yúdice demonstrate, the hegemonic ship of theory, feminist or otherwise, founders on the rocky shoals of testimonio. "The Real Thing", the object of desire of the academic left, the place where the "poetics of solidarity" (Gugelberger 1996: 1)[16] would reside, may have passed as such, but the discursive force of testimonio as the *nahual* capable of establishing solidarity of the collective remains

---

16 The Introduction by Gugelberger (1996: 1) from which I take the phrase "the poetics of solidarity". See also Beverley (1983/1996) which attempts a Lacanian reading (the Real and the Thing) of Rigoberta and her testimony in *Me llamo Rigoberta Menchú, Y asi me nació la conciencia*.

as anopen and present possibility. In his essay "Testimonio and the Postmodern"[17] George Yúdice masterfully delineates the challenges that testimonio poses to the vexed and narrowly theorized question of representation.

Departing from the testimonials by Domitila Barrios de Chungara (1977), Rigoberta Menchú (1983) and Elvira Alvarado (1987), all subaltern subjects, who by definition do not belong to the lettered city of the great male writers[18], Yúdice shows that:

> [...] testimonial literature is animated by a popular perspective that contrasts markedly with George Lucáks's idea of the professional writer who attempts to represent the whole people (Yúdice 1996: 43).

Testimony understood as an authentic narrative, conceived at a moment of existential urgency and told by a witness who, in her narrative deploys popular oral discourse as an agent of a collective memory, poses an insurmountable challenge not only to master narratives but to literature itself[19]. But the challenge of testimony does not stop here. With an argument that should resonate loudly on the walls of the impasses in feminist theory, Yúdice takes on postmodern theory and its elaboration of the subject/other aesthetics.

While testimony writing shares several features with postmodern —decentering of the subject of discourse, underscoring of the marginal— Yúdice points out that the differences are not only significant but rather crucial, for testimonio cannot and should not be enveloped in Kristeva's linguistic and cognitive theory of abjection. Yúdice (1996: 50) writes that:

> Because the 'other' is 'that absence in the interior from which the work paradoxically erects itself' (Foucault 1977: 66), it does not exist. On this view the aesthetic is the

---

17 For this volume George Yúdice has written "De la guerrilla a la guerra cultural: Testimonio, postmodernidad y debate sobre la autenticidad", an essay which updates his thinking in two previous text on testimony: "Testimonio y concientización" (1992) and *"Testimonio* and Postmodernism" (1996). Here I quote from *"Testimonio* and Postmodernism" in Gugelberger (1996).

18 In this regard Yúdice stands in disagreement with Elzbieta Sklodowska (1990-91: 113) who claims that:

> [testimonios] no representan una reacción genuina y espontánea del 'sujeto-pueblo multiforme' frente a la condición poscolonial, sino que sigue siendo un discurso de las élites comprometidas a la causa de la democratización.

19 In this regard it is interesting to observe that two recent and widely read books on testimony dealing with battlefield survivors, victims of the Holocaust, ignore completely Rigoberta Menchú as well as the accompanying debate on testimony among students of Latin America. See Felman/Laub (1992), see also Caruth (1996).

experience of this generalized limit that takes on the guise of women, death, monsters, savages, 'the heart of darkness', in sum all that is abject.

Yúdice (*ibid*.) goes on to show that for Kristeva as for Joan Didion (*Salvador*, 1983):

[...] abject and abjection are my safeguards. The primers of my culture [...]. The abject is lined with the sublime.

Thus the experience of the abject becomes "hegemonic postmodernism's privileged aesthetic principle. It is in the experience of the ineffable, often referred to as *jouissance*, at the limits of reality" (Yúdice 1996: 51) that Kristeva celebrates the corpse. However, for Kristeva, as for Didion, the "experience of limits has nothing whatsoever to do with any empathy with the marginalized persons to whom violence is being done" (*ibid*.). Thus the violence, that for Kristeva limits and safeguards *her* culture and is the very horror that Didion finds unrepresentable in her tour of El Salvador, is taken up by testimonial writing in its refusal to accept the invisibility of the anonymous (abject) other as self for itself.

For Yúdice the counter-hegemonic power of testimony resides in the sense of representation that undergirds the writing of Rigoberta's collective witnessing. "Representation for Menchú then, is something quite different from classical political representation" (*ibid*.: 56). This concept and practice of representation is founded on the idea of the *nahual*, that is on another epistemology.

As a manner of contrast with the problematic of the testimonio as its challenge to Western epistemology, the essay by María Inés Lagos Pope casts a long and comprehensive look at the feminine *Bildungsroman* in Spanish America. Not surprisingly, she finds that most of the young women whose lives are memorialized in this kind of fiction belong to middle or upper class families. Wishing to explore a large corpus which spans in time from 1924 with the publication of *Ifigenia* (1924) to the *Hagiografía de Narcisa la Bella* (1985), Lagos Pope finds definitive patterns in the deployment of narrative strategies, the type of protagonist, and the mother-daughter relationship. The heroines of these novels turn out to be exceptional and rebellious girls who question their assigned (subordinate) role in society. The narrators of these stories alternate various fragmented voices and points of view, as if somehow, coming to voice were one of the most pressing and difficult acts to learn in the drama of attaining a self independent from the identity of the parents. One of the most interesting findings of this essay is the double feminine model that the girls must both attempt to emulate and reject. In colonial or post-colonial societies the mother-nanny double twists and turns the gender, class and race strands into complicated, painful and joyous patterns. Lagos Pope finds that these feminine tales of growing up differ from the European "model". This turns out to be so, in my opinion, because in "model" Marianne Hirsch's study (1979) of the mother-daughter relationship, the failure to consider the religious-cultural dimension, cripples the universalizing gesture of psychoanalysis. To this key absence one should add the fact that the religious matrix of Latin America, for the period in which these novels were written, continues to be its own colonial Catholicism and the Hirsch study assumes a bourgeois, Protestant and/or Jewish modern bourgeois milieu.

The problematics of representation, mother-daughter relationships, the gender cultural specific interdiction of women's coming to voice, canonicity, going public and winning Nobel Prizes, are all daunting and scary propositions. What is a young woman, growing up under the shadow of Sor Juana Inés de la Cruz, Flora Tristán, Gabriela Mistral, César Vallejo, the reflective light of Borges, the global success of García Márquez and the exigencies of feminisms and theoreticism to do? The poetics of zafarrancho (emergency mixture of all odds and ends) seem like a good light-hearted and yet serious and very postmodern approach to the weighty past in search for a place from which to speak to the future. Such was the gesture of a group of emerging Peruvian poets in the later 1970's. In other quarters the desire for "lite" as "Coke Lite" had created an enormous market for entertaining novels. In "Estéticas complacientes" Susana Reisz, who has also written on zafarrancho, examines the phenomenon of the best-selling women writers.

Just a short decade ago the novels by Isabel Allende, Laura Esquivel, and Ángeles Mastretta were enthusiastically received by a sector of feminist critics. In the last few years there has been, however, a correction in that evaluation. More and more frequently this kind of mimetic writing —with "lo real maravilloso" as the "model" on which the reception is based— is being questioned (see Franco 1996). Reisz writes to explain the change of attitude and her own change of heart towards the "novela multimediática" and the "new age" narrative such as Laura Esquivel's *La ley del amor* (1995), Isabel Allende's *El plan infinito* (1991) and Marcela Serrano's *Nosotras que nos queremos tanto* (1991).

Reisz finds that beyond the García Márquez mimetism that characterizes the novels by Allende and Esquivel there is also a rampant deployment of a "feminismo romántico" that combines "los paradigmas de la moderna 'mujer-maravilla' [con los] de la 'self-made woman' en *El plan infinito*" (347), for instance. However, such findings make it necessary to problematize the emerging dichotomy between a classification that would polarize serious and radicalizing narrative as in the fiction of Cristina Peri-Rossi, Diamela Eltit, Carmen Ollé, Carmen Boullosa, and Maria Negroni and pulp, conservative fiction as in the best-selling products by Isabel Allende and others. For Reisz there also has emerged a group of writers who, like Reina Roffé, cultivate in the garden of the "textos desobedientes". Carmen Ollé's *Las dos caras del deseo* (1994) and Roffé's *La rompiente* (1998) engage a challenge to linguistic convention and established narrative forms that harbor a strong political-sexual message imbedded in the deliberate "desordenamiento de los significantes y en la disrupción de la racionalidad de la voz narrativa" (351). Reisz's ample reading of the panorama of recent women's writing and her search for valuative criteria that projects the formal experimentation onto a screen of contents and political signification is bolstered by Erna Pfeiffer's essay on Carmen Boullosa's historical novels. For Pfeiffer, Boullosa's descent into the obscure zones of history, her attraction for marginal and subaltern subjects —women, indians, nomads—

INTRODUCTION 33

represents a multiple and potentiated play of hybridity upon hybridity (278). In her descent into the history of silenced events and subjectivities Boullosa deploys:

> [...] un complejo proceso de destrucción y (re)construción que abarca todas las variantes desde [el] desbaratamiento de estructuras absoletas y cuestionamiento/negación de mitos anquilosados, rescate de lo reprimido/marginal hasta (re)invención de lo olvidado/obliterado, en una palabra: deconstrucción (274).

Pfeiffer advances the notion that Boullosa's historical vocation may indeed stake out a leftist feminism within postmodern conditions.

The coincidence of a deconstructive and disordering engagement with received narrative forms, with language itself, and the writing of the specificity of the conditions of the women who write "her" "self" appears as the strongest constant in all these essays. There emerges a rising tide that enables critics to theorize on women's writing from the very texts at hand. It is the text's work of disordering, creation of alternate voices, disobedience and transgressions, silences and testimonial strategies that flex, question, contest and even break metropolitan theory, feminist or otherwise. Writing against the grain requires, by definition, the will, the knowledge and the capacity to read against the grain of dominant paradigms of interpretation. If the woman writer is to move beyond the conundrum of repetition and resistance, even if that resistance is read as deconstructive, there needs to emerge an opening onto another vision.

Testimony still maintains that energy and so does the work of several women writers among whom the most outstanding are Diamela Eltit and Reina Roffé, for they break with the dynamics of the silence that is imposed both internally and externally. Writing on Sor Juana Inés de la Cruz, Octavio Paz (1988: 5) remarks, in an almost personal note, on the power of the internal inquisitor:

> The implicit prohibition is the most powerful; it is what is never voiced because it is taken for granted and therefore automatically and unthinkably obeyed [...]. In the modern world, the system of implicit authorization and prohibitions exerts influence on writers through their readers.

With her first novel, *Lumpérica* (1983) Diamela Eltit broke through the entire architecture of the ideology of the novel as a patriarchal legacy and with *La rompiente* (1987) Reina Roffé broke with her previous work as well as through the curtain of silence that the Argentine Dirty War has imposed on so many.

In "Qué escribimos"[20] Roffé states that her novel recovers memory: the memory of a personal itinerary contaminated with the memory of a historical process. In her essay on *La rompiente* Mary Beth Tierney-Tello notes that Roffé understands that women's

---

20 Quoted here in Tierney-Tello, "Reading and Writing a Feminist Poetics: Reina Roffé's *La rompiente*" (283).

quest is not simply a question of "writing the body", but of "woman being able to express femininity in a way different from the one imposed upon her" because otherwise what we have is body mascarading as feminine which reveals itself in relation to masculinity (292). This novel struggles with the demand for finding a subjectivity, as process and product, which breaks the censorship of the State as well as with normative representations of woman. Tierney-Tello argues that in achieving the effect of a subjectivity that encompasses both aspects of acting —actor as subject to a social script and acting as social agent— Roffé does in fact inaugurate a woman's poetics of authorship that is grounded on a struggle between writer and reader, speaker and listener. Nothing could be further from the pleasing rhetoric of the "lite" narrative or from the endlessly performative. For it is primarily in the acts of reading and writing (in silence):

> [...] in the various gestures of reading and writing performed in La rompiente, that
> Roffé locates the transformation she needs to construct a subjectivity of her own (293).

La rompiente, like *Lumpérica*, a few years earlier, achieves its textual transformation, from silence to subjectivity, by disordering discourses, by accumulating contradictory subject positions and allowing a panoply of ambiguities to coexist at the expense of narrativity. The result in both "novels" is the re-embodiment of the feminine subject that emerges, illuminated, on the written page[21]. It is not a question of finding a buried origin or a deeply subsumed female body. Both novels stride away from all essentialism and portray instead a constant process of becoming which begins everyday with the blank page, with the blank time of everyday time and therefore posits the self as a work in progress.

In "Tres caricias" Áurea María Sotomayor reaches out to touch, as a melody touches our sense of hearing, three other major works by Diamela Eltit: *El padre mío* (1989), *El cuarto mundo* (1988) and *El infarto del alma* (1994). It is well known that in these texts Eltit, once again, moves well beyond existing limits of genre, gender, sexuality,

---

21 For a discussion of the question of the body in pain in *Lumpérica* and Rigoberta Menchú see Castro-Klarén (1993). In the afterword to his translation of *Lumpérica* into English Ronald Christ (1997) carries out an unusually insightful analysis of the novel's relentless deconstruction of language, narrative rhetoric and established knowledges. He illuminates the complex significations imbedded in the novel by placing particularly difficult or obscure segments of *Lumpérica* next to the less obvious "originals" or "sources" at play. Christ (1997: 227) believes that such a reading procedure reveals more "than watching the novel through the lenses of contemporary theorists". Lacan for instance has been acknowledged by Eltit as having been one of her early "sins". Christ goes on to say that "the aboriginal repeatedly asserts itself in the novel, not only in quotations but also in the diction" (*ibid.*). Thus we are invited to think of Eltit's work in relation to Yúdice's arguments on testimonio's own way of knowing as well as Rodríguez's sense of the solidarity among the former women insurgents, for these are uniquely Latin American historical developments which as such contest the universalizing power of "theory".

rationality and modalities of knowing and perceiving. Sotomayor investigates the question of deciding "how and from where does one speak"? Sotomayor returns to one of the vexing questions in feminist theory: is there an otherness outside of sexual difference? In the work of Diamela Eltit, and through Luce Irigaray's sense of parody and excessive irony, Sotomayor finds:

> [...] una vertiente agresiva de lo que sería una mimesis histérica [...] conjuntamente con un elemento utópico que funde el barroco eltiniano de lo marginal y la vocación performativa de su obra (319).

Perhaps the most interesting insight in this essay concerns the idea of an ethics founded on love, that is the key point that differentiates Eltit's narratives from the angry feminism of the mad woman in the attic and which proposes the language of love as the speech of the alienated voices that filter up through the cracks opened on the surface of the visible and normative.

Women, inasmuch as they occupy a subaltern position, have in fact been exploring divergent modalities of "speaking" for themselves and about their contingent position in the world. *Talking Back* (1992), the ingeniously titled book by Debra Castillo, advances decisively the desire of many feminist critics to begin theorizing woman from Latin American texts[22]. In her essay in this volume Castillo, once again takes up the challenge, and writes with great insight into the feminist theory imbedded in the work of Rosario Castellanos. Keeping in mind what Sylvia Molloy has called the "scandalous oxymoron" of a woman writer, Castillo points out that Castellanos does in fact see writing as surface without depth and that instead of offering recipes for how to achieve the (male) desired depth, Castellanos encourages women to "celebrate and polish the superficial as their particular charge in the world of letters" (369). Castillo believes that Castellanos strikes a "radically subversive" proposal. It calls for nothing less than the re-examination of our entire set of literary values in which depth occupies the central position. Castellanos's transvaluation of silence as the place where women can begin to invent themselves (367) constitutes the place for a counter-hegemonic response to the official silencing that accompanies the "dizzying dance of negativity" (362) that surrounds women. Castillo takes with verve and gusto the problem of Euro-North American theory and the possible relation between the work of feminists who study Latin America in the North and Latin American women writers and scholars and in so doing recognizes the urgency for a general debate on the geopolitics of knowledge.

If the powers of domination operate from a matrix of "desmemoria" and if the present conversion of individuals into blind consumers of sex and all other possible

---

22 In various occasions I have written indicating the need to theorize from the writing of women in Latin America as well as the need to refashion the values that organized a literary canon in which women had not written or what they had written was only of secondary value. See Castro-Klarén (1989).

pleasures, also relies on the forgetting of local histories and identities and communities, this volume on women's writing and feminist criticism is an appeal to the constitution of a long and communitarian memory. The authors of the superb essays collected here engage not only the history of Latin American letters, the making and remaking of the canon, but also the major tenets of both postmodern and feminist theory in order to bend them, inform them and re-create them in light of the Latin American experience. They offer multiple, historical, answers to the question: "what is a woman?". As intellectuals, the women writers who appear in the pages on these essays confront, as concrete and often agonizing subjectivities, not only the challenge of "what can I know", as in Sor Juana and Victoria Ocampo, but also wrestle with the possibility of (ethical) action in the world as in case of Rigoberta Menchú and Diamela Eltit.

Bibliography

Works

Beauvoir, Simone de. (1949). *Le deuxième sexe*. Paris: Gallimard.
Cisneros, Sandra. (1984). *The House on Mango Street*. Houston: Arte Público Press.
Menchú, Rigoberta. (1983). *Me llamo Rigoberta Menchú, Y así me nació la conciencia*. Barcelona: Editorial Argos Vergara.

Critical Works

Arenal, Electa/Schlau, Stacey. (1989). *Untold Sisters: Hispanic Nuns in Their Works*. Albuquerque: University of New Mexico Press.
Beverley, John. (1996). "The Real Thing", in: Gugelberger, Georg M. (ed.). *The Real Thing: Testimonial Discourse and Latin America*. Durham: Duke University Press, pp. 267-286.
Borinsky, Alicia. (1993). *Theoretical Fables: The Pedagogical Dream in Contemporary Latin American Literature*. Philadelphia: University of Pennsylvania Press.
Burns, Kathryn. (1999). *Colonial Habits: Convents and the Spiritual Economy of Cuzco, Peru*. Durham: Duke University Press.
Butler, Judith. (1990). *Gender Trouble*. New York: Routledge.
Caruth, Cathy. (1996). *Unclaimed Experience: Trauma, Narrative, and History*. Baltimore: Johns Hopkins University Press.
Castillo, Debra A. (1992). *Talking Back: Toward a Latin American Feminist Literary Criticism*. Ithaca: Cornell University Press.
Castro-Klarén, Sara. (1989). "The Novelness of a Possible Poetics for Women", in: Vidal, Hernán. (ed.). *Cultural and Historical Grounding for Hispanic and Luso-*

Brazilian Feminist Literary Criticism. Minneapolis: Institute for the Study of Ideologies and Literature, pp. 95-106.
---. (1993). "The Body Lit or the Politics of Eros in *Lumpérica*", in: *Indiana Journal of Hispanic Literatures*. 1, 2: 41-51.
---. (1996). "The Subject, Feminist Theory and Latin American Texts", in: *Studies in 20th Century Literature*. 20, 1: 271-302.
Christ, Ronald. (1997). "Extravag(r)ant and Un/erring Spirit". *E. Luminata*. By Diamela Eltit. Santa Fe: Lumen, pp. 205-234.
Deleuze, Gilles. (1986). *Foucault*. Minneapolis: University of Minnesota Press.
Dreyfus, Hubert L./Rabinow, Paul. (1982). *Michel Foucault: Beyond Structuralism and Hermeneutics*. Chicago: University of Chicago Press.
Felman, Shoshana/Laub, Dori. (1992). *Testimony: Crises of Witnessing in Literature, Psychoanalysis, and History*. New York/London: Routledge.
Flax, Jane. (1990). "Postmodernism and Gender Relations in Feminist Theory", in: Nicholson, Linda J. (ed.). *Feminism/Postmodernism*. London: Routledge, pp. 39-62.
Foucault, Michel. (1972). *The Archeology of Knowledge and The Discourse of Language*. New York: Pantheon Books.
---. (1980). "Truth and Power", in: *idem.: Power/Knowledge: Selected Interviews and Other Writings 1972-1977*. New York: Pantheon Books, pp. 109-133.
Franco, Jean. (1989). *Plotting Women: Gender and Representation in Mexico*. New York: Columbia University Press.
---. (1996). "From Romance to Refractory Aesthetics", in: Brooksbank Jones, Anny/Davies, Catherine. (eds.). *Latin American Women's Writing: Feminist Readings in Theory and Crisis*. Oxford: Oxford University Press, pp. 226-237.
Gilbert, Sandra M./Gubar, Susan. (1979). *The Madwoman in the Attic*. New Haven: Yale University Press.
Gugelberger, Georg M. (ed.). (1996). *The Real Thing: Testimonial Discourse and Latin America*. Durham: Duke University Press.
---. (1996). "Introduction", in: *idem. The Real Thing: Testimonial Discourse and Latin America*. Durham: Duke University Press, pp. 1-19.
Hartsock, Nancy. (1990). "Foucault on Power: A Theory for Women?", in: Nicholson, Linda J. (ed.). *Feminism/Postmodernism*. London: Routledge, pp. 157-175.
Hirsch, Marianna. (1979). "The Novel of Formation as Genre: Between Great Expectations and Lost Illusions", in: *Genre*. 12: 293-311.
Kaminsky, Amy. (1993). *Reading the Body Politic: Feminist Criticism and Latin American Women Writers*. Minneapolis: University of Minnesota Press.
Lavrin, Asunción. (1983). "Women and Religion in Spanish America", in: Radforth Reuther, Rosemary/Skinner Keller, Rosemary. (eds.). *Women and Religion in America*. Vol. 2. San Francisco: Harper and Row.
MacClure, Kirstie. (1992). "The Issue of Foundations: Scientized Politics, Politicized Science, and Feminist Critical Practice", in: Butler, Judith/Scott, Joan W. (eds.). *Feminists Theorize the Political*. London: Routledge, pp. 341-369.

Marting, Diane E. (2001). *The Sexual Woman in Latin American Literature: Dangerous Desires*. Gainesville: University Press of Florida.
McCracken, Ellen. (1999). *New Latina Narrative: The Feminine Space of Postmodern Ethnicity*. Tucson: University of Arizona Press.
McKnight, Kathryn Joy. (1997). *The Mystic of Tunja: The Writings of Madre Castillo, 1671-1742*. Amherst: University of Massachusetts Press.
Mignolo, Walter. (1995). *The Darker Side of the Renaissance*. Ann Arbor: University of Michigan Press.
Moi, Toril. (1999). *What Is a Woman? And Other Essays*. Oxford: Oxford University Press.
Muriel, Josefina. (1946). *Conventos de monjas de la Nueva España*. Mexico City: Editorial Santiago.
Nicholson, Linda J. (ed.). (1990). *Feminism/Postmodernism*. London: Routledge.
Paz, Octavio. (1988). *Sor Juana or the Traps of Faith*. Cambridge: Harvard University Press.
Probyn, Elspeth. (1990). "Travels of the Postmodern: Making Sense of the Local", in: Nicholson, Linda J. (ed.). *Feminism/Postmodernism*. London: Routledge, pp. 176-189.
Rodríguez, Ileana. (1994). *House/Garden/Nation: Space, Gender and Ethnicity in Postcolonial Latin American Literatures by Women*. Durham: Duke University Press.
---. (1996). *Women, Guerrillas and Love: Understanding War in Central America*. Minneapolis: University of Minnesota Press.
Rubin, Gayle. (1975). "The Traffic of Women: Notes on the 'Political Economy of Sex'", in: Rieter, Rayna. (ed.). *Towards and Anthropology of Women*. New York: Monthly Review Press.
Scott, Joan. (1992). "Experience", in: Butler, Judith/Scott, Joan W. (eds.). *Feminists Theorize the Political*. London: Routledge, pp. 22-40.
Sklodowska, Elzbieta. (1990-91). "Hacia una tipología del testimonio hispanoamericano", in: *Siglo xx/Twentieth Century*. 8, 1-2: 103-120.
Spivak, Gayatry Chakravorty. (1988). *In Other Worlds*. London: Routledge.
---. (1992). "French Feminism Revisited: Ethics and Politics", in: Butler, Judith/ Scott, Joan W. (eds.). *Feminists Theorize the Political*. London: Routledge, pp. 54-85.
Stoller, David. (1968). *Gender and Sex: On the Development of Masculinity and Femininity*. New York: Science House.
Yúdice, George. (1992). "Testimonio y concientización", in: *Revista de Crítica Literaria Latinoamericana*. 36: 207-227.
---. (1996). "Testimonio and Postmodernism", in: Gugelberger, Georg M. (ed.). *The Real Thing: Testimonial Discourse and Latin America*. Durham: Duke University Press, pp. 42-57.

Stephanie Merrim

Brown University

STILL RINGING TRUE: SOR JUANA'S EARLY/POSTMODERNITY

In the opening lines of the introduction to his *A Sor Juana Anthology*, Alan S. Trueblood (1988: 1) states:

> From the city of Mexico, heart of the autocratic and theocratic viceroyalty of New Spain, the voice of Sor Juana Inés de la Cruz reaches us across a gap of three centuries, still fresh, still ringing true, at times sounding almost familiar.

Trueblood's statement poses the conundrum and challenge that this essay will explore. For how is it that a seventeenth-century nun, writing in a theocratic world on the margins of the margins of almost anything embracing modernity can still ring true, or even sound familiar, in a postmodern climate?

Of course, in obvious and important ways it is none too difficult to claim Sor Juana for our times and imperatives. Octavio Paz (1982) recuperates Sor Juana as a locus of the tensions of colonialism in his *Sor Juana Inés de la Cruz o las trampas de la fe*[1]. Although Paz (1982: 397) rather naïvely asks if "¿se podría ser *feminista* en el siglo XVII?", feminists recuperate Sor Juana as the heroic foremother of feminist writing in Latin America, as a woman against her times and for ours. Sor Juana's early modern defenses of the learned, writing woman and of women's reason in such works as her *villancicos* to Santa Catarina, her love poetry, the "Autodefensa espiritual", and the "Respuesta a sor Filotea de la Cruz" no doubt continue to move and inspire. Her ultimately fatal struggles with the power centers of the autocratic and theocratic colony render Sor Juana the bold tragic heroine so dramatically captured in the exemplary tale of María Luisa Bemberg's film, "Yo, la peor de todas". All of these issues still press upon us with force and poignance.

The present essay takes a complementary perspective. Still focusing Sor Juana as a woman writer, it pans out from her ever relevant feminism to those aspects of her writings that hold currency for a broad postmodern climate, aspects that ally the early

---

[1] The bulk of this article is based on various parts of my recent book, Merrim (1999), and is reprinted with permission from the publisher.

modern (and early modern feminism) with the postmodern[2]. With the aim of show-casing Sor Juana's works as something other yet no more or less than those of tragic heroine, I will examine sites of undecidability, category indistinctions, and issues of marginality embedded (for the most part, quite purposefully) by Sor Juana in her writings. Each of these issues suggestively approximates Sor Juana's *fin de siècle* perspective to our own.

To set the stage for the readings of Sor Juana's texts, let me first lay out the broad framework of Sor Juana's plural and disturbed early modern world, so evocative of the present postmodern climate. Linda Woodbridge (1984: 325) well characterizes the seventeenth century as a period of "yoked incompatibilities" that reflect a world "disturbed to the point of schizophrenia". Opening out even farther, as is well known Michel Foucault (1973) sees the seventeenth century less as a fixed construction than as a time of un-fixing, of unfastening and dissociation. For Foucault, the Baroque does not constitute an episteme unto itself but instead, in a hypertrophy of what is often considered Mannerism, largely entails the problematizing and dismantling of the Renaissance paradigm of similitude. Hence —and it is interesting that he takes Spain rather than France as his frame of reference— Foucault reads Velázquez's paintings and *Don Quijote* as reifying the demise of the harmonious "prose of the world" based on an unbroken chain of similitudes and as typifying a new non-order which dissociates signified from signifier, sign from referent. In the transitional times of the seventeenth century, similarity gives way to difference and fixity to instability.

The profound upheavals taking place throughout the Western world during the seventeenth century provide historical grounding and the necessary background for any theorizing of the era. It is practically incontrovertible that in political, religious, social, economic, and ideological terms, the seventeenth century, like our own, was a time of disorder and change. "'Tis all in pieces, all coherence gone; / All just supply, and all Relation" (Rabb 1975: 47), wrote Donne. Financial recession and poverty and plague, shifting demographics, inflation, a newly disempowered and impoverished nobility, among many factors, transformed its economic and social landscape. The revolutions

---

2 As the reader undoubtedly realizes, the designation "early modern" has been widely adopted to signal awareness of the expanded reaches of the period traditionally termed the "Renaissance". Innovations of the Renaissance developed not in isolation but within a larger chronology now thought roughly to include the period between 1450-1700, a period that introduces the factors that render it *early* modern and that link it with the modern in fundamental ways. As Leah S. Marcus (1994: 41) has written:

> [...] we are coming to view the period more in terms of elements repeated thereafter, those features of the age that appear to us precursors of our own twentieth century, the modern, the postmodern.

My essay focuses on that particularly fraught liminal period of the early modern, the seventeenth century.

of the Reformation and the Counter-Reformation continued to restructure the religious and political systems of Europe; the slow move toward the organization of the modern centralized state involved the breakup of empires and the configuration of national identities. Wars religious and secular, civil and international, consistently wracked Europe. Where the Reformation and Counter-Reformation had placed religious belief systems into question, the onset in certain countries of the Scientific Revolution during the latter half of the century subjected to systematic doubt all knowledge that had preceded it. In essence, these were *cultures of crises*, forged in the crucible of the larger battle between traditionalism and the problematic values of change and modernization.

If seventeenth-century Spain, as Paul Julian Smith (1987: 2) asserts, was the place of marginality or the supplement to Europe, then the Spanish colonies can be seen as the margin's margin. During the so-called period of stabilization, Spain strove to arrest its colonies in a frozen and artificial state, immune from the multiplex upheavals of the metropolis. At the same time, the increasing diversification and independence of New World economies, and with it the rise of criollo consciousness or patriotism, began to jeopardize Spain's stranglehold on its margins. Intermittent uprisings, natural disasters, and famines jarred the tenuous stability of the colonies. Isolated shards of modern thinking made their way through the semi-permeable curtain of cultural embargo, creating ever widening rifts in the monolithic enterprise of the Baroque colonial period, whose main thrust in the eyes of Spain "was immobility, spiritual, intellectual, cultural, social, political, and economic" (Leonard 1959: 223).

Equally permeable and lending itself to mobility against all odds was the "colonial echo chamber" (Harss 1986: 17) of Sor Juana's mind and works. From within the convent of San Jerónimo —whose walls were less unyielding than one might assume— she corresponded widely, conversed with members of the court and her fellow intellectuals, and made contact, to a degree impossible to determine, with contemporary developments. Her knowledge of Latin gave her exceptional access to Western literature. Her writings essayed and reenacted most of the poetic, dramatic, theological, and even philosophical discourses of her times in the metropolis, making her works a compendium of baroque culture in its diversity and syncretism. Sor Juana's self-creation as a learned woman effectively toppled many of the walls in which she was materially enclosed and positioned her within the dynamic, shaking world of early modern culture.

The shaking context and its shaking of the sign bear most famously in Sor Juana's works on her masterpiece, the *Primero sueño*. We will return at the end of the essay to the *Sueño* as a critique of the shaking context in epistemological terms; for now, we will consider the ending of the poem as an entry point for the matters of unseizability and indeterminacy in the nun's early/post/modern works. As scores of scholars have not failed to remark, the final lines of the *Sueño* —"[...] quedando a luz más cierta / el Mundo iluminado, y yo despierta" (1.974-5)[3]— destabilize the poem on more than one

---

3   Throughout the essay, I cite Sor Juana's works from Méndez Plancarte/Salceda's four volume edition of her *Obras completas* (1951-57), following their (now standard) numeration

count. They disclose the previously veiled identity of the poem's "I" and appear to ascribe some sort of revelation to that "I". But what is the nature of that revelation? Has she awakened to a conventionally baroque *desengaño*, to an acceptance of the failure of her quest? Or, like the night, "segunda vez rebelde" (1.965), has she determined to pursue her quest in the next night or in another sphere? Has she awakened to faith as the path to true knowledge? Has she gleaned, with the coming of day, some unstated illumination? The possibilities are legion and I will not attempt to exhaust or to explicate them here. For my intention is not to resolve the enigma of the poem's conclusion but to highlight its indeterminacy. Like Phaeton, one of the Mexican writer's most oft-invoked characters, Sor Juana has performed an act of great daring in the *Sueño* by detailing a woman's search for knowledge. At the very point that betokens full disclosure, however, Sor Juana places an abrupt closure of sorts, leaving the revelation shrouded in mystery and pulsating with unresolved implication. Sor Juana gestures toward a new script for women and draws on the resources of indeterminacy provided her by the baroque taste for things left unfinished, for open endings that surprise and titillate, to cloak her audacity.

The indeterminate, plural, opalescent ending of the *Sueño* refuses fully to place a triumphant ending on the Soul's quest. It disallows a reading of the *Sueño* as an unequivocally victorious moral tale by simultaneously indexing failure and success. In much the same way, Sor Juana's entire bulky corpus of self-representational works forecloses on the possibility of reading her as a continuous subject —or as a tragic or successful one. Much as Paz or Bemberg or anyone else may wish to shape Sor Juana's life into a coherent, exemplary story, her very writings on the self defy such univocal construction. In its stead, as I will now demonstrate, Sor Juana constitutes her self-representations as unresolvably contradictory, as a battlefield of competing self-images, a self-civil war. Caught in a maelstrom of emerging and residual elements, and in the crisis of the fame largely interdicted to the early modern woman, Sor Juana writes herself into the two "readable" (albeit mutually exclusive) scripts of exceptional, odd "Tenth Muse" and humble woman. She slides from one fiction of self-representation to another, bridging the stories that patriarchal culture has written for women (*vid*. Sidonie Smith 1987, chapter 3). In her fleeting moments of aggressively contestatory, self-assertive "unreadability", she fractures prevailing paradigms. My ensuing discussions of the context and the nun's texts will bring home that this is clinical narcissism of a most socially *man*dated and literary sort: a casting about for identity, a restless shifting between prescribed and proscribed selves in service of self-defense.

Much as Renaissance iconography represents Fame as a woman, fame was generally not *for* women in the early modern period. Women were expected to remain silent, enclosed in the home, not attracting public attention (Jones 1986: 74, 93, *et passim*). Nevertheless, in the early modern period learned women increasingly entered the pub-

---

of her texts. All poetry references pertain to volume 1; for ease of reference, rather than the page references I provide the line numbers for the *Sueño* and other long poems.

lic sphere. Nuns or otherwise, they continued to incite far more anxiety and disapproval than admiration. However, a means was carved out of the anti-female climate to accommodate the learned women when, for example, her achievements —as did Sor Juana's in the New World— could serve as a monument to Culture. No new paradigm embracing the learned woman without qualification yet emerged. Instead, the seventeenth century drew on the classical construct of the "Tenth Muse" (first applied to Sappho) to frame a space of exceptionality for learned women. This early modern paradigm allowed for an uneasy acceptance of the woman into the public sphere as well as for her containment, in a circumscribed and exclusive third space.

Keenly attuned to the mechanisms that channeled her fame, Sor Juana played into them and played with them. Engaging with her iconic status as a rara avis or strange bird, Sor Juana not only drew attention to her incongruity but in her poetic self-representations also developed something of an iconography of anomaly. Romance #48 humorously reconstructs her body into a logic-confounding sex beyond sex ("y sólo sé que mi cuerpo, / sin que a uno u otro se incline, / es neutro, o abstracto, cuanto / sólo el Alma deposite"; I will return to this loaded characterization). Sor Juana's last poem, Romance #51, from her most embattled days, vilifies her body as a monstrous "rústico aborto". Sor Juana subjects her body, together with her anomalous position as "Phoenix of Mexico", to parodic treatment in the epistolary Romance #49. Here the nun answers a poem (included in vol. 1 of the *OC* as Romance #48bis) sent to her by a gentleman recently come to New Spain in which he compares the Mexican writer, for her everlasting fame, to the phoenix, with its everlasting life. In this magnificent burlesque of her role as a prodigious Phoenix of Mexico, even as she writes herself as a monster, Sor Juana proves herself eminently aware of the equivocal benefits of being one. She is not unmindful of the advantages that accrue from her position as a rara avis, which makes her sui generis (ll. 31-32), autonomous (ll. 133-34), and safeguards her from others (ll. 163-64). Nevertheless, Sor Juana does not fail to register that the phoenix who thus finds herself exempt from categories and regulation is *also* a commercially expedient monster, a freak. In a sharp turnabout, the poetic speaker takes grave exception to the manner in which circus people have turned the phoenix into a sideshow freak whom they parade from town to town, charging an admission fee to see her. "No, not that!", the poem exclaims. No one, she says, will see this phoenix, who to avoid display has shut herself away under lock and key.

Sor Juana's iconography of anomaly, so neat a fit with the Tenth Muse paradigm as well as the baroque esthetic of the bizarre, rehearses a strategy that holds unlimited potential for the seventeenth-century woman —or criollo, or subalterns to this day. As she writes herself into the script of exceptionality, Sor Juana unmistakably exoticizes herself. In so doing, she essentially decolonizes the tropes of exoticism invoked by the colonizers in description of the New World. Self-exoticizing and self-othering would be one important literary platform on which criollos would erect their flailing, nascent self-identity (*vid*. González Echevarría 1993, chapter 6, 1996). Paz (1982: 86) asserts that in "este amor por la extrañeza cstán tanto el secreto de la afinidad del arte barroco con la sensibilidad criollo como la razón de su fecundidad estética". Moreover, self-exoticizing can easily be seen to lie at the heart of both the motivation and viability of the far more recent phenomenon of "magical realism" in both Latin American and U.S. Latino/a literature. Self-exoticizing, with its reverse Orientalism and mimicry, turns stereotypes to ideologically productive and, particularly in the case of recent texts, commercially profitable ends.

The preponderance of Sor Juana's self-representations, however, labor to undo the incendiary potential of her anomalous position as famed "Phoenix of Mexico" by adopting the more conventional subject position of a pained and humble woman. I take as an example of this subject position what was perhaps[4] and literally its first performance: the speech saturated with details from her life that Sor Juana places in the mouth of her idealized heroine, Leonor, in her Act 1, scene 2 of her first comedia, *Los empeños de una casa*, presented in court in October of 1683. Sor Juana avails herself of Leonor's speech to melo-dramatize her own life-story. She creates a readable version of her life fit for mass consumption. To the facts that we know derive from her life —she was beautiful, intelligent, prodigious, the object of fame— Sor Juana adds a fictionalized noble birth and the love affair with a "perfect" man that has prompted much speculation on the part of her biographers. Yet at the same time and in practically the same breath as she constructs her legend for the public, she deconstructs it. Sor Juana undermines her established public image by showing through Leonor the deleterious effects that natural gifts and fame have produced. What might strike an audience familiar with Sor Juana's reputation as her good fortune or *dicha*, she systematically reveals to have been misfortunes or "desdichas" (4.36). To wit: the good fortune of Leonor's noble birth has been tempered by an innate sadness, her celebrated beauty by an inability to love, her prodigiousness by the "ardientes desvelos" and "ansiosos cuidados" (4.37) that the acquisition of knowledge has cost her. The "fama parlera" to which Leonor devotes several stanzas has only distorted the reality of her person and parlayed her into a false "idol" (4.38). Falling prey to Leonor's public image, her parents relaxed their vigilance and allowed her to fall in love with Carlos —a love that has only occasioned "desasosiego y cuidado", "tragedias", and "agravios" (4.41). In sum, nobility, beauty, intelligence, and fame have only served to land Leonor in the sorry position she describes with unbridled pathos at the end of her speech as "sin crédito, sin honor, / sin consuelo, sin descanso, / sin aliento, sin alivio" (4.43).

Sor Juana has pressed the resources of drama into the service of autobiography and self-defense in order to inspire the audience's sympathy and to mitigate her dangerous public image. She furthers this *captatio benevolentiae* by having Leonor speak like a "woman". Befitting the angel heroine Leonor that incarnates, she now regrets her transgressions and invites her listeners in the play to share her woes (4.36). As do the real women of accomplishment whose autobiographies Patricia Meyer Spacks (1980)

---

4   The chronology of much of Sor Juana's early lyric production has not been absolutely determined.

describes in "Selves in Hiding", Leonor exposes the dark personal underside of an outwardly successful life. And in what effectively constitutes an abjuration of the flaming phoenix, Leonor refers to her "recato" and to the "afable modestia" with which she defended herself against fame's praises. Leonor emerges as a female character so conventionally modest that she recoils from discussing the reasons for her fame and who perfectly articulates the double bind of humility:

> [...] si digo que fui / celebrada por milagro de discreción, me desmiente / la necedad del contarlo; / y si lo callo, no informo de mí [...] (4.37).

A host of poems —including Sonnet #150, *romances* #2, #56, #57, and almost all of her poems on the self-as-writer— manifest the signature features of Sor Juana's first-person poetic subject displayed by Leonor. This signature persona acquires ironic pathos and enhanced relief when placed over/against the counter-self that issues from the tantalizingly self-assertive "Autodefensa espiritual". Thought to have been written shortly before *Los empeños de una casa* (in 1681-82?), the "Autodefensa" is the only piece of Sor Juana's personal correspondence that we possess[5]. In it, Sor Juana ultimately dismisses her confesor, Antonio Núñez de Miranda, for having fanned the flames of her crisis of fame by slandering her "públicamente con todos" (Tapia Méndez 1986: 23). Sor Juana may have suffered from his public slander, but she is far from chastened. In fact, the "Autodefensa", a private document, flaunts that rarest of all emotions in early modern women's writing, ANGER. Anger permeates the letter for, as Sor Juana herself puts it, she has reached the boiling point: "Pero a Vuestra Reverencia no puedo dejar de decirle que rebosan ya en el pecho las quejas que en espacio de los años pudiera haber dado, y que pues tomo la pluma para darlas, rearguyendo a quien tanto venero, es porque *ya no puedo más*" (*ibid*.: 23; my emphasis). Attacking Núñez before she breaks her ties with him, Sor Juana here assumes an offensive subject position that is almost unique in her writings. She marshals an arsenal of verbal devices that include sarcasm, irony, caustic accusation through rhetorical questions, and the vocabulary of invective ("vituperio", "aborrecimiento", "repugnancia", and so on). Outrage links up with the impeccable logic Sor Juana never abandons to produce such superb frontal attacks as the following:

> Porque si por contradicción de dictamen hubiera yo de hablar apasionadamente contra Vuestra Reverencia como lo hace Vuestra Reverencia contra mí, infinitas ocasiones suyas, me repugnan sumamente [...] pero no por eso las condeno, sino que antes las venero, como suyas y las defiendo como mías; y aun quizá las mismas, que son contra mí, llamándolas buen celo, sumo cariño y otros títulos que sabe inventar mi amor, y reverencia cuando hablo con los otros (*ibid*.: 23).

---

5 *Vid.* Scott (1988) and Alatorre (1987) for discussions of the authenticity of the "Autodefensa". I should note that it is not known whether the letter was sent.

Eroded by sarcasm, the language of loving fealty to her confessor here and elsewhere in the letter reveals itself as mere rhetoric, a ballast against his hatred.

In the even more ironic "Respuesta" (of which the "Autodefensa" is a blueprint), Sor Juana refers more than once to her candor. In the nakedly emotional context of the "Autodefensa" we are more inclined to accept her statement at face value when she writes "no sé decir las cosas, sino como las siento" (*ibid*.: 25). One is similarly inclined to believe two of the most modern-sounding of all of Sor Juana's self-descriptive statements: that "ni yo tengo tan servil naturaleza, que haga por amenazas, lo que no me persuade la razón" and "no soy tan mortificada como las otras hijas, en quien se empleara mejor su doctrina" (*ibid*.: 23). Writing *to* a man (as distinct from the Sor Filotea of the "Respuesta", a man masquerading as a woman), for once Sor Juana writes with anger *like* what the seventeenth century would call a "man" and represents herself almost *as* a "man". This is no servile woman or nun. This is the opposite of the Leonor, and as such, it suggests that Sor Juana has scapegoated the self in the majority of her self-fashionings to effect her self-defense. As she writes in the "Respuesta", "¡Rara especie de martirio donde yo era el mártir y me era el verdugo!" (4.452).

Each of the necessary, if contradictory, strategies of self-representation that the foregoing pages have presented reaches final expression and efficacy in the summa of Sor Juana's self-defenses, the "Respuesta". Here Sor Juana replays her fame and alludes to its dark underside ("¿Quién no creerá, viendo tan generales aplausos, que he navegado viento en popa y mar en leche, sobre las palmas de las aclamaciones comunes?" [4.452]). She styles herself as a prodigy ("cuando vine a Méjico se admiraban [...] de la memoria y noticias que tenía en edad que parecía que apenas había tenido tiempo para aprender a hablar" [4.446]) or "madwoman", albeit one elected by God: in the narration of her "inclinación" toward learning, she terms her thirst for knowledge "mi locura" (4.459) and states, "traje mi mayor enemigo en esta inclinación, que no sé determinar si por prenda o castigo me dio el Cielo" (4.447). She refers to her "natural tan blando y tan afable" (4.451) and aligns herself with patriarchal denigration of the female ("¿Por ventura soy más que una pobre monja, la más mínima criatura del mundo y la más indigna de ocupar vuestra atención" [4.441]). At the same time, she rises to an offensive subject position reminiscent of that of the "Autodefensa" in audaciously comparing herself to Christ since both have suffered unwarranted persecution and martyrdom. And in the less personal *prueba* section of the "Respuesta", that section which adduces general proofs to support a point, Sor Juana defines ignorance as being fit only for arrogant males (4.463), and asserts her freedom to take issue with the sermon of Father Vieira ("Mi entendimiento tal cual, ¿no es tan libre como el suyo, pues viene de un solar?" [4.468]).

In the end the civil war of self-representations that is the "Respuesta", an *ars combinatoria* of the "topics" of her self-fashioning *and* of the battling synchronic energies in terms of early modern scripts for women, well serves Sor Juana's needs. As I have discussed elsewhere[6], the catechrestic "I", oscillating between flaunting, vacating, and

---

6   I discuss this matter, in somewhat different terms, in Merrim (1987).

asserting Sor Juana's identity as a learned woman found in the "Respuesta" ultimately testifies to the nun's instability —as an "I" possessed by God and thus divested of agency or responsibility for her actions. Latin American women writers of our less monolithically theocratic times may not take recourse to precisely the same ultimate tactic, but they do (I think here, for example, of Silvina Ocampo, Clarice Lispector, Alejandra Pizarnik) position their characters within contradictory scripts for women and endow them with a visionary madness, subverting the patriarchally inspired "madwoman in the attic" topic of more recent times.

As Sor Juana flirts with contradictory literary identities, she also transcends gender categories, incurring category indistinction. Enabling her efforts was the fact that in the 1680s Sor Juana found herself in an exceptional position of privilege. In Mexico and in Spain she was the famed mix of a nun-poet, an icon of New World Culture. She was firmly supported between 1680-88 by the viceroy, the Marquis de la Laguna, and vicereine María Luisa, the Marquise de la Laguna and Countess de Paredes in her own right. Having free access to the power center of colonial Mexico, Sor Juana enjoyed a conditional immunity from reprobation or regulation. And enjoying a conditional immunity, Sor Juana wrote with a notable impunity. Her light-hearted comedias, her love poetry, that is, the majority of her secular works, are believed to date from the 1680s. During this period, Sor Juana literarily cross-dresses. Breaking literary rules, she freefalls between male and female personae; playfully making herself "diversa de mí misma" (Romance #51), she evinces boundless sexual permutability in a literary space that, very much in the terms of José Donoso's novel, constitutes a *lugar sin límites*. Sor Juana effectively reenacts the potency of fame and favor to defy limits with her literary cross-dressing, coextensive and coterminous with her glory days. In this figuration of freedom, a series of poems finds Sor Juana freely crossing boundaries by speaking as a female lover *or* as a male lover. The blazing gap or *écart* between Sor Juana's known status as a nun and her assumed poetic roles as male and as lover invites the reader to imagine Sor Juana freely reimagining and positioning herself. Just the opposite of a fully embodied poetic presence that presumes a relationship of identity between poet and poetic speaker, these poems are the space of free-flowing reembodiment.

Moreover, in a couple of poems, Sor Juana reimages herself into a third sex outside sex —that is, into (not just boundary but) border-crossing incarnate as she troubles gender categories. In Romance #19, she draws on the Neoplatonic solution that souls have no gender to write love poems to another woman ("Ser mujer, ni estar ausente, / no es de amarte impedimento: / pues sabes tú, que las almas / distancia ignoran y sexo"). In Romance #48, referred to earlier, Sor Juana tells the gentleman from Peru who told her to be a man that she isn't even a woman. If, as Saint Thomas maintained and as Sor Juana appears to follow[7], woman was created solely to fulfill a reproductive function, then "a mí no es bien mirado / que como a mujer me miren, / pues

---

7   Commo McLaughlin (1974: 217) explicates Saint Thomas's notion of the creation of males and females, and states that for the author of the *Summa Theologica*:

no soy mujer que a alguno / de mujer pueda servirle" (ll. 101-104). Her condition as a virgin constitutes androgyny ("es común de dos lo Virgen" [l. 100]). Hence, as the nun goes on to state, her body is neutral, abstract, only a repository for the Soul. Here Sor Juana verbally fashions herself into a third sex and tacitly refashions her neutralizing nun's habit into a category-confounding cross-dressing. As are her poems, it is a site of privileged border-crossing, of transformative potency, of gender undecidability.

The troubling of gender categories, undecidability, and the enabling aspects of tradition all come into play in what might be considered some of the most audacious of Sor Juana's poetic acts. I refer to her conceivably homoerotic poems to her protectoress, the Countess de Paredes (for example, Romance #19, Redondilla #90, Décima #125, Glosa #142, Soneto #179). Based on these poems, Bemberg's film portrays the relationship between the two women as an unequivocal, if repressed, lesbian love. Despite the appeal that the presence of a love interest, lesbian or otherwise, in Sor Juana's largely bookish life might hold for the film or its public, the complex protocols of the poems in their own write suggest an engagement with power and literary tradition equal to or surpassing their or her involvement with the Countess. In chapter 14 of his book, Paz directs our attention not to Sor Juana's homo-eroticism but to her self-*interests* as he asserts that the nun's poems of loving friendship express her affection more for the body politic than for the "body" of the vicereine. He writes:

> En los poemas de sor Juana a la condesa de Paredes encontramos todos los motivos de la poesía erótica tradicional [courtly love poetry] transformados en metáforas de la relación de gratitud y dependencia que unía a la monja con la virreina (Paz 1982: 268).

Sor Juana's love poems to women would thus be poems of vassallage raised to an amatory power. Indeed, Sor Juana's poems celebrating one woman's rational, Neoplatonic love ("amor del entendimiento") for another unmistakably inscribe themselves in the courtly mode that exalts the beloved and revels in the services of love. As distinct from Sor Juana's always conflictive heterosexual love poems that excoriate the trials and ravages of love's madness, in the poems to the vicereine courtly love is no longer problematized or viewed as problematic.

No doubt the unswerving —in both the literal and the Bloomian sense— adherence to the courtly model found in the love poetry to women favors a political explanation of the poems. On the other hand, just when Sor Juana's love poetry becomes most highly audacious, it also reverts most undisjunctively to the courtly mode. We might say of this maneuver of Sor Juana's what Mary Gaylord has observed of Lope

---

[...] the female, although possessing a rational soul, was created solely with respect to her sexuality, her body, as an aid in reproduction for the preservation of the species.

As she does with other problematic male views, Sor Juana would appear in Romance #48 to be recuperating Saint Thomas's conception for her own purposes.

de Vega, that his "most intensely confessional verses tend also to be the most profoundly imitative" (Gaylord 1986: 224). The same protective imbrications are at work in Sor Juana's appeal to Christianity's vision of the gender-neutral nature of souls ("las almas / distancia ignoran y sexo") and to Neoplatonism's "amor del entendimiento" in what proves to be a highly expedient, topical early modern defense of homosexual love Paz (1982: 284) writes:

> Sin el estricto dualismo platónico [the separation of soul and body], sus sentimientos y los de María Luisa se habrían convertido en aberraciones.

Further, Sor Juana had at her disposal, and indeed, extensively utilized vehicles other than outright and fervent love poems to express her ties to the body politic (i.e., praise poems and occasional poetry).

In light of all of the preceding arguments, I would call for a balanced view on Sor Juana's woman-to-woman love poetry, one that does not discount any of the factors in what is clearly a well-plotted, unresolvable conundrum. Trueblood, among others, provides such a view[8]. Trueblood (1988: 13) describes Sor Juana's love poems to women as containing:

> [...] a mixture of love and friendship in which affection, devotion, gratitude, respect and a Neoplatonically accented idealization all have a part. There is more than a touch of flattery at times and, most of all perhaps, a need for closeness to another person.

The explanatory note or *advertencia* to Sor Juana's *Inundación castálida* (Madrid, 1689), arguably by Sor Juana herself, also posits this tangle of factors:

> O el agradecimiento de favorecida y celebrada, o el conocimiento que tenía de las relevantes prendas que a la Señora Virreina dio el Cielo, o aquel secreto influjo (hasta hoy nadie lo ha podido apurar) de los humores o los Astros, que llaman simpatía, o todo junto, causó en la Poetisa un amor a Su Excelencia con ardor tan puro, como en el contexto de todo el libro irá viendo el lector (Romance #16; my emphasis).

Not only self-interest and gratitude, but also intimate acquaintance with and love for the Countess de Paredes, and appreciation of woman-to-woman rational love feed the aptly characterized "secreto influjo" that motivates Sor Juana's unseizably multiple love poems to women.

---

8 Paz also provides such a view, if a slightly less human one, when he writes (1982: 283):

> Estas piezas eran, a un tiempo —o como dice la nota: *todo junto*—, poemas cortesanos y homenajes de gratitud, incienso palaciego y declaraciones de una amartelada platónica.

To probe Sor Juana's relationship with women is also to open up the large, important, and underexplored matter of her place in early modern feminist debates, especially those of female writers[9]. Was Sor Juana, in the margins of the margins, familiar with the debates on women known as the *querelle des femmes* that circulated unceasingly throughout Europe from their inception in Boccaccio's biographies of virtuous women in his *De Mulieribus Claris* (ca. 1380) and Christine de Pizan's *Book of the City of Ladies* (1403-04) to the eighteenth century? Electa Arenal and Amanda Powell, in their excellent bilingual edition of the "Respuesta", rightly identify Boccaccio as a source for Sor Juana (particularly in her catalog of illustrious women, a feature common to Pizan, Sor Juana, and most *querelle* argumentation) and assert their belief that Sor Juana knew Christine's text (Arenal/Powell 1994: 124, 126). Listened to carefully, Sor Juana herself articulates an awareness that she writes in a tradition of feminist debates: in the list of outstanding women just mentioned, she employs the *brevitatis formula* and states that she will omit further names of women "por no trasladar lo que otros han dicho" (4.462). Although Sor Juana in all likelihood refers to Boccaccio, her words need not limit us to pinpointing yet another of the nun's sources or to arguing for Sor Juana's direct knowledge of specific early modern feminist texts. Rather, they may prompt us to re-place the "Respuesta" in the *querelle*, and from there, to contemplate Sor Juana's relationship to this established debate in terms of the placement of the margins vis-à-vis the center.

The building blocks of the *querelle des femmes* remained remarkably constant over the early modern period. They have been grouped into three areas[10]. First, as I have already suggested, participants in the *querelle* argued by example. In their catalogs they cited exemplary women who belie and defy misogynist constructions of the female sex. Second, they argued by authority, pitting the words of the patriarchs themselves against patriarchal misogyny. That is, employing proof texts to support their positions, they quoted a wide range of male writers considered authoritative —biblical, classical, or contemporary— who defended women. Though such authorities were not entirely lacking, pro-female writers often resorted to cleverly manipulating their words, taking them out of context or glossing them to suit their purposes. Finally, the feminists argued by means of sheer reason. They constructed polemical texts that appealed to self-evident

---

9   Although Arenal/Powell (1994), as noted in my text, do suggest Sor Juana's connections to the *querelle des femmes* but do not probe the matter in great detail. Even Octavio Paz's (1982) purportedly exhaustive and massive study, so expansive and universalizing on so many other fronts, fails notably to add to our knowledge of her place in a wider female literary milieu. He perpetuates what I call the "Tenth Muse Trap" – the tendency, in terms of women's writings, to view Sor Juana's literary production as an isolated ex-centric phenomenon.

10 Maclean (1977) in chapter 2 and Henderson/McManus (1985) in chapter 1, divide *querelle* argumentation into the three categories.

common sense, that displayed an admirable internal logic, and that deflected onto men precisely the same accusations that they had levied against women, all of which tacitly undid misogynist claims that women were lacking in reason.

Anyone familiar with Sor Juana's "Respuesta" will already have recognized in the foregoing description of *querelle* techniques the essential ploys that the reply uses to defend women's learning. The same reader will also now begin to hear an uncanny doubling of voices between an author writing from the margins and one who writes from France, an important center of feminist debates: Marie le Jars de Gournay (1565-1645), the first early modern female to publish separate feminist pamphlets in her country ("Egalité des Hommes et des Femmes" in 1622, and "Grief des dames" in 1626). Both of these texts exhibit de Gournay's characteristic audacity and brio. As an uncompromisingly independent woman who led her own salon, unlike Sor Juana de Gournay was unconstrained and unrestrained in asserting radical opinions no matter what opprobrium they might incite. Yet a reading of the first of her defenses of women finds the outspoken, wickedly clever de Gournay structuring her argument along the same lines and using the same tactics as the restrained, equally clever (and at times wickedly so) Sor Juana. The parallels are at heart mechanical, and I mean them to be; at the same time, they demonstrate how similarly two similarly learned, acutely intelligent women could and did extrapolate from the set features of the *querelle*, to great polemical effect. Neither author swerves from the *querelle*, which channeled and authorized their feminist voices. Rather, as if in chorus or in tandem, both maximize the potential of the debate in the same directions by bringing to bear on it their special energies and abilities.

Reason and erudition form the cornerstone of both authors' texts. In the spirit of the Christian doctrine of the baptismal equality of souls invoked more than once by Sor Juana in her poetry, de Gournay argues reasonably not for the superiority of women but for the equality of the sexes (de Gournay 1989: 15)[11]. Sor Juana riddles her text with an erudition so dense as to make it almost inaccessible to the modern reader. De Gournay cites in rapid succession a gamut of authorities ranging from Plato to Saint Jérôme to Montaigne. Clearly, from their disadvantaged position as women, they both argue primarily through authority. Sor Juana overtly subscribes to this strategy, among many ways by placing some of her most audacious arguments (such as a woman's right to private study) under the auspices of Dr. Juan Díaz de Arce, noted theologian and rector of the University of Mexico, and by explicating Saint Paul's dictum that women should be silent in the church[12]. Sor Juana willfully transforms the arguments of another noted misogynist, Saint Jérôme, by taking them out of context and manipulating them to support her contention that women should be educated. De Gournay goes so far as to transfigure that staple of the misogynists' arguments, Aristotle, into a defend-

---

11   I cite from the only English translation of de Gournay's "Egalité" (1989). Both of her feminist tracts can be found in French in the edition by Milagros Palma (1989a).

12   On Sor Juana's fascinating explications of Saint Paul, *vid*. Scott (1985).

er of women (*ibid.*: 18). Nor does de Gournay fail to support, as do Sor Juana and almost all defenders of women in the seventeenth-century *querelle*, women's education, proposing a radical view of women's unlimited abilities.

Both de Gournay and Sor Juana, in any case, construct their most shockingly extreme, imaginative, and magisterially reasoned key arguments around Christ himself. Sor Juana, as mentioned earlier, devotes an astonishing section of the "Respuesta" to comparing herself with the ostracized and martyred Christ. For her part, de Gournay queries, the sexes being equal, why was Christ not born a woman? She reasons the matter through with common sense: if Christ were a woman, he would not have been able to move about so freely in society. Further, she concludes with a flourish, there is no reason to assume that God is either masculine or feminine (*ibid.*: 21)! Finally, neither Sor Juana nor Marie de Gournay could neglect argumentation by example, that is, with a catalog of exemplary women. Both authors, inserting themselves in the centuries-long debate by example, utilize the *brevitatis formula* to render their lists of women self-consciously metonymical. Both "contemporize" their lists of by mentioning women of recent times.

In her "Egalité des Hommes et des Femmes", de Gournay shoots acerbic barbs at the other sex, asserting that men who denigrate women, and thus contravene all intelligent opinion of all times, must be idiots (*ibid.*: 18). Even Sor Juana, despite the very real risks involving in so doing, as we have heard, cannot resist hurling a few trenchant criticisms back at her accusers. De Gournay's tone is more inflamed, her attacks more frontal and frequent. Yet given Sor Juana's clearly stifled tendency toward sarcasm, as evidenced in the "Autodefensa", and the other striking similarities that we have seen between the two learned women, one is left with the sense that the true voice of Sor Juana might well sound even remarkably like that of her French feminist counterpart.

From the altogether unwitting duet of the two early modern women's voices one can extract a scenario rich with implications, or a fable, for the diffusion of recent currents in our times. The *querelle des femmes* constituted a pan-Western, pan-Christian "language" —an ideological and discursive repertoire— for early modern debates of gender difference. Those in the "center" familiar with the *querelle* (de Gournay among them) would inscribe their feminist polemics in its paradigms. Those in the "margins" who did not necessarily have direct knowledge of the debates (Sor Juana —all too familiar with misogyny, with the misogynist writings both secular and religious that fueled the *querelle*, and with the classics— among them) might just as readily coincide with them by dint of intuition, logic, and circumstances. Feminism —might we read postmodernism?— need not have been organized as such to evince either a shared consciousness or a discursive commonality. Indeed, if the examples I have set forth are any indication[13], it is clear that the *querelle* and the pan-Christian imaginary gave rise to an unceasing, unplanned, yet almost inevitable textual sorority between early modern feminists of the centers and the peripheries unaware of one another and often working in

---

13   *Vid.* the Introduction to Merrim (1999) for further comparisons of Sor Juana with *querelle* debaters – notably, with the Quaker Margaret Fell Fox.

isolation. The course of feminism was consigned by isolation not just to an only *de facto* commonality but also, as Gerda Lerner tells us and as we can deduce from the dialogue presented above, to Sisyphean repetition:

> Women were denied knowledge of their history, and thus each woman had to argue as though no woman before her had ever thought or written. Women had to use their energy to reinvent the wheel, over, and over again, generation after generation [...] thinking women of each generation had to waste their time, energy and talent on constructing their argument anew. Yet they never abandoned the effort (Lerner 1993: 166).

Although as an autodidact who cobbled together a sui generis education Sor Juana may have been consigned in her feminism to Sisyphean repetition, her positionality afforded her a privileged and critical view on the epistemological issues as central to her existence as gender issues. Sor Juana laments in the "Respuesta" the "sumo trabajo no sólo en carecer de maestro, sino de condiscípulos con quienes conferir y ejercitar lo estudiado" (4.450). With Mexican universities given over as they were to the monolithic propagation of a rigid neo-Scholasticism wedded to Christian orthodoxy, one might concede that Sor Juana profited from being excluded from them. I therefore turn in conclusion to how and to what effect Sor Juana performs a critique of prevailing epistemologies from her position as a multiple outsider (female, autodidact, Mexican).

Sor Juana devotes almost all of the central portion of the *Sueño* to the Soul's attempts to achieve knowledge through Platonic or Neoaristotelian means[14]. The question immediately arises: do we attribute the Soul's failure to its/her own inadequacies or to the insufficiencies of the systems themselves? I am convinced that, for obvious reasons, (as she does with the poem's ending) Sor Juana equivocates on this matter. For one part, she eventually identifies the Soul with her "I", and in a passage describing the ladder of Scholasticism very exceptionally refers to "mi entendimiento" (l. 618). Sor Juana endows the "I" or intellectual Soul with strong emotions, showing her to be aghast at her own failures and a coward. Moreover, from the overture of the poem (ll. 1-64) on, the poet lays the groundwork for the Soul's inevitable failure by accentuating her hubris. All of these tactics personify the Soul and safely personalize its defeat, routing it into that of the circumscribed "I".

Alternatively, the Soul remains almost entirely generic, and its failures thus general and impersonal. And while she personalizes the quest, Sor Juana still exposes the

---

14 Trueblood (1988: 21) remarks that nearly half of the poem:

> [...] everything subsequent to the account of the soul's thwarted attempt at intuitive universal understanding, is given over to its ensuing cogitations as it ponders the pros and cons of undertaking a second flight.

One might equally say that nearly half the poem is devoted to pondering the failure of these methods.

defects inherent in each method[15]. The failure of the intuitive attempt owes equally to the hubis of the soul *and* to the irreducible enormity of the universe —its "inmenso agregado", "cúmulo incomprensible", "sobra de objetos" (ll. 445, 446, 451). Sor Juana finds her (early) modern world too complex to be subsumed into Platonic archetypes. The *Sueño* launches a far more biting and direct attack on Scholasticism. A thinly veiled irony underwrites Sor Juana's portrayal of the abstract, non-empirical nature of Scholasticism: its "artificiosas" categories (l. 581), "mentales fantasías / donde la materia se desdeña" (ll. 585-86), "el discurso abstraído" (l. 587). Even the editor of the *Obras completas*, Méndez Plancarte, usually so eager to depict Sor Juana as a model nun, reproaches her lack of "rigor" in terming the categories "mental fantasies" (4.595). Clearly, Sor Juana is here paying the obligatory attention to what she calls "doctrina" (l. 600), and doing so none too wholeheartedly.

Viewed at close range and in its personal dimensions, the *Sueño* nuances, equivocates, and purposefully stammers. Viewed from further afar and in its broad outlines, the *Sueño* makes a bold statement of epochal, almost epic, proportions on the state of knowledge in her times. At first, the *Sueño* invokes the Renaissance episteme of a world organized by similitude. It conjures up the vision of an orderly, balanced world, of the world as a well-regulated machine comprised of interlocking parts. The philosophical inquiries of its central portion then attempt to filter that world through the grids of prevailing epistemologies. At each point, the grids prove insufficient. Quoting Faulkner's extraordinary hallmark of modernism, *Absalom, Absalom!*, I would say that they "just do not explain" (Faulkner 1990: 80). Not even Sor Juana's almost inaudible and conditional reference to a God who upholds the immense machine ("cuyo terrible incomportable peso / —si ya en su centro mismo no estribara" [ll. 772-73])[16], rescues the

---

15 Tonia León's pathbreaking doctoral dissertation (1989) provides fine insight into Sor Juana's rejection of Neoscholasticism in favor of empiricism and into Sor Juana's critiques of prevailing epistemologies. For example, she writes:

> The inability of the *Alma* to see the pattern of the Universe as laid out by the Scholastics and other traditional philosophy has been read as mankind's total failure to acquire knowledge. However, the cause of this problem resides within the prescribed world view itself rather than with the viewer. It is the old world picture which has failed to correspond to the information, the view, the data that the *Alma* is taking in (León 1989: 159).

Also *vid.* (*ibid.*: 202-04) and Harss (1986: 55) for discussion of Sor Juana's treatment of Scholasticism.

16 Harss (1986: 215) observes:

> The World's 'Central Support' (hastily invoked, but, seemingly with scant hopes of deriving any comfort from it) is Sor Juana's abstract, almost absent God.

world from its no longer comprehensible complexity or doctrine from the nun's critique. Sor Juana has shown the sense and order-endowing grids of her time to be insufficient, the world too unruly and complex to fit their patterns. Poised at the end of the Age of the Baroque, and in the *Sueño* —like nun-writer herself— at the edge of the world, Sor Juana bears witness to the crisis of its epistemologies.

From the margins in Mexico, Sor Juana takes on the center and writes a prescient ending onto a century of crises now poised to move into the Enlightenment. At other points, as we have seen, she maneuvers —sometimes decorously, sometimes audaciously— within the protocols of her times, be they the literary mechanisms of the baroque or the patriarchy's prescriptions for women. Through a multi-faceted mimicry that translates into unseizability, by troubling and interrogating boundaries or categories she turns a counter-indicative forcefield into a rich playing field for her concerns, creating aporias as she proceeds. Sor Juana's early modern world, its constructs of gender and religion still wedded to medieval norms, may appear distant and foreboding to us. Nevertheless, as a time of unfastening and crises and reordering, and especially by virtue of the nun-writer's mobility within its parameters, her *fin de siècle* still "rings true" for ours in ways that this essay —in keeping with the ending of Sor Juana's *Sueño*— has largely aimed to suggest rather than to define. Like the Harpocrates of the *Sueño*, god of silence and mystical meaning, beckoning enigmatically with a finger pressed against sealed lips, Sor Juana's works and her early modernity reach out to postmodernity, urging us to unseal a tabernacle of the past that contains certain keys to the present. "'Tis all in pieces, all coherence gone; / All just supply, and all Relation". These words may have sounded an ominous note in the seventeenth century; now they present a challenge as enticing as Sor Juana's works.

Bibliography

Works

Cruz, Sor Juana Inés de. (1951-57). *Obras completas*. Méndez Plancarte, Alfonso/Salceda, Alberto G. (eds.). 4 vols. México: Fondo de Cultura Económica. Vol. 1: Lírica personal. Vol. 4: Comedias, Sainetes y Prosa.
Faulkner, William. (1990). *Absalom, Absalom!* New York: Vintage Books.
Gournay, Marie le Jars de. (1989). "The Equality of Men and Women", in: Wilson, Katharina M./Warnke, Frank J. *Women Writers of the Seventeenth Century*. Athens, GA, and London: University of Georgia Press.
---.(1989a). *Égalité des Hommes et des Femmes, 1622*. Ed. Milagros Palma. Paris: Côté-femmes éditions.

Critical Works

Alatorre, Antonio. (1987)."La carta de Sor Juana al P. Núñez (1682)", in: *Nueva Revista Filológica Hispánica*. 35, 3: 591-673.
Arenal, Electa/Powell, Amanda. (1994). *The Answer / La Respuesta*. New York: The Feminist Press at The City University of New York.
Commo McLaughlin, Eleanor. (1974). "Equality of the Souls, Inequality of the Sexes: Women in Medieval Theology", in: Reuther, Rosemary R. (ed.). *Religion and Sexism: Images of Women in the Jewish and Christian Traditions*. New York: Simon and Schuster.
Foucault, Michel. (1973). *The Order of Things: An Archaeology of the Human Sciences*. New York: Vintage Books.
Gaylord, Mary Randel. (1986)."Proper Language and Language as Property: The Personal Poetics of Lope's *Rimas*", in: *Modern Language Notes*. 101: 220-246.
González Echevarría, Roberto. (1993). *Celestina's Brood: Continuities of the Baroque in Spanish and Latin American Literature*. Durham: Duke University Press.
---. (1996). "Colonial Lyric", in: González Echevarría, Roberto/Pupo-Walker, Enrique. (eds.). *The Cambridge History of Latin American Literature*, vol. 1. Cambridge: Cambridge University Press, pp. 191-230.
Harss, Luis. (1986). *Sor Juana's Dream*. New York: Lumen Books.
Henderson, Katherin/McManus, Barbara. (1985). *Half Humankind: Contexts and Texts of the Controversy about Women in England, 1540-1640*. Urbana/Chicago: University of Illinois Press.
Jones, Ann Rosalind. (1986). "Surprising Fame: Renaissance Gender Ideologies and Women's Lyric", in: Miller, Nancy K. (ed.). *The Poetics of Gender*. New York: Columbia University Press.

León, Tonia. (1989). *Sor Juana Inés de la Cruz's* Primero Sueño: *A Lyric Expression of Seventeenth-Century Scientific Thought*. New York University.
Leonard, Irving A. (1959). *Baroque Times in Old Mexico*. Ann Arbor: Michigan University Press.
Lerner, Gerda. (1993). *The Creation of a Feminist Consciousness: From the Middle Ages to Eighteen-Seventy*. New York and Oxford: Oxford University Press.
Maclean, Ian. (1977). *Women Triumphant: Feminism in French Literature 1610-1652*. Oxford: Clarendon Press.
Marcus, Leah S. (1994). "Renaissance/Early Modern Studies", in: Greenblatt, Stephen/Gun, Giles. (eds.). *Redrawing the Boundaries: The Transformation of English and American Literary Studies*. New York: The Modern Language Association of America, pp. 41-63.
Merrim, Stephanie. (1987). "Narciso desdoblado: Narcissistic Stratagems in *El Divino Narciso* and the *Respuesta a sor Filotea de la Cruz*", in: *Bulletin of Hispanic Studies*. 64: 111-117.
---. (1999). *Early Modern Women's Writing and Sor Juana Inés de la Cruz*. Nashville: Vanderbilt University Press.
Paz, Octavio. (1982). *Sor Juana Inés de la Cruz, o las trampas de la fe*. Barcelona: Seix Barral.
Rabb, Theodore K. (1975). *The Struggle for Stability in Early Modern Europe*. New York: Oxford University Press.
Scott, Nina M. (1985). "Sor Juana Inés de la Cruz: 'Let Your Women Keep Silence in the Churches...'", in: *Women's Studies International Forum*. 8, 5: 511-519.
---. (1988)."'If you are not pleased to favor me, put me out of your mind...': Gender and Authority in Sor Juana Inés de la Cruz", in: *Women's Studies International Forum*. 11, 5: 429-430.
Smith, Paul Julian. (1987). *Writing in the Margin: Spanish Literature of the Golden Age*. Oxford: Clarendon Press.
Smith, Sidonie. (1987). *A Poetics of Women's Autobiography: Marginality and the Fictions of Self-Representation*. Bloomington and Indianapolis: Indiana University Press.
Spacks Meyer, Patricia. (1980). "Selves in Hiding", in: Jelinek, Estelle C. (ed.). *Women's Autobiography: Essays in Criticism*. Bloomington and London: Indiana University Press.
Tapia Méndez, Aureliano. (1986). (ed.). *Carta de Sor Juana Inés de la Cruz a su confesor: Autodefensa espiritual*. México: Impresora Monterrey.
Trueblood, Alan S. (1988). *A Sor Juana Anthology*. Cambridge/London: Harvard University Press.
Woodbridge, Linda. (1984). *Women and the English Renaissance: Literature and the Nature of Womankind, 1540-1620*. Urbana/Chicago: University of Illinois Press.

Francine Masiello

University of California, Berkeley

WOMEN AS DOUBLE AGENTS IN HISTORY

> "Paso, paso, paso, se viene el feminazo"
> Protest song heard at a women's march
> (Buenos Aires, June 1996)

A curious legend taken from the colonial period and revived in the nineteenth century inspires my inaugural reflection on the situation of women in history. I refer to the story of Catalina de Erauso, a sixteenth-century Basque girl who fled a convent in Spain and, dressed as a man, joined the army of Conquistadores traveling south from Panamá to Chile[1]. For her double identity, she became known in popular legend simply as "la monja alférez". Her masculine disguise allowed *la monja* to participate in the defeat of the *araucanos*; it also permitted her a number of amorous adventures with women of the creole elite. Interestingly enough, historians never questioned her lesbian passion; instead, what attracted attention was the permissiveness of the Church and the corruption of the Spanish Crown. In an early version of 1625, supposedly an autobiography, she traveled to Rome to receive approval for her masculine dress; in later versions of the nineteenth century, she returned to Spain to take up service as a nun or disappeared from view. In all cases, however, the spectacle of her performance was a narrative instrument used to establish a political fable; female interiority was simply dismissed or ignored. As a swashbuckler and pursued assassin, Catalina de Erauso is seen mainly as a fugitive from the law.

I focus for the moment on a retelling of this story by José Victorino Lastarria, one of Chile's distinguished intellectual and political figures. In Lastarria's tale of 1848, the nun generates a discussion about truth and deception; in particular, cross-dressing and bilingual speech are metaphors of duplicity and betrayal. It is not unplanned, for example, that the ensign, when not in military garb, speaks to her brother in the Basque language; by contrast, her speech in Castillian coincides with cloaked intentions. The

---

[1] Considerable attention has been given to this story, including a film starring María Félix (1944). For recent scholarship, *vid.* Merrim (1994) and Castillo Lara (1992).

nun thus enters narrative with a special capacity for double-speak: she is bilingual and hence deceptive; moreover, while she dresses as a soldier for Spain, her double talents unfailingly disturb principles of colonial order. No radical solution can restore state control over this deviant subject nor is it apparently desired within the context of narrative form. Thus, at the end of the story, Lastarria removes the ensign's disguise; she confesses her love for a military man and later plunges into the sea. But the final lines tell us that this tale is far from concluded: so when the narrator indicates that a shot has been heard from a distant shore, Lastarria (1868: 140) writes: "Esta señal significa que se ha salvado la monja alférez". We don't know if she's been killed by a blow or if she herself has fired a gun. With his open ending, Lastarria keeps the story alive, reminding us that the liberal republic, like the colonial order before it, still needs these double agents to describe the fiction of the state. But in the process, the story conveys an ironic disjuncture: it juxtaposes the state's need for imaginative excess and its inability to regulate the human subjects upon which it depends.

Let me add another dimension to all of this. Though Lastarria doesn't use this tale to make a case in defense of women, he nonetheless brings this issue forward when he suggests that the state has produced the very quandary of female doubleness that it had hoped to suppress; in other words, the state invents and relies on female dualism for its very identity and form. To annihilate the monja is to kill the possibility of national legend.

What does the concept of women's dual identity or her bilingual speech accomplish in history? How does it intervene in the experience of conceptualizing the liberal republic? And, finally, how do women take this theatrical staging of self and turn it around for a less obvious expression of female subjectivity, personal needs, and potential alliance?

At the most banal level, the cross-dressed spectacle shows us that the novelty of drag does not belong to our times alone. But it also invites us to rethink the relationship of women to the democratic state. The double agency reconstructs a social grammar of male and female identities, it allows us to consider the role of women in the process of representation. Moreover, this role is both antagonistic and useful, sustaining multiple identities that allow women to be at once complicit with the law and subversive of its principles and objectives. As such, we see a tug-of-war around dramas of identity, along with an expression of agency that is both a political and aesthetic interruption. Here, I want to propose that female double identity in history always indicates a complex negotiation of the semiotic field: in the nineteenth century, it finds its way into the conflicting debates about liberal ideals and republican thought, and allows us to reflect on women's insertion in the world of politics and work. In the twentieth century (and I want to take into account our current *fin de siglo*), double identities straddle the distances between progressive and conservative agendas and open a space from which to reflect on the failed connections between civil society and the state. At the same time, they show us that women are always *strangers* in the eyes of the law. With these considerations in mind, I want to suggest how double agency, when controlled by women might introduce some basic questions about the relationship between institutions and citizen-subjects. It opens, as I will claim in these pages, a way to connect politics and aesthetics, subjectivity and community alliance.

The nineteenth century is a time in which intellectuals actively debated the meaning of emerging republicanism, testing it as a matter of rights and representation. It thus offers a record of conflicting political languages and incessant discord, tremendous disagreements about how to identify citizens and to construct an image of the common good. The heated arguments, of course, reflect an asynchrony between civil society and the state, they express the *letrados*' uneasiness before the multiple, uncharted subjects who cannot be brought to order. In this respect, think only of the confusion in Chile in the decade of the 1840s when Bello and Sarmiento debated the future course of language in Spanish America. Their sparked exchanges focused on the state's institutional grip over deviant expressions and the possibility of a normative speech that would run the length of the *cordillera*. These debates in reality were about questions of individual expression and conformity, and the ways in which we should exercise control over the free flow of identities and voices.

This tension leads to what is perhaps the dominant, overarching question of nineteenth-century philosophy and continues as a very pressing topic of research among historians today: the formation of the "liberal republic"[2]. What, after all, is the "liberal republic"? For its liberal side, it suggests the autonomy of civil society, the flow of particular interests and the exercise of free will; for its republican aspect, it suggests a common and collective project, faith in consensus and the negotiation of a standard, universal ideal. As such, the liberal republic redirects the power of popular beliefs and sets patterns for national memory; paradoxically, it also constructs a semiotic field based on principles of exclusion. As such, the project evokes a multitude of contradictions especially with respect to those who fall outside state authority. The Latin American liberal republic was therefore locked in ambiguity. Instead of a cohesive, regulating language, Babel flourished in its multiple practices and defied a singular logic of identifiction. Moreover, the question of association (as confederacy or federal state) was never resolved in any terms that could lead to a general understanding of "we". The collective was set against particular subjectivities, locked in unresolvable tension; normative exercises of the state stood against any protection of individual free will.

Political philosophy has covered these issues with considerable attention; nevertheless, they rarely take into account the gendered contribution to the republican project[3]. My question here, of course, is directed to the ways in which a female presence

---

2   *Vid.* in particular Luis Castro Leiva (1985, 1992) who studies the disjunctions of the liberal republic.

3   Carole Pateman (1989) offers one of the few feminist perspectives on the early debate about republicanism. For discussions of gender as it constitutes modern democratic practice, the recent works of Seyla Benhabib (1996) and Zillah Eisenstein (1994) are especially stimulating.

falls squarely in this debate. For women, necessarily, the republican course cannot be the same as the path indicated for men, nor can women accept its universalized political language. This then obliges us to ask how theories of state formation engage marginal subjects; it also invites to ask how women can leave a mark on liberal democratic process. I have said before that women, as unnamed subjects of philosophical or political debate, can only enter the public arena in their capacity as double agents, always speaking in two tongues, always wearing a mask, one determined by the state's demands and another marked by a syntax of private desires. Of course, the mask presumes a confidence in some original identity, a fixed, symbolic ordering that will later be cloaked or disguised. The liberal republic repeatedly insists on this paradox and, in particular, women come to exemplify the tensions between conformity and fluid free will, balancing both the mask and some form of private expression.

Women carry this double syntax in language and codes of dress, and in staged public performances that often cover up conflicting feelings about self and nation. In the literary field, various critics use different vocabularies to describe the experience: Elaine Showalter (1981) refers to a *double voiced discourse*; Josefina Ludmer (1984) speaks of *las tretas del débil*; Debra Castillo (1992) describes women in the process of *talking back*; Mary Pratt (1992) notes the battles occurring in the *contact zone*; Jean Franco (1994) signals women's *struggle for interpretive power*. These are all images of double agency, private intentions designed to overwrite the law. But I want to show how these strategies produce fruitful contradictions, eventually pointing us to a discussion of rights and community practice. Not simply a resistance, Latin American women actively *translate* between different registers of experience that construct, even today, alternatives to the liberal (and neo-liberal) republic.

From the time of the Malinche, simultaneously translator and traitor, double agency is urgently tied to matters of conquest and order. In this respect, the state always reveals a need for the mediation of bilingual tongues though it attempts to deny the complexities of the human subjects who orchestrate this type of performance[4]. Consequently, the female subject who moves between these two extremes constructs memory based on simultaneous feelings of integration and self-betrayal. The nineteenth century is filled with women of this kind, persons who alternated codes of dress and behavior, and insisted on a bilingual discourse over the single language of the state. In particular, their activities remind us of the inadequacies of a national project to define its populations from within; they announce the failures of a single language to register questions of difference. Moreover, when women introduce these doubts in the republican plan, they often pay the price with banishment and exile from home. A few examples suffice. Juana Manso de Noronha, who took up exile in Brazil, published a feminist journal in

---

4   Hernández (1992: 158) speaks of the ways in which the Malinche is still celebrated in pagan, indigenous festivals, thus suggesting a contradiction between official and local readings of this figure in the historical past. Equally important, the divided perception of the Malinche leads us to reconsider matters of intentionality and the politics of reception.

Portuguese (*Album das Senhoras*) and later wrote a novel, *La familia del Comendador*, in which she defended the rights of slaves to literacy lessons and books. Following her abolitionist protests, she left Brazil and returned to Argentina, where she again voiced her demands for feminist rights, public education, and minority inclusion. Repeatedly, she protested the hostile language used to define a female subject, as in the following case:

> La emancipación moral de la muger es considerada por la vulgaridad como el apocalipsis del siglo; los primeros corren al diccionario y ciñiéndose al espíritu de la letra exclaman:
> Ya no hay autoridad paterna!
> Adiós al despotismo marital!
> Emancipar la muger! Cómo! Pues ese trasto de salón (o de cocina), esa máquina procreativa, ese cero dorado, ese frívolo juguete, esa muñeca de las modas, será un ser racional? (18 December 1853)[5].

Above all, she focused on the dual linguistic representations belonging to women: first, the terms set out by convention and, second, the alternative languages of desire pursued by women themselves. Yet for her public militancy on this topic, Manso was finally assigned the title of *loca*, a penniless woman with extravagant ideas for epanding the range of subjectivities and feelings admissible in the standard speech of the emerging republic. Juana Manuela Gorriti, whose years of exile in Bolivia and Perú led her to the learning of Aymara and Quechua, insisted on the need for philological studies of Native American languages as a way to rebuff the projects of linguistic homogeneity offered by thinkers such as Andrés Bello; her efforts led to a later debate on indigenous rights in Perú. For her vocal liberalism at a time when the state could ill afford her, she is, like Manso, cast to society's margins. A woman who dressed in the clothing of a man and who travelled freely through Spanish America could hardly claim rational allegiance to any single nation. Similarly, Clorinda Matto de Turner translated texts from Spanish to Quechua; for her mediation in political events and her defense of indigenous rights, she was subsequently burned in effigy, excommunicated, and expelled from Perú. During her final years, she took up exile in Argentina where she directed an international cultural review (*El Búcaro Americano*) and critiqued Peruvian politics from abroad. This story is repeated through a band of travelers —Flora Tristán and the Condesa de Merlín among them—, all considered odd for their days for surpassing a specific national project and meddling from excentric positions in the state's masculine affairs. But what is the crime of these women if not opening registers of citizenry to admit alternative languages and expression, to show that the nation is never constituted by a single voice, to signal the gap between reading habits of the state and the il-

---

5   On Juana Manso's text and, in general, on the interventions of Argentine women in language and politics of the nineteenth century, *vid*. Masiello (1992).

legibility of its marginal subjects? To defend a national vision yet expose its limits and flaws? To serve, in the final analysis, as double agents in history?

It is not surprising, in the nineteenth century, that the most active women in the international scene devoted themselves to projects of translation in order to link Europe and America, to link North and South, and most importantly to restore excluded subjects to debates over nation formation. In this context, they usher in suppressed voices through the resources of travel and translation. Travel, as might be expected, moves the body through new terrain; it carries not simply the eye and mind, but the physical self as well. In this condition, it produces a material response to landscape, it exaggerates the contact of women and land through sensation and feelings. As a result, we are directed to the physical basis of experience, observation, and speech, to the *body* which will demand admission to the debate about the body politic. Travel thus creates a space for the naming of new subjectivities, mediated through variants of speech and the practices of translation. In this respect, linguistic shifts —from French, English, and Portuguese into Spanish— become a graphic, material way to expand possible fields of female knowledge. Through bilingual skills, the foreigners expand the range of debates about the other nation named; through bilingual skills, these traveling subjects begin to doubt the authority of their native tongues. Finally, they endorse alternative subjectivities for speakers and listeners as well.

The exercise creates both a minor genre and an intrusion on the univocal enterprises governing the nation known as home. Take the case of Eduarda Mansilla de García, a member of the Argentine elite whose Rosista family was vehemently opposed to principles of Unitarian struggle. With the pen name of Daniel, already a disguise in itself, she set to critique the faults of Argentina through literature and critical essay. Yet her most compelling voice emerges not in Spanish but in French when she questioned the assumptions of Sarmiento's *Facundo* and demanded inclusion of subalterns in the imaginative projects of nation. *Pablo ou la vie dans les pampas* (1869), written in French and published in France during the presidency of Sarmiento, is thus an effort at translating the nation, interrogating the dualist paradigm of "civilization and barbarism" in order to expose the errors of Sarmiento's project. Presenting the models for nation-building in a form far more complex than Sarmiento had imagined, she thus evokes impure generic forms, confusing essay and fiction, Spanish and indigenous languages, all to question the exclusion of women and indigenous groups from masculine projects of state. Moreover, she assumed a voice in political discourse by using a language other than her own. Though she disguises her name and writes in a second language, this theatrical gesture pales in comparison to what she perceives as the farce of partisan politics; ringing untrue to any code of ethics, lacking in moral virtue, both unitarians and federalists are faulted for their unprincipled deception. Mansilla de García ultimately argues for an alternative rationality which lies not in republican philosophy, but in the *souls* of the inhabitants who contribute to building a nation. Reasons of state are thus contravened by the world of feelings: in this way, as a double agent, Eduarda Mansilla translates both extremes.

A word here about feelings. In Mansilla's work, the expression of feelings is not an indication of failure; rather, it announces a conceptual crisis of political rhetoric and signals the state's notable ignorance of the private realm. By pointing to this double-coded universe, Mansilla de García grapples with the political and moral languages of the state; she also claims that the state —in order to exist— requires the creation of a subject as double person, with a marked separation of public and private voices, public and private styles of discourse and forms of address. Curiously enough, the quest for moral happiness, so important for the ideology of the republic, is only achieved when we begin to touch the underside of the double agent, when we reach the sphere of feelings belonging to subalterns and women. Here, by starting with women's predicament, she can begin to offer a theory about the limitations of the liberal state as it took shape in Latin America in the nineteenth century.

In this respect, the translators, the interpreters, the women who speak with forked tongue draw attention to the faulty social contract that has deliberately excluded certain subjects from the public arena; they open the door to different registers of experience not yet codified by the state. They reconceptualize privacy not in terms of property rights, but in terms of feminine feelings, speech, and corporeal presence. Here, I do not mean to sustain the dichotomous concept of public and private which has, after all, reinforced the subordination of women; instead, I want to bring back the role of feelings and corporeality in order to complicate the workings of state and multiply the contradictions inherent in the liberal republic.

By focusing on these dilemmas, by indicating their own marginality, women like Eduarda Mansilla —and here, I think we could safely add the names of Peruvian Mercedes Cabello de Carbonera, Colombian Soledad Acosta de Samper, or Puerto Rican Ana Roqué—, the contradictory discourses of their times and show the ways in which female interiority is necessary for the liberal vision. In the process, they use the languages of feeling to resist a single expression, to show that concepts of citizenship will necessarily be formulated *elsewhere*, outside institutions and in places where subjects speak in a discordant voice or dress in a different way.

In effect, Latin American women expand these registers of identity beyond the reach of the state. They create conditions for action that challenge the common social contract. An example to which I often refer because it links the breadth of a feminist project to questions of language belongs to late nineteenth-century anarchists who issued a publication called *La voz de la mujer*. A bilingual text, in Spanish and Italian, the periodical refused to acknowledge a dominant tongue in the nation; it also refused a single discourse to legislate feelings and bodies. It is understandable, then, that the texts are signed with intentionally ridiculous pseudonym: as an example, Pepita Gherra or Luisa Violeta are the principal signatories of the review. Through pen name and bilingual expression, in their refusal to submit to rules of containment in language, dress, or feelings, the writers in *La voz de la mujer* purposefully take an identity as subjects formed outside the law.

A text of 1896 tells of an indigenous woman captured by a criollo during the Argentine conquest of the desert. After 16 years of living with him, the indigenous woman continues to resist the linguistic imposition of Spanish. The journalist thus observes:

> Figúrense nuestras queridas lectoras que el caballero Fossa está civilizando a una india, mujer de edad ya, la cual (cosa increíble y que hasta parece mentira) a pesar de los 16 años que lleva de estudiar en la... tina de lavar la mugre del caballero Fossa, no ha aprendido ni la O por larga! ¿Verdad que después de 16 años de lavar patios y ropa, de cebar mates y chanchos, de cocinar, de pasar hambre, y de llevar cachetadas (parece mentira), ni pueda un idiota aprender la O? (Masiello 1994: 246 ss.)

The authors tell us that nation and language are not the same thing: rather, the nation is mediated by alternative populations which create different modes of speech and expose the failings of the liberal republic. Thus, woman's resistance to authority is not heard in the standard language of the state; her silence creates a measure of protest, a demonstration of agency. It is not, as Gayatri Spivak has claimed, that the subaltern cannot speak; rather, these women refuse to accept the dominance of a single tongue. This *refusal* is a kind of action, a gesture in the world of work that alters identities and also functions as a measure of rebellion. In other words, the civilizing mission attached to female labor is defeated here by many acts of linguistic non-compliance.

This point notwithstanding, at times women also acknowledged a need to enter the masculine world as the only way to profit from the proclaimed wealth of nations. Unlike the authors of *La voz de la mujer*, others of anarchist bent willingly submitted to disguise in order to reap the benefits offered to men in the world of work. In the process, they overrode the state's demand for a "natural female subject".

The anarchist newspaper, *La Vanguardia* (15 March 1907), carried an interesting article about this endeavor. A sixteen-year-old girl, dressed in masculine garb, was detained by police at a train station in Buenos Aires. Following detailed interrogation —for her name, occupation, and political loyalties—, she responded:

> Me llamo María López [...] porque Uds. supondrán, yo no soy lo que aparento ser [...] Llegué de España donde residen mis padres, en busca de trabajo cómodo, honesto y bien remunerado. Aquí, una mujer, para llenar esos propósitos, tiene que ser hombre [...] así, hombre. Llegué, no tenía qué hacer. Busqué. Después de algunos días, transformada, me embarqué hacia Pirán [donde] he trabajado, sí, de peón. He ganado poco. No ganaba casi nada. [...] ¿Si por qué cambié de traje? ¿Qué iba a hacer yo, mujer, de 16 años, sin apoyo de ninguna clase en este ambiente desconocido y sospechoso y lleno de peligros? Al fin, vestida de hombre [...] uno puede salvarse, a lo menos y luego, vestida así, gano más para vivir que vestida de la otra manera. Tenía necesidad de vivir, debía buscarme una forma honesta de vivir [...] y ahora ¿qué haré? Ahora [...] me voy al Norte, en busca de trabajo remunerado.

Dress, a mode of operation enforced by the state, tells us that the masculine gaze dominates working bodies. Accordingly, the immigrant girl understands that the feminine must be occluded; she needs to "pass" as a man in order to enter the world of work.

Nevertheless, when caught in masculine clothing, she is subject to disciplinary measures; and when dressed as woman, she exposes herself to an uncertain future. In both cases, María López signals the irresponsibility of the state with respect to its marginal subjects. She points to the state's refusal to acknowledge women's feelings or needs. From a different perspective than Lastarria, she arrives at the conclusion that the state needs its gendered fiction in order to survive.

The history of state formation is dotted by these debates about impersonation and translation or linguistic doubling. Since the state will only recognize the authoritative voices of men who speak in a single tongue, it thereby obliges women to assume alternative identities when they enter the world of work or come into the public sphere. With reason, then, the Argentine Juana Manuela Gorriti dressed as man during her days in Lima[6], Puerto Rican anarchist Luisa Capetillo let herself be photographed in masculine dress[7], the Dominican Hilma Contreras was portrayed in suit and tie[8], and Amalia Robles entered the Mexican revolution disguised as a man in order to achieve the rank of Colonel[9]. These are subversive strategies designed to sabotage the state's limited social view of female agency; they offer another way for women to enter the debate on civic participation, obviating the restrictions on female mobility and desire. But the women also insist on the lasting quality of these self-representations, as if they wanted to insert themselves as both image and negative in Latin American history.

Women's culture has a long tradition of these multiple modes of self-representation, signaling the flawed official search for any universal female subject. In its modern version, think of the example of Frida Kahlo with her dual modalities of self-expression; she writes and paints from the injured body, from the space that Juan Felipe Herrera has described as the double layers of her wounds. Nevertheless, her doubleness — seen in the beautiful yet injured Frida— embraces a form of agency and restores the possibility of multiple action. The wound allows Frida a second skin; it documents refractory versions of femininity in Mexican history, showing us that no subject is constantly available in immutable, singular form.

The work of the contemporary visual artist, the Chilean Catalina Parra, gives a different spin to this problem when she studies forms of state repression over the bodies and voices of women. Her canvas is perforated by strings and yarn, not to point to woman's work as seamstress, but to recall the indigenous legend of the *imbunche*. In this tale, a shaman sews shut all bodily orifices of a person in order to deprive one of use of the senses and limit individual freedom. Here, the yarn is a metaphor for the

---

6   For a discussion of Gorriti and questions of dress, *vid*. Meehan (1981).

7   On Luisa Capetillo's masculine dress, *vid*. Ramos's (1992) excellent study.

8   I am grateful to Ylonca Nacidit Perdomo for this reference (*vid*. Nacidit Perdomo 1993).

9   On Coronel Robles in masculine dress, Diamela Eltit's (1991) article is especially insightful.

censorial state. Nevertheless, it also suggests an expansion of alternative readings; in other words, despite its repressive function, the yarn also connects images in unsuspected ways and proposes modes of escape from the bans of repression and silence[10]. Under the spell of the *imbunche*, a repressed individual still finds alternative paths for traveling through the world, speaking personal truths and reaching different communities. The *imbunche* legend leads us to think of the conditions apt for the double agent.

I have been claiming that women often enter the nation as bilingual speakers or wearing the mask of another; they speak from multiple points of enunciation in order to be heard. In the process, they circumvent authority, they impose alternative forms of self, they translate between spheres of experience to voice unspoken needs and desires. These double images supply another language and syntax, but they also remind the speakers of the strangeness of their native tongue. No wonder, then, that Argentine poet Alicia Genovese (1992: 71) refers to the woman writer today as "una extranjera en su propia lengua".

Literature and political culture continue to bring forward the question of authenticity and doubleness to bear upon women's role in the nation. Witness only the fictions of the early Rosario Ferré, Gloria Pampillo, or Carmen Boullosa or the poetry of Yolanda Pantin, Carmen Berenguer, or María Moreno, who see themselves as writing subjects in the act of impersonating others, but who also draw their power in exposing the ironic necessities of the mask itself. A parable of this feminine irony comes forth in a text by Ana María Shua (1991: 190):

> En el siglo vii después de Cristo, un grupo de teólogos bávaros discute sobre el sexo de los ángeles. Obviamente, no se admite que las mujeres (por entonces ni siquiera era seguro que tuvieran alma) sean capaces de discutir materias teologales. Sin embargo uno de ellos es una mujer hábilmente disfrazada. Afirma con mucha energía que los ángeles sólo pueden pertenecer al sexo masculino. Sabe, pero no lo dice, que entre ellos habrá mujeres disfrazadas.

This writer's sharp wit undermines the paradoxical double bind of women, who enter the public sphere to speak from the authority of disguise. Always double-voiced, always tricksters, always turning toward the advantage of the mask, women expand their range of identity and knowledge in order to surpass the restrictions of the state.

In a more serious tone, Marta Traba (1981) synthesized the scope of this problem in *Conversación al Sur* when she questioned the false measure of legal truth guaranteed by a passport photo. She told us that female identity was *elsewhere*, certainly not limited to documents issued by a government office. Like Traba, others have reflected on the need for a mask or ventriloquist's voice; without this resource, they admit their usual foreclosure from the gates of Latin American history.

---

10 For a different reading of Parra's evocation of the imbunche legend, *vid*. Fusco (1995).

Though we may have in mind the example of women like Tania Burke who carried multiple *noms de guerre* as part of her involvement in the Bolivian campaign of Che Guevara[11], reality shows that this struggle continues even today as women demand representation and the expression of particular interests. They thus announce the mask and disguise as part of a crisis of knowledge, a non-correspondence between female wisdom and the state's overarching control. This is perhaps described most eloquently by Luisa Futoransky (1995) in the title of her recent book, *La parca, enfrente*. Seen at a distance, female identity is always different from what the viewer imagines; spare, parsimonious, moderate in extreme, the woman observed by others is a metonymic signature defined by her incompleteness.

This yields an ongoing and irreconcilable strangeness in ourselves, as we are torn between essence and performance; we are constantly obliged to present one version of ourselves and thus hide the complexity of our social alliance, limiting ourselves to single issues while seeking strength through multiple connections, engaging in a monolithic public discourse yet defending the advantages of micropractice. With reason, then, Virginia Vargas (1992), a leading Peruvian sociologist in the world of NGOs, titled one of her books, *Cómo cambiar el mundo sin perdernos*. I don't want to deny the ludic aspect that double agency often supplies, but I hope to respond to the implications —the practical burdens and benefits— that also come with this configuration of self.

The recent United Nations Conference in Beijing in 1995 attended to many of these issues especially around the deconstruction of woman as a universal, abstract category. Here, the question of rights exposed the split between civil society and the state, as much as women's activities in the nineteenth century exposed fissures in the discourse of the liberal republic. Now, a human rights agenda, necessary for all democratic illusions, cannot be complete —as the Beijing women claimed— without attention to women's issues as well. Short of this, the state would necessarily continue to expect dual roles of women, retaining us in the acknowledged public and private sphere split. Reflecting on this topic, Latin American feminists observed, in the aftermath of the Beijing debates, that the need for double identity would only disappear when all rights —civic, political, economic, social, and cultural— achieved the same value in society and were interrelated in the eyes of the law. Moreover, the phenomenon of double identity could only disappear when fundamentalist discourses recede as well[12].

---

11 On Tania's mercurial identities, *vid*. the recent installation of photographer Leandro Katz (1996) entitled "El Proyecto para el Día que me quieras". The artist makes the point that all identity is fictitious, rumor is always suspect, and news events and photographic montage are at best misleading. In this way, we create a point and counterpoint of emotions in response to public political figures represented by the media and the state.

12 For a stimulating range of commentaries about the Beijing conference and in particular the question of identity, *vid*. the Comité de América Latina y el Caribe para la Defensa de la Mujer (CLADEM), *La muralla y el laberinto* (1996).

Latin American women thus continue to remind us of the reasons for purposefully equivocal agendas and temporal misalignments, the reason for retaining a "monja alférez" in our current *fin de siglo*. But can we override this doubleness? Is there any way to reject the global *pax romana* that names us in this way? Latin American women have found a viable alternative in micropractices of social movements: the neighborhood caucus, the literacy brigades, the struggles of *temporeras*, the soup kitchens, the artistic *taller*, the poetry workshops held in prisons and in the streets. A wonderful example, in this order of thinking, is that of feminist radio which sets as its goal an escape from fixed territorial boundaries, promoting a fluidity of women's voices that travels beyond conventional space. Radio Tierra in Chile, devoted to full time programming for women and a project of the NGO, Casa de la Mujer la Morada, thus allows a collapse of binary spaces separating public and private spheres; it allows the voice to reach the home for a dialogue about civil society. Radio Tierra's proposal to join with Peruvian feminist broadcasting under the auspices of the Centro Flora Tristán even offers a transnational link that escapes the boundaries of nations. Radio thus becomes a means to open an alternative arena for public debate. It translates between different spaces in order to produce new forms of identification and belonging. Similarly, it is no surprise that the museum continues to be answered by popular women's culture formed in barrios and on streets, that women's poetry is often heralded as our most successful *fin de siglo* form, precisely because it eludes the constraints of a market-run culture and, for its almost archaic communal-bound expression, creates a consciousness about the possibility of alliance through a persistent attention to voice. Through these efforts, we trace a different face for the citizen-subject; most important, we sow the seeds for an endeavor that refuses commerce or sale.

Curiously, as these microexperiences gain popularity in Latin America, we also see a paradoxical regression in intellectual theory, telling us that social movements cannot have long-reaching influence, that particularisms lack the motivating force to affect social institutions and the state, that feminism has lost its motivation and has seen a better day. What we hear therein is a mourning for a nostalgic past, a lament for the death of the traditional avant-garde role once held by male intellectuals in the nation; a wake for the dead hero of modernism who had promised to light a path toward the future. As if to echo the single-voiced program of the state, these intellectuals tell us that women's role can only be marked as marginal or minor, that women can only be seen as misguided actors who missed the opportunity to seize a script from master narratives and install themselves in history.

What I have suggested, instead, in these pages is that micro practices of women open new debates for action, they allow a theory of agency that invites us to rethink the formation of state. They present the possibility for a feminine alliance, an affirmational tie between women in different modes of self-representation. They let us think of what poet Diana Bellessi (1988: 27) once called the "cara y contracara" of social existence, a gesture shared by women and the poor of the earth to form a social bridge and a common aesthetic project, to create terms for solidarity and change. These micropractices permit us to seek the interconnections between university and neighborhood action, to refuse the distance of public and private spheres, to surpass the splits between high and popular culture, between elite and popular expression; they direct us in this market-run age toward new terms for a liberal republic. The microexperience encourages us to cultivate a translational mode not for the purpose of speaking on behalf of the state, but to inaugurate a dialogue among women. This bridge creates different sites of authority; and, after so much double voicing of women before the masculine concept of nation, it allows us, in the final analysis, to drop the mask we have worn.

Bibliography

Works

Bellessi, Diana. (1988). *Eroica*. Buenos Aires: Último Reino.
Castillo Lara, Lucas. (1992). *La monja alférez*. Caracas: Editorial Planeta Venezolana.
Futoransky, Luisa. (1995). *La parca, enfrente*. Buenos Aires: Tierra Firme.
Genovese, Alicia. (1992). *Anónima*. Buenos Aires: Ultimo Reino.
Shua, Ana María. (1991). *Casa de geishas*. Buenos Aires: Sudamericana.
Traba, Marta. (1981). *Conversación al Sur*. México: Siglo XXI.
Various authors. (1996). *La muralla y el laberinto*. Lima: CLADEM.

Critical Works

Anonymous. (1907). "La lucha por la vida: cambio aparente de sexo", in: *La Vanguardia*. 14, 402: 1.
Benhabib, Seyla. (1996). *Democracy and Difference: Contesting the Boundaries of the Political*. Princeton: Princeton University Press.
Castillo, Debra. (1992). *Talking Back: Toward a Latin American Feminist Literary Criticism*. Ithaca: Cornell University Press.
Castro Leiva, Luis. (1985). *La Gran Colombia: Una Ilusión Ilustrada*. Caracas: Monte Ávila.
---. (1992). *El liberalismo como problema*. Caracas: Monte Ávila.
Eisenstein, Zillah. (1994). *The Color of Gender: Reimaging Democracy*. Berkeley: University of California Press.
Eltit, Diamela. (1991). "Las batallas del coronel Robles", in: *Debate feminista*. 3.
Franco, Jean. (1994). *Las conspiradoras*. México: Fondo de Cultura Económica.
Fusco, Coco. (1995). "The American Blues of Catalina Parra", in: *idem*. (ed.). *English is Broken Here. Notes on Cultural Fusion in the Americas*. New York: The New Press, pp. 127-131.

Hernández, Inés. (1992). "An Open Letter to Chicanas", in: González, Ray. (ed.). *Without Discovery: A Native Response to Columbus*. Seattle: Broken Moon Press, pp. 153-166.
Herrera, Juan Felipe. (1992). "Frida's Aria", in: González, Ray. (ed.). *Without Discovery: A Native Response to Columbus*. Seattle: Broken Moon Press, pp. 205-221.
Herzberg, Julia P. (ed.). (1996). *Leandro Katz: Two Projects/A Decade*. New York: El Museo del Barrio.
Lastarria, José Victorino. (1868). "El Alférez Alonso Díaz de Guzman", in: *Miscelánea histórica i literaria*. Valparaíso: Imprenta de "La Patria", pp. 117-140.
Ludmer, Josefina. (1984). "Tretas del débil", in: González, Patricia Elena/Ortega, Eliana. (eds.). *La sartén por el mango*. San Juan: Ediciones Huracán, pp. 47-54.
Masiello, Francine. (1992). *Between Civilization and Barbarism*. Lincoln: University of Nebraska Press.
---. (1994). *La mujer y el espacio público. El periodismo femenino en la Argentina del s. XIX*. Buenos Aires: Feminaria.
Meehan, Thomas C. (1981). "Una olvidada precursora de la literatura fantástica argentina: Juana Manuela Gorriti", in: *Chasqui*. 10, 2-3: 3-19.
Merrim, Stephanie. (1994). "Catalina de Erauso: From Anomaly to Icon", in: Cevallos, Francisco et.al. (eds.) *Coded Encounters. Writing, Gender, and Ethnicity in Colonial Latin America*. Amherst: University of Massachusetts Press, pp. 177-205.
Nacidit Perdomo, Ylonca. (ed.). (1993). *Hilma Contreras: Una vida en imágenes*. Santo Domingo: Biblioteca Nacional de Santo Domingo.
Pateman, Carole. (1989). *The Disorder of Women. Democracy, Feminism, and Political Theory*. Stanford: Stanford University Press.
Pratt, Mary Louise. (1992). *Imperial Eyes*. New York: Routledge.
Ramos, Julio. (1992). *Amor y anarquía: Los escritos de Luisa Capetillo*. San Juan: Ediciones Huracán.
Showalter, Elaine. (1981). "Feminist Criticism in the Wilderness", in: *Critical Inquiry*. 8, 1: 179-205.
Spivak, Gayatri. (1988). "Can the Subaltern Speak?", in: Nelson, Cary/Grossberg, Lawrence. (eds.). *Marxism and the interpretation of Culture*. Urbana: University of Illinois Press, pp. 271-313.
Vargas, Virginia. (1992). *Como cambiar el mundo sin perdernos: el movimiento de mujeres en el Perú y en América Latina*. Lima: Flora Tristán.

Jean Franco

Columbia University

ON THE IMPOSSIBILITY OF ANTIGONE AND THE INEVITABILITY OF LA MALINCHE: REWRITING THE NATIONAL ALLEGORY*

The political scientist and feminist Nancy Hartsock (1983) observes of the hero that he emerges quintessentially in the *Iliad* in the person of Achilles, "the best of the Achaeans", a man whose purpose is "the achievement of undying fame whether through glorious victory or glorious death". She goes on to argue that the link between death, sacrifice, and heroism continues to underlie the concept of the polis today; this claim has some validity when we think of Latin American politics and narrative, especially in the sixties, when there was a resurgence of the hero myth around guerrilla leaders like Che Guevara. In literature, too, there was an exploration of heroism, sacrifice, and failure, whose obituary was written by Vargas Llosa in *Historia de Mayta* (1984), translated as *The Real Life of Alejandro Mayta*. A whole book could be devoted to these themes of loyalty and treachery, death, memory and oblivion as they relate either to the real society caught in the stagnation of colonial time and only salvageable by a violent seizure of power, or as they relate to the ideal polis of literature, the community that narrative plot holds out as its lure and its unattainable goal.

Death and the commemoration of the dead is central to the hero myth, for the uncommemorated are by definition unhonored and therefore written out of the historical record. Those novelists who wish to mark their distance from official history do so by remembering the unsung dead. For instance, one of Carlos Fuentes' novels, *La región más transparente* (1959; translated as *Where the Air Is Clear*), includes a litany of all the unhonored dead of Mexican history.

The imperative to commemorate the dead is all the more pressing when, as Nietzsche pointed out, the narratives of the victors inevitably prevail, an unpalatable truth that García Márquez turned into comic fantasy in a story called "Blacamán the Good, Salesman of Miracles", in which two rival magicians vie for power. The victor not only attains fame and fortune but is able to bury his rival alive in a tomb that

---

*   This article has been already published in Franco (1989: 129-146). The article is reprinted in this volume without any typographical changes.

he visits merely to have the pleasure of hearing the cries of the vanquished. Here the narration of history is owned by the dominant power. García Márquez' first novel, *La hojarasca* (1955; *Leaf Storm*), it should be remembered, was prefaced by an epigraph taken from Sophocles' drama *Antigone* —Creon's decree condemning the body of Polinices to lie unburied outside the city walls[1]. The same passage from *Antigone* is also evoked in the opening lines of Augusto Roa Bastos' *Yo, el Supremo* (1978; *I the Supreme*) (*vid*. Franco 1986); and the themes of death, heroism, and anonymity are announced in the titles of many contemporary novels: *Sobre héroes y tumbas* (1961; *Of Heroes and Tombs*), by Ernesto Sábato; *La muerte de Artemio Cruz* (1962; *The Death of Artemio Cruz*), by Carlos Fuentes; *Para una tumba sin nombre* (1959; *For a Tomb Without a Name*), by Juan Carlos Onetti; *El luto humano* (1943; *Human Mourning*), by José Revueltas. Mourning the fate of Polinices, these novelists become surrogates for Antigone herself.

The Antigone myth complements the Oedipus myth in important ways, as was recognized by Hölderlin, Hegel, and more recently by Derrida, Lacan, and George Steiner. Steiner (1986: 181-196) has even argued that:

> [...] since the fifth century B.C., Western sensibility has experienced decisive moments of its identity and history in reference to the Antigone legend and to the life in art and argument of this legend,

and he cites an extraordinary example from recent history in which a girl in Germany in 1941 sprinkled earth on the body of her executed brother, saying, "He was my brother. For me that is sufficient" (*ibid*.)[2]. Unlike the Oedipus myth, which Freud tried to read in terms of male and female development ("the dream of symmetry"), *Antigone* seems to divide the sexes along the axis of separation between state and family.

---

1   Polinices was one of the sons of Oedipus who fought against Thebes. His brother Eteocles, who defended Thebes, is accorded honorable rites. Creon decrees that Polinices

> [...] is to have no grave, no burial, No mourning from anyone; it is forbidden.
> He is to be left unburied, left to be eaten
> By dogs and vultures, a horror for all to see (Sophocles 1947).

The pioneer discussion of the Polinices theme in contemporary Latin American literature is Pedro Lastra's essay (1987) on García Márquez' first novel, *La hojarasca*.

2   Lacan comments on Antigone in "L'Etique de la psychanalyse", but because this is an unpublished typescript it has not been much discussed. However, his interest in *Antigone* corresponds to the obsession with the death drive in his later writing. Derrida discusses Antigone in *Glas* (1986), *vid*. especially pp. 166-175.

The usual reading of the tragedy emphasizes Antigone's stern refusal to temporize with ancient ritual. Her duty to the dead comes before reason of state, a duty that Hegel, in particular, identified as woman's[3]. For this, Creon condemns her to a terrible death, but he also brings ruin onto his own house, for Haiman his son (and Antigone's lover) hangs himself. But the interpretation of *Antigone* undergoes a sea change in Latin America, where Polinices is identified with the marginalized, and the role of the one who commemorates the dead and does not permit them to be consigned to oblivion is taken by the writer who "masculinizes" the Antigone position.

Mexico did, nevertheless, produce an anti-Antigone legend: that of "La Malinche" or Doña Marina, the indigenous woman who was given to Cortés by a Tabascan tribe and who became his mistress, mother of one of his children, and an interpreter or translator ("translation" being closely related in its Latin root to "treachery"). Without her, one critic suggests, the conquest would have been difficult and perhaps even impossible, and another describes her as "the most hated woman of the Americas" (*vid*. Todorov 1982; Baudot 1986; *vid*. also Phillips 1983). She was from the first regarded as an icon, both by the indigenous people who ascribed extraordinary power to her and by the Spaniards for whom she was the exemplary convert. Yet it was not until Mexico became an independent nation and the problem of national identity surfaced that Doña Marina, transformed into La Malinche, came to symbolize the humiliation —the rape— of the indigenous people and the act of treachery that would lead to their oppression. It was Octavio Paz, in his well-known essay on the Mexican national character, *The Labyrinth of Solitude* (1950), who argued that the Mexican male subject had been constituted as a violent rejection of this shameful mother. "Doña Marina", he wrote (1961: 86),

> [...] has become a figure that represents those Indian women who were fascinated, raped, or seduced by the Spaniards, and, just as the child cannot forgive the mother who leaves him to go in search of his father, the Mexican people cannot forgive the treason of La Malinche. She incarnates the open, the raped [lo chingado], in opposition to our stoic, impassive, and closed Indians.

The problem of national identity was thus presented primarily as a problem of *male* identity, and it was male authors who debated its defects and psychoanalyzed the nation. In national allegories, women became the territory over which the quest for (male) national identity passed, or, at best, as in Juan Rulfo's *Pedro Páramo* (1955), the space of loss and of all that lies outside the mate games of rivalry and revenge.

---

[3]   Steiner (1986: 34) interprets Hegel's position thus:

> [...] the rites of burial, with their literal re-enclosure of the dead in the place of earth and in the shadow-sequence of generations which are the foundation of the familial, are the particular task of woman. Where this task falls upon a sister, where a man has neither mother nor wife to bring him home to the guardian earth, burial takes on the highest degree of holiness.

Under these circumstances, national identity could not but be a problematic terrain for women novelists, although it was not something they could avoid. How could they plot themselves into a narrative without becoming masculine or attempting to speak from the devalued position, the space of the marginalized and the ethnic, which was not the space of writing at all? This is the dilemma of the novelists I discuss in this chapter, both of whom, in different ways, attempt to write women into the national narrative, yet, in doing so, repeat La Malinche's "betrayal".

Before proceeding with my argument, I would first like to make clear that "treachery" is not only a political term, for in Latin American literature betrayal of one's roots or origins, especially if they are in indigenous communities and orally transmitted cultures, is often considered tantamount to a rite of entry into the literary institution. Orally transmitted narratives, such as folk tale and romance, have their roots in a community where treachery means threatening the very existence of the community to which storyteller and listener belong[4]. As soon as stories are written and published, however, a different contract between storyteller and reader is established. In much modern fiction, too, there is another type of betrayal —that of the community between writer and reader, as the avant-garde writer tends to destroy the reader's preconceptions and any loyalties that preexist the text. Here "treachery" can be enabling and emancipatory. Indeed, Borges made it a mandatory move in the affirmation of literature's autonomy from social and familial references (*vid*. Franco 1981). In such writers as Carlos Fuentes and Mario Vargas Llosa, lying (a form of treachery) becomes equivalent to fictionalizing, and is accompanied by a privileging of the fictional (and imaginative) over the preconstructed "real" (*vid*. Fuentes 1976; Vargas Llosa 1984).

In the novels I discuss in this chapter, on the other hand, treachery takes place not so much between writer and reader as on the level of the enunciated —that is, in the space where plot, character, and novelistic time are interwoven. These novels therefore register the first type of treachery, that which takes place in the shift from the community bound by orally transmitted culture to the nation. The two novels I have chosen to illustrate this point are *Los recuerdos del porvenir* (translated as *Recollections of Things to Come*) by Elena Garro, and *Oficio de tinieblas (Tenebrae)* by Rosario Castellanos. Both novels combine some version of realism with romance, fairy tale, and legend, and both were written in the 1960s and thus coincide with the "heroic" phase of the Latin American novel. I shall concentrate primarily on their plotting and particularly their endings, since it is precisely the closure of the novel that is the place of ideological ambiguity. What is at stake is whether a "heroine" is possible at all within the terms of the epic or master narratives of the nation. As Teresa de Lauretis has written, women, as readers, are always torn by these narratives, since they are invited to identify with the hero but must also identify with woman as boundary or obstacle or territory through

---

4   I am aware that this community is mythic. For a discussion of the development of the myth, *vid*. Finnegan (1977) especially pp. 36-41.

which the hero passes on his road to self-transformation. Both novels make it clear that rewriting master narratives around a heroine is fraught with difficulty[5].

Elena Garro, the author of *Los recuerdos del porvenir* (1962)[6], was, at the time of writing the novel, the wife of Octavio Paz, whose *The Labyrinth of Solitude* was already a classic discussion of Mexican character. He had vividly portrayed the Mexican's defensive *machismo* and his need to repress the "feminine" in himself and others. It was an analysis that owed more to Jung than to Freud. In his essay, Paz had listed the female stereotypes —prostitute, goddess, great lady— invented by men. Women, he claimed (1961: 35-36):

> [...] transmit and conserve but do not create the values and energies which nature and society pass on. In a world made in the image of man, the woman is only a reflection of male will and desire.

Paz is, of course, critical of this. But because he makes no distinction between representation and the real relations of women, his argument locks male Mexico into permanent negation of part of its self, and, since that part is idealized Woman and not women, there seems to be no arena of struggle.

Garro's novel aligns women with the marginalized and gives them central importance as plotters against the state. The setting is a regional town occupied by a victorious revolutionary army which is the instrument of the new postrevolutionary nation. This alien force destroys the traditional structures, yet unites all marginalized groups in silent opposition. The period is the 1920s, when the militant secular state attempted to undermine the power of the Church and instead brought on the armed conflict known as the Cristero War.

Interestingly, Garro did not try to tell the story as a realist novel. Instead, she chose the fairy-tale plot. This is an interesting choice, since contemporary narrative theory has drawn heavily on Vladimir Propp's *Morphology of the Folk Tale* (1958) in order to build a narratology. Yet if we attend to surface rather than to deep structures, we find that fairy-tale plots, unlike epic narrative or the classical realist novel, often have feminine protagonists and that the fairy-tale romance has deeply influenced women's popular fiction down to the present[7].

---

5   De Lauretis (1984) has a detailed discussion of the positioning of women in both classical narrative and film narrative.

6   *Los recuerdos del porvenir* was translated into English by Ruth L. C. Simms as *Recollections of Things to Come*. For an overview of Garro's writing *vid*. Mora (1977). According to Mora the novel was written as early as 1950. *Vid*. also Dauster (1980).

7   Jameson (1981: 113) comments that Northrop Frye's typology of genres includes romances as one in which the protagonists are "marginalized", being either slaves or women, but he

The narrator of Garro's novel is not a person but a collectivity —the town of Ixtepec, or rather its orally transmitted collective memory. But that memory is activated by a monument —a stone—which is the only remaining vestige of one of the two heroines of the story, Isabel Moncada. The choice of this collective protagonist has the advantage of giving voice to all the marginalized elements of Mexico —the old aristocracy, the peasantry (and former supporters of the assassinated revolutionary leader Zapata), the indigenous, and women; in sum, all those left behind by modernization and the new nation. Excluded from this collective memory is the official history propagated by the "new men" who have forged postrevolutionary nationalism and who, in the period covered by the novel, are engaged in the war against the Catholic Church whose militant arm is the Cristero guerrilla army.

Jean Meyer, one of the foremost authorities on the Cristero War of the 1920s to which Garro's novel refers, has criticized *Los recuerdos del porvenir* for its ideological bias. He writes (1974: I, 404)[8]:

> The author offers an interesting vision of the problem. For her, it is all about the death of the agrarian movement brought about by Catholic reactionaries (Porfiristas) and atheist revolutionaries.

And he quotes a sentence from the novel:

> The Church and the government fabricate a cause to ruin discontented peasantry. While the peasants and the priests prepare themselves for terrible death, the Archbishop was dealing his cards to the wives of atheistic rulers.

Though Meyer is correct in showing that the author's politics are foregrounded in passages such as these, to select such metadiegetic statements is to miss the point. Despite the historical references, *Los recuerdos del porvenir* is not altogether a historical novel but rather, like *Antigone,* it challenges the state's appropriation of meaning by evoking more ancient loyalties —to family, religion, and "imagined" communities which do not coincide with the nation. In this respect, it is more deeply subversive of official history than the better-known *La muerte de Artemio Cruz* by Carlos Fuentes. This subversion is partly conveyed through the different temporalities at work in the novel —the disjunctive time of revolutionary change, the nostalgic time of memory, frozen time, festive and ritual time. The title itself is disturbingly ambiguous, for it suggests both the future's memories and anticipated recollections. The novel often shifts into a different time warp, and this is evocative of Latin American temporality where different temporal modes (cyclical, linear) and different historical modes often

---

leaves it at that. The reason for women's identification with characters in popular romance has been discussed by many feminist critics. *Vid.* for instance Modleski (1982).

8   The comment is made in the bibliography vol. 1.

The novel is structured like a double-sided mirror. We look into one side and see a projection of the fairy prince and the happy ending. We look into the other and see the dark fairy tale, the one with the bitter ending. At the novel's start Ixtepec is occupied by the victorious army headed by General Rosas, who had fought with Obregón. The officers have installed themselves in the town's hotel along with the women who have followed them or whom they have kidnapped or seduced[9]. All the desire and resentment of the occupied town are focused on the General's mistress, Julia, and on a mysterious stranger, Felipe Hurtado, who, like all fairy-tale heroes, appears mysteriously out of nowhere and who has some inexplicable link to Julia (possibly simply the fact that they came from the same place and had shared the same community). This first part of the novel is narrated as the magical romance of Julia's rescue. General Rosas had attempted to subdue Julia by using his power; his rejection of romance corresponds to the actant *machismo,* which is also actualized by several other of the military characters who vainly try to dominate their woman, all of whom are "elsewhere", living in a world of romance[10]. But machismo also implies a code of death and honor. The General must assert mastery over the rival, Felipe Hurtado, by killing him, and he sets out to do it in the most public way possible, by going directly to the house where he is staying and challenging him. But Hurtado magically escapes with Julia on the legendary white horse, taking advantage of a cloud of darkness that surrounds Ixtepec even during the daylight hours.

Because fairy tale and romance have been the most persistent mode of representing female desire, many women writers consciously reject them because they appear to amount to a seduction of the reader. In their book *The Madwoman in the Attic*, Gilbert and Gubar (1979: 605) describe how both Charlotte Brontë and Emily Dickinson felt themselves to be slaves of the romantic plot and the patriarchal structures that plot reflected. European and North American popular literature for women used these romantic plots, turning them into the formulas of a marketable product. In Mexico, however, it was the popular song, cinema, and orally transmitted culture that kept romance alive, although by 1962, when *Los recuerdos del porvenir* was published, popular print romances and *fotonovelas,* photo novels —popular narratives in a comic-strip format, but using photographic stills— had become the favorite reading of the newly literate (*vid.* García Calderón 1980). Garro's appropriation of romance in the first part of her novel satisfies the desire for a happy ending which the second part of the novel disappoints. Romance is one way in which Utopian feelings repressed by tyranny and machismo can be expressed, and it allows the liberation of the courtesan, Julia, the "public woman", whose disappearance with Hurtado makes her into a legendary heroine.

---

9 General Obregón, in alliance with Venustiano Carranza, was on the victorious side in the revolutionary war, having turned against and defeated his former allies, Pancho Villa and Emiliano Zapata, the peasant leader of Morelos.

10 "Actant" refers to the deep structure of narrative which generates surface "actors" or characters, according to Greimas (1971).

In the second part of the novel, Garro turns the whole issue around. Now the army, still headed by General Rosas, who has become more repressive since his loss of Julia, enforces the government decree that bans the Church of Rome. This episode is based on historical events that led up to the Cristero War and began when President Calles announced his intention of replacing the Church of Rome by a national church, the Orthodox Mexican Church (La Iglesia Ortodoxa Mexicana). The persecution of "their" church unites the entire population of the town — the aristocratic Moncada family headed by don Martín and Ana and their children, Juan, Nicolás, and Isabel; Juan Cariño, the president of the defunct municipal council; the sacristan, don Roque, and the displaced priest; the Indians; a doctor; old *beatas* like Dorotea; and prostitutes.

The antiheroine of this part of the story is Isabel Moncada, who passionately loves her brother Nicolás, resents the fact that she is a woman, since this condemns her to inaction, and invests her desire for power in the abandoned and solitary General Rosas. In short, she becomes a traitor. As Catholic resistance grows in the town, Father Beltrán disappears and the sacristan don Roque is stoned at night by anonymous attackers and left to die. His wounded body mysteriously disappears, carried off, we learn later, by the priest who is hiding in the hut of a *beata*, dona Dorotea. There is no point in exploring every detail of a complex and somewhat melodramatic plot. It is enough to know that the entire town participates in a plan to help the priest escape; that Juan, one of Isabel's brothers, is killed during the escape, which takes place during a ball organized in the hope of hoodwinking the military; but the military outwit the populace and keep them dancing all night while the army rounds up the conspirators. Isabel's brother, Nicolás Moncada, is caught with the priest and condemned to be shot along with several other conspirators. Those who betray the Cristero cause are all women — a servant, a prostitute, and Isabel Moncada, who puts her dream of power and seduction above the interests of the community and allows herself to be carried off by the General on the very night that his troops kill her brother Juan.

Isabel is thus the reverse of Antigone, having chosen reason of state over community. Her one chance of redeeming herself is by using her sexual power and appealing to the General to save her brother Nicolás. In the mirror opposites of the novel, the prostitute, Julia, had refused to practice seduction on the General and had escaped from him. In the second part, the aristocrat, Isabel, tries to win power through seduction but fails. The General, out of self-disgust rather than affection for Isabel, invents a plan to substitute another prisoner for Nicolás, thus allowing him to save face while "repaying" Isabel. But the "hero", Nicolás, refuses to participate in the deception and is shot with the other prisoners. Isabel has failed to save him and now fails to save herself. She is taken by her old nurse, Gregoria, to a sanctuary dedicated to the Virgin, but defiantly asks only to see Francisco Rosas again. However, the last moments of Isabel and her metamorphosis are known only because the servant Gregoria lives to relate them. In her version, a cloud of dust blows up, recalling both the darkness that had allowed Julia and her lover to escape and the cloud of dust that had surrounded Antigone as she reached the body of Polinices. But in Isabel's case, the dust conceals her shameful metamorphosis from a living person into a stone on which the servant Gregoria writes the epitaph and the last words of the novel:

> I am Isabel Moncada, born of Martín Moncada and Ana Cuétara de Moncada, in the town of Ixtepec, the first of December 1907. Into stone I was transformed on the 5th of October, 1927, before the horrified eyes of Gregoria Jucirez. I caused pain to my parents and the death of my brothers Juan and Nicolás. When I came to beg the Virgin to cure me of my love for general Francisco Rosas who killed my brothers, I vacillated and preferred the love of the man who ruined me and my family. Here I shall stay alone with my love as a memory of the future forever and ever.

Gregoria's story turns Isabel into the monument of betrayal, a betrayal of the family. Her sin is that of *malinchismo*. Yet the constant shifts of the narrative, the undecidability of the point of view allow us to read Isabel's tragedy in another way. For Isabel's problems start from the moment when, after an idyllic childhood, she is separated from her brother Nicolás and designated a female. She had never really reconciled herself to the social consequences of gender differences nor to the fact that only men work, travel, and become heroes. The family cannot fulfill her desires because of the incest taboo. She desires her brother, and, therefore, cannot be completely loyal to the family or to the state. The family constitutes her as a woman and thus separates her from her brother, but her attempt to cross over from the traditional community into the new postrevolutionary world is also a failure because her assertive gesture is not acceptable to traditional and communal values.

Garro's novel thus represents an impasse. Women do not enter history —only romance. Either they are legends like Julia, the elusive phantom of male desire, or like Isabel they are the undesired surrogates who are not objects of desire but who allow themselves to be seduced by power. Such women do not wrest interpretive power from the masters and are not commemorated by posterity, except as traitors to the community that has been forever bonded by memory and speech. The fact that Isabel's treachery becomes inscribed in stone while Julia's legend remains a legend only underlines the fact that both are outside history.

Much of Garro's writing down to the present is preoccupied with exile and the homelessness of marginalized peoples and those who have been vanquished. And this often involves her in attempts to interrupt the measured time of history (*vid*. Mora 1977). But in *Los recuerdos del porvenir,* she takes on the confrontation between oppressive patriarchy and all of the informal knowledge, belief, and experience that it would try to repress. One of the women in the novel, for instance, finds no difficulty in being silent under investigation because her father had taught her that women should not open their mouths. Yet as Garro also shows, women's plotting is undermined because power seduces them. This finally is for her the lesson of La Malinche.

Oficio de tinieblas (*Tenebrae*) by Rosario Castellanos was published in 1963, a year after *Los recuerdos del porvenir.* The author, who came from a white, landowning family in the predominantly indigenous state of Chiapas, was a pioneer feminist, author of many essays and poems protesting women's subordination. Indeed, in one of her poems, "Meditación en el umbral" (1985: 73) (Meditation on the Threshold), she rejects a whole series of female stereotypes from the mystical Saint Theresa to Sor Juana in her cell, from Emily Dickinson to Jane Austen, concluding:

> There has to be some other way that isn't called
> Sappho, or Messalina, or Mary of Egypt, or
> Magdalene, or Clementia Isaura
> Another way to be human and free.
> Another way to be[11].

It was particularly in her poetry and in her essays that she revealed a deep sense of her own devaluation as a woman, describing herself on one occasion as:

> [...] a woman of good intentions
> who has paved
> a straight and easy path to hell (Castellanos 1985: 335).

Castellanos' novel is an ambitious attempt to show the complexity of race, class, and gender relations. Yet, as in Garro's novel, the resolution of the complexities turns into a story of female treachery. *Oficio de tinieblas* is written in the historical realist style that was at that time favored by many Latin American writers, with characters representing social classes or racial stratification. It is written in the third person, using traditional narrative devices to depict subjectivity —interior monologue or free indirect style— and it can be considered one of the most ambitious attempts by a Mexican writer to create a historical novel in the Lukacsian sense (*vid.* Lukács 1962)[12]. Lukacsian typicality, however, often lapses into the stereotypical — the macho landowners, sub-

---

11 For a discussion of Castellanos and younger women poets, *vid.* Wong (1987). For a sympathetic and personal account of Castellano's feminism, *vid.* Poniatowska (1985). She includes an autobiographical article by Castellanos which sums up the isolation of her childhood in Chiapas, the traumatic death of her brother, who was the favorite of the family, her illness from tuberculosis, her work among the Indians, her marriage at the age of thirty-three – a marriage which she says was monogamous on her part and polygamous on her husband's part – and the birth of three children, two of whom died. Though she was made Mexican ambassador to Israel, Castellanos was underrated by critics. She died tragically, electrocuted when lighting a lamp in her home in Tel Aviv in 1974. Elena Poniatowska (1985a) dedicated another essay to her. A discussion of her feminist views and her work is also to be found in Robles (1987). *Vid.* also Fiscal (1980) and Ahern/Seale Vásquez (1980). Castellanos (1966) briefly summarized the story of her literary apprenticeship and career.

12 For Lukács, the protagonists of the historical novel were not necessarily world historical characters but rather "typical" characters who united specificity with a significant relationship to the historical forces of the period.

missive wives, exploited Indian villagers, and rich merchants who are the stock characters of the *indigenista* novel (*vid*. Sommers 1989).

What interests me here is that, like Garro, Castellanos first identifies women with other groups marginalized both in older patriarchal structures of the landowning class and in modernized Mexico. In *Oficio de tinieblas,* she tries to work through the divisions between women of different classes and races who, in some sense, as women, share the same problems. Yet the realist novel elided her own subjectivity beneath the voice of the omniscient narrator. It would be in her poetry, and particularly in her later poems, that the problem of women's sexuality would surface most explicitly.

Before writing the novel, Castellanos had worked in her native Chiapas for the national institute that dealt with Indian affairs (the National Indigenist Institute) and was therefore implicated in its policies, which at this period involved intense acculturation and modernization. Her experience working with an educational puppet theatre in San Cristóbal brought her into direct contact with people she described as "scandalously poor and radically ignorant"[13]. In common with other members of the Institute, she believed that the only road for the Tzotziles was acculturation, but she was frustrated by their resistance to the literacy program and the narrow-mindedness of the bureaucrats in charge of the programs. The conflict between an oppressed indigenous group who were nevertheless "light-years away from modern civilization", and the "bureaucracy without ideals" was to be deployed in *Oficio de tinieblas*. Yet this conflict was also filtered through her growing preoccupation with the issue of gender, especially the issue of motherhood.

Her choice of a historical realist novel to depict this conflict is therefore understandable, since the third person narrative and the historical raw material allow her to transpose a personal into a national problem. Yet, though she could not have known it, she chose a dubious historical anecdote as her source, an anecdote that somehow impressed her and yet would undermine the verisimilitude she strove for. Though the novel is set during the period of agrarian reform under General Lázaro Cárdenas (between 1934 and 1940)[14], the indigenous uprising which is the central episode of the novel was based on events that took place between 1868 and 1871, the accounts of which were written by those sympathetic to the ruling landowning caste, who depicted the Indians as bloodthirsty and savage in order to justify repression. The highlight of this apocryphal story was the Indians' crucifixion of one of their own children[15]. Castellanos was not alone in accepting the veracity of the legend. The reputable anthropologist Ricardo Pozas, who did field work among the Chamulas in the 1950s, includes this legend in

---

13 Rosario Castellanos in a letter to Gastón García Cantú, quoted in Robles (1987: 2; 176).

14 Lázaro Cárdenas, who was president from 1934 to 1940, nationalized petroleum and carried out extensive land reforms, thus putting into effect one of the demands of the revolutionaries who had fought in the 1910-1917 revolution.

15 Most accounts of the Chiapas uprising are based on Piñeda (1888). *Vid*. for instance Reina (1984). Contemporary documents quoted by Reina (1984) make clear the racial hostility be-

his book *Chamula* (1977) as if it were true history. He even mentions the crucifixion as an example of a tradition of human sacrifice going back to the ancient Mayas.

What had alarmed the landowners in 1867 was not so much an indigenous uprising but the fear of an uprising in the wake of the caste wars of Yucatan (*vid*. Reed 1964), and their alarm was exacerbated by the activities of the followers of a religious cult. Pedro Díaz Cuscat, helped by a woman, Agustina Gómez Checheb, reportedly made a clay figure in Tzajalhemel, adorned it with ribbons, and claimed that the idol had come down from heaven to satisfy the needs of the indigenous community. The idol was placed on a box and Cuscat, from inside the box, would make it speak. Here he followed a tradition of Maya resistance, in which speaking boxes and speaking crosses had figured prominantly (*vid*. Reed 1964: 139-140). The priest of Chamula persuaded the Indians that the saint was false and took away its clothes. But soon afterward Pedro Cuscat and Agustina Checheb made and adorned new idols. This time Agustina was said to have given birth to these figures and was named the mother of God. Cuscat was arrested on suspicion of inciting rebellion but then freed.

According to the legend, Cuscat began to claim that the indigenous community needed a crucified Christ to make them equal to the Christians. They chose Domingo Gómez Checheb, who was supposedly crucified on Holy Friday, 1868. The priest was ambushed and killed, marking the beginning of the Indian rebellion, which was joined by Ignacio Fernández Galindo, a native of San Cristóbal. The Indian rebels set fire to ladino stores and houses, killing men, women, and children, and spreading alarm in the entire province. Galindo was taken prisoner, whereupon Cuscat attacked San Cristóbal. Galindo and Benito Trejo were eventually executed and the Indians retired, defeated, from their positions around San Cristóbal. Cuscat escaped but died in the mountains.

This account, which formed the basis of Castellanos' novel, is a mixture of truth and fiction. Similar legends always seem to spring up where there is racial oppression —at this same period, in La Habana, whites quaked at stories of blacks killing white babies. Even in the 1960s when Castellanos read the account of the 1868 "uprising", she accepted it as the true record of a "brief collective 'Dionysian'" orgy of blood "which quickly spent itself without being able to generate any lasting results" (Robles 1987: 2, 174). What undoubtedly attracted her to the legend was the major role played by a woman, Agustina, the maker of idols.

Yet what mars the novel is, perhaps, not so much the shaky source of the story or the transposition from the nineteenth century to modern times but the fact that in making the child's crucifixion central to the novel, Castellanos tacitly acquieses in the view of the literal-mindedness of the indigenous population propagated by positivism. In her novel the Indians sacrifice a real child because they cannot understand the symbolism of the Eucharist, whereas, as anthropologists point out, the symbolic systems of those

---

hind accusations of Indian barbarism. For a revision of the official account which shows that the Indians were the victims rather than the perpetrators of the massacres and that the crucifixion was an invention, *vid*. Rus (1983).

very indigenous peoples are of the utmost sophistication. Finally, her choice of the historical realist novel with a third person omniscient narrator contributes to the ideological closure of the novel and its pessimistic view of the outcome of both the struggle of the indigenous people and of women. *Oficio de tinieblas* is therefore in many respects an interesting failure, but a failure that allowed Castellanos herself to work out her own ambivalences about women, power, and seduction[16].

Around the nucleus of an Indian uprising, Castellanos constructed an entire provincial society —with its landowners, teachers, students, bureaucrats, priests, and the landowners' wives, their servants, and their mistresses. The novel opens with a violent act —the rape of an indigenous woman by a member of the landowning class. This woman will bear the child who will eventually be crucified. This unwanted motherhood stands in sharp contrast to the sterility of most of the women in the novel. Indeed, motherhood is to sterility what virility is to impotence in the male. When motherhood is thwarted by sterility or by choice, then female energies go into compensatory creations. One of the central characters, Catalina, is a barren Tzotzil woman who adopts the child of rape and eventually organizes his crucifixion. The attractive and sexually liberated "La Alazana" (The Mare), the common-law wife of one of the bureaucrats of Cardenas' land reform program and the mistress of the wealthy Leonardo Cifuentes, is also childless and compensates for this with a fruitless attempt to break into Chiapas society. Cifuentes' stepdaughter, Idolina, is unmarriageable because she has lapsed into hypochondria because of her father's death and her mother's remarriage to Cifuentes; she lives a prolonged bedridden childhood in the company of her old Indian nurse. The Indian nurse, Teresa, had borne a child who died because, after becoming Idolina's wet nurse, she was unable to nourish it.

The emphasis on sterility among the female characters obviously indicates that Castellanos herself regarded maternity as a form of feminine fulfillment. It is because she was committed to the historical novel and the "typical" character, that the actant "sterility" surfaces in so many different characters from different social classes and races. Yet this does not mean that mothers are necessarily idealized. Idolina's mother is a sinister character who married the opportunistic Cifuentes after he had murdered her husband. Even more sinister is the "new woman" of postrevolutionary Mexico, La Alazana, who becomes Cifuentes' mistress and whose affair with the landowner has a destabilizing influence on the course of affairs. It is she who ultimately acts as a Malinche, betraying her common-law husband who is in Chiapas to bring about agrarian reform, and therefore betraying the ideals of the Revolution.

Even this brief summary suggests the immense ambition of the novel and the sheer amount of compression necessary to bring together problems of class and race on both the personal and the public level. Not only this, Castellanos attempts to transpose an event

---

16 Throughout the remainder of this chapter, page numbers in the text refer to Castellanos (1962). The novel has not been translated into English. Castellano's first novel, *Balún Canán*, was translated by Irene Nicholson (1961) as *The Nine Guardians*.

of the nineteenth century into the near present of the late 1930s, when Lázaro Cárdenas was attempting to introduce land reform in the teeth of opposition from the landowners. Thus, to the themes of the marginality of the indigenous community and women, she adds that of the failure of postrevolutionary society to achieve its goal of social justice.

Nevertheless it is the sterile Catalina, the wife of one of the leaders of the indigenous community, whose bid for power dominates the novel. It is she who manipulates a marriage between her own idiot brother and the raped Tzotzil woman, a marriage that allows her to adopt the child Domingo. But this surrogate motherhood is denied her. As a male child, Domingo must learn to do a man's work and must be separated from Catalina and initiated into male society. Bitterly disappointed at this second thwarting of motherhood, Catalina retires to a cave, where she develops her visionary powers and becomes known as an *ilol* or female prophet. She has discovered idols in a cave and organizes a cult around them. Though Catalina leads a movement of resistance, she cannot become a true resistance leader but must remain an isolated figure. The one public role that is open to her is that of prophet, but she is deprived of this too when the priest destroys the idols and she is arrested. When she is released she returns to the cave, this time to create her own idols, a process equated with giving birth (*vid*. Castellanos 1962: 249). When the priest tries, to intervene a second time, she resists, and, following her leadership, the community stones him to death. The fact that Castellanos has these fictional events occurring at the time when the Cárdenas government was seizing lands and redistributing them to the peasantry gives added reason for the tensions in the region and accounts for the militant organization of the landowners against the indigenous population.

The major confrontation occurs at Easter, when the tribe deserts the idols and returns to the Christian Church for the reenactment of the Passion, a myth that has more power over them than Catalina's invented religion. This leads her to conclude that she can only revitalize (recreate) the indigenous community by crucifying her godchild, that is, by destroying the genealogical succession on which the community is based in order to create a new and more powerful community in imitation of that of the dominant classes. The scene of the crucifixion is one of incredible cruelty. The nails are rusty. "When they penetrate his flesh, they pulverize the bones, break open the arteries, and tear his tendons". As they carry him on the cross:

> Each vibration of the wood is painfully prolonged in Domingo's flesh, and they wring from him his last groans, cut his last ties to life (Castellanos 1962: 323).

Castellanos dwells on the pain and humiliation of the boy whose sacrifice causes a senseless and ultimately suicidal uprising which separates the tribe from its lands and reduces the survivors to homeless and fugitive nomads.

Castellanos secures the ideological closure of the novel not only through the diegetic conclusion but also by showing how the events passed into popular myth. In fact, she introduces two myths —one a myth of writing and the other a myth of telling. In the first of these, the dispersed Tzotziles meet in a cave (the Platonic reference is inescapable) and incorporate into their rituals a book they cannot decipher but which

REWRITING THE NATIONAL ALLEGORY

is a copy of the Military Ordinance; unwittingly, they worship the very system that has defeated them, thus ensuring their continuing exploitation. In this myth, writing is the instrument of domination. The second myth is told by the Indian nurse, Teresa, to the childlike Idolina, who is a member of the upper class and who has helped to bring about the social disturbances by writing anonymous letters. In Teresa's story, an Indian woman gives birth to a child of stone, acquires magic powers, and is severely tested. Her pride causes her to demand human sacrifice. (She thus recalls the Aztec's "terrible mother" goddess, Coatlicue.) The lords of Ciudad Real pursue her in vain, but finally defeat her by tying up the stone child, whereupon the *ilol* destroys herself. The novel ends thus:

> The name of that ilol, which everyone had once pronounced with reverence and hope, has been proscribed. And anyone who feels tempted to utter it spits, and the saliva wipes out the image and its memory.

Clearly Catalina, like Isabel Moncada, is punished by being turned into an example of female hubris, but her punishment is to lose her proper name, to become anonymous. This second myth illustrates the failure of orally transmitted legend to provide a collective memory around which further resistance could be mobilized. Writing belongs to the dominant classes, but orally transmitted culture is also penetrated by dominant values.

The ending of Castellanos' novel seems to reflect a belief that subaltern cultures (including that of women) cannot become counterhegemonic because they do not have access to writing, and because even their oral culture is penetrated by myths of submission. Teresa's mythic interpretation of Catalina's actions, transmitted not to her own people but to Idolina, who belongs to another social class and race, demonstrates the fact that all transculturation is destructive to the indigenous community and that woman's bid for power, when it is not linked to national consciousness, can have devastating results. The sterility of all the women in the novel is damaging. Yet the communities that it damages —whether Catalina's indigenous community or La Alazana's postrevolutionary nation— are themselves founded on the devaluation of women. Both Catalina and La Alazana suffer from the double standard.

Important questions are thus raised, though not resolved, in *Oficio de tinieblas* —one of the most basic of which is the question of women's marginality and its relation to identity. For though apparently a tragedy of the indigenous people, who at the end of the story are dispersed and have lost their community, the novel clearly depicts the inability of the nation to cope with either the marginal culture of the indigenous community or the marginality of women. What gives Castellanos' novel some validity, despite its anachronistic picture of women and ethnicity, is the fact that she at least poses the contradictory and antagonistic nature of gender relations as they intersect with race and class. But it is a validity undermined by a third person narrative that masks an ideological positioning. Her story is not official history, yet it is structured by the master narrative of the landowners in ways in which she was not even aware. Her omniscient voice puts her outside the orally transmitted cultures of the indigenous community and women and allows her to speak from a place —the national novel— in which there are no heroines, only heroes[17].

Does Catalina do what Castellanos did not dare to do? Sacrifice family to attain tribal power? And is the destruction that Catalina brings upon the tribe hyperbolic because in this way Castellanos assures herself as well as her readers of the terrible consequences of this step? Certainly her later poems suggest that women have a fundamental difficulty in asserting power. Unable to identify with the father, they are trafficked by the mother. In a moving poem, "Malinche", she depicts La Malinche as a princess expelled:

> [...] from the kingdom
> from the palace and the warm womb
> of she who gave legitimate birth to me
> and who hated me because I was not her equal
> in looks or rank
> and saw in me her image and detested it
> throwing the mirror to the ground.

Self-hatred is woman's most powerful emotion.

In both of these novels of the early sixties, ambitious women are expelled (or expel themselves) from the polis and thus fail to "author" themselves or acquire a name for posterity. Isabel Moncada's treacherous self-incorporation into the state turns her into an admonitory inscription, not an exemplary hero/author. Catalina brings destruction on the tribe and with them is condemned to homeless wandering. What strikes us in each case is that the woman acts in isolation, exploiting traditional women's spaces of romance and religion, yet without ever being able to institutionalize an alternative discursive practice outside oral tradition. Both Garro and Castellanos seem caught in a predicament. Garro escapes from verisimilitude through fairy tale but thereby cannot insert her heroines into history. Castellanos' attempt to be true to history means that she dooms her protagonist. In both cases, the problem is rooted in their attempt to appropriate the then hegemonic genre —the novel as national allegory. In such novels the personal lives of the protagonist generally represent the problems of the nation as a whole[18]. But as these novels show, it is simply not possible to retain verisimilitude and make women into national protagonists. Women's attempts to plot themselves as protagonists in the national novel become a recognition of the fact that they are not in the plot at all but definitely somewhere else.

---

17 For another perspective, *vid.* Schlau (1984).

18 Jameson (1986) is responsable for the sweeping generalization that the Third World novel takes the form of national allegory. This can be debated, but it is true that realist novels generally deploy characters who stand in for different forces within the nation.

Bibliography

Works

Castellanos, Rosario. (1957). *Balún-Canán*. México: Fondo de Cultura Económica.
---. (1961). *The Nine Guardians*. London: Gollancz.
---. (1962). *Oficio de tinieblas*. México: Joaquín Mortiz.
---. (1966). *Confrontaciones: Los narradores ante el público*. México: Joaquín Mortiz.
---. (1971). *Poesía no eres tú; obra poética: 1948-1971*. México: Fondo de Cultura Económica.
---. (1971a). "Pasaporte", in: *Poesía no eres tú; obra poética: 1948-1971*. México: Fondo de Cultura Económica, p. 335.
---. (1985). *Meditación en el umbral: antología poética*. Prólogo de Elena Poniatowska. México: Fondo de Cultura Económica.
Fuentes, Carlos. (1959). *La región más transparente*. México: Fondo de Cultura Económica.
---. (1960). *Where the Air Is Clear*. New York: T. Obolensky.
---. (1976). *Terra Nostra*. New York: Farrar, Strauss and Giroux.
García Márquez, Gabriel. (1955). *La hojarasca*. Bogotá: Organización Continental de los Festivales del Libro.
Garro, Elena. (1962). *Los recuerdos del porvenir*. México: Joaquín Mortiz.
---. (1969). *Recollections of Things to Come*. Austin: University of Texas Press.
Poniatowska, Elena. (1985). "Prologue", in: Castellanos, Rosario. *Meditación en el umbral: antología poética*. México: Fondo de Cultura Económica.
---. (1985a). *Ay vida, no me mereces!: Carlos Fuentes, Rosario Castellanos, Juan Rulfo, la literatura de la onda*. México: Joaquín Mortiz.
Roa Bastos, Augusto. (1978). *Yo, el Supremo*. Buenos Aires: Siglo Veintiuno.
Sophocles. (1947). "Antigone", in: *The Theban Plays*. London: Penguin Books.
Vargas Llosa, Mario. (1984). *Historia de Mayta*. Barcelona: Seix Barral.
---. (1986). *The Real Life of Alejandro Mayta*. New York: Farrar, Strauss and Giroux.

Critical Works

Ahern, Maureen/Seale Vásquez, Mary. (1980). "Annotated Bibliography", in: *Homenaje a Rosario Castellanos*. Valencia: Albatros, pp. 127-174.
Baudot, George. (1986). "Malintzín, L'Irregulière", in: *Femmes des Amériques*. Actes du Colloque International 18-19 avril 1985. Toulouse: Université de Toulouse-Le Mirail: Service des publications, pp. 19-29.
Dauster, Frank. (1980). "Elena Garro y sus recuerdos del porvenir", in: *Journal of Spanish Studies: Twentieth Century*. 8: 57-65.
Derrida, Jacques. (1986). *Glas*. Lincoln, London: University of Nebraska Press.

Finnegan, Ruth. (1977). *Oral Poetry: Its Nature, Significance and Social Context*. New York: Cambridge University Press.
Fiscal, María Rosa. (1980). *La imagen de la mujer en la narrativa de Rosario Castellanos*. México: UNAM.
Franco, Jean. (1981). "The Utopia of Man", in: *Social Text*. 4: 52-78.
---. (1986). "El pasquín y los diálogos de los muertos: Discursos diacrónicos en *Yo el Supremo*", in: Sosnowski, Saul. (ed.). *Augusto Roa Bastos y la producción americana*. Buenos Aires: La Flor, pp.181-196.
---. (1989). "On the Impossibility of Antigone and the Inevitability of La Malinche: Rewriting the National Allegory", in: *idem. Plotting Women. Gender and Representation in Mexico*. New York: Columbia University Press, pp. 129-146.
García Calderón, Carola. (1980). *Revistas femeninas: La mujer como objeto de consumo*. México: El Caballito.
Gilbert, Sandra M./Gubar, Susan. (1979). *The Madwoman in the Attic: The Woman Writer and the Nineteenth-Century Literary Imagination*. New Haven: Yale University Press.
Greimas, A. J. (1971). *Sémantique structurelle*. Paris: Larousse.
Hartsock, Nancy C. M. (1983). *Money, Sex and Power: Toward a Feminist Historical Materialism*. New York, London: Longman.
Jameson, Fredric. (1981). *The Political Unconscious: Narrative as a Socially Symbolic Act*. Ithaca: Cornell University Press.
---. (1986). "Third World Literature in the Era of Multinational Capitalism", in: *Social Text*. 15: 65-88.
Lacan, Jacques. "L'Etique de la psychanalyse". (unpublished typescript).
Lastra Pedro. (1987). "La tragedia como fundamento estructural, *La hojarasca*", in: *idem. Relecturas hispanoamericanas*. Santiago de Chile: Editorial Universitaria.
Lauretis, Teresa de. (1984). "Desire in Narrative", in: *idem. Alice Doesn't: Feminism, Semiotics, Cinema*. Bloomington: Indiana University Press, pp. 102-157.
Lukács, Georg. (1962). *The Historical Novel*. London: Merlin Press.
Meyer, Jean. (1974). *La Cristiada*. 2 vols. 1st ed. México: Siglo XXI.
Modleski, Tania. (1982). *Loving with a Venegeance: Mass Produced Fantasies for Women*. Hamden: Archon Books.
Mora, Gabriela. (1977). "A Thematic Exploration of the Works of Elena Garro", in: Miller, Yvette E./Tatum, Charles M. (eds.). *Latin American Women Writers: Yesterday and Today*, in: *Latin American Literary Review*, pp. 91-97.
Paz, Octavio. (1961). *The Labyrinth of Solitude*. New York: Grove Press.
Phillips, Rachel. (1983). "Marina/Malinche: Masks and Shadows", in: Miller, Beth. (ed.). *Women in Hispanic Literature: Icons and Fallen Idols*. Berkeley: University of California Press, pp. 97-114.
Piñeda, Vicente. (1888). *Historia de las sublevaciones indígenas habidas en el estado de Chiapas*. México: Tipografía del Gobierno.
Pozas, Ricardo. (1977). *Chamula*. 2 vols. México: Instituto Nacional Indigenista.

Reed, Nelson. (1964). *The Caste War of Yucatan*. Stanford: Stanford University Press.
Reina, Leticia. (^{2}1984). *Las rebeliones campesinas en México 1819-1906*. México: Siglo XXI.
Robles, Marta. (1987). *La sombra fugitiva. Escritoras en la cultura nacional*. México: UNAM.
Rus, Jan. (1983). "Whose Caste War? Indians, Ladinos, and the Chiapas 'Caste War' of 1869", in: Macleod, Murdo J./Wasserstrom, Robert. (eds.). *Spaniards and Indians in Southeastern Mesoamerica: Essays on the History of Ethnic Relations*. Lincoln: University of Nebraska Press, pp. 127-168.
Schlau, Stacey. (1984). "Conformity and Resistance to Enclosure: Female Voices in Rosario Castellanos' *Oficio de tinieblas* (The Dark Service)", in: *Latin American Literary Review*. 12, 24: 45-57.
Sommers, Joseph. (1989). "Literatura e historia: Las contradicciones ideológicas de la ficción indigenista", in: *Revista de Crítica Literaria*. Lima, pp. 9-39.
Steiner, George. (1986). *Antigones: How the Antigone Legend Has Endured in Western Literature, Art, and Thought*. Oxford: Clarendon Press.
Todorov, Tzvetan. (1982). *La Conquête de l'Amérique: La question de l'autre*. Paris: Seuil.
Wong, Oscar. (1987). "La mujer en la poesía mexicana", in: Klahn, Norma/Fernández, Jesse. (eds.). *Lugar de encuentro: Ensayos críticos sobre poesía mexicana actual*. México: Katún.

Vicky Unruh

University of Kansas

LAS REARTICULACIONES INESPERADAS DE LAS INTELECTUALES DE *AMAUTA*: MAGDA PORTAL Y MARÍA WIESSE

En su proyección revolucionaria para el nuevo Perú, José Carlos Mariátegui —y la revista *Amauta* (1926-1930) que dio forma a su proyecto cultural— destacaban problemas de clase social y etnia mucho más que asuntos de género sexual. Aunque los años veinte en el Perú presenciaron el paulatino desarrollo de movimientos feministas, la revista que tanto indagó sobre urgentes cuestiones nacionales e internacionales contribuyó relativamente poco al debate sobre la mujer. De acuerdo con su ecléctica política cultural, sin embargo, *Amauta* celebraba a sus designadas "mujeres de lucha" —por ejemplo Rosa Luxembourg en la escena mundial y la poeta uruguaya Blanca Luz Brum en el ámbito americano— y aparecieron en la revista prosa y verso de conocidas escritoras hispanoamericanas de la época: Juana de Ibarbourou, Amanda Labarca Hubertson, Nydia Lamarque, Gabriela Mistral, y Alfonsina Storni. De hecho, en un ambiente con relativamente pocas oportunidades semejantes, *Amauta* constituía un provisional albergue intelectual para mujeres. Varias escritoras limeñas —Dora Mayer de Zulen, Magda Portal, Ángela Ramos, y María Wiesse, entre otras— desempeñaron papeles notables en el ecléctico e informal grupo de escritores y artistas que se organizó alrededor de Mariátegui y la revista. En el contexto de las cambiantes perspectivas sobre el feminismo y la mujer que se desarrollan en los escritos de Mariátegui, son particularmente distintivas las interpretaciones de la mujer intelectual ensayadas por Magda Portal (1903-1989) —poeta, política, ensayista, y autora de manifiestos sobre la estética de vanguardias— y María Wiesse (1893-1964) —autora de piezas teatrales, cuentos, novelas, poesía, y ensayos biográficos, artísticos, y literarios, y crítica de cine y música para *Amauta*.

Sostiene mi indagación sobre la actividad cultural de estas mujeres la premisa de que la identidad de Portal y Wiesse como intelectuales fue sólo parcialmente autoconstruida. Parafraseo la corrección de Judith Butler (Butler 1993: 22) ante las apropiaciones críticas de su enlace del *performance* con la subjetividad cuando supongo que ni Portal ni Wiesse se preguntaba al levantarse cada día, "¿cuál identidad representaré hoy?"[1]. Más bien, su experiencia como escritoras era inseparable de una gama de vigentes diálogos culturales a través de los cuales se expresaban. Recurro también aquí a la conceptualización propuesta por Joan Scott de la "experiencia" como la historia de un sujeto, una historia cuya escena de actuación es el lenguaje. Scott propone una necesaria historización del concepto "experiencia" y destaca "the complex and changing discursive processes by which identities are ascribed, resisted, or embraced" (Scott 1992: 33). Podemos suponer además que la experiencia de Portal y Wiesse como mujeres intelectuales se forjaba hasta cierto punto a través de la "citacionalidad obligatoria" (término de Butler) de los guiones culturales heredados y que, a la vez, su actividad exhibía el fenómeno de la "resignificabilidad inesperada" (Butler 1993: 28) del diálogo sobre la mujer que se desplegaba en el ambiente cultural de *Amauta*[2]. Estas (re)articulaciones inesperadas revelan las auto-imágenes de Portal y Wiesse como mujeres intelectuales y las singulares concepciones de la labor cultural y literaria que se manifiestan en sus obras.

La intrincada relación de las mujeres con los movimientos de vanguardia en Latinoamérica variaba según el contexto nacional y las peculiaridades de cada grupo. En algunos casos —Norah Lange con el grupo Martín Fierro de Buenos Aires y Patricia Galvão entre los antropófagos de São Paulo— las mujeres desempeñaban el doble rol de escritora y musa. En otros casos, participaron algunas mujeres en la formación del grupo para luego dirigirse hacia otras actividades; tal fue la relación entre Mariblanca Sabas Alomá y el grupo minorista de La Habana (fundadores de la *Revista de Avance*) y de Antonieta Rivas Mercado con los escritores de la revista *Contemporáneos* en México. Otras, como Teresa de la Parra, Victoria Ocampo, Alfonsina Storni, María Luisa Bombal y Nellie Campobello se destacaron por el carácter innovador de su propia obra o su proyecto intelectual, sin formar parte íntegra de algún círculo vanguardista[3]. En todo caso, en las décadas de los veinte y los treinta la relación de la escritora latinoamericana con los círculos literarios que la rodeaban era de algún modo excéntrica, en parte porque el fenómeno de la mujer escritora era aún relativamente insólito y también porque la retórica de la innovación estética se caracterizaba por sus inflexiones genérico-sexuales[4]. En

---

1 Aunque Butler inicia esta respuesta crítica desde varios foros, aquí me refiero concretamente a la exposición en "Critically Queer" (1993).

2 Butler acuña el concepto de "the unanticipated resignifiability of high invested terms" para destacar el carácter performativo del lenguaje que, a la misma vez que genera la repetición de discursos vigentes, se abre al surgimiento de lo inesperado en esa misma repetición.

3 Aunque con la fundación de la revista *Sur* en 1931 Victoria Ocampo llegó a establecer relaciones estrechas con algunos vanguardistas argentinos, no había colaborado en las actividades de estos escritores durante su activa etapa vanguardista de los años veinte.

4 Las contradicciones genérico-sexuales de los discursos de la modernidad constituyen un fenómeno ampliamente comentado en los proyectos del modernismo estético internacional. *Vid.* por ejemplo, la obra de Susan Suleiman (1990) y la introducción de Roberts (1994).

Latinoamérica, los manifiestos vanguardistas hacían eco al lenguaje misógino del futurismo italiano al afirmar la virilidad de la innovación e invocar "mujeres románticas" y el "verso afeminado" como los blancos de su ataque estético[5]. En el ambiente nacionalista de México en los años veinte, por otro lado, los defensores de la *mexicanidad* reclamaban la virilidad para la literatura concretamente enfocada sobre la realidad nacional y calificaban la innovación estética de literatura afeminada. En todo caso, se empleaba el lenguaje genérico-sexual para expresar ideologías estéticas. Claramente, y como señala Mary Louise Roberts (1994) sobre la cultura francesa en los años veinte, este tipo de lenguaje señalaba una variedad de conflictos artísticos, políticos, o sociales; esto es, se explotaba la tensión genérico-sexual para hablar de otros asuntos. Pero esta retórica también manifestaba ansiedades culturales sobre los cambios de rol genérico anticipados en una época no sólo de transformaciones sociales y económicas en Latinoamérica, sino también de los primeros movimientos duraderos en busca de derechos para la mujer. Así, una ambivalencia general hacia estos cambios se manifestaba en las paradójicas imágenes de lo femenino y lo masculino que surgieron en la actividad vanguardista. Si bien la escritura innovadora se caracterizaba generalmente como literatura viril, la imagen de la "nueva mujer" —performativa, mecanizada, fragmentada— daba forma, energía, e inspiración a los proyectos de innovación[6].

Durante la época vanguardista en Latinoamérica, no obstante, el acceso femenino a los derechos de ciudadanía avanzaba más lentamente en algunos países que en otros. Si bien Mariátegui y la revista *Amauta* daban cabida a la actividad cultural femenina y celebraban cierta versión de la nueva mujer, los pocos avances del feminismo en el Perú, como bien lo señalan Francesca Miller (1991) y Elsa Chaney (1979), proveen un contra-ejemplo ante el relativo progreso feminista en el Cono Sur o el Caribe. Fundada en 1914 como la primera organización abiertamente feminista del país, Evolución Femenina sufrió la deportación de su fundadora en los años veinte. Bajo el régimen de Augusto Leguía y en reacción a su propuesta por la reforma del código civil, María Jesús de Alvarado fue exiliada en 1924, dos años antes de la fundación de *Amauta*. Según Miller, la ausencia de una fuerte clase media peruana y la persistencia de los colegios católicos como la base de la educación femenina constituyen una explicación parcial para el surgimiento tardío de una fuerte reacción feminista en el Perú, ya que fueron las maestras en escuelas secularizadas las que entablaron esta crítica en otros

---

5   *Vid.* por ejemplo, los manifiestos puertorriqueños del noísmo y el atalayismo en Hernández Aquino (1966).

6   Por ejemplo, la "Eva moderna" del modernismo brasileño, dactilógrafa y bailadora de tangos; la cronométrica Srta. Etc. de los estridentistas mexicanos; la mujer voladora de Oliverio Girondo; la nebulosa Margarita de Jaime Torres Bodet; o la Beatriz de Oswald de Andrade, fallecida, descompuesta, y resucitada al servicio del mundo y el arte nuevos. *Vid.* respectivamente, "Arte moderna" de Paulo Menotti del Picchia, *La Srta. Etc.* de Arqueles Vela, *Espantapájaros (al alcance de todos)* de Girondo, *Margarita de Niebla* de Torres Bodet, y *A Morta* de Oswald de Andrade.

países latinoamericanos (Miller 1991: 79). Ya existía en el Perú, sin embargo, una tradición decimonónica del círculo literario como centro de actividad feminista, por ejemplo en las actividades culturales de Clorinda Matto de Turner, Mercedes Cabello de Carbonera, y la argentina Juana Manuela Gorriti[7]. En este contexto, no es sorprendente que una revista de arte y cultura como *Amauta* haya constituido un centro provisional para el activismo femenino de su época.

En los años previos a su conversión al marxismo y a la fundación de la revista, sin embargo, las opiniones de Mariátegui sobre la mujer y el feminismo eran más equívocos de lo que se esperaría. Por ejemplo, en 1920, escribió durante su estadía en Italia que las mujeres serían jueces ineptas por pecar o de debilidad o de dureza; un aumento en el número de jueces femeninas sería difícil porque los hombres ya no podrían imaginarlas como sus musas poéticas (*OC*, 15: 181, 184)[8]. El beneficio del sufragio femenino, propuso Mariátegui, derivaría del mayor apoyo disponible a los candidatos masculinos, ya que jamás se les ocurriría a los hombres "dar nuestro voto por las mujeres" (*OC*, 15: 183). Sobre las mujeres literarias observó el joven Mariátegui que la mayoría eran diletantes, inclinadas a explotar los privilegios de su sexo para publicar sus obras. A la misma vez, alabó a las escritoras "serias": algunas poetas italianas contemporáneas, y escritoras francesas como George Sand, y Ana de Noailles. Con la madurez intelectual que coincidió con su conversión a un marxismo exento de ortodoxia y su casamiento con Anna Chiappe, Mariátegui exhibió más circunspección hacia la cuestión de la mujer. Censuró la defensa de la "poesía del hogar" por constituir una justificación de la servidumbre de la mujer, y afirmó que "la mujer es algo más que una madre y una hembra, así como el hombre es algo más que un macho" (*OC*, 14: 132).

Mariátegui censuró el "feminismo de diletantes", sin embargo, por ser producto del liberalismo burgués que buscaba mantener el orden social establecido y transformarlo exclusivamente para las mujeres (*OC*, 14: 130). Pero a la larga sostenía que "el feminismo, como "idea pura" era "esencialmente revolucionario" (*OC*, 14: 130), y su visión del papel de la mujer en la cultura literaria también cambió. Mariátegui estimaba las vanguardias internacionales por su iconoclasia creativa y su afirmación de un compromiso entre arte y vida. También observó que el arte nuevo había generado nuevas musas, por ejemplo la Nadja de André Bretón (*OC*, 6: 180), pero expresó su ambivalencia hacia la Eva moderna con sus "senos salomé" y su "peluca a la garçonne" (*OC*, 6: 2). Por un lado, Mariátegui caracterizaba a esta nueva mujer como un "mamífero de lujo" (*OC*, 14: 132)[9]. A la vez, concibió su propia versión de la nueva

---

7   Para un detallado estudio de la actividad de estas *mujeres ilustradas* en el Perú, *vid*. Denegri (1996).

8   Todas las citas de Mariátegui se basan en el tomo y las páginas correspondientes de sus *Obras completas* que abreviamos *OC*.

9   Mariátegui indicaba que había tomado este epíteto de un breve artículo sobre la mujer escrito por un "literato italiano", Pitigrilli.

mujer: una trabajadora cultural, síntesis de la revolucionaria rusa Alexandra Kollontai, para quien la crianza de hijos, "la luna de miel y el ejercicio de un comisariato del pueblo" eran actividades compatibles (*OC*, 14: 127), y de Isadora Duncan, cuya iconoclasia en el arte y la vida constituía para Mariátegui un "permanente impulso revolucionario" (*OC*, 6: 201). A la larga, sin embargo, sostuvo que en "el actual panorama humano, la clase diferencia a los individuos más que el sexo" (*OC* 14: 130). Al mismo tiempo, en su exaltación de las nuevas "poetisas", Mariátegui abrazaba una noción genéricamente esencialista del arte. Quejándose de que las escritoras de generaciones previas habían sido "artistas sin sexo" y productoras de un arte "neutro", opinaba que las mujeres contemporáneas —con su "vitalismo natural" y su "verdadero sentimiento de hembra"— serían las rejuvenecedoras de la poesía (*OC*, 14: 127 y *OC*, 15: 192). Pero si la escritura de mujeres encarnaría para Mariátegui el vitalismo orgánico que buscaba en el arte nuevo, para él, el nuevo intelectual peruano —simultáneamente comprometido y crítico— era claramente masculino. Fue precisamente para estos "hombres nuevos del Perú" que *Amauta*, en la presentación de su número inaugural, se dedicó a proveer hospedaje intelectual[10].

1. El "equilibrio imposible" de Magda Portal

En su reconstrucción de una historia literaria nacional, sin embargo, Mariátegui consagró a Magda Portal como la "primera poetisa" del Perú[11]. Los poemas de Portal aparecieron en los números iniciales de *Amauta*, y fue Mariátegui quien la animó a publicar su primera colección poética, *Una esperanza i el mar* (1927). No obstante estos enlaces, el círculo intelectual de la revista constituía sólo una efímera base de la amplia actividad cultural y política de Portal durante esta época. Su desarrollo estético comenzó al principio de los años veinte con la difusión de su poesía en revistas limeñas y con la publicación de su colección de cuentos, *El derecho de matar* (1926), con Serafín Delmar. En la vida política, Portal trabajó como instructora en las Universidades Populares Manuel González Prada, dedicadas a la clase obrera, y en 1930 fue co-fundadora de la sección peruana del APRA (Alianza Popular Revolucionaria Americana) y directora de la sección femenina del partido. A partir de 1926, de hecho, Portal se dedicó por más de dos décadas a las actividades apristas, nacionales y continentales. Durante la época que nos ocupa —los años veinte y el principio de los treinta— publicó poesía vanguardista, ensayos políticos y cuentos. En 1924 cola-

---

10 Mariátegui afirmó en la "Presentación" de *Amauta*: "Todo lo humano es nuestro. Esta revista vinculará a los hombres nuevos del Perú, primero con los de los otros pueblos de América, enseguida con los de los otros pueblos del mundo" (*Amauta* 1.1: 1).

11 *Vid.* "El Proceso de la literatura" en los *7 ensayos de interpretación de la realidad peruana* (*OC*, 2: 229-350).

boró en la redacción de *Flechas*, revista dedicada en principio a la renovación estética, y en 1926-27 publicó con Serafín Delmar la hoja vanguardista de cuatro números, alternativamente nombrados *Trampolín, Hangar, Rascacielos,* y *Timonel.* Además de poemas y reseñas bibliográficas, en *Amauta*, Portal publicó el ensayo "Andamios de vida" (1927), la indagación más concreta sobre el vanguardismo literario que apareció en la revista. En este ensayo y en *El nuevo poema i su orientación hacia una estética económica* (1928), Portal afirmó que la iconoclasia dinámica y el vitalismo de la estética vanguardista constituían la base para el arte socialmente comprometido. Así, como muchos vanguardistas de su época, Portal concebía la poesía misma como un tipo de trabajo cultural[12].

No obstante estos enlaces con la onda artística del momento, la compleja identidad de Magda Portal como una mujer intelectual singulariza su experiencia de estos años. Si bien como figura pública y en sus escritos políticos Portal reiteraba el papel prescrito de la nueva mujer luchadora, su actividad literaria —especialmente su poesía lírica— manifestaba las rearticulaciones inesperadas de los guiones culturales que la rodeaban y las paradójicas señas de una autonomía aún tenue y difícilmente adquirida. En el análisis de su poesía, Mariátegui opinaba que Portal consistentemente presentaba "una límpida versión de sí misma" (*OC*, 2: 324), y el título que Portal le asignó a su antología poética de 1965 —*Constancia del ser*— refuerza esta imagen de continuidad. Su propia escritura de los años veinte y treinta, sin embargo, y su novela autobiográfica *La trampa*, de 1956, socavan estas implicaciones de permanencia vital y manifiestan una frustrada búsqueda de una auto-concepción viable y sólida.

Sin duda la vida de Portal fue poco convencional en su época: una mujer abiertamente política, encarcelada por su activismo, una madre efectivamente soltera, y una exiliada que vivió varios años en marcha por el continente latinoamericano. Con toda su liberación, según las pautas del momento, sin embargo, en el ámbito cultural de *Amauta*, la frontera se ofuscaba entre Magda la escritora moderna y Magda la musa de los hombres nuevos del Perú. Fue a ésta —y no a aquella— que la revista le otorgó el papel de personificar sus ideales estéticos y políticos. En "El proceso de la literatura", Mariátegui, como he notado, estimó a Portal como la primera auténtica poetisa de la nación peruana, y pintó su escritura como la encarnación de la estética vitalista que constituía su propio ideal artístico[13]. Así, escribió sobre la obra de Portal que "la poesía que, en los poetas, tiende a una actitud nihilista, deportiva, escéptica, en las poetisas tiene frescas raíces y cándidas flores. Su acento acusa más *elán vital*, más fuerza biológica" (*OC*, 2: 323). Era precisamente este tipo de "fuerza" lo que Mariátegui había postulado como fuente de

---

12 Sobre la crítica vanguardista de Portal, *vid*. el artículo de Arrington (1995). Para un acercamiento más completo a su actividad cultural, *vid*. los artículos de Reedy (1970, 1975, 1980), quien actualmente prepara un libro sobre la vida y obra de Portal.

13 Sobre las posturas estéticas de Mariátegui, *vid*. mi estudio, Unruh (1989).

energía para "peruanizar al Perú", y en su designación de Portal como la primera poetisa nacional, la mujer poética se transformó en un sinécdoque del *elán vital* nacional. De un modo semejante, Mariátegui percibía en los cuentos de Portal el mismo "espíritu rebelde" y "mesianismo revolucionario" que —como hemos notado— le atribuía a la mujer soviética y a Isadora Duncan. Asimismo, en una reseña de la obra de Portal, *El nuevo poema i su orientación hacia una estética económica*, el contribuidor a *Amauta* Nicanor de la Fuente intensificó la musificación de Magda:

> Ya no es la mujer que se queda en cualquier rincón de su casa, con un chiquillo colgado del pezón izquierdo. Es la mujer que va a la barricada con su inquietud al cinto y una cartuchera con metáforas incendiarias. Es la mujer ágil del volante y la imprenta, de la locomotora y el grito electoral, que luce carta de ciudadanía continental ante el asombro y el temor religioso de nuestros políticos criollos [...] (*Amauta* 3.24 [1929]: 102).

Lo que más impresiona de esta época inaugural de Portal como mujer intelectual es la relativamente fiel correspondencia entre esta interpretación objetivadora de ella y la auto-representación que emerge tanto en su actuación pública —la declamadora de poesía en veladas proletarias y de discursos polémicos para el APRA— como en algunos de sus poemas más ideológicamente cargados. La imagen que surge en su poesía abiertamente política y sus ensayos corresponde a esta representación de "la mujer que va a la barricada", sobre todo en el tono rebelde y contencioso de una voz que habla casi siempre en mayúscula. Este rasgo tiñe su escritura política en particular de un carácter monológico que desafía al lector en busca de una auto-representación matizada y variable. Es tentador interpretar la voz rebelde de estos escritos como una afirmación voluntariosa de la pensadora más autónoma —y la feminista— que Portal llegó a ser después de duros años de aprendizaje como casi la única mujer entre los líderes apristas. Pero en sus ensayos del comienzo de la década de los treinta —*Hacia la mujer nueva* (1933) y "Rol de la mujer revolucionaria" (1931)— es difícil encontrar alguna "resignificación inesperada" de la actitud generalmente negativa sostenida por los izquierdistas peruanos hacia el feminismo. Así Portal rechazó las actividades del pequeño grupo Feminismo Peruano Zoila Aurora Cáceres (fundado en 1924) por sostener un "demasiado elástico concepto de los derechos femeninos" que se prestara a "halagar a un tirano" (Portal 1931: 332). Como bien lo ha resumido Francesca Miller (1991), durante esta época Portal invariablemente privilegiaba cuestiones de clase sobre las de género, descartaba el feminismo burgués como frivolidad de poca vigencia, se opuso inicialmente al voto femenino, y expresó poca fe en la capacidad de la mayoría de las mujeres peruanas para la vida cívica (Miller 1991: 101-102). Es cierto que Portal atribuía estas limitaciones a "ese ambiente corrupto en que se ha modelado la mentalidad de nuestras mujeres" (Portal 1931: 332). Pero argüía que la mujer peruana estaría lista para participar en la vida nacional sólo bajo un nuevo sistema que le daría "amplias posibilidades de acercarse a la cultura y de *rehabilitarse*"(*ibíd.*; énfasis mío). Como directora de la sección femenina del APRA, Portal se encargaba de esta "rehabilitación" de mujeres para la imaginada nueva sociedad[14]. Paradójicamente, entonces, Portal asumió un papel pedagógico compatible precisamente con las metas de utilidad social que caracterizaban los movimientos feministas de su época. Si nos limitamos a sus escritos políticos, resulta un poco difícil reconciliar el persistente tono condescendiente de Portal hacia otras mujeres con su propio rol público —tanto auto-construido como asignado por los demás— de la nueva mujer rebelde. La perspicaz crítica a partir de la clase social que realiza Portal hacia el feminismo peruano de su época nos hace esperar una actitud más reflexiva ante el feminismo como idea, concepto que el mismo Mariátegui, recordemos, veía como esencialmente revolucionario.

De hecho, fue precisamente en su obra literaria —no en sus escritos políticos— donde Portal halló el terreno para esa reflexión y donde trajo a la luz su propia situación precaria en la vida cultural de su tiempo. Así en su lírica y cuentos de esta época, Portal creó una imagen intrincada de la mujer intelectual y desarrolló una perspectiva más compasiva hacia la experiencia femenina en general. El cuento poemático *Círculos violeta* (1926), por ejemplo, emplea convenciones vanguardistas para relatar el matricidio realizado por una joven mujer pobre para salvar a su hija recién nacida de "todo el dolor de la humanidad" y sobre todo del hospicio —"incubador de esclavos y asesinos" que la espera (Portal 1926: 1-2). El poema "Hijo" evoca la toma de conciencia política experimentada por una adolescente al ser violada por su amo y al dar luz a una hija propia. La obra creativa de Portal en estos años también exhibe más variedad de tono y perspectiva que su escritura política y crea la imagen de una hablante atrapada en una red de guiones culturales en conflicto. La mayoría de los poemas de *Una esperanza i el mar* (1927), por ejemplo, constituyen meditaciones subjetivas en busca del amor, de la conexión con el prójimo, de la claridad del pensamiento, y de la liberación ante las limitaciones del ser y de la realidad contingente. Sirven de marco para estas composiciones tres poemas con imágenes utópicas de la liberación colectiva —dos al principio y uno al final. Estos enlazan al sujeto hablante de los poemas más intimistas con la realidad más vasta que busca.

En conjunto la colección produce la imagen de un ser que lucha por compaginar las exigencias del papel social y estético prescrito con las necesidades de comunicar otras experiencias en formación; un yo poético que por un lado se extiende —sin identidad genérica fija— hacia los "hombres libres" del primer poema y el último, y que por otro lado se orienta —con una identidad explícitamente femenina— hacia sus propias luchas internas. "El mandato", por ejemplo, manifiesta la "citacionalidad obligatoria"[15] de las exigencias sociales en una hablante que se esfuerza por cumplir con un mandato moral y político, subyugando paradójicamente sus propios impulsos líricos:

---

14 En "Yo soy Magda Portal", Portal (1978: 216) explicó que mientras ella quería instruir a las mujeres sobre el pensamiento político, Haya de la Torre les hablaba sobre como ser buenas esposas y madres.

15 Empleo aquí de nuevo la terminología de Butler (1993: 22, 28).

[...] habrá necesidad de domar las fieras / i sujetar al muro de la Vida / las más fuertes cadenas — / I no soñar— / Durante un lapso grande / ser un cerebro i una VOLUNTAD (Portal 1927: 43).

Ante esta imagen de un sujeto comprometido y carente de claras inflexiones genérico-sexuales, surge la hablante concretamente femenina de la mayoría de las composiciones. Sin embargo, esta entidad, auto-identificada como mujer, aún manifiesta cierta "citacionalidad obligatoria" de los discursos genéricos que la rodean cuando se describe como la mujer vitalista y orgánica, la fuente del *elán vital* nacional imaginada por Mariátegui. "NO TENGO PROCEDENCIA / amo la Tierra / porque vengo del seno de la Tierra", declara esta voz en un poema (*ibíd*.: 5), y en otro: "Yo Yo / frente a la Vida, / yo poseo la roja manzana de la Vida" (*ibíd*.: 7). Junto con esta imagen de la mujer originaria como antídoto para el enajenamiento de la modernidad, surge la mujer moderna y exiliada, encarnación de ese mismo estado desarraigado: la mujer "intercontinental, cosmopolita, i amargamente huraña", la que "fumando [su] cigarro de spleen", se encuentra "de pie en las astas de la vida" guardando "un equilibrio imposible" (*ibíd*.: 17; 19-20). Este equilibrio imposible —entre la política y la poesía, entre las contradictorias identidades femeninas citadas o forjadas— se liga además al tira y afloja de la actividad intelectual. Así una hablante retratada como un "fino cuerpo de mujer civilizada / arrebujado en brumas neurasténicas" invoca la admonición de Oscar Wilde que el "trabajo intelectual perjudica la belleza del rostro", y busca "un poco de belleza" a través del auto-retrato que guarda "preso el sueño de la Vida / pájaro en jaula de hierro / con una puertecita de esperanza" (*ibíd*.: 25).

La persistente imagen de una mujer en busca del "equilibrio imposible" entre guiones culturales en conflicto se refuerza con el penetrante tono de dislocación que impregna no sólo esta colección, sino toda la obra literaria de Portal. Esta imagen de desplazamiento surge en una sostenida metonimia entre la hablante poética y el mar —retratado como la ubicación de la experiencia moderna, transatlántica— y con imágenes de exilio, distancia y migración. Muchos años después, Portal reforzaría este retrato de un personaje femenino sin albergue —intelectual o político— en su novela autobiográfica *La trampa* (1956). Aquí, el personaje Marilú —estrechamente ligada a las propias experiencias de Portal— reflexiona sobre su malograda búsqueda de enlaces en el partido, no sólo entre los jefes masculinos, sino aún más en la jerarquía femenina. "Es que en realidad, Marilú no conoce a las mujeres", observa cándidamente la narradora; con "los hombres se ha sentido mucho más cómoda, ya que estos han sido camaradas en su vida de estudiante o luchadora social" (Portal 1956: 91). Sin embargo, la novela documenta el paulatino descubrimiento por la protagonista de lo poco que los camaradas valoran su presencia:

[...] siempre que se puede, se le hace a un lado, se le disminuye. Pero el partido necesita una líder mujer para atraer a las mujeres, para que no se diga que las mujeres figuran, que solo se les ocupa para llenar vacíos y para menesteres inferiores (*ibíd*.: 102).

Junto con su ensayo biográfico (1945) sobre Flora Tristán como "precursora" del feminismo peruano, esta revaluación novelada de su posición como mujer marcaba el surgimiento de la más aguda conciencia feminista en Portal que se desarrollaría plenamente en sus últimas décadas. Sin embargo, las imágenes del equilibrio imposible y el desalojamiento que se infiltran en su iniciación a la vida cultural de los años veinte perduran en la obra literaria de Magda Portal como expresiones de sus experiencias como mujer intelectual.

2. El desalojamiento voluntario en la obra de María Wiesse

Si bien Portal vivió muchos años realmente en marcha (en Bolivia, Cuba, Puerto Rico, México, y Chile), Sylvia Molloy y Francine Masiello han destacado la penetrante imagen de desalojamiento que marca la escritura de mujeres intelectuales en Latinoamérica durante las décadas iniciales del siglo veinte. Así Molloy se refiere a una "dislocación necesaria al ser" ["a *dislocation in order to be*"] (Molloy 1991: 107), y Masiello (1990: 37) describe un "desplazamiento constante". De hecho, este rasgo constituye la única semejanza notable entre la obra literaria de Portal y la de María Wiesse, quien, aunque menos conocida fuera del Perú, desempeñó un papel más duradero en *Amauta*. Nacida en el seno de una familia intelectual (su padre fue historiador), Wiesse, con su familia, pasó algún tiempo de la niñez con parientes paternos en Lausanne. En Lima fundó y redactó la revista *Familia* (1919) y realizó una extensa producción periodística, sobre todo en las populares revistas semanales, *Mundial* y *Variedades*. A lo largo de cuatro décadas, su producción literaria fue fecunda en cuentos, novelas cortas, poesía, piezas teatrales, y ensayos de historia, biografía, y musicología. A partir de su iniciación periodística, participó activamente en las tertulias limeñas que surgieron alrededor de las revistas en que colaboraba. Con su esposo, el renombrado pintor José Sabogal[16], formó parte del círculo íntimo de *Amauta* y participó en las tertulias en el hogar de Mariátegui. Dotada de un amplio y profundo conocimiento literario, artístico y musical, durante los cuatro años de publicación de la revista, Wiesse se encargó de la mayoría de la crítica cinematográfica, musical, y dramática.

A toda luz, la vida de Wiesse —como esposa de un conocido artista y madre de sus hijos— fue más sedentaria y convencional que la de Portal, y aunque simpatizaba con la política nacional e internacional de *Amauta*, en general tenía más interés en la cultura que en la política. Aunque Wiesse publicó más extensamente en *Amauta* que cualquier otra mujer, y aunque ha sido designada en la historia literaria peruana como "tal vez la más importante escritora de la primera mitad del siglo, dentro de la literatura peruana femenina" (Arriola Grande 1983: 422), como figura pública era mucho

---

16 La contribución de Sabogal a *Amauta* fue extensa; además de haber propuesto el título de la revista y de haber diseñado su logotipo indigenista, se encargaba de los materiales artísticos, y su propia obra aparecía frecuentemente en las páginas de la revista.

menos visible que Portal. Semejante a Portal, se distanciaba hasta cierto punto de los movimientos feministas de su época y expresaba cierta ambivalencia crítica, además, hacia la imagen de la nueva mujer anglo-europea. La escritura prolífica de Wiesse sufre a veces de un sentimentalismo excesivo para los gustos actuales, y su obra en conjunto produce la imagen autorial de alguien que no alcanzó la plena realización de su talento. Más que la de Portal, sin embargo, la obra de Wiesse de los años veinte y treinta proyecta la imagen de una mujer consciente de su identidad intelectual y dedicada a un rol cultural concreto. Aunque Wiesse dedicó varios ensayos a la vida y obra de figuras masculinas[17], además, sus escritos desarrollan una serie de reflexiones críticas sobre la situación de la mujer peruana.

A largo plazo, la actividad cultural de Wiesse se encaminaba, por un lado, hacia la recuperación y diseminación de la información cultural peruana: los mitos autóctonos, los usos sociales tradicionales y contemporáneos, y las vidas de figuras religiosas, artísticas o históricas. Para Wiesse, este proyecto constituía una valorización de lo propio ante lo que consideraba un excesivo afrancesamiento cultural vigente. Al mismo tiempo, sobre todo en su labor periodística, se dedicaba a divulgar información y crítica sobre corrientes artísticas internacionales, consagradas e innovadoras. En este sentido, la actividad de Wiesse encajaba nítidamente con la política cultural y estética del autoctonismo modernizador de Sabogal y con el doble enfoque internacional y nacional de *Amauta* y de sus "hombres nuevos" comprometidos a "peruanizar al Perú". Sin embargo, las rearticulaciones inesperadas de este diálogo cultural surgen en los cuentos y las novelas de Wiesse y en la parte de su obra periodística dedicada a un público femenino. Aquí desarrolla un enfoque crítico sobre las consecuencias mixtas de la modernidad para una serie de personajes desalojados por su avance, entre ellos particularmente, la mujer moderna.

La ambivalencia de Wiesse hacia la modernidad cultural infiltra toda su obra, sobre todo en la época que nos preocupa. Caracterizaba su propio siglo de "irreverente, artificioso, complicado, y hastiado" (Wiesse 1926: 3), pero compartía —por lo menos en principio— la visión mariateguiana de un futuro materialmente mejorado por medio de cambios en las estructuras sociales y rechazaba concepciones distópicas de la modernización industrial manifestadas, por ejemplo, en la película *Metrópolis* de Fritz Lang (*vid.* Wiese 1929a). Aunque le disgustaba la "desharmonía" de algunas composiciones vanguardistas, le atraía el vitalismo y la potencialidad crítica del arte nuevo. El "espíritu de la época", observaba, no era "sólo asfalto y la rueda", sino también "ritmo ágil, dinamismo espiritual, melancolía disfrazada de ironía, sensibilidad aguda y profunda"[18]. Así abrazaba el latente dinamismo creativo del cine moderno, especialmente la obra rusa y la de Chaplin. Pero tanto en sus columnas periodísticas sobre Lima como en su *Croquis*

---

17 Estos incluyen ensayos sobre Sabogal, Mariátegui, el poeta peruano Mariano Melgar, y la figura histórica José María Córdova.

18 *Vid.* la reseña por Wiesse de la revista *900* en *Amauta* 3.13 (1928): 43-44.

de viaje (1924) sobre Cuba y México, y de conformidad con su orientación de clase, censuraba las manifestaciones visuales de la modernización comercial, y temía que la masificación cultural resultaría en la mediocridad, o que exageraría en la versión peruana del supuesto mal-gusto pequeño burgués: la huachafería. A la vez que valorizaba la energía y el espíritu crítico de la cultura moderna, entonces, criticaba la "frivolidad" de los nuevos usos, por ejemplo, la afición a los artistas de Hollywood y las efímeras novedades de vestuario, en parte por una actitud un poco arielista hacia todo lo yanqui y además porque pensaba que las nuevas costumbres agravaban las contradicciones de la gran comedia social.

Como antídoto a los males de la vida urbana moderna y sus farsas sociales, Wiesse idealizaba hasta cierto punto la vida retirada de un pasado provinciano. Aún en este ambiente ameno, sin embargo, los protagonistas de su prosa se encuentran desarraigados por los cambios de rol social generados por la modernización. Su cuento "El forastero", publicado por primera vez en *Amauta* en 1928, y luego recogido como la obra inicial de *Nueve relatos* (1933), resume esta condición en el joven protagonista que regresa a la hacienda familiar después de una larga estadía europea. Reemplazado por sus hermanos que han modernizado la hacienda y renunciado a las tradiciones culturales, y abandonado por la novia de la juventud ahora aficionada a todo lo nuevo, el "forastero" se encuentra curado del "mal de Europa" pero carente de un papel viable en un país radicalmente cambiado. La ambigua perspectiva autorial —lograda a través del discurso indirecto libre— es modelo de la insólita mezcla de visión crítica y nostalgia con la cual Wiesse forja todos sus personajes, desalojados de un mundo desvaneciente y de sus roles sociales o artísticos. Así tanto la pieza dramática *La hermana mayor* (1918) como el resto de la colección *Nueve relatos* (1933) inventan mundos poblados por protagonistas en busca de nuevas identidades: un contador de historias ambulante, disfrazado de marino, cuyo inventado pasado aventurado sirve de fuente creativa; una maestra urbana exiliada a las provincias que ejecuta una existencia familiar adoptada; un aspirante a poeta romántico, transformado en vendedor de clavos y martillos, que halla su nueva musa en una viuda rica; y un peón migratorio indígena cuya defunción debida a la malaria se atribuye sobre todo a su distancia de la tierra natal.

El nexo que Wiesse establece entre la modernidad y el personaje desarraigado trae a la mente la moraleja extraída por Doris Sommer de la evocación nostálgica de mundos colonizados en la obra de Teresa de la Parra: "(the) marches of progress might take note of where and on whom they step" (Sommer 1993: 180). Semejante a de la Parra, además, en la observación crítica de su entorno, Wiesse comentaba directamente —y a veces con marcada ironía— sobre las consecuencias mixtas de la cultura moderna para la mujer. La obra periodística de Wiesse incluía numerosos artículos sobre el arte y la cultura dirigidos a un público general. Sin embargo, bajo encabezados tales como "La página femenina" en *Mundial* y "Levedades" en *Variedades*, Wiesse se orientaba más exclusivamente hacia las lectoras. No obstante la levedad implícita en los encabezados y en los dibujos de figuras femeninas ataviadas a la última moda que a menudo acompañaban sus artículos, Wiesse socavaba las convenciones de la página femenina con observaciones críticas. Aun cuando comentaba algún elemento de indumentaria femenina —el abanico, la mantilla, el pelo corto o largo— más que repartir consejos sobre la selección de ropa, solía escudriñar las relaciones y los valores sociales implícitos en estos artefactos de cultura material. Así en una crónica citaba a Oscar Wilde para observar el nexo entre la coquetería del abanico y la falsedad en las relaciones entre hombre y mujer, y en otra destacaba las desigualdades de clase social surgidas cuando una privilegiada joven limeña ignoraba las condiciones de vida de las mujeres que confeccionaban su vestuario de última moda[19].

Si Portal asumió el papel tutelar de preparar a otras mujeres para el activismo político, en su periodismo Wiesse empleaba un tono levemente didáctico para instruir a mujeres burguesas en cómo esquivar las trampas de la "frivolidad" (*Mundial* 55) implícitas en su designado papel genérico y así desarrollar una conciencia social y reflexionar críticamente sobre su propia situación. Así sus artículos instaban a las lectoras a ser tan tolerantes con mujeres encarceladas o de la calle como si fueran sus propios hijos; a resistir la tentación de "dispersar sus facultades" (*Mundial* 61) en la "frivolidad necia" (*Mundial* 49) de la sociedad moderna; a tomar conciencia de los sacrificios de mujeres en varias situaciones económicas; a evitar la supuesta costumbre femenina de reunirse para "descuartizar" (*Mundial* 47) la fama de otras con el chisme; a conocer la obra literaria de mujeres; a esquivar el "flirt" (*Mundial* 52) con los hombres para cultivar relaciones de camaradería; y a reflexionar sobre la farsa del 95 por ciento de matrimonios basados en "interés y conveniencias" (*Amauta* 1926: 11 y ss.) en vez de "estimación recíproca" (*Mundial* 58)[20]. Sin duda estos escritos de Wiesse sobre la mujer citaban obligatoriamente —para recordar la frase de Butler— los guiones culturales del esencialismo genérico-sexual. Así encontramos referencias de cuando en cuando a la esencial "fragilidad" de la mujer, a la necesidad de protegerla, a sus "naturales" instintos maternales, o a su propensión al chisme. En la mayoría de los casos, sin embargo, Wiesse contextualizaba sus observaciones sobre la mujer en la tangible escena peruana e internacional de su época. Por ejemplo, para defender ante algunas feministas su posición de que la mujer peruana debía trabajar fuera del hogar solamente por razones económicas, opinaba que en el Perú —más que en Europa o los Estados Unidos— la mujer era maltratada y menospreciada en el trabajo[21].

---

19 *Vid.* "La Página femenina" de *Mundial* de 1921, en núm. 60, del 17 de junio, y núm. 52, del 22 de abril, respectivamente (sin paginación).

20 *Vid.* respectivamente, "La Página femenina" de *Mundial* de 1921, en núm. 55 (13 de mayo); núm. 61 (24 de junio); núm. 49 (1 de abril); núm. 47 (18 de marzo); núm. 52 (29 de abril); también el artículo de Wiesse (1926a: 11-12) y "La Página femenina" de *Mundial* de núm. 58, 3 de junio, 1921. No hay paginación en estos números de *Mundial*. N.B.: Wiesse usaba el seudónimo "Myriam" en muchos de sus artículos periodísticos.

21 *Vid.* "La Página femenina" en *Mundial* (1921), sin paginación.

Generalmente, sin embargo, Wiesse enfocaba menos en cómo mejorar este trato de la mujer y más en las posibles fuentes de la autonomía femenina. Por lo tanto, de conformidad con la orientación de mucha actividad feminista, sus dos novelas breves de esta época —*La huachafita: ensayo de novela limeña* (1927) y *Rosario: historia de una niña* (1929)— examinan la problemática educación, tanto formal como social, de la mujer peruana moderna. La primera presenta el satírico relato amonestador de la pequeño burguesa Doralisa, quien encarna lo *huachafo*, epíteto limeño acuñado en esta época para designar el supuesto mal gusto de una clase en busca de ascendencia social. Aunque la obra manifiesta los intereses de clase implícitos en la citación de este vigente guión cultural, la novela enfoca menos sobre la cuestión del gusto en sí para dirigir la atención de las lectoras hacia la mala educación recibida por Doralisa, inmersa en la comercialización cultural de Hollywood, el tango, y el *jazz*. Para atraer a sus lectoras, Wiesse estilizaba convenciones de la novela rosa con un leve tono moralizante. Así para la huachafita, su inclinación bovarista de imaginar a sus pretendientes de carne y hueso como estrellas de Hollywood resulta en su caída moral y económica. En un toque irónico final, la huachafita caída es cortejada por un poeta vanguardista. Aquí Wiesse evocaba los clichés vanguardistas en la declamación del poeta a Doralisa: "me acuerdo de tus besos / y de tu sombrero cadmio / y de tus ojos, faros de autos" (Wiesse 1929: 23). Esta parodia cuestiona el nexo entre la estética vanguardista y la extravagante nueva mujer, ejemplificada, como he notado, en la construcción de Magdala-musa en las páginas de *Amauta*. La novelita ostenta, además, la insuficiencia pedagógica de las frivolidades modernas en la preparación de la mujer para los desafíos cotidianos.

Como contraparte a la mala educación de la huachafita, *Rosario: historia de una niña* (1929) examina los resultados de una educación ideal experimentada por una joven moderna privilegiada. Educada en un ambiente rousseauiano donde florecen su considerable inteligencia y talento, Rosario —en contraste con la huachafita— disfruta, además, de un estrecho lazo maternal que resulta fundamental en su desarrollo intelectual[22]. No obstante, en sus encuentros con el "peso de la terrible vida cotidiana" (Wiesse 1929: 39) provocados por cada etapa en su formación, Rosario experimenta un nuevo desafío a su autonomía, y aumenta su inclinación rebelde ante las convenciones y reglas pedagógicas. En este esquemático *Bildungsroman* con marcadas pistas autobiográficas, la adolescencia como abertura a la vida con los hombres se experimenta como una gran pérdida de libertad[23], y la comedia social se caracteriza como particularmente perniciosa para mujeres. Así los padres de Rosario postergan en lo posible la entrada de su hija al "rito complicado de la vanidad, de la coquetería, de la mentira

---

22 Sobre la importancia del enlace maternal en la narrativa femenina latinoamericana de entreguerra, *vid*. Castro-Klarén (1991: 11).

23 Sobre las singularidades del *Bildungsroman* femenino, que incluyen la asociación de la adolescencia con varias pérdidas, *vid*. la antología crítica de Abel (1983).

pueril y necia" (ibíd.: 32), animándola a buscar su refugio en la imaginación y los libros. Amadora de la soledad necesaria a estas actividades, Rosario se caracteriza como infiel al rol social de su género y su clase; su hermana es "más femenina" y "más burguesa" porque domina las cortesías sociales y la confección de vestidos para sus muñecas. En contraste, la narración profetiza que Rosario "no será una perfecta ama de casa" pero "padecerá de cierta hurañería [...] amará la soledad" y vivirá de alguna manera apartada (ibíd.: 57). Con todos los privilegios de su clase y su buena educación, Rosario —destinada a intelectual, la obra sugiere— se encontrará tan desalojada como la huachafita totalmente inmersa en su medio.

De hecho, la imagen de un apartamiento voluntarioso y afirmativo se infiltra en la auto-concepción de Wiesse como escritora e intelectual. En un ensayo periodístico sobre la "literatura femenina", Wiesse afirmó en 1920 que las mujeres podían contribuir su pensamiento a "la vida intelectual de la humanidad", no imitando a los hombres o "complaciéndose en masculinizar su estilo", sino escribiendo explícitamente "como mujeres" sobre asuntos de su propia experiencia. Al describir lo que constituiría la literatura de mujeres —"profunda, sutil, tierna, y graciosa"— Wiesse elaboró una imagen esencialista y privilegiada de la escritura femenina, y, como Mariátegui y Portal, la concibió como antídoto vitalista y orgánico —"calor de nuestro corazón"— al "polvo de la biblioteca" y el "pulido trozo de mármol" del letrado tradicional[24]. Sin embargo, en los años siguientes, este llamado a cultivar la diferencia femenina se despliega paradójicamente en la pequeña intelectual-en-formación, Rosario, cuya diferencia ya la aleja de lo culturalmente "femenino". Ya en las páginas de Amauta, Wiesse —a modo de la niña Rosario— ostentaba su desalojamiento voluntario como fuente de la creatividad. En una serie de cuadros levemente satíricos sobre personajes limeños excéntricos, la narradora se pinta a sí misma "encerrada" en su habitación, contemplando lo cotidiano de la vida (Wiesse 1928: 29). Las tensiones inherentes a esta búsqueda de un espacio adecuado a la intelectualidad de mujeres se manifiestan, además, en los vaivenes de tono y voz en la escritura de Wiesse. Por un lado, desde su iniciación al periodismo, escribió con una voz confiada en su propia erudición, en la validez y utilidad de sus opiniones, y en su derecho de socavar sutilmente las convenciones de la página femenina. A la misma vez, surge en su obra, de cuando en cuando, una estudiada modestia, no sólo en las ocasionales afirmaciones de una limitada preparación para lo que escribe, sino también en la propensión a caracterizar sus obras como provisionales: "ensayo de novela" para La huachafita; "fragmentos de un ensayo" para sus reflexiones sobre la literatura femenina; "datos" y "apuntes" para su ensayo biográfico sobre Mariátegui.

La persistencia de estos vaivenes a lo largo de su producción literaria sugiere que Wiesse, como Portal, tal vez nunca halló un permanente albergue intelectual. Sin em-

---

24 El artículo de Wiesse, "Literatura femenina (fragmentos de un ensayo)" apareció en 1920 en Variedades en dos entregas: núm. 633, 17 de abril, y núm. 635, 1 de mayo.

bargo, las rearticulaciones inesperadas del diálogo cultural sobre la mujer, elaboradas por estas dos escritoras sin duda alteran nuestra perspectiva de la vida cultural de los años veinte y treinta. Como muchas revistas y manifiestos de las vanguardias, *Amauta* solía caracterizar a la mujer literaria como la encarnación de los credos estéticos y políticos vigentes. No obstante, y a pesar del desarrollo relativamente tardío del feminismo peruano, la participación de mujeres en el círculo de *Amauta* fue mayor que en cualquier otro círculo vanguardista latinoamericano de su época. Es probable que tanto la hibridez ideológica de Mariátegui como el carácter inclusivo y ecléctico de la política cultural de la revista hayan preparado la escena en que esto fuera posible: "todo lo humano es nuestro" afirmó la "Presentación de *Amauta*" del primer número. Así, a la misma vez que la revista a veces estereotipaba lo femenino, los escritos de mujeres que circulaban en sus páginas —como lo demuestra la obra de Magda Portal y María Wiesse— proveen una relación más compleja de la experiencia de mujeres literarias, demostrando no sólo el terreno común del desalojamiento, sino también los modos notablemente distintos en que se experimentaba ese terreno a través de su expresión.

Bibliografía

Obras

Andrade, Oswald de. (1976). "A morta", en: *Teatro*. Vol. 8 de *Obras completas de Oswald de Andrade*. Río de Janeiro: Civilização Brasileira, pp. 5-56.
Mariátegui, José Carlos. (1980,1981,1982,1983). *Obras completas de José Carlos Mariátegui*. Vol. 2, 6, 14, 15. Lima: Amauta.
Portal, Magda. (1926). "Círculos violeta", en: *Amauta*. 1, 3: 1.
---. (1927). "Andamios de vida", en: *Amauta*. 1, 5: 12.
---. (1927a). *Una esperanza i el mar*. Lima: Minerva.
---. (1928). *El nuevo poema i su orientación hacia una estética económica*. México: Ediciones APRA.
---. (1929). "El hijo", en: *Amauta*. 4, 25: 21-23.
---. (6.6.1931). "Rol de la mujer revolucionaria: El voto femenino", en: *Repertorio Americano*. 22, 21: 332, 336.
---. (1933). *Hacia la mujer nueva*. Lima: Cooperativa Aprista Atahualpa.
---. (1945). *Flora Tristán, precursora*. Lima: Páginas Libres.
---. (1956). *La trampa*. Lima: Raíz.
---. (1965). *Constancia del ser*. Lima: Villanueva.
---. (1978). "Yo soy Magda Portal", en: Esther Andradi /Portugal, Ana María. (eds.). *Ser mujer en el Perú*. Lima: Ediciones Mujer y Autonomía, pp. 209-232.
Torres Bodet, Jaime. (1985). "Margarita de niebla", en: *Narrativa completa* de Torres Bodet. Vol. 1. México: Colección Biblioteca, pp. 23-97.

Vela, Arqueles. (1990). *El café de nadie. Un crimen provisional. La Srta. Etc.* México: Lecturas Mexicanas.
Wiesse, María. (1918). *La hermana mayor.* Lima: Centro Editorial.
---. (1924). *Croquis de viaje.* Lima: Rosay.
---. (1924a). *Jose María Córdova (1799-1829) ensayo biográfico.* Lima: Voce d'Italia.
---. (1926). "San Francisco de Asis y nuestro siglo", en: *Amauta.* 1, 2: 3.
---. (1926a). "Señales de nuestro tiempo", en: *Amauta.* 1, 4: 11-12.
---. (1927). *La huachafita (ensayo de novela limeña).* Lima: Lux.
---. (1928). "Pequeñas prosas", en: *Amauta.* 3, 15: 29.
---. (1928a). "900", en: *Amauta.* 3, 13: 43-44.
---. (1929). *Rosario: Historia de una niña.* Lima: Lux.
---. (1929a). "Notas sobre algunos films", en: *Amauta.* 4, 26: 99-100.
---. (1933). *Nueve relatos.* Lima: Voce d'Italia.
---. (1938). *La romántica vida de Mariano Melgar.* Lima: Club del Libro Peruano.
---. (1967). *José Sabogal: El artista y el hombre.* Lima: Voce d'Italia.
---. (1982). *José Carlos Mariátegui: Etapas de su vida.* Vol. 10 de *Obras completas de José Carlos Mariátegui.* Lima: Amauta.

Crítica

Abel, Elizabeth/Hirsch, Marianne/Langland, Elizabeth. (eds.). (1983). *The Voyage in: Fictions of Female Development.* Hanover, New Hampshire: University Press of New England.
Arrington, Jr., Melvin S. (1995). "Magda Portal, Vanguard Critic", en: Meyer, Doris. (ed.). *Reinterpreting the Spanish American Essay: Women Writers of the 19th and 20th Centuries.* Austin: University of Texas Press, pp.148-156.
Arriola Grande, Maurilio. (^{2}1983). *Diccionario literario del Perú.* Lima: Universo.
Butler, Judith. (1993). "Critically Queer", en: *GLQ: A Journal of Lesbian and Gay Studies.* 1, 1: 17-32.
Castro-Klarén, Sara. (1991). "Women, Self, and Writing" (Introducción), en: Castro-Klarén, Sara/Molloy, Sylvia/Sarlo, Beatriz. (eds.). *Women's Writing in Latin America: An Anthology.* Boulder: Westview, pp. 3-26.
Chaney, Elsa. (1979). *Supermadre: Women in Politics in Latin America.* Austin: University of Texas Press.
Denegri, Francesca. (1996). *El Abanico y la Cigarrera: la primera generación de mujeres ilustradas en el Perú.* Lima: IEP.
Girondo, Oliverio. (1932). *Espantapájaros (al alcance de todos).* Buenos Aires: Proa.
Hernández Aquino, Luis. (^{2}1966). *Nuestra aventura literaria: Los ismos en la poesía puertorriqueña, 1913-1948.* San Juan: La Torre.
Masiello, Francine. (1990). "Women, State, and Family in Latin American Literature of the 1920s", en: *Seminar on Feminism and Culture in Latin America. Women,*

Culture, and Politics in Latin America. Berkeley: University of California Press, pp. 27-47.
Miller, Francesca. (1991). *Latin American Women and the Search for Social Justice*. Hanover/Londres: University Press of New England.
Molloy, Sylvia. (1991). "Female Textual Identities: The Strategies of Self-Figuration" (Introducción), en: Castro-Klarén, Sara/Molloy, Sylvia/Sarlo, Beatriz. (eds.). *Women's Writing in Latin America: An Anthology*. Boulder: Westview, pp. 107-124.
Picchia, Paulo Menotti del. (1976). "Arte Moderna", en: Mendonça Teles, Gilberto. (ed.). *Vanguarda Européia e Modernismo Brasileiro*. Rio de Janeiro: Vozes, pp. 287-93.
Reedy, Daniel R. (1970). "Magda Portal: Peru's Voice of Social Protest", en: *Revista de Estudios Hispánicos*. 4, 1: 85-97.
---. (1975). "Aspects of the Feminist Movement in Peruvian Letters and Politics", en: Huck, Eugene R. (ed.). *The Place of Literature in Interdisciplinary Approaches*. Carrolton: Thomasson, pp. 53-64.
---. (1980). "*La trampa*: Génesis de una novela política", en: McDuffie, Keith/ Roggiano, Alfredo. (eds.) *Texto/contexto en la literatura iberoamericana* (Memoria del XIX Congreso del Instituto Internacional de Literatura Iberoamericana). Madrid: Artes Gráficas Benzal, pp. 299-306.
Roberts, Mary Louise. (1994). *Civilization without Sexes: Reconstructing Gender in Postwar France, 1917-1927*. Chicago: University of Chicago Press.
Scott, Joan. (1992). "Experience", en: Butler, Judith/Scott, Joan. (eds.). *Feminists Theorize the Political*. New York: Routledge, pp. 22-40.
Sommer, Doris. (1993). "Mirror, Mirror, in Mother's Room: Watch Us while We Tell and Groom", en: Sommer, Doris. (ed.). *Mama Blanca's Memoirs. De Teresa de la Parra*. Pittsburgh: University of Pittsburgh Press, pp. 162-83.
Suleiman, Susan. (1990). *Subversive Intent: Gender, Politics, and the Avant-Garde*. Cambridge: Harvard University Press.
Unruh, Vicky. (1989). "Mariátegui's Aesthetic Thought: A Critical Reading of the Avant-Gardes", en: *Latin American Research Review*. 24, 3: 45-69.

George Yúdice

New York University

DE LA GUERRA CIVIL A LA GUERRA CULTURAL: TESTIMONIO, POSMODERNIDAD Y EL DEBATE SOBRE LA AUTENTICIDAD

Introducción

El ensayo que sigue reproduce en gran parte dos ensayos que escribí hace más de una década: "Testimonio y concientización" y *"Testimonio* and Postmodernism". Desde esa época hasta ahora se han producido cambios importantes, que han impactado sobre la recepción del testimonio:

(1) el fracaso de los frentes de liberación nacional en América Central y el concomitante decaimiento de los movimientos de solidaridad entre los cuales desempeñaba un importante papel de concientización;
(2) la transformación de esos frentes en movimientos de sociedad civil, lo cual los obligó a acomodarse a los procedimientos burocráticos de las organizaciones no gubernamentales y las fundaciones internacionales, que además tienen sus propias agendas de democratización y desarrollo sustentable;
(3) la plena incorporación del testimonio a los cánones multiculturalistas en Estados Unidos, lo cual desencadenó intensos debates respecto a la inclusión del género en los currículos secundarios y universitarios;
(4) la puesta en tela de juicio de la crítica sobre el género testimonial, tanto desde una perspectiva conservadora que procuró desacreditarlo (es el caso del supuesto desenmascaramiento de Rigoberta Menchú operado por David Stoll) como desde una perspectiva progresista que considera que los críticos del testimonio lo vienen fetichizando en sus tentativas de proponerlo como modelo de cultura política a partir de posiciones subalternas.

El título de esta nueva reflexión hace hincapié en el transcurso del testimonio desde los años 1980 a los años 1990, es decir, desde la época de las guerras civiles centroamericanas hasta el auge de la sociedad civil y las guerras culturales en plena era neoliberal. La crítica del testimonio en Estados Unidos se caracterizó en los años 80 por la tentativa de legitimar el testimonio como un género literario de valor y como el vehículo para concientizar nuevas solidaridades en las luchas de liberación nacional, sobre todo en América Central. Esa es, al menos, mi propia experiencia. En esa época me parecía que los discursos críticos más valorizados en las humanidades universitarias —posestructuralismo y posmodernismo— daban gran importancia a la marginalidad pero no se referían a sujetos marginalizados concretos, como los que protagonizan el testimonio. Desde luego, habría que exceptuar a aquellas críticas escritas desde perspectivas feministas que sí enfocaban la doble marginalidad de sujetos concretos, como Domitila Barrios. Pero es interesante notar que a lo largo de los años 80 no hubo ensayos que abordaran el testimonio desde una orientación poscolonial. A fines de los años 80 yo publiqué dos ensayos en los que argüí que tenía que ponerse en tela de juicio la demasiado fácil inclusión de América Latina en los debates sobre la posmodernidad. Su multitemporalidad histórica no constituía necesariamente una ventaja para declarar una posmodernidad latinoamericana "avant la lettre". De hecho, los discursos posmodernos "primermundistas" tendían a proyectar a América Latina como un hueco negro en el que cualquier formulación moderna encallaba por necesidad.

En el primer ensayo en el que trato este tema, "Marginality and the Ethics of Survival" (1988), argumento que al contrario de los textos posmodernos hegemónicos (cito el ejemplo de *Salvador* de Joan Didion) que estetizan la abyección de los marginados, testimonios como *Me llamo Rigoberta Menchú y así me nació la conciencia* operan un rescate del otro como parte de su estrategia de supervivencia (*cfr.* Yúdice 1988: 227). Como explica Rigoberta Menchú, las prácticas culturales de su comunidad indígena (v. gr., la lectura de los evangelios en las comunidades de base) son algo más que una estética, pues también operan como "armas populares" (*ibíd.*: 228). Podría decirse a partir de las nuevas teorías "performativas" introducidas por Judith Butler y otros que esas prácticas, más que lecturas y representaciones son puestas en acción. Siguiendo a Foucault, caractericé la actividad auto-formativa de la comunidad ensayada en el testimonio como una "poética práctica" o una ética de solidaridad y supervivencia (*ibíd.*: 229).

No es que la representación no forme parte integral de la práctica testimonial, sino que, desde la práctica comunitaria, no es su aspecto más importante. En la lectura comunitaria de los evangelios, que forma parte de los procesos de autoidentificación, el aspecto performativo supera al representativo. Pero los testimonios son dirigidos a lectores externos a la comunidad, precisamente para inculcar la solidaridad. Y es la representación que juega un papel principal en ese proceso. La solidaridad se logra mediante la escenificación de la opresión, de manera que los lectores solidarizarán con y se movilizarán para ayudar a la comunidad oprimida. Esta doble orientación —hacia la comunidad, hacia los solidarios— es lo que lleva a la contradicción en los discursos que tratan del testimonio. Es decir, la solidaridad para con los sujetos del testimonio implica una asimilación o absorción del otro a los procesos de interpretación de los lectores solidarios, que operan siempre una representación deficiente aun cuando se acierte en las prácticas solidarias (mandar fondos, hacer *lobby* para presionar contra los opresores, etc.). Es precisamente esta contradicción que procura poner de relieve Doris Sommer (1992 y 1993) en varios ensayos sobre textos resistentes y lectores incompetentes. A partir del famoso pasaje en *Me llamo Rigoberta Menchú* donde Rigoberta declara que a pesar de dar "una imagen de [su pueblo] [...] todavía sig[ue] ocultando [su] identidad como indígena" (Menchú 1983: 271)[1], Sommer (1993: 419) argumenta que debe respetarse ese secreto que queda (en)callado en la representación. Sólo a partir de ese respeto por la legitimidad de enunciación se logra una solidaridad, más que una poética (o literatura) de la solidaridad que la esfumaría.

En este pasaje Rigoberta Menchú rechaza la posibilidad de una representación total y fiel de su pueblo, sea porque ella se niegue a ello, sea porque un enunciante de otra cultura no podría tener jamás toda la información necesaria ("nuestros secretos") para hacerlo. Al rechazar la representación, sin embargo, no se adopta una escritura —la *écriture*— que dramatice las aporías epistemológicas en las que se fundan, según Foucault (1977), la literatura y filosofía modernas. Es decir, que si lo que se entiende por la *episteme* moderna es la contradicción entre representación objetiva (la labor del antropólogo o cualquier otro conocedor) y expresión subjetiva (fuente de la conciencia del individuo), el testimonio de Menchú no opta por ninguno de los dos partidos de la contradicción ni se entrega a la *jouissance* escritural, instalada en la contradicción misma a manera de vacío en el que se esfuma el sujeto cognoscente o a manera de espejo barroco, en el que se ve más bien la imagen del recurso reflexivo (pantalla, cuadro reduplicado) que la del sujeto/objeto (Sarduy 1972: 78-83).

Si el discurso testimonial, tal como se lo caracteriza en este ensayo, puede concebirse como un fenómeno *posmoderno* esto es porque implica una reformulación de los parámetros de lo que *una* herencia intelectual occidental (la hegemónica) ha entendido por "modernidad". El testimonio expresa, por una parte, la frustración para con las opciones ofrecidas por la cultura política representacional, siempre subordinada a los intereses de los sectores dominantes vinculados con los proyectos modernizadores en América Latina. Podría parafrasearse la celebrada frase de Gayatri Spivak —"el subalterno no puede hablar"— de la siguiente manera: al apelar a la representación la identidad subalterna queda asimilada a los mecanismos institucionales de la modernidad. Por otra parte, proyecta un mundo cultural distinto, lo cual no implica que éste se base en identidades esencialistas fundadas en mitos de orígenes como en ciertos discursos raciales (v. gr., el de Vasconcelos) o de identidad continental (el latinismo que proclama Rodó) o nacional (v. gr., la esencia del ser mexicano como la postula Octavio Paz).

Pero esta resistencia a la representación no resuelve el problema de la solidaridad, que no se puede interpretar exclusivamente según los parámetros ético-literarios del res-

---

1 Menchú continúa:

> Sigo ocultando lo que yo considero que nadie sabe, ni siquiera un antropólogo, ni un intelectual, por más que tenga muchos libros, no saben distinguir todos nuestros secretos.

peto simbólico por el otro. El testimonio no sólo responde a una demanda de reconocimiento de su diferencia, sino a una necesidad de recursos. Para interpretar adecuadamente el dilema del testimonio es necesario situarlo en los circuitos institucionales por los que circula. Volveré sobre esta cuestión en la conclusión.

Testimonio y concientización (1992)

El término "testimonio"

"Testimonio" es un término que se refiere a muchos tipos de discurso, desde la historia oral y popular (*people's history*) que procura dar voz a los "sin voz" hasta textos literarios como las novelas-testimonio de Miguel Barnet y aun obras de compleja composición documental como *Yo el supremo* de Augusto Roa Bastos. El término también se ha usado para referirse a las crónicas de la conquista y colonización, los relatos vinculados a luchas sociales y militares como los diarios de campaña de Martí, el Che y Fidel (Fornet 1977) y a textos documentales que tratan de la vida de individuos de las clases populares inmersos en luchas de importancia histórica.

Como no es mi propósito escribir una anatomía de esta *modalidad* narrativa (*vid.* a este respecto los estudios de Beverly [1987]; Foster [1984] y los reunidos en Jara & Vidal [1986]), no proporciono ni una taxonomía ni una lista de textos que suelen incluirse bajo esta rúbrica. Basten algunas referencias históricas en torno a ella. En primer lugar, fue Barnet el primero en ponerle la etiqueta *testimonio* a esta modalidad al referirse a su novelización etnográfica de la vida de Esteban Montejo, ex-esclavo cimarrón y mambí, escrita en los sesenta (Barnet 1969). Para Barnet la misión del escritor de testimonios es desenterrar historias reprimidas por la historia dominante, abandonar el "yo burgués" para permitir que los testimonialistas hablen por cuenta propia, recrear el habla oral y coloquial de los narradores-informantes, y colaborar en la articulación de la memoria colectiva. Según el escritor cubano, esta colaboración produce una solidaridad entre intelectual y ciudadano que merma la enajenación endémica en la vida cotidiana de las sociedades contemporáneas (Barnet 1969 y 1981).

Una segunda referencia histórica es la decisión, en 1970, de la junta editorial de *Casa de las Américas* de añadir un premio literario para todos aquellos textos que no correspondían a las rúbricas genéricas vigentes. Esta nueva categoría fue denominada "testimonio". La fecha y la decisión editorial constituyen un hito en la historia intelectual y artística de América Latina. En ese período se daba una recia lucha ideológica en torno al papel del intelectual latinoamericano. Lamentablemente, el dato más recordado por la historiografía dominante ha sido el llamado "caso Padilla", circunscribiéndose así la lucha a la premisa de la libertad de expresión del individuo (burgués). Pero de mayor importancia histórica fue el reconocimiento, tanto humano como literario, otorgado a una tendencia social que venía gestándose a lo largo de varias décadas en toda América

Latina. Se buscaba apoyar con esta decisión el papel solidario del intelectual en contraste con el tipo de escritura "autorreferencial" —y, por ende, no en diálogo con sujetos marginados— que se hacía dominante con el "Boom" literario de los años sesenta. Los ideólogos del "Boom" declaraban que la emancipación latinoamericana podía conseguirse por medio de una escritura que produjera su propia autoridad a través de su autorreflexiva producción autónoma (v. gr., Fuentes [1969], Rodríguez Monegal [1972 y 1972a] y Sarduy [1972]). Desde una perspectiva socialista y, más generalmente solidaria, el testimonio representaba otra formulación de emancipación que no se contentaba con diferir sentidos y deconstruir representaciones de la identidad, fuera esta natural, cultural o nacional. Más bien procuraba asentar la responsabilidad de la enunciación en la voz/escritura de clases y grupos subalternos para así *cambiar* su posición con relación a las instituciones a través de las cuales se distribuye el valor y el poder.

Estética de la concientización *versus* representación

De los muchos factores que condicionaron el surgimiento del testimonio quisiera destacar dos que se relacionan con la nueva tendencia a valorizar la identidad que forjan grupos subalternos en su lucha por el reconocimiento y la reestructuración económica y social: la "pedagogía de los oprimidos" de Paulo Freire y la teología de la liberación. Ambos ponen énfasis en la *concientización*, es decir, la adquisición de conocimiento de sí y del mundo que logran los grupos subalternos al enfrentar los discursos vigentes con su propia experiencia. Para ambos movimientos la concientización consiste en la interacción con textos, ya no como objetos ajenos que hay que descifrar para extraer los valores deseados que encierran, sino como el cuestionamiento —"diálogo crítico y liberador" (Freire 1979: 61)—, a la luz de la experiencia, de los códigos ideológicos que vehiculizan los textos. En ambos movimientos, además, el intelectual cede a los "sujetos subalternos" su privilegio como enunciante (Freire 1967 y 1979: 159). Ya no es posible la postura de, digamos, un Neruda que ejerce la autoridad de *hablar por* los oprimidos: "Acudid a mis venas y a mi boca. / Hablad por mis palabras y mi sangre" (Neruda 1955: 39).

El cambio de sujeto de enunciación implica un correlativo cambio de *episteme*. Es decir, desde la óptica de la concientización, la adquisición de conocimiento deja de concebirse en términos "bancarios" —acumulación de información sobre el mundo objetivo mediante la puesta en acción por un sujeto de teoría y método instrumentales— sino como una práctica que responde al *ethos* de la comunidad, entendida como interacción dialógica de "sujetos cognoscentes" (Freire 1979: 85). Ello quiere decir que la *representación* —eje del discurso referencial en la modernidad occidental— no ocupa ya el primer plano; de ahí que el énfasis de la interacción con el texto deje de plantearse en términos de reflejo o reproducción de la formación social, quehacer perenne de la sociocrítica, o en términos de la subversión del discurso referencial como en la crítica deconstructivista.

El término "representación" tiene varias acepciones que suelen confundirse:

(1) la *descripción* de un estado de cosas,
(2) el *reemplazo* de una o más personas por otra que habla o se manifiesta en nombre de ellos,
(3) el *ejemplo* que una persona o cosa proporciona para otros.

Conforme a la ideología liberal, hay criterios objetivos que aseguran la veracidad de (1) y hay requisitos de *propiedad* (que a su vez confunden el sentido de "posesión de valor" y el de "lo propio") de manera que pueda considerarse que el representante comparte ciertas "propiedades" formales con los que representa o para los que sirve como ejemplo, aun cuando no se trate de propiedades en el sentido económico. La representación es el dispositivo discursivo por medio del cual la ideología liberal logra proyectar una uniformidad formal (todos poseemos por derecho y ley la propiedad de la personalidad) por encima de asimetrías concretas (la "propiedad" de algunos tiene más valor que la de otros) (*vid*. Ryan 1983). La confusión de estas acepciones es fundamental para la ideología liberal.

Por otra parte, al rechazar esta (con)fusión de sentidos, la concientización, como praxis, implica otras bases de comunicación e interpretación, es decir, un marco epistemológico que no oculta la desigualdad tras una universalidad formal. Al contrario, desde el imperativo de la supervivencia de la comunidad pone en cuestión apropiaciones legitimadas por la representación formal, sea esta política o estética. Así pues, todo acto se evalúa conforme al *ethos* de la comunidad. "Concientización" quiere decir obrar concientemente a partir de este *ethos*, que no está dado de antemano sino que se constituye en la praxis misma.

Si los códigos literarios y crítico-literarios vigentes oscilan entre una estética representacional y una *écriture* autodeconstructiva, la concientización practicada por la pedagogía freireana y por las comunidades de base que suscriben la teología de la liberación proporciona otro modelo que no es exclusivamente epistemológico o ético sino ambos simultáneamente. La solidaridad con los otros es el fundamento de un conocimiento que deriva de la *fe*, entendida como *praxis*, en el sentido expuesto en las Tesis sobre Feuerbach de Marx (Silva Gotay 1983: 256). Por praxis se entiende "transformación del mundo" —cambio de circunstancias— a través de la cual se desarrolla la conciencia, haciendo posible la construcción de una nueva sociedad. Así pues, la praxis toma prioridad sobre cualquier noción de reflejo (Gutiérrez 1979: 26) o "representación ideológica del mundo" (Silva Gotay 1983: 239), lo cual no quiere decir que esta concientización no apoye ciertas representaciones ideológicas en el contexto particular de su lucha por la supervivencia.

Testimonios representacionales

Debe aclararse que lo que vengo exponiendo hasta aquí sugiere que hay una doble historia del testimonio, por una parte el testimonio estatalmente institucionalizado para representar, como el que se encuentra en cierta producción testimonial en Cuba y Nicaragua, y por otra parte el testimonio que surge como acto comunitario de lucha por la supervivencia, especialmente en Centroamérica y otros lugares donde el modelo activista establecido por las comunidades eclesiales de base ha ejercido gran influencia. Estas dos tendencias pueden darse en un mismo movimiento político y/o social, como se evidencia en los talleres populares de poesía en Nicaragua, para los cuales el entonces Ministro de Cultura Ernesto Cardenal distribuyó "UNAS REGLAS PARA ESCRIBIR POESÍA" (Pring-Mill 1983: 12-13) a la vez que se celebraba la idea que la poesía tallerista *reflejaba* al pueblo (Jiménez 1983: 33) ya no desde una perspectiva "externa" sino enunciada *por* el pueblo mismo (Jiménez, citada en White 1986: 112-113).

Si bien es cierto que tanto el gobierno cubano como el ministerio de cultura sandinista han apoyado y promovido luchas populares y comunitarias y han publicado sus testimonios, también hay que reconocer que parte de la producción testimonial en Cuba ha seguido las pautas *populistas* de aglutinar un pueblo por medio de la alterización y demonización de sectores sociales que se extravían de los límites ideológicos establecidos institucionalmente por los *dirigentes* revolucionarios, y que en Nicaragua se ha popularizado enormemente un testimonio (*La montaña es algo más que una inmensa estepa verde*, de Omar Cabezas) que busca fundar en una novela de formación (o *Bildungsroman*) la autoridad del enunciante. Lamentablemente, esta autoridad se apoya en un *ethos* militar machista y en una cadena de relevos patriarcales que va desde Sandino Omar Cabezas mismo.

La recopilación de testimonios en torno a los acontecimientos del éxodo de Mariel —tentativa de recuperar la heroicidad de un pueblo que se alejaba de la conciencia épica infundida por la defensa ante la invasión de Girón casi dos décadas antes— es buen ejemplo de la tentativa de constituir un sujeto popular mediante la *representación* demonizadora de una diversidad de "otros". Este sujeto puede encontrarse interpelado hoy día en una suerte de "museo" testimonial en la antigua embajada del Perú, donde se ven foto-murales de la "escoria" —"individuos extravagantes, homosexuales y lesbianas, delincuentes y apátridas con caras de susto [...] ex presos contrarrevolucionarios, Testigos de Jehová, guapetones, oportunistas [...] [santeros, pederastas], etcétera", según el agente secreto Jesús Hernández Pérez (1983: 13-14)— que se aglomeraron ahí para hacer toda una serie de protestas y demandas. Infiltrado entre esta "escoria" el agente secreto siente el oprobio del pueblo que no obstante le produce orgullo pues ese oprobio "era para el traidor que yo representaba" (*ibíd.*). El objetivo del testimonio es describir la reacción del pueblo-lector ante esta representación degradante y así estimular en ese pueblo la recuperación de su concientización. Para lograr esto, el agente "volv[ió] a vivir los años 60", es decir, la "epopeya" de Girón (*ibíd.*: 18).

El testimonio, a su vez, debe producir en el público lector un *reflejo* de lo que sintió el agente ante la reacción del pueblo:

> Ideológicamente me siento más pleno y más comprometido a dar todo lo que esté a mi alcance para defender las conquistas de este pueblo al cual tengo el honor de pertenecer (ibíd.: 20).

Poco importa que se agrupen entre delincuentes personas cuyo único crimen es su identidad o preferencia sexual y religiosa. El objetivo de este tipo de testimonio es reproducir los valores sancionados por instituciones estatales, lo cual se procura lograr con la (con)fusión de los tres sentidos de la representación: describir un estado de cosas (la traición de la escoria), servir de portavoz (el agente habla en nombre del pueblo), y ser ejemplo de los valores afirmados (revivir la epopeya de Girón).

Pero como explica Freire (1979: 217) respecto del testimonio "verdaderamente revolucionario", liberar implica "problematizar [...] no esloganizar, sino ejercer un análisis crítico sobre la realidad-problema". En el testimonio del agente secreto no hay diálogo entre un yo y un tú, como se requiere para la concientización, según Freire. Más bien, el yo enunciante proyecta a los receptores como versiones de él mismo. Se trata de una forma de manipulación que rechaza Freire (1979: 159):

> De ahí que la manipulación, la esloganización, el depósito, la conducción, la prescripción no deben aparecer nunca como elementos constitutivos de la praxis revolucionaria. Precisamente porque constituyen parte de la acción demonizadora. El uso del ejemplo testimonial cubano no tiene como propósito desacreditar los impulsos revolucionarios que lo guiaron. Mi crítica, al contrario, apunta a la manera en que se expresan estos impulsos. El tipo de representación empleado en él se apoya no sólo en una interpretación patriarcal y demonizadora del pueblo levantado sino también en instituciones que lo condicionan "desde arriba".

Testimonios concientizadores

Contrastan sobremanera los testimonios que surgen de luchas comunitarias a nivel local y cuyo propósito no es representar sino contribuir mediante su acción a la transformación social y conciencial. El énfasis no cae sobre la fidelidad a un orden de cosas ni sobre la función de portavoz ni sobre la ejemplaridad —los tres sentidos de representación— sino sobre la creación de solidaridad, de una identidad que se está formando en y a través de la lucha. El título de este ensayo, pues, se inspira en la formación de esta identidad. La praxis testimonial corresponde a una estética de *autoformación*. Podría explicarse este sentido a partir de un pasaje del testimonio de Domitila Barrios (1977: 163):

> Quiero esclarecer que, porque parece que hay gente que dice que me formaron, que su partido me formó, que no le debo mi conciencia y mi preparación a nada que no sean el llanto, el sufrimiento y las experiencias de mi pueblo. Quiero decir que tenemos mu-

cho que aprender de los partidos pero que no deberíamos esperar que nos venga todo de ellos. Nuestro desarrollo tiene que venir de nuestra propia claridad y conciencia.

En contraste con la novelística del realismo social, pongamos por ejemplo, el testimonio de Domitila Barrios no se propone trazar un cuadro de las condiciones sociales y políticas conforme a las pautas de un metarrelato o marco teórico —lo que Lyotard (1984) denomina *grand récit*— sea liberal, marxista o nacional-populista. Al contrario, el testimonio se hace necesario precisamente porque la especificidad de la experiencia social es abstraída por teorías y estrategias de una política nacional que no tiene como meta real los intereses de los sectores subalternos del pueblo.

De ahí que Domitila renuncie el impulso de representar la "totalidad del movimiento" histórico que, según Lukács (siguiendo a Hegel), requiere que se plasme en "individuos histórico-universales", es decir:

> [...] personajes dirigentes entrelazados en forma inmediata con la vida del pueblo [que] suelen recibir del autor una grandeza histórica aun más vigorosa que las figuras centrales famosas de la historia (Lukács 1966: 39-41).

En resumidas cuentas, el esteticismo realista lukácsiano se limita a concebir el conocimiento de la realidad histórica en su "elevación" por encima de la "presentación de lo histórico desde 'abajo'" (Lukács 1966: 253-254). Para Lukács la importancia del texto como concientizador histórico se juzga según la captación de la "totalidad", tal como la presenta Lenin:

> La conciencia política de clase sólo le puede ser infundida al trabajador desde fuera, es decir, desde fuera de la lucha económica, desde fuera del campo de las relaciones entre trabajadores y empresarios. El único ámbito del que puede manar este saber es el de las relaciones entre todas las clases y estratos y el Estado y gobierno, el ámbito de las relaciones recíprocas entre todas las clases (citado en Lukács 1966: 262).

Desde luego, esta "totalidad" se plasma en la forma de la "auténtica" novela histórica.

Muy otra cosa proponen los testimonios de las luchas centroamericanas a partir de fines de los años 70. En primer lugar, no se atienen al fetichismo de la forma; sus criterios de validación son otros: concientización, creación de solidaridad, solicitud de apoyo. El hecho de que el texto sea obra de un/a testimonialista con su transcriptor/a y colaborador/a implica que la forma no surge del genio histórico de un individuo. Casi todos los testimonios de estas luchas populares declaran una función representativa para la biografía del testimonialista —"Mi situación personal engloba toda la realidad de un pueblo" dice Rigoberta Menchú (1983: 21)— pero esta función tiene sus límites. Hay experiencias arraigadas en factores raciales, étnicos, sexuales, religiosos, etc., independientes de la representación según la clase social, que contribuyen a una identidad que está fuera del alcance de la representación. El testimonio de Menchú termina haciendo hincapié en la irreductibilidad de esta experiencia ético-estética:

> Claro, aquí, en toda mi narración yo creo que doy una imagen de [mi pueblo]. Pero, sin embargo, todavía sigo ocultando mi identidad como indígena. Sigo ocultando lo que yo considero que nadie sabe, ni siquiera un antropólogo, ni un intelectual, por más que tenga muchos libros, no saben distinguir todos nuestros secretos (*ibíd.*: 271).

Desde la perspectiva particular de Rigoberta Menchú, pues, no hay una inteligencia externa como la del novelista histórico a lo Lukács —que "eleve" lo popular a categoría de representación fiel de la "totalidad". El "pueblo" a que se refieren este y otros testimonios consiste en los sectores oprimidos no sólo en términos de clase sino también —y en varios casos más significativamente— en términos de sexo, región, religión, etnia, etc. No se trata de un todo abstracto e ideal. Más que representación, estos textos enfocan las maneras en que diversos grupos oprimidos de mujeres, campesinos, indígenas, trabajadores, domésticas, fieles, *squatters*, etc. practican su identidad no sólo como resistencia a la opresión sino también como cultura afirmativa, como *estética práctica*.

Ahora bien, esto no quiere decir que no se proyecte otro tipo de "totalidad" no representacional. Freire (1979: 192) explica que la totalidad no se logra a través de un "individuo histórico-universal", pues "en lugar de mediación [la función de este 'individuo', G. Y.] entre la masa y las élites, el [líder] se transforma en contradicción de éstas [...]". Es a través de esta contradicción —Freire (1979: 190) exige que se tiene que "problemati[zar] la realidad nacional"— que se llega a entender cómo una comunidad se inserta en una "totalidad mayor (área, región, etc.) que es a su vez parcialidad de otra totalidad (el país como parcialidad de la totalidad continental)" (*ibíd.*: 181) y así a continuación. La diferencia entre una "totalidad" (lukácsiana) y otra (popular-concientizante) es que la primera requiere la representación de un mediador cuya perspectiva recurre a un metarrelato del conocimiento mientras que la segunda se logra en la progresiva problematización de los metarrelatos que no casan con experiencias locales. Es decir, la localidad popular llega a saber cómo su situación es afectada por manipulaciones representativas de la "totalidad". Se trata de un conocimiento desmitificador de la "totalidad".

El testimonio y la responsabilidad de la enunciación

Otro factor que demuestra que el propósito de estos textos no es la representación es el que no se siguen las pautas típicas de los personajes de la novela realista para dar cuenta del desarrollo de los personajes. Al contrario, hay más bien la "ausencia de una resolución sentida que consolide coherentemente las particularidades de la narración conforme a un marco explicativo", como arguye Barbara Foley (1982) respecto de los testimonios de judíos y otros presos en los campos de concentración nazi. Al enfocar la fragmentariedad de la experiencia y al dejar de lado el impulso a totalizar, el testimonio rehuye la construcción de un yo monológico y, al contrario, se abre hacia la heterogeneidad.

Contrastan sobremanera, no obstante, las razones que explican la falta de coherencia o forma cerrada en estos dos tipos de testimonio. En el relato del Holocausto, se destruye cualquier base racional de comprensión. El Holocausto subvierte toda posibilidad de un discurso referencial; se trata de una experiencia allende el conocimiento y la creencia. Se invierte así el típico movimiento progresivo de la autobiografía, pues de la vida se pasa a la destrucción y a la muerte. El testimonio popular latinoamericano, por otra parte, surge en circunstancias en que la vida ha sufrido cambios irreversibles y está en vías de *reconstrucción*. Y es, precisamente, la modalidad testimonial uno de los vehículos privilegiados de esa reconstrucción.

El testimonio podría contrastarse además con otros tipos de discurso novelístico o (auto)biográfico —*exemplum*, diario, memorias, relato de conversión, evangelio, etc.—, pero lo que me parece importante destacar es que en todas estas formas puede encontrarse cierto grado de *modalidad* testimonial, imponiéndose algunas veces como en el relato de conversión o en el evangelio, o cediendo otras veces ante los imperativos genéricos de otras formas cuya meta es tipificar o representar. Más que nada, el testimonio reconoce la *responsabilidad* de la enunciación, rasgo que le proporciona un carácter muy distinto al de los discursos hegemónicos de la modernidad occidental.

En *The Discourse of Modernism*, Timothy Reiss (1982) dice que la modernidad se manifiesta mediante discursos que se imponen sobre el mundo, "autorándose" y autorizándose mediante la supresión de toda huella que apunte a las fuentes de su enunciación. De esta manera el discurso moderno occidental logra alejarse de la responsabilidad de su autoridad. Esto lo logra la imposición de una racionalidad instrumental y un método analítico que se ocultan y legitiman en la proyección de un sujeto psicológico. Así pues, a fines del siglo XVI y comienzos del XVII se produce el doble nacimiento de la "ciencia nueva" y de la autobiografía moderna (Reiss 1982: 204). La historia de la modernidad, coextensiva con la historia de la cultura occidental según Reiss, consiste en el surgimiento y disolución de un "sentido común" orientado hacia la dominación. Podría decirse, con Adorno y Horkheimer, que la historia de la modernidad se caracteriza por la creciente dificultad en atenuar la disolución que la tendencia hacia el dominio instrumentalista o el "conocimiento bancario" (Freire 1979: 69-95), endémico en la racionalidad científica, produce en las esferas cultural y moral. Así pues, al no poder servir más como fundamento de la "dialéctica de la Ilustración", pierde su centralidad el sujeto psicológico, cuyas motivaciones responden a una racionalidad de causas y efectos, es decir, a una racionalidad narrativo-referencial.

El testimonio y el debilitamiento de la episteme moderna

Puede proponerse, pues, que el testimonio —por lo menos aquellos testimonios en los que predomina la concientización— forma parte de las prácticas culturales que hoy día apuntan, entre otras cosas, al ocaso del "orden de cosas" que corresponde a la modernidad. Este efecto se logra mediante la descentralización que ejerce sobre metarrelatos como los de la formación de una identidad nacional o la evolución histórica conforme a la capacidad de acción [lo que en inglés se llama *agency*] de una clase social particular. Viénese abajo también el metarrelato de la autonomía de la literatura, fundada en la separación, en la modernidad, de las tres esferas de ciencia (razón pura), moral y ley (razón práctica) y arte (juicio estético). En el testimonio no pueden separarse los aspectos etnográficos e históricos ("ciencia"), los biográficos ("moral") y los literarios ("arte").

Sucumbe también a este efecto de descentralización toda concepción moderna de la subjetividad, pues el sujeto que se construye en la práctica testimonial es *dialógico*, no tiene fronteras internas definidas que lo determinen rigurosamente según criterios de género sexual, etnicidad, raza, religión, clase social, etc. Más bien, el testimonio enfatiza estos factores diferenciales y hace de ellos su "sustancia ética", es decir, la "sustancia" (los placeres en la antigüedad clásica, la carne en el cristianismo temprano, la sexualidad en la modernidad occidental, etc.) sobre la cual opera la acción moral (Foucault 1986: 26). El testimonio se resiste a englobar toda experiencia de diferencia en una construcción psicológica que, precisamente por su proyección universalizante, puede rehuir la responsabilidad de una perspectiva particular.

Pero la importancia del testimonio no se limita a su efecto descentralizador; también apunta hacia nuevas formas de construcción de la subjetividad. Sé que le estoy atribuyendo una importancia extraordinaria al testimonio, especialmente en vista de los aportes modestos que se le reconocen a las tentativas emancipatorias de las prácticas culturales de la modernidad tardía o de la posmodernidad. Lyotard (1984) ha explicado convincentemente que no hay *una* posmodernidad que siga a *una* modernidad. Más bien se trata, según él, de la acción "futuro-anterior" de reconsiderar la legitimidad de los fundamentos que caracterizan la lógica de "la" modernidad. Esta acción pone énfasis ya no en fundamentos sino en la pluralidad de discursos, necesariamente narrativos, que se debaten la prioridad en el "orden de cosas" moderno. Esta acción, además, no revela la existencia de un nuevo "orden de cosas", sino las relaciones de poder que subyacen a este conflicto de discursos. Y, por lo general, la crítica posmoderna (hegemónica) tiene la desventaja de limitarse a investigar los *márgenes* del "orden de cosas" imperante sin preocuparse demasiado por la lucha por el poder vehiculizado por el conflicto de discursos.

El testimonio y la resistencia a la alterización

Reiss cita las *Investigaciones filosóficas* de Wittgenstein, *La diseminación* de Derrida, y el *Finnegan's Wake* de Joyce como ejemplos de esta investigación de márgenes. A estos textos podríamos añadir las *Ficciones* de Borges, alrededor de las cuales Foucault derivó su idea del "fin" del hombre y de la autoría que define la literatura de la modernidad tardía. Para Foucault, en "El lenguaje hasta la infinidad" y *Las Palabras y las cosas*, la salida de la cárcel de la razón se encuentra en el aplazamiento del dominio y la postergación del sentido que se logran mediante la multiplicación de los márgenes. Este aplazamiento, que Foucault, Derrida y otros denominan *écriture*, es considerado como una práctica discursiva más honesta porque no sirve para legitimar el dominio por medio de la proyección de un sujeto psicológico que suprime las diferencias. Puede considerarse esta *écriture* la autobiografía de un sujeto posmoderno que se borra en la inscripción de su aplazamiento.

Pero esta práctica sólo proporciona una arresponsabilidad —o responsabilidad *negativa*—: la de rehuir el dominio apoyado por el sujeto psicológico. En la *écriture*, pues, la diferencia —revistiendo formas de sinsentido, juego, sagrado, literatura en resumidas cuentas— adquiere las dimensiones cuasi metafísicas de una *otredad generalizada* que late siempre en los márgenes del "orden de las cosas" y la falta de responsabilidad estriba precisamente en que esta otredad jamás toma la forma concreta de *personas* marginales y oprimidas. La "experiencia de límites" (la expresión es de Philippe Sollers 1968) produce una *jouissance* que tiene poco que ver con la opresión y mucho con el pasmo estético-filosófico "experimentado" al quedarse en los límites, resistiendo así cualquier posibilidad de producir un programa emancipatorio social a partir de su rechazo a las ideologías.

El testimonio, por otra parte, ofrece una visión distinta de la acción y del discurso humanos, pues sus condiciones de posibilidad no están fundadas en una otredad generalizada que resiste —al instalarse en los márgenes del discurso— la conformación del sentido. El testimonio no responde al imperativo de producir la verdad cognitiva —ni tampoco de deshacerla—; su *modus operandi* es la construcción comunicativa de una praxis solidaria y emancipatoria. De ahí que la dicotomía verdad/ficción carezca de sentido para comprender el testimonio.

Tampoco es pertinente la dicotomía yo/otro, pues el discurso testimonial no busca proyectar ni una otredad abstracta ni demonizar a otros específicos. Más bien narra la experiencia de sujetos que se constituyen en la lucha contra su alterización. Y esta lucha no es la experiencia de un *cogito* cartesiano ni la *jouissance* de un sujeto en proceso de disolución, sino la *lucha por el valor* que resulta del enfrentamiento del sujeto testimonialista con los discursos que lo/la han alterizado/a. El énfasis ya no está en la diferencia entre yo y otro sino en la experiencia de un yo/tú expuesto a la alterización que resiste. Conforme a esta concepción dialógica, explica Freire (1979: 215), "el yo y el tú pasan a ser, en la dialéctica de las relaciones constitutivas, dos *tú* que se hacen dos *yo*".

Al privilegiar la *écriture-experiencia* de límites, el discurso posmoderno hegemónico relega lo marginal al trazo de lo que potencialmente desestabiliza al discurso representacional típico de la modernidad occidental. Se dispensa así con la especificidad de lo marginal, que sólo puede tener una definición negativa. La arrogante declaración lacaniana de que *la* mujer *no es*:

> La mujer sólo puede escribirse tachando La. No hay La mujer, artículo definido para designar el universal. No hay La mujer puesto que —ya antes me permití el término, por qué tener reparos ahora— por esencia ella no toda es (Lacan, 1981: 89),

se extiende en el discurso posmoderno hegemónico a todo lo marginal contra lo cual se erige la definición positiva de lo valorizado: hombre, raza blanca, clase media, etc. Todo lo "otro" sólo existe como el *no es* ante el cual lo hegemónico confirma su *ser*. Para Julia Kristeva (1982: 2, 11) esta otredad se resume y sintetiza en lo *abyecto*:

> [...] abyecto y abyección son mis salvaguardas. Los abecedarios de mi cultura. [...] Lo abyecto está nimbado con lo sublime.

Lo marginal-abyecto, pues, transgrede los márgenes de la representación porque no tiene voz; su esencia es la inefabilidad de la *jouissance* que surge de la "violencia del estar de duelo por un 'objeto' que siempre ya ha estado perdido" (*ibíd*.: 15). En nuestra época postindustrial y electrónica en la que "lo real ha sido reemplazado por los signos de lo real" (Baudrillard 1978: 7), produciendo así un menguamiento de la emoción, una fragmentación psíquica, el desplazamiento de la ansiedad como garante psíquico, la aleatoria oscilación entre euforias y depresiones, la superación de la estética de la expresión, la abolición de la distancia crítica y el eclipse de la historicidad (Jameson 1984 y 1984a), el sujeto posmoderno hegemónico ya no es capaz de representarse. Al contrario, se pierde (o se expele, según Kristeva) en el espacio hiperreal de la muerte donde el cadáver nutre la representación (lo Simbólico para Kristeva).

Lo abyecto es, pues, una metáfora de la otredad que tiene que ser movilizada/suprimida para que surja la *écriture*. En *Pouvoirs de l'horreur* Kristeva presenta su concepción de la escritura como una violencia que se hace a la otredad limítrofe que "salvaguarda" su cultura (hegemónica). Pero este reconocimiento de que su cultura es salvaguardada por la violencia no implica que ella se interese por la violencia cometida a *personas* marginadas.

La experiencia de límites y la coopción de los marginados

Es esta misma experiencia estética de la violencia a la otredad que infunde textos (hegemónicamente) posmodernos como *Salvador* de Joan Didion (1983). Lo único que interesa a su autora es la experiencia vicaria de horror que la violencia produce en el sujeto hegemónico. En *Salvador* esta experiencia limítrofe no tiene absolutamente nada que ver con la solidaridad o empatía hacia las personas que sufren la violencia. El Salvador —"Lugar signado por el terror" (Didion 1983: 14)— es su "*Heart of Darkness*", como explica la solapa del libro. En este lugar los cadáveres sin identidad, grado máximo de abyección, pululan con una alucinatoria reproductibilidad anestetizante:

> Estos cadáveres [...] se encuentran a menudo fragmentados en posiciones no naturales y las caras a que se vinculan estos cadáveres (cuando las tienen) son igualmente no naturales, a veces irreconocibles como rostros humanos borrados por el ácido, machacados en una masa informe de orejas y dientes fuera de lugar o degollados de oreja a oreja e invadidos por insectos (Didion 1983: 16-17).

TESTIMONIO, POSMODERNIDAD, AUTENTICIDAD 125

Lo que indica que se trata de una experiencia posmoderna *hegemónica* es la capacidad de la autora de entrar en lo abyecto —en este lugar obscenamente otro y cadavérico—, experiencia que Kristeva podría celebrar como salvaguarda de su cultura, sin registrar la más mínima emoción. Al contrario, Didion narra acerca de esta violencia en un pastiche de la publicidad turística sin registrar ironía alguna, pues tal reacción reconocería el valor humano que se está transgrediendo: los despeñaderos de cadáveres son descritos como "lugares de interés para el turista, de acceso difícil pero que valen la pena ver" (Didion 1983: 20). Y la autora hasta llega a comentar sobre su propia enajenación al rechazar la ironía que produce la existencia de un centro comercial en medio de este "lugar que pone todo en tela de juicio". (Es otra manera de decir que la otredad horrorosa de este "simulacro" de país lo deconstruye todo):

> [...] lo anoté todo concienzudamente, pues este "matiz" lo sé interpretar muy bien; es una suerte de ironía inductiva este detalle que debe iluminar todo el relato. Pero mientras lo anotaba me di cuenta que ya no me interesaba mucho este tipo de ironía, que este era un relato que no podía ser iluminado por este tipo de detalle, que esta era una historia que se resistía absolutamente a ser iluminada, que acaso ni se trataba de una "historia" sino de una verdadera *noche obscura* (Didion 1983: 36).

Esta sublimidad grotesca es el preludio a la tentativa de describir la "inconcebible realidad salvadoreña". Para Didion se trata de una realidad que no puede ser representada porque en el contexto salvadoreño el lenguaje ha perdido su función referencial. En lugar de sentido, Didion (1983: 61) encuentra una expresión de lo "inefable" en las cifras absurdas que proliferan en los documentos oficiales y en las "soluciones" que se emiten en Washington, Panamá o México y que simulan el discurso publicitario (Didion 1983: 65). Si la "textura de la vida en esta situación es esencialmente intraducible" (*ibíd.*: 103), ello se debe a que Didion ha rehusado relacionarse con lo que acontece a su alrededor:

> Mientras esperaba para atravesar de nuevo el Bulevar de los Héroes para llegar al Camino Real, observé que unos soldados acorralaban a un joven con los rifles pegados a sus espaldas, forzándolo a entrar en una camioneta. Seguí mi camino derechito, *no queriendo ver nada* (*ibíd.*: 36; énfasis mío).

En otro pasaje, refiriéndose a las ceremonias tradicionales de los indígenas, nos dice que *ve* "impotencia cultural" por todas partes. Para ella no existe una cultura salvadoreña. De ahí que *no vea* la cultura contrahegemónica manifestada en la solidaridad de los oprimidos y su resistencia. Desde una perspectiva contrahegemónica podría interpretarse la "pobreza" de los bailes indígenas como una subversión de las autoridades gubernamentales que obligan a los indígenas a representarse en espectáculos nacionales que poco tienen que ver con su cultura. Pero el cinismo estético que infunde la escritura de Didion no le deja ver y sentir esta lucha. La pérdida de la capacidad emotiva que menciona Jameson como uno de los indicadores de la sensibilidad posmoderna (hegemónica, habría que añadir) explica que Didion no sea capaz de encontrarle sentido a estas situaciones. Precluye que se comprometa a entrevistar las organizaciones populares de campesinos, estudiantes, trabajadores y mujeres o que visite una de las "zonas de control" del FMLN.

En otras palabras, el marco estético-ideológico en que se produce su reportaje "testimonial" transforma su capacidad de ver —y, desde luego, de testimoniar— en una autorreflexión de su propia visión enajenada. No puede "ver" los sujetos del proyecto contrahegemónico porque son marginales y los elementos marginales a partir de los cuales se constituye el discurso posmoderno hegemónico sólo pueden manifestarse como el horroroso *no ser* que aguza el prurito del inefable sublime que se produce en este *"Heart of Darkness"*.

Una vez que el oprimido ha sido neutralizado en esta generalización del "otro", ya no se distingue en absoluto de sus opresores. Ambos son el mismo "otro" para Didion, ambos recurren a las mismas estrategias desrealizadoras: los cambios de nombre que vuelven imposible llegar a conocer la realidad. La "Comisión de Derechos Humanos" de la Arquidiócesis no se distingue en nombre de la "Comisión de Derechos Humanos" del gobierno opresor. Ambas son, para Didion (1983: 64), indicadores de la "presencia de lo inefable", la droga que le proporciona su *jouissance* estética.

Concientización y valoración

En contraste con la obliteración del valor efectuado por el discurso posmoderno hegemónico, el discurso testimonial concientizador se manifiesta como una lucha de evaluaciones, lucha en la cual se constituye un sujeto dialógico que subvierte los metarrelatos a la vez que proclama su propio espacio, su propia cultura emergente, su ética-estética en formación. Mijaíl Bajtin (1985: 268-269) explica que el sujeto se forma en el manejo de los géneros discursivos, manejo que responde a "[...] la situación discursiva, [...] la posición social y las relaciones personales entre los participantes de la comunicación".

Aun cuando el poder de un orden de cosas se manifiesta en la fijación institucional de estos factores, Bajtin (*ibíd.*: 269) arguye que el sujeto tiene la opción de *reacentuar* los géneros. Y es así que se produce su perspectiva ética, pues este manejo (que es tanto conductal como discursivo, ya que el comportamiento no verbal también se organiza genéricamente) vehiculiza el trato con el mundo en toda su heterogeneidad.

Puesto que hay muchas maneras de reacentuar los géneros, hay muchas perspectivas éticas, algunas de las cuales se abren a la heterogeneidad del mundo con que están en diálogo y otras que procuran meter esta heterogeneidad en una camisa de fuerza o sonsacarle un provecho sin reconocer su valor. El discurso representacional por lo general proyecta "un destinatario absolutamente indefinido, un *otro* no concretizado" (*ibíd.*: 285) mientras que el discurso posmoderno hegemónico, al estilo de Kristeva o Didion, deriva una *jouissance* del enfrentamiento con la heterogeneidad absolutizada que proyecta como su *otro*.

En el primer tipo de discurso el otro queda excluido de los parámetros de la representación y sólo puede ser rescatado mediante una deconstrucción que reconoce que esa marginalidad es condición de posibilidad para la empresa representativa, es decir, su *no ser* hace posible el *ser* representado (*cfr*. Derrida 1976 y 1980).

En el segundo se apoteíza la marginalidad excluida en el primer tipo de discurso pero sólo para experimentar la sublimidad del *no ser* que ella desempeña dentro del orden de cosas imperante. La *ética* de este discurso posmoderno hegemónico es afín a la ética que Kant atribuye al sublime en su *Crítica del juicio*; en ambos casos se produce la "terrible" disolución del yo que confronta al sujeto con la Ley universal de la libertad (Kant 1952: 127-128). John Rajchman (1985: 36-38) explica que la nueva ética de la *écriture* se produce en el descompromiso [*disengagement*] para con el poder, que permite la "libre" práctica, *en la escritura*, de nuevas formas de vida. Pero desde la perspectiva bajtiniana y freireana que se adopta aquí no hay manera de evitar el enfrentamiento con el poder. Sólo una *écriture* descontextualizada puede crear la ilusión de que la escritura produce la libertad para reinventarse fuera de las restricciones impuestas por las instituciones que detentan el poder. Bajtin, al contrario, concibe la posibilidad de formarse en la libertad relativa de la reacentuación de los géneros, que a su vez están apoyados en (y reproducen) las instituciones. La diferencia entre una concepción de formación y la otra estriba en que el posmodernismo hegemónico de Kristeva *et al*. presupone prácticas que supuestamente se "salen" del juego del poder; para Bajtin (1985: 290), al contrario, la determinación de la significancia de todo discurso requiere que se considere en la "totalidad de su enunciado", lo cual quiere decir en función de las relaciones de poder inscriptas por las instituciones en los géneros discursivos y conductales. Se trata no de sujetos que se inventan libremente sino de sujetos constituidos dialógicamente siempre dentro del poder.

La ética de la concientización, que emerge en la revaloración efectuada por la reacentuación de discursos, se ve en el proceso de lectura empleada por las comunidades eclesiales de base. Un grupo de personas —no necesariamente una comunidad ya establecida, como es el caso de la comunidad que Ernesto Cardenal (1975 y Jiménez 1980) fundó en Solentiname— dialoga alrededor de los asuntos levantados por la lectura de un pasaje del evangelio. En su diálogo este grupo "escribe", por así decir, su experiencia al suplementar los relatos del evangelio con hechos y acontecimientos de su propia vida, supliendo así lo que se ha omitido y haciendo visible las inconsistencias entre varias trayectorias diferentes.

Es así cómo describe Rigoberta Menchú la práctica constitutiva de la lectura del evangelio entre los indígenas. Observa que la Biblia es un "documento de formación de nuestra aldea" (Menchú 1983: 156) pero explica a continuación que la comunidad en formación le da *otro sentido* y que esta lectura suplementaria ni siquiera requiere que los participantes estén alfabetizados:

> Como decía, para nosotros la Biblia es un arma principal que nos ha enseñado a caminar mucho. Y, quizá, para todos los que se llaman cristianos, pero los cristianos de teoría no entienden por qué nosotros le damos otro sentido, precisamente porque no

han vivido nuestra realidad. En segundo lugar, porque quizá no saben analizar. Yo les aseguro que cualquier gente de mi comunidad, analfabeta, que la mandaran analizar un párrafo de la Biblia, aunque sólo lo lean o lo traduzcan en su lengua, sabrá sacar grandes conclusiones porque no le costará entender lo que es la realidad y lo que es la *distinción* entre el paraíso afuera, arriba o en el cielo, y la realidad que está viviendo el pueblo. [...] Tampoco es el documento principal para hacer el cambio, sino que cada uno de nosotros tiene que conocer nuestra realidad y *optar por los demás* (Menchú 1983: 159-160; énfasis mío).

La verdad del sujeto constituido por medio del testimonio concientizante no es cognitiva sino comunicacional, el resultado del enfrentamiento de diversos discursos y de su negociación en pro de la supervivencia. Si bien no todos los testimonios latinoamericanos surgen en el contexto de la opresión de indígenas, como en el caso de Menchú, puede decirse, no obstante, que todos nacen en un estado de emergencia —desastres de la naturaleza o del conflicto humano, conflictos políticos, opresión, insuficiencia económica, nuevos y desacostumbrados modos de vida, etc.— que no han podido ser resueltos por los poderes vigentes, por su incapacidad (falta de recursos en el neocoloniaje económico) o por su falta de voluntad.

Una de las mayores razones por las cuales el estado no ha respondido adecuadamente a través de sus aparatos institucionales a estas crisis se debe a la modernización misma que se ha blandido como solución para el subdesarrollo. En todos los países de América Latina los agentes de la modernización han propuesto cambios —por lo general en los términos racionalistas y autolegitimadores del discurso modernista— que han resultado en el desplazamiento y aglomeración de comunidades heterogéneas y en el aumento de la pobreza.

Es precisamente en este contexto, en el que la sociedad civil, base de la producción y reproducción de subjetividades modernas, casi ha dejado de existir, que el testimonio se practica como medio para hacer demandas y así abrir un espacio público que sería, de otro modo, inaccesible. Ante el fracaso de la modernidad latinoamericana para abrir espacios de verdadera acción democrática, se ha tenido que recurrir a otras estrategias que posibiliten la actividad política que más y más se viene definiendo como una *política cultural*. Y el testimonio es una de las armas destacadas de esta política cultural: a través de él, por ejemplo, se lucha por hacer público lo privado (y lo privatizado por el estado), disolviendo así otra dicotomía constitutiva de la modernidad hegemónica.

El mejor ejemplo de la puesta en público de experiencias tradicionalmente consideradas "privadas" o "domésticas" son las Madres de la Plaza de Mayo que ocuparon la plaza frente a la casa presidencial para movilizar su papel maternal —su responsabilidad como madres— ante el abuso —y falta de responsabilidad— de los "padres" de la nación. Como en la práctica testimonial de Rigoberta Menchú, puede entenderse el discurso de las madres como una práctica suplementaria. Se suple lo que el discurso oficial trata de ocultar: la desaparición de sus hijos e hijas. Los actos testimoniales de las madres son así un espectáculo mediante el cual se constituyen ya no sólo como madres sino también como nuevos sujetos, apenas comprendidos desde una perspectiva tradicional, pues borran la distinción entre individuos privados y autoridades públicas. El que desempeñen ambos papeles simultáneamente hizo difícil "percibirlas como sujetos políticos, lo cual hizo posible expresar su protesta" (Navarro s.f.).

Estas prácticas testimoniales constituyen una subjetividad que es ética y estética a la vez. Como la *performance art* posmoderna de los años 70 y 80, las madres dramatizan su papel social y ahí se encuentra el aspecto estético de su práctica. Y este aspecto estético tiene, además, una función política, pues a través de él se logra concientizar al público y consolidar su opinión contra los abusos militares. Se trata de una política cultural que, en la ausencia de una verdadera cultura política, contribuyó a transformar las circunstancias. Omi y Winant (1986) arguyen, análogamente, que la política norteamericana fue transformada por la redefinición de raza que llevaron a cabo los negros en el movimiento de derechos civiles. Esa transformación político-cultural se dio, en parte, a través de la reacentuación del discurso pastoral en el que sobresalen los ministros negros. En éste como en los otros casos mencionados, aspectos culturales que no son políticos *per se* pudieron ser reacentuados para abrir el espacio político.

Testimonio y democratización

Debe señalarse que el testimonio se vuelve verdaderamente popular después de 1968, período que trae en América Latina el auge de los "nuevos" movimientos sociales: estudiantes, mujeres, grupos étnicos, ecologistas, comunidades de base y otros movimientos populares. La "novedad" consiste en el hecho de que no se subordinan al proceso político tradicional, lo cual se verifica en que esquivan el partidismo. Según Néstor García Canclini (1988: 495), este surgimiento coincide con la crisis que sufre la hegemonía por toda América Latina y que se expresa en la formación de regímenes fascistoides autoritarios y el endurecimiento de los regímenes casi liberales, como el de México a partir de Tlatelolco, cuando fueron asesinados más de mil estudiantes que se manifestaban en contra del desperdicio de recursos que requería las preparaciones para la Olimpíada de 1968. Esta crisis forzó la entrada de nuevos actores sociales en el escenario político, radicalizando a su vez las demandas democráticas. El escepticismo para con la corrupta política representacional llevó a estos grupos a desempeñarse políticamente en otras esferas, como la cultural.

El testimonio proporciona un escenario privilegiado para desempeñar prácticas democráticas porque la acción política viable —la transformación de las circunstancias— se ha hecho imposible dentro del sistema clientelista de los partidos tradicionales. Los nuevos movimientos sociales, en los cuales se cultiva la concientización típica del testimonio, han surgido como parte de este desplazamiento de la política. Ha habido tentativas de incorporar las demandas en programas de reforma partidaria pero ello no ha dado resultado, como se ejemplifica en el caso del PRI mexicano, debilitado recién por defecciones importantes (v.

gr., Cuauhtémoc Cárdenas). El testimonio prolifera, además, como vehículo de publicidad de esta nueva política cultural. No se encuentra sólo en forma de libro sino también en formas masivas y populares como los corridos mexicanos, la literatura de cordel en el Brasil, en periódicos, televisión, carteleras y otras formas de comunicación de masas[2].

En México los nuevos movimientos sociales han encontrado sus cronistas en escritores y periodistas como Carlos Monsiváis, Elena Poniatowska y José Joaquín Blanco. Sus crónicas, como el testimonio, atestiguan todos los pormenores de la vida cotidiana que hoy día ha llegado a entenderse en términos político-culturales. Monsiváis, por ejemplo, se interesa por las maneras en que los participantes en estas acciones cotidianas asumen el papel de ciudadano, creando una nueva forma de sociedad civil desligada de la autoridad fundacional del estado autoritario. La autogestión comunitaria después del terremoto de 1985 no pudo ser canalizada por el estado. Ni las comunicaciones de masas, que en los momentos iniciales desempeñaron un rol positivo, lograron representar convincentemente la acción de estos agrupamientos espontáneos. Según Monsiváis (1985), en "Los días del terremoto", ante la solidaridad autogestionada, no hubo respuestas; los productores de programas de televisión no pueden concebir a una sociedad que se mueve por cuenta propia.

Formalmente, podría decirse que las crónicas de Monsiváis —pastiches de testimonios, comentarios, cronologías, datos, citas de periódicos, declaraciones gubernamentales y *vignettes* gráficas— tienen el efecto descentralizador de un discurso deconstructivista. Pero no se limitan a relatar el fracaso del gobierno ("lo que el gobierno escondió el terremoto reveló") que produjo una interrupción en el funcionamiento del poder. También enfoca la constitución de nuevas formas de subjetividad que no se subordinan o incorporan a los metarrelatos teleológicos partidistas y clasistas.

Los enunciadores de los relatos testimoniales incluyen campesinos desahuciados, moradores de villas miseria, *squatters*, etc. que alzan sus voces en la comunidad de base local, que dan fe de sus experiencias en los talleres populares de poesía en la Nicaragua de los años 80, que hacen publicidad testimonial en panfletos, como los activistas del movimiento negro en el Brasil o que colaboran con etnógrafos y escritores profesionales para dar a luz sus demandas de justicia. De los textos que he mencionado en

---

2 Al comienzo del tercer milenio es evidente que los movimientos sociales adoptaron la retórica internacional de la sociedad civil, diseminada por las ONGs europeas (v. gr., Friedrich Ebert Stiftung) y las fundaciones estadounidenses (v. gr., Ford), por encima de las prácticas concientizadoras que los aglutinaban en los años 60 y 70 y parte de los 80. El cambio es importante, pues se pasa de una solidaridad comunitaria de la cual surgía el poder de sus reclamaciones a una gestión institucionalizada en la cual no hay necesariamente una consulta comunitaria para la formulación de las agendas de reclamación sino que se negocian mediante protocolos internacionales. El resultado ha sido una puesta en representación institucionalizada de la subalternidad del sujeto testimonial. La capacidad de acción [*agency*] pasó de los procesos de concientización y solidaridad a la acomodación de las comunidades subalternas a procesos de reclamación y compensación explicados según criterios representativos referentes a etnia, raza, género, religión.

este ensayo, los testimonios de Domitila Barrios y Rigoberta Menchú fueron transcriptos, editados y organizados por antropólogas. Otro texto, *No me agarran viva*, fue recopilado por la poeta y novelista salvadoreña Claribel Alegría. Concluiré con el ejemplo de cómo la escritora profesional aborda la modalidad testimonial.

El cambio de poesía a novela y, finalmente, a testimonio es crucial en la carrera literaria de Claribel Alegría. Sus obras anteriores a los testimonios de los años 80 pertenecen a la modalidad autobiográfica burguesa, haciendo hincapié en los *impasses* que enfrentan mujeres que aspiran liberarse de las normas sociales que impiden su realización como plenos seres humanos. Este es el tema principal de su novela *Cenizas de Izalco*, en que la protagonista, como su madre antes de ella, busca una liberación personal en términos estrictamente individuales: el arte que cultiva debe conducirla a la realización de su libertad. Ignora que todo su alrededor consiste en una pobreza y una opresión que esperan una voz testimonial que no llegará en este relato. La novela termina con el fracaso personal de la protagonista: el descenso al abismo o el silenciamiento típico de la escritura tardo-modernista.

Sólo después de su involucramiento en los movimientos revolucionarios en Nicaragua y El Salvador, los relatos de Alegría comienzan a mostrar nuevas posibilidades, no sólo en lo que atañe al cambio social sino, más importante, en lo que tiene que ver con la vida de las mujeres en estos países. En *No me agarran viva* Alegría pega el salto de la escritura tradicional al testimonio. Este libro registra los testimonios de los compañeros y compañeras de Eugenia, la joven revolucionaria que fue asesinada mientras se desempeñaba en una de sus misiones. Como la autora, Eugenia había sido transformada de una joven burguesa enajenada en una persona concientizada que encontró una nueva subjetividad en el trabajo colaborativo de Acción Católica, primero, y luego con otros movimientos más radicales. En ellos Eugenia aprendió a articular las demandas de los oprimidos con sus propias demandas como mujer. Así pues, como la redactora Alegría, Eugenia supo combinar su voz con las otras para la formación de un nuevo sujeto. Encontró su "sustancia ética" en la opresión que compartía con los pobres y las clases lumpenizadas. Lo importante es que ni Eugenia ni Alegría apelaron a un metarrelato moral. Su ética se funda más bien en el conflicto de evaluaciones que somete al "trabajo ético" del testimonio. (Por "trabajo ético" Foucault [1986: 27], se refiere al proceso de formación que se logra a través de prácticas como la moderación de los placeres mediante la dietética, la economía y la erótica entre los griegos, el auto-desciframiento entre los cristianos, y el "*self-help*" en la cultura *yuppie* californiana de los años 80, etc.).

Alegría usa el término "letras de emergencia" para referirse a su escritura, aludiendo tanto a la urgencia de la situación como al emerger de una nueva subjetividad que se viene formando en el testimonio de las experiencias de solidaridad. Franz Fanon (1967) ha dicho que:

> Cuando un pueblo entra en la lucha armada o aun en la batalla política contra un colonialismo implacable, la tradición sufre cambios de sentido [...] En un país subdesarrollado en su fase de lucha las tradiciones son fundamentalmente inestables y son atravesadas por corrientes centrífugas.

Son estas corrientes centrífugas que se registran en el testimonio y que se articulan en un continuo rehacer de la subjetividad.

Cabe repetir que el énfasis del testimonio no cae en la representación de sujetos ya constituidos (el pueblo, el agente histórico revolucionario, etc.) sino en la praxis concientizadora. Esta praxis, además, subvierte los marcos de referencia del sujeto cognoscente de la modernidad hegemónica. Para lograr la concientización, por ejemplo, Rigoberta Menchú tuvo que aprender otro idioma (el castellano) y abandonar su aldea. Ello no quiere decir que abandonó su cultura sino que a través de ella y otros como ella su cultura fue transformándose conforme a la lucha político-cultural. Por ejemplo, su cultura tuvo que entrar en relación con culturas extranjeras, rompiendo así las ligaduras del discurso nacional (y de las instituciones que lo proyectan).

Prueba de ello es que el testimonio de Menchú, como el de Domitila o de Alegría tiene como propósito no sólo la concientización de la comunidad sino también de la solidaridad de simpatizadores en Estados Unidos y Europa. El testimonio puede entenderse como representación de lucha pero su función más importante es servir de vínculo solidario entre diversas comunidades. Así pues, su política cultural atraviesa fronteras e identidades establecidas en pro de una transformación democratizadora.

Conclusión

El libro *The Real Thing: Testimonial Discourse and Latin America* (Gugelberger 1996) recopila una serie de ensayos en los que se examina y pone en tela de juicio el deseo de solidaridad que los críticos latinoamericanistas manifiestan en su vindicación del testimonio y sus sujetos marginales. Santiago Colás, cuyo ensayo se incluye en *The Real Thing*, cuestiona mi argumento de que el testimonio se resiste a la representación; propone que si lo que se busca es una inclusión democrática de los marginados, ello sólo se logrará mediante la representación. Inspirándose en la teoría radical-democrática de Ernesto Laclau, Colás endosa la propuesta de Laclau de que el cuestionamiento de la adecuación del representante y lo representado conduce a la democratización:

> [...] la representación sólo puede existir en la medida que no se realice nunca la transparencia implícita en el concepto; pues existe un dislocamiento permanente entre el representante y el representado (Laclau 1990: 38; citado en Colás 1996: 169).

Cabe responder con dos observaciones. En primer lugar, yo me refería a la representación en el sentido de reflejo, notando que el testimonio no se acomoda ni al realismo social a lo Lukács ni tampoco a una escritura autorreflexiva en la que encalla el impulso representativo. En segundo lugar, el testimonio surge precisamente donde no existen estructuras políticas representativas. De ahí que el testimonio se asocie con las reclamaciones de los llamados nuevos movimientos sociales, es decir, los que no pasan por estructuras tradicionalmente, es decir, políticamente representativas, como es el caso de los partidos. Puesto que el testimonio pretende circular entre los solidarios más allá de la comunidad local, cabe preguntarse sobre las instituciones y otros circuitos donde circulan los discursos. La crítica sobre el testimonio no se ha hecho este tipo de pregunta porque no es característica de la crítica literaria y filosófica, los dos registros disciplinarios que predominan en el comentario sobre el género.

La respuesta a esta pregunta sobre los circuitos institucionales en los que circula el testimonio no es la misma a comienzos del siglo veintiuno que en los años 1980. Los testimonios de Domitila Barrios, Rigoberta Menchú, Claribel Alegría, y desde luego, los nicaragüenses, todos estaban vinculados con sindicatos, frentes de liberación y movimientos políticos. Eran instrumentos concientizadores y movilizadores además de discursos de autoformación comunitaria. A fines de los años 80 y comienzos de los años 90 se hace evidente que los discursos testimoniales ya no circulan por esos circuitos políticos. Cobran aún mayor importancia las instituciones internacionales que ayudaron a diseminarlos, las fundaciones y ONGs que prestaron apoyo a los movimientos de mujeres y a los indígenas. En la medida en que se fragmentaban y decaían los movimientos políticos cobraba más importancia la noción de sociedad civil. Por añadidura, el concepto de sociedad civil viene siendo conformado más y más por los procesos de globalización para renegociar el compromiso convencional entre el estado y los diversos sectores de la nación. Esta renegociación surge a menudo de las demandas de comunidades locales, cuyos intereses están más en juego ante las vicisitudes de la globalización. La sociedad civil es hoy el concepto dilecto de muchos movimientos reformistas e incluso revolucionarios para los cuales el socialismo ha perdido toda viabilidad como alternativa política, al menos para el futuro cercano.

El dominio actual del neoliberalismo —ese conjunto de políticas que incluye la liberalización comercial, la privatización, la reducción (y en algunos casos la eliminación) de la providencia pública de la salud y la educación, los cortes salariales, y el aniquilamiento de los derechos laborales— ha contribuido al desplazamiento de la toma de poder estatal (que en ningún caso reciente ha resuelto el problema de la soberanía) a políticas para robustecer los derechos humanos y civiles y la calidad de vida como plataforma política de la izquierda. Los partidos convencionales, y aun los progresistas, han tenido poco éxito en la formulación de alternativas a estas políticas por dos razones fundamentales. En primer lugar, la política institucionalizada es demasiado disfuncional en lo que respecta a la providencia social. En segundo lugar, las políticas de austeridad impuestas por las instituciones financieras internacionales no sólo han debilitado la capacidad del estado en este respecto sino que han agudizado las desigualdades, por ejemplo, en la distribución de la renta. De ahí que los actores más innovadores en la postulación de estrategias de acción política y social sean los movimientos sociales y las ONGs nacionales e internacionales que los apoyan. En estas circunstancias globalizadas surge la cultura como nuevo protagonista tanto por su valor como nuevo recurso para la explotación capitalista (v. gr., en los medios, el consumismo, y el turismo) como por su fuente de resistencia contra los desgastes provocados por ese mismo sistema político económico.

El discurso de los movimientos sociales es afectado por este cambio de circunstancias. Si en los años 1980 el testimonio era instrumento de solidarización, en la época del resurgimiento de la sociedad civil, los discursos testimoniales forman parte de los trámites para conseguir apoyo de fundaciones, ONGs, inclusive de la UNESCO y hasta el Banco Mundial. Es decir, han surgido otros medios en los cuales circulan estos discursos, medios muy contradictorios como se vio en las manifestaciones en contra de la Organización Mundial de Comercio en Seattle. La absorción por la sociedad civil ha sido acompañada por el predominio del registro representacional en el discurso testimonial, pero ello no implica que hayan mejorado las condiciones de los sujetos marginados. Para eso se necesitarían cambios profundos en las sociedades desde donde provienen los testimonios.

La incorporación de los testimonios al multiculturalismo estadounidense o a la diversidad promovida por la UNESCO es otra manifestación del paso de las reclamaciones locales para las guerras culturales en el "primer mundo". Es decir, el testimonio ha servido como fuente de legitimación ya no sólo para los sujetos marginados sino también para los intermediarios en la academia estadounidense. Muchos derivan su legitimidad dentro de esta institución en transformación y multiculturalización haciéndose expertos en un género que vincula su propia subjetividad con la de los informantes testimoniales. Este sería el caso de *Translated Woman* de Ruth Behar en el que la intermediaria se convierte a menudo en el sujeto del testimonio. Como explica Alberto Moreiras (1996: 28, n. 24), se trata de un texto que

> [...] pretende traducir sin ignorar el hecho de que la traducción [...] mata al original; alegoriza la relación entre la antropóloga y el sujeto como una transacción entre la mojada y su coyote, acaso el peor tipo de coyote, pues pretende ser una etnografía redentora a sabiendas de que no hay redención en ninguna parte.

Podría postularse la siguiente pregunta: ¿cuál es el valor del testimonio bajo circunstancias en las que han dejado de existir los movimientos de solidaridad? ¿Qué quiere decir que los académicos sigan hablando en nombre del subalterno cuando no hay posibilidad de que ese discurso preste apoyo al subalterno? Se trata de un problema que ya había señalado Gayatri Spivak al criticar a aquellos estudiantes que *necesitan* citar la marginalidad del subalterno, apropiándosela a la misma vez en un contexto liberal en el que esa marginalidad tiene valor. Contra esa tendencia, ella elaboró

> [...] una estrategia que consiste en expropiar de los estudiantes la autoridad de su marginalidad, la centralidad de su marginalidad, mediante una pedagogía cuidadosa (Spivak 1993: 18).

El problema de la crítica sobre el testimonio, pues, reproduce el gesto travestí de Neruda citado arriba: la marginalidad subalterna hablará por medio de la boca del crítico.

Los enemigos del testimonio como Dinesh D'Souza atacan con particular vehemencia este travestismo. Procuran prevenir que los simpatizantes de los subalternos deriven su legitimidad al representarlos. Se ataca el principio multiculturalista de que el valor provenga de una diferencia cultural menospreciada. Pero acaso el ataque más insidioso sea el de David Stoll, quien alega que Rigoberta Menchú mintió para así lograr la solidaridad de sus lectores. De hecho, *Rigoberta Menchú and the Story of All Poor Guatemalans* (1999) está estructurado como un pleito jurídico en el que Stoll hace el papel del fiscal. El mayor delito de Rigoberta Menchú es haber recurrido a la ficción, como si existiera una línea divisoria entre la verdad y la verosimilitud. Según Stoll, Rigoberta Menchú distorsionó varios de los eventos relatados en su testimonio —v. gr., las circunstancias de las muertes de varios familiares, su conocimiento del español— y se apropió de las experiencias de otros indígenas para darle mayor verosimilitud a sus alegatos de marginación y victimización. Por añadidura, Stoll propone como hecho —sin corroboración alguna— que el Ejército Guatemalteco Popular (EGP) le hubiera encomendado estas distorsiones para así obtener la afiliación del pueblo en un período de desavenencia. Argumenta que Rigoberta Menchú no tuvo otra opción frente a las fuerzas armadas que la perseguían y ante el sistema jurídico del cual no se podía esperar justicia (*cfr*. Stoll 1999: 198). Rigoberta Menchú, pues, no tiene voluntad propia o capacidad de acción [*agency*], pues según el argumento de Stoll, no fue difícil para el EGP convertir a esta "powerless refugee" en su instrumento para persuadir a un pueblo recalcitrante ante las acciones de la guerrilla, para "salvar el abismo entre la estrategia guerrillera y la conciencia popular" (*ibíd*.: 137). De ahí que ella recurriera a una "epopeya estructurada en torno a unas pocas figuras ejemplares —héroes, víctimas y villanos— que condensan las experiencias de un pueblo entero" (*ibíd*.: 199).

Podría decirse que Stoll procura crear una contraverosimilitud para contrarrestar la que Rigoberta Menchú ha creado en su testimonio. No se trata de una verdad absoluta, pese a los alegatos de Stoll, sino de una contienda de dos intereses encontrados. Aun cuando Stoll tenga razón al proponer que Rigoberta Menchú buscó producir su testimonio a instancias del EGP, no por ello habría que descartar el papel que ese texto jugó en la creación de una solidaridad comunitaria. Donde yerra Stoll es en creer que un testimonio tiene que remitir a un hecho ya existente —el sentido de comunidad— y no a un acto performativo que, como propone Butler, conducirá a la creación de una identidad. Al fin y al cabo, la legitimidad del texto de Rigoberta Menchú yace en la correlación política de este acto performativo. De igual manera, Stoll procura desacreditar a Rigoberta Menchú para así combatir las estrategias del EGP. Se opone a la alianza entre los intereses socialistas de la guerrilla y la legitimidad identitaria del pueblo indígena. Y si bien Rigoberta Menchú estuviese conciente de que estaba apelando a la identidad cultural para avanzar una causa política —lo cual no peca de deshonestidad sino que corresponde al deseo de que su cultura sea reconocida, como explica Elisabeth Burgos en la introducción al libro— Stoll sí procede con mala fe al dar la impresión de que sus métodos para establecer la verdad son escrupulosos. Stoll mismo se apropia de las "voces" de los indígenas al sugerir que son reacios a la ética y la política de Rigoberta Menchú.

Lo que está en juego, desde luego, son los medios de establecer la verdad, para lo cual Stoll apela a criterios positivistas. No obstante, como observa Peter Canby (1999: 30) en una larga reseña en el *New York Review of Books*:

> Stoll mismo no presenta ninguna comprobación estadística o anecdótica de que la situación de los maya estuviera mejorando antes de que llegaran los guerrilleros. Lo refutan los estudios cuidadosamente documentados de historiadoras como Susanne Jonas, que describe convincentemente la creciente falta de terrenos por parte de los maya y la consecuente necesidad de trabajar temporalmente en las haciendas costeñas por ínfimo pago.

Stoll deja de lado las conclusiones de la Comisión de Verdad de que si bien la guerrilla provocó algunos de los conflictos, el gobierno juntó "a todos los oponentes bajo un solo estandarte" y exageró la amenaza de la guerrilla para justificar "el aniquilamiento físico o la intimidación absoluta de los oponentes" (citado en Canby 1999: 30).

Cabe preguntarse cuáles serán los motivos de la desacreditación operada por Stoll. En un pasaje interesante de su libro, nos dice que consideró no operar la desacreditación directamente sino comparar las diversas narraciones de los hechos para que los lectores llegaran a sus propias conclusiones. Por añadidura, dice que varios colegas le aconsejaron que sería un atrevimiento que un antropólogo blanco y estadounidense pusiera en tela de juicio la voz de una indígena oprimida. Pero decidió contra la estrategia más diplomática porque le incomoda que tantos blancos liberales del norte se dejen intimidar por un sentido de culpa ante la historia colonialista de sus países y rehúsen "juzgar la verdad" (Stoll 1999: 216):

> No quise abandonar el franco ejercicio del juicio, como observador externo, sobre la confiabilidad de lo que se me decía [...] Rehusar juzgar cuáles narrativas eran más confiables sería [...] darle la misma credibilidad a lo que dijera un colaborador de las fuerzas armadas y la viuda de un ejecutado. Si los extranjeros tenemos una tarea constructiva a desempeñar en un lugar como Quiché del norte esa es posicionarnos a una distancia de las narrativas de victimización y juzgar su confiabilidad (*ibíd.*: 217).

Es decir, Stoll quiere que sus lectores crean que su texto no tiene nada que ver con su propia comunidad de intereses sino con la búsqueda objetiva y distante de la verdad. Pero hacia el final de su libro, ataca a los simpatizantes del testimonio, entre ellos John Beverly, Marc Zimmerman y este escritor, porque resaltamos la solidaridad por encima de los hechos (231-247). Lo que se lee en esta sección es una típica diatriba contra *political correctness*, multiculturalismo ("razón por la cual *Me llamo Rigoberta Menchú* entró en los salones de clase" [*ibíd.*: 243]), y los movimientos de solidaridad. Pero, ¿por qué se esperó Stoll hasta que esos movimientos de solidaridad, al menos con la guerrilla, declinaran? Creo que la respuesta se da en la importancia que sigue teniendo el multiculturalismo y el apoyo internacional a las políticas de identidad, sobre todo las de pueblos aborígenes:

Los partidarios extranjeros de Rigoberta están en una posición diferente [a la de los guatemaltecos que no están dispuestos a vindicar la tradición izquierdista de la lucha armada]. Algunos continúan usando su relato para probar que el movimiento guerrillero tenía profundas raíces populares y que era una respuesta inevitable a la opresión. Quieren defender la historia de lucha armada de la izquierda latinoamericana o al menos mostrar que no fue un desastre total. Para un circuito más amplio de activistas de derechos humanos, que se consideran pacifistas pero inadvertidamente han absorbido una perspectiva guerrillerófila, el respeto por el relato de Rigoberta es una prueba de su solidaridad con los oprimidos [...] Para los estudiosos, por otra parte, creer en el relato de Rigoberta nos ha ayudado con un dilema profesional y a la vez muy personal respecto de nuestra legitimidad como observadores de gentes mucho menos afortunadas que nosotros (*ibíd*.: 276).

Stoll tiene razón al señalar que para nosotros los académicos la relación con los subalternos es un gran dilema. Las actividades de los subalternistas latinoamericanistas, liderados por John Beverly en la reconsideración de lo que significa la solidaridad después del fracaso de los movimientos latinoamericanos de izquierda, comprueban esta preocupación. De hecho, se han escrito varios lúcidos ensayos sobre el testimonio a partir de una perspectiva subalternista (Moreiras, Williams). Volveré a esta perspectiva, desde la cual también se han hecho unas críticas interesantes a los comentaristas del testimonio. Pero antes es necesario enfatizar que Stoll no tiene el monopolio de la verdad y de hecho no tiene ninguna verdad sino que lanza su discurso desde una posición interesada, acompañada de tantos recursos de verosimilitud como los testimonialistas. Apela a una autoridad —métodos de autentificación— que no producen la verdad sino una verosimilada voluntad de poder: arrasar con los defensores posmodernos de la solidaridad.

¿Quiénes son los subalternistas y qué tienen que ver con el testimonio y la solidaridad? A principios de los años 1990 se formó un grupo de latinoamericanistas que adoptaron e intentaron adaptar las perspectivas de los estudiosos subalternistas sudasiáticos a la situación de los marginados y subalternos latinoamericanos. Los recientes fracasos de las luchas revolucionarias y de liberación nacional en América Central y los países andinos los llevó a repensar la manera en que los políticos y los académicos habían formulado el lugar del pueblo en las luchas contra la opresión y el imperialismo. La representación de estas luchas giraba en torno del concepto gramsciano de lo nacional-popular. Sólo después del fracaso de estas políticas "populares" se hizo evidente que el entorno nacional presentaba problemas. John Beverley, por ejemplo, observó que ni la revolución cubana ni la nicaragüense radicalizaron suficientemente la relación entre las clases dominantes y los subalternos. Aun cuando procuraron darle poder al "pueblo", el protagonismo de políticos de vanguardia e intelectuales continuó teniendo "efectos contraproducentes" (Beverly, inédito: 16).

Estos efectos contraproducentes atañen al aspecto representativo del pueblo, que según los subalternistas no es el aspecto que predomina en el testimonio, donde se pone de relieve el sujeto testimonial mismo. Pero la adopción de la definición de Ranjait

Ouha del subalterno como una "exclusión constitutiva" en la historiografía nacional (*ibíd*.: 7) tiene repercusiones problemáticas, pues lleva a los subalternistas a concebir al subalterno desde una óptica negativa: el subalterno no quiere ser subalterno y esa resistencia es lo que hace que no aparezca en el discurso colonial o moderno. Desde esta perspectiva los subalternistas, siguiendo la observación de Spivak citada arriba, pudieron ver las estrategias de legitimidad que operaban los críticos sobre el testimonio. Es decir, criticaron el desliz inadvertido desde la solidaridad con el marginado a la asunción de la marginalidad como legitimación de su propio discurso. Pero hasta el más astuto comentarista sobre el testimonio no logra volver a una política afirmativa que surja de la práctica testimonial. Alberto Moreiras (1996: 25) señala que la tentativa de evitar la representación vertical ha caído en una "reabsorción de la dimensión extraliteraria del testimonio al sistema disciplinario de representación".

Así, pues, con el cierre de las políticas de solidaridad, se ha llegado a un *impasse* respecto del testimonio. Se suponía que el testimonio llevaba a la acción de la solidaridad. Sin esa acción extratextual sólo queda la política representacional, en la cual nosotros los académicos figuramos como protagonistas blandiendo relatos de marginalidad y explotación. Lo que falta es la traducción de esa representación siempre y necesariamente fallida en recursos y conductos políticos para la autoafirmación. Pero eso requiere repensar la relación entre poética y política, es decir, entre textualidad y acción, en una época en que los que han atacado la política representacional de la solidaridad son los niños mimados de conservadores y liberales.

Bibliografía

Obras

Alegría, Claribel. (1966). *Cenizas de Izalco*. Barcelona: Seix Barral.
Barrios de Chungara, Domitila/Viezzer, Moema. (1977). *Si me permiten hablar... Testimonio de Domitila, una mujer de las minas de Bolivia*. México: Siglo XXI.
Cabezas, Omar. (1983). *La montaña es algo más que una inmensa estepa verde*. Managua: Editorial Nueva Nicaragua.
Cardenal, Ernesto. (1975). *El evangelio en Solentiname*. Salamanca: Sígueme.
Didion, Joan. (1983). *Salvador*. New York: Washington Square Press.
Menchú, Rigoberta. (1983). *Me llamo Rigoberta Menchú y así me nació la conciencia*. Barcelona: Argos Vergara.
Neruda, Pablo. (1955). *Canto general I*. Buenos Aires: Losada.

Crítica

Bajtin, M. M. ([2]1985). "El problema de los géneros discursivos", en: *ídem. Estética de la creación verbal*. México: pp. 248-293.
Barnet, Miguel. (1969). "La novela testimonio: socio-literatura", en: *Unión*. 4: 99-122.
---. (1981). "The Documentary Novel", en: *Cuban Studies/Estudios Cubanos*. 11, 1: 19-31.
Baudrillard, Jean. (1978). *Cultura y simulacro*. Barcelona: Kairós.
Beverly, John. (1987). "Anatomía del testimonio", en: *ídem. Del* Lazarillo *al Sandinismo: Estudios sobre la función ideológica de la literatura española e hispanoamericana*. Minneapolis: The Prisma Institute.
---. (s.f.). "Sobre la situación actual de los estudios culturales". (Manuscrito inédito).
Butler, Judith. (1993). *Bodies that Matter: On the Discursive Limits of "Sex"*. New York: Routledge.
Canby, Peter. (1999). "The Truth about Rigoberta Menchú", en: *The New York Review of Books*. 8 Apr.: 28-33.
Colás, Santiago. (1996). "What's Wrong with Representation? Testimonio and Democratic Culture", en: Gugelberger, Georg. (ed.). *The Real Thing: Testimonial Discourse and Latin America*. Durham: Duke University Press, pp. 161-171.
Derrida, Jacques. (1976). *Of Grammatology*. Baltimore: Johns Hopkins University Press.
---. (1980). *The Archeology of the Frivolous: Reading Condillac*. Pittsburgh: Duquesne University.
Duchesne, Juan. (1986). "Las narraciones guerrilleras. Configuración de un sujeto épico de nuevo tipo", en: Jara, René/Vidal, Hernán. (eds.). *Testimonio y literatura*. Minneapolis: Institute for the Study of Ideologies and Literature. Monographic Series of the Society for the Study of Contemporary Hispanic and Lusophone Revolutionary Literatures, no. 3, pp. 85-137.

Fanon, Franz. (1967). *The Wretched of the Earth*. New York: Grove Press.
Fernández Moreno, César. (1972). (ed.). *América Latina en su literatura*. México: Siglo XXI.
Foley, Barbara. (1982). "Fact, Fiction, Fascism: Testimony and Mimesis in Holocaust Narratives", en: *Comparative Literature*. 34, 4: 330-360.
Fornet, Ambrosio. (1977). "El ajuste de cuentas: del panfleto autonomista a la literatura de campaña", en: *Casa de las Américas*. 146: 49-57.
Foster, David William. (1984). "Latin American Documentary Narrative", en: *PMLA*. 99: 41-55.
Foucault, Michel. (1977). "Language to Infinity", en: Bouchard, Donald F. (ed.). *Language. Counter-Memory. Practice. Selected Essays and Interviews*. Ithaca: Cornell University Press, pp. 53-67.
---. (1986). *The Use of Pleasure*. New York: Vintage.
Freire, Paulo. (1967). *Educação como prática da liberdade*. Río de Janeiro: Paz e Terra.
---. (1979). *Pedagogía del oprimido*. 22a ed. México: Siglo XXI.
Fuentes, Carlos. (1969). *La nueva novela hispanoamericana*. México: Joaquín Mortiz.
García Canclini, Néstor. (1988). "Culture and Power: the state of the research", en: *Media. Culture and Society*. 10: 467-497.
Gibellini, Rosino. (1979). (ed.). *Frontiers of Theology in Latin America*. Maryknoll: Orbis.
Gugelberger, Georg. (1996). (ed.). *The Real Thing: Testimonial Discourse and Latin America*. Durham: Duke University Press.
Guha, Ranajit. (1982). "On Some Aspects of the Historiography of Colonial India", en: *ídem*. (ed.). *Subaltern Studies II*. Delhi: Oxford University Press, pp. 1-9.
Gutiérrez, Gustavo. (1979). "Liberation Praxis and Christian Faifu", en: Gibellini, Rosino. (ed.). *Frontiers of Theology in Latin America*. Maryknoll: Orbis, pp. 1-33.
Hernández Pérez, Jesús. (1983). "Viaje a las entrañas de la escoria", en: *ídem*. *La leyenda de lo cotidiano*. La Habana: Letras Cubanas.
Jameson, Fredric. (1984). "Postmodernism, or the Cultural Logic of Late Capitalism", en: *New Left Review*. 146: 53-92.
---. (1984a). "Foreword", en: Lyotard, Jean-François. *The Postmodern Condition: A Report on Knowledge*. Minneapolis: University of Minnesota Press, pp. vii-xxi.
Jara, René/Vidal, Hernán. (1986). (eds.). *Testimonio y literatura*. Minneapolis: Institute for the Study of Ideologies and Literature. Monographic Series of the Society for the Study of Contemporary Hispanic and Lusophone Revolutionary Literatures, no. 3.
Jiménez, Mayra. (1980). (ed.). *Poesía campesina de Solentiname*. Managua: Ministerio de Cultura.
---. (1983). (ed.). *Talleres de poesía: antología*. Introd. de Ernesto Cardenal. Managua: Ministerio de Cultura.
Kant, Immanuel. (1952). *The Critique of Judgement*. Oxford: Clarendon.
Kristeva, Julia. (1982). *Powers of Horror. An Essay on Abjection*. New York: Columbia University Press.

Lacan, Jacques y la *école freudienne*. (1972-1973). *El seminario de Jacques Lacan*. Libro 20. Barcelona: Paidós.
Lukács, Georg. (1966). *La novela histórica*. México: Ediciones Era.
Lyotard, Jean-François. (1984). *The Postmodern Condition: A Report on Knowledge*. Minneapolis: University of Minnesota Press.
Moreiras, Alberto. (1996). "The Aura of Testimonio", en: Gugelberger, Georg. (ed.). *The Real Thing: Testimonial Discourse and Latin America*. Durham: Duke University Press, pp. 192-224.
Navarro, Marysa. (s.f.). "The Personal is Political. Las Madres de la Plaza de Mayo". (Manuscrito inédito).
Omi, Michael/Winant, Howard. (1986). *Racial Formation in the United States: From the 1960s to the 1980s*. London, New York: Routledge.
Pring-Mill, Robert. (1983). "Mayra Jiménez and the Rise of Nicaraguan 'Poesía de Taller'", en: King, Lloyd. (ed.). *La mujer en la literatura del Caribe*. Trinidad: University of the West Indies.
Rajchman, John. (1985). *Michel Foucault: The Freedom of Philosophy*. New York: Columbia University Press.
Reiss, Timothy. (1982). *The Discourse of Modernism*. Ithaca: Cornell University Press.
Rodríguez Monegal, Emir. (1972). *El BOOM de la novela latinoamericana*. Caracas: Editorial Tiempo Nuevo.
---. (1972a). "Tradición y renovación", en: Fernández Moreno, César. (ed.). *América Latina en su literatura*. México: Siglo XXI.
Ryan, Michael. (1983). "Deconstruction and Social Theory. The Case of Liberalism", en: Krupnick, Mark. (ed.). *Displacement: Derrida and After*. Bloomington: Indiana University Press, pp. 154-168.
Sarduy, Severo. (1972). "El barroco y el neobarroco", en: Fernández Moreno, César. (ed.). *América Latina en su literatura*. México: Siglo XXI.
Scannone, Juan Carlos. (1979). "Theology, Popular Culture, and Discernment", en: Gibellini, Rosino. (ed.). *Frontiers of Theology in Latin America*. Maryknoll: Orbis.
Silva Gotay, Samuel. (^{2}1983). *El pensamiento cristiano revolucionario en América Latina y el Caribe*. Rio Piedras: Cordillera, Ediciones Sígueme.
Sollers, Philippe. (1968). *L'écriture et l'expérience des limites*. Paris: Editions du Seuil.
Sommer, Doris. (1992). "Resistant Texts and Incompetent Readers", en: *Latin American Literary Review*. 20, 40: 104-108.
---. (1993). "Resisting the Heat: Menchú, Morrison, and Incompetent Readers", en: Kaplan, Amy/Pease, Donald E. (eds.). *Cultures of the United States Imperialism*. Durham: Duke University Press, pp. 407-432.
Spivak, Gayatri Chakravorty. (1993). *Outside in the Teaching Machine*. New York/ London: Routledge.
Stoll, David. (1999). *Rigoberta Menchú and the story of all poor Guatemalans*. Boulder: Westview Press.

White, Steven. (1986). *Culture and Politics in Nicaragua: Testimonies of and Writers*. New York: Lumen Books.

Williams, Gareth. (1993). "Translation and Mourning: The Cultural Challenge of Latin American Testimonial Autobiography", en: *Latin American Literary Review*. 21, 41: 79-99.

Yúdice, George. (1988). "Mariginality and the Ethics of Survival", en: Ross, Andrew. (ed.). *Universal Abandon? The Politics of Postmodernism*. Minneapolis: University of Minnesota Press, pp. 214-36.

---. (1991). "*Testimonio* and Postmodernism", en: *Latin American Perspectives*. 18, 3: 15-31.

---. (1992). "Testimonio y concientización", en: *Revista de crítica literaria latinoamericana*. 36: 207-27.

---. (1996). "Testimonio y Postmodernism", in: Gugelberger, Georg. (ed.). *The Real Thing: Testimonial Discourse and Latin America*. Durham: Duke University Press, pp. 42-57.

Ileana Rodríguez

Ohio State University

MONTAÑAS CON AROMA DE MUJER: REFLEXIONES POSTINSURGENTES SOBRE EL FEMINISMO REVOLUCIONARIO

En diciembre del año 1995, Las Dignas, un organismo no gubernamental dirigido por dos mujeres, una catalana, Clara Murguialday, y otra mexicana, Norma Vázquez, reunió un grupo de nosotras, mujeres que habíamos participado en el sueño de la construcción de una sociedad mejor. Ahí estaban en primer término las comandantes guerrilleras salvadoreñas, tantas que parecía mentira encontrar ese número de mujeres en posiciones de liderazgo. Estaban también las mujeres nicaragüenses que habían dirigido importantes instituciones revolucionarias, como el Departamento de Agitación y Propaganda, la Policía Sandinista. Las indígenas guatemaltecas hicieron acto de presencia en una mujer muy ponderada, educada en Europa que todavía vestía las ropas de sus antepasados. Algunas de las guerrilleras caminaban todavía al ritmo del peso de una mochila inconsútil. Otras hablaban en voz baja, con la misma discreción y sigilo que lo harían durante la clandestinidad. Otras más se expresaban en el tono elegíaco de las arengas. Pero cualquiera que fueran los estilos, todas nos reconocíamos en los todavía vigentes códigos de la simpatía, solidaridad, y dedicación a los movimientos insurgentes. Y aunque ya todas éramos críticas con las organizaciones partidistas insurgentes, todavía guardábamos el apego y la fidelidad a "la causa".

La agenda de dicha reunión era ambigua. Nos habían convocado a hablar, a reflexionar, pero no nos habían dicho sobre qué. Al parecer, las coordinadoras querían que inventáramos algo, o simplemente dejar al grupo de mujeres hablar por la libre a ver qué resultaba. Siendo esto así, cada quien habló lo que quiso. El texto de dicha convocatoria sólo recoge parte de lo ocurrido, y deja en el aire ese sentido de lo nuevo que se expresa al principio como desorientación (*vid.* Murguialday 1996). Lo escrito puede entonces leerse en ese texto citado a pie de página, pero el aroma más penetrante que guardo de ese encuentro es el sentido liminar. Algo había sido puntuado, pero algo estaba emergiendo. La inteligencia no podía ser desmovilizada. Al finalizar el encuentro, pregunté a las organizadoras a qué se debía ese sentido de doble agenda que se respiraba en el aire y ellas me confesaron que querían ver si las mujeres iban a hablar del placer en o de la revolución pero en vez, para su sorpresa, sólo hablaron del dolor, de la rabia, de una sexualidad machacada. Pensaban que podían hablar sobre el perdón, la tolerancia, la reconciliación y al parecer únicamente hablaban del rencor.

Estos dos temas de reflexión, dolor y no placer, revancha y no reconciliación quedaron impresos en mí no sólo porque ese momento era precisamente el de la reconciliación, sino también porque para protegerse contra la melancolía, la nostalgia, el cinismo, era preciso justamente recordar no sólo el dolor de la subordinación a que nos sometió el partido revolucionario en nombre de la revolución, sino más que eso, el placer de haber estado ahí, en ese frente de lucha donde las mujeres marcamos el momento de nuestra entrada en las agendas estatales, lucha de la cual saldríamos inmensamente enriquecidas. Y vía el placer de esa riqueza, una vez en posesión de criterios, una vez más encontraríamos el camino de la esperanza. Si pudiéramos reconstruir la atmósfera de esa reunión podríamos una vez más testimoniar el crecimiento que habíamos experimentado, el peso de nuestras opiniones, la certeza de nuestros recuerdos, la sobriedad en el juicio. Pero por encima de todo recordar la tolerancia para con nuestras diferencias e, incluso, la benevolencia conque tratábamos a las mujeres del grupo de Chiapas a quienes veíamos recorrer el mismo camino nuestro del sacrificio a costa de comprar con él su crecimiento como mujeres en lucha.

El hombre nuevo y la mujer vieja

En ese foro yo presenté un trabajo breve sobre Ernesto Guevara. El Che Guevara había sido una presencia simbólica en mi adolescencia. Y aunque nunca lo conocí en persona, dos de mis amigas cercanas fueron amigas de verdad de él. Su retrato competía con el de James Dean, ambos en sendos afiches pegados a la pared en mi dormitorio. Rebeldes con y sin causa, esos dos hombres representaban el carácter contestatario que marcó nuestra generación. Con el correr de los años, el Che vino no sólo a representar "el hombre nuevo", sino a darle la vuelta al mismo y hacernos ver, yo argumentaba en esa ocasión, que su representación era más bien la del andrógino.

Empezaba por evocar que "La Montaña" era, además de un espacio físico, un lugar mental; que, para los guerrilleros, "La Montaña" representaba la patria, la nación, es decir un lugar la, femenino, o un lugar lo, neutro. "La Montaña" es siempre "algo más que" la montaña. Para nosotras "La Montaña", en cambio, representaba un lugar masculino, el sitio de la insurgencia guerrillera, lugar donde los HOMBRES ENGENDRAN "la patria". Con afán deconstruccionista, en este imaginario guerrillero masculino geográfico, podíamos ya advertir la presencia de lo andrógino en un hombre que, como mujer, engendra, y en un lugar femenino que se contextualiza como masculino.

Esa era la breve introducción al género. Mas, en cuanto al género entendido como masculino, nos encontramos con la pujante idea de "El HOMBRE nuevo". En su libro *La guerra de guerrillas* (1989), Ernesto Che Guevara habla de ese sujeto "guerrillero" que los guerrilleros y su literatura van a recoger como ejemplo del HOMBRE nuevo. Esta "nueva" idea de "HOMBRE", como guerrillero, es un sujeto supuestamente "diferente". Guerrillero es quien entiende y abandera. Son "HOMBRES que comprenden" como el Che. Para definir al guerrillero, el Che lo compara primero al "anacoreta", "asceta", "místico", "sacerdote", "jesuita", "ángel" —esto es a los padres de la iglesia. Los atributos del guerrillero son el "autocontrol", la "rigidez", la "austeridad", la "intransigencia" —esto es la represión personal de corte militar o protestante. Su comportamiento ha de ser "solapado", "nocturno", "alevoso", "sorpresivo", esto es, propio para la insurgencia y la guerra (Guevara 1989: 34). Estas definiciones constituyen la autoridad, una en el terreno moral y las otras dos en el terreno emocional, y las tres en el terreno de la guerra.

Más, desde el principio, en las definiciones del Che se hace notoria una distancia entre "el guerrillero", y las masas-pueblo-tropa-base/(nosotro[A]s). Cuando el Che dice que el guerrillero es "un HOMBRE que *hace suya* el ansia de liberación del pueblo [...]" (*ibíd*.: 67) se da en ese "hacer suya" una posible apropiación de lo que no es de él. La idea del guerrillero como "ángel tutelar *caído* sobre la zona para *ayudar* al pobre", y la del "*abanderado de la causa del pueblo*", (todos los subrayados míos) (*ibíd*.: 68) contienen ese mismo carácter de diferenciación, distinción, separación. En este sentido, el guerrillero no es el pueblo. Los guerrilleros

> [...] no son HOMBRES que tengan la espalda curvada día a día sobre el surco; son HOMBRES que comprenden la necesidad de los cambios en cuanto al trato social de los campesinos pero no han sufrido, en su mayoría, las amarguras de ese trato (*ibíd*.: 69).

Cuál es el lugar social del guerrillero queda como espacio en blanco en su escritura. Su escritura sólo marca su lugar como intelectual y como dirigente.

Frente a este "hombre nuevo" nos encontramos la paradoja de "la mujer vieja". En el semi-estado gobernado por los revolucionarios, en las áreas liberadas de "La Montaña", existen hospitales y escuelas junto/entre los comandos militares de una organización todavía estrictamente militar. Y en aquellas estructuras que luego pasarán a ser las redes de la vida civil, las mujeres ya ocupan sus puestos viejos. La mujer, antes el ángel del hogar, es ahora "reposo del guerrero" (*vid*. Gioconda Belli 1994). La palabra guerrero junto a la palabra reposo evocan en el espacio de "La Montaña", la ausencia de las mujeres reales —o su subordinación—, y la presencia de la MUJER como imagen monumental, "La Montaña"... En la montaña las mujeres también estamos pero no somos. En esa geografía física, las mujeres son relegadas a la esfera de los servicios, y en lo mental esa relegación se re-ideologiza en frases como "es natural que las mujeres se ocupen de cocinar para la tropa". Eso ya lo había dictado el Che y lo reiteraron muchos, si no todos, los comandantes guerrilleros. Cuando a las mujeres se les permite brevemente la entrada en el escenario del heroísmo, se minimiza su participación —son cuerpos que acarrean armas. Los explosivos cerca de sus partes pudendas, el armamento colocado en la zona del bajo vientre y vaginal (el mismo lugar donde le disparó el ejército al Che), es sólo un método expedito porque ella es inconspicua, invisible, menos sujeta a la agresión. Su entrada en las economías heroicas demarca, entonces, claramente, una separación entre ellas, cargadas de balas bajo la falda y el Yo/Che del estratega militar que escribe el libro y cuya autor(idad) reproduce ideologías anti-feministas. Las narrativas de autoridad guerrillera del Che son en este sentido para las mujeres como aquéllas otras de su diario lo eran para los campesinos, narrativas autoritarias de la tradición, ideas viejas.

Esta manera de pensar interfiere la dinámica presente/futuro de los comportamientos revolucionarios y acarrea grandes consecuencias para la representación de la mujer dentro del cuerpo de la ley. Conocidas son las dificultades de esta representación dentro de las legislaciones revolucionarias. La exclusión de las mujeres de "La Montaña" es fuente de legalidad, una legalidad que no asume a la mujer dentro del colectivo, que no le concede espacio dentro de la acción formadora de ese colectivo y no le adjudica tampoco por tanto representación dentro del corpus legal "nuevo". Al no acceder al "terreno de la guerra", al prohibírsele su presencia en ese "algo más que" y en ese "más allá de", la mujer queda vedada del acceso al poder (fuente de ley) que emana de la distinción (léase hombradía) en ese terreno vedado. La constitución de la nueva subjetividad, basada en la dinámica de la transformación-auto-transformación, léase la creación del "HOMBRE nuevo" se forja en el terreno de la guerra, en la Montaña, pero también en la veda y exclusión de la mujer, y en la violación, como rechazo de la patria de la tiranía y construcción de la patria de la democracia. Era desde luego imperativo, no es cierto, elaborar el lugar del sujeto femenino pues ellas inciden en el proceso democrático en su aspecto más visible que es el del voto popular. En el momento del voto (cuando lo hay), o en el momento de la expresión abierta (cuando se permite), lo que emerge es la voz de estos subalternos desconocidos como elemento de sorpresa. El error surge como una ofuscación, un cambio de percepción de la mirada. Perder, enfoca. ¿No es extraño que una organización que nace vinculada a las masas y que dice representarlas pueda llevarse tales sorpresas? Como dice Ramírez (1991: 147) se aplicaron

> [...] esquemas de convocatoria popular que ya no funcionaban, estilos de autoridad que habían envejecido, o nunca fueron correctos, sobre todo en las áreas rurales cometidas a la guerra; improvisaciones, arrogancia, pérdida de la percepción de elementos sustanciales de la realidad política.

La homosocialidad como algo rarísimo — queer

Para este entonces, el argumento más atrevido que se podía hacer sobre la figura del Che (y con él la de los guerrilleros devenidos gobernantes estatales) era sugerir que "EL HOMBRE NUEVO", era escrito como andrógino. Eso significaba tocar a fondo las relaciones heterosexuales hegemónicas. Sin embargo, el pie me lo daba una definición del Che de Fidel Castro quien lo describía como

> [...] HOMBRE rarísimo en cuanto fue capaz de conjugar en su personalidad no sólo las características de HOMBRE de acción sino también las de HOMBRE de pensa-

miento, de HOMBRE de inmaculadas virtudes revolucionarias y de extraordinaria sensibilidad humana, unidas a un carácter de hierro, a una voluntad de acero, a una tenacidad indomable (Castro 1989: 12).

Eso rarísimo, otro, ajeno a la masculinidad, que se advierte en el señalamiento de Fidel de la personalidad del Che, es algo que el HOMBRE admira en el HOMBRE (quizás una feminidad) pero que le resulta una extrañeza (¿la de la conciencia de su propia homosocialidad?), tanto extrañeza en el que la posee como en el que la observa. Lo "rarísimo" hay que postularlo como asombro ante cualidades que no son usualmente masculinas pero que le son atractivas a lo masculino. "Rarísimo" es sitio de lo singular, espacio donde el Yo puede, quizás, ser Nosotros, o separarse completamente de él. ¿Dónde, en qué lugar reside lo "rarísimo" de la personalidad del Che, HOMBRE que va a venir a constituirse en modelo de esa aspiración a la hombradía de los guerrilleros latinoamericanos?

Según Fidel Castro, en una conjugación de elementos que no se dan juntos en la formación masculina —acción y pensamiento; sensibilidad y carácter de hierro. Es como si el Che fuese varios HOMBRES a la vez, cuatro al menos, uno de acción y otro de pensamiento, uno revolucionario y otro sensible. Según Raúl Roa, el irresistible atractivo del Che se encuentra en la combinación de talante seco [...] además sereno, mirada inquisitiva, pensamiento afilado, palabra reposada, sensorio vibrante, risa clara y como una irradiación de sueños magnos nimbándole la figura (*vid*. Guevara 1989: 20). O sea, en un contraste, en la combinatoria de aspectos dispares, e.g., inquisitivo y reposado, seco y vibrante, afilado y sereno. Pero lo que a mí me llama más la atención es una especie de canonización, una especie de masculinidad aurática que los HOMBRES ven en él, y en la cual depositan y resguardan en confianza la figura del héroe revolucionario romántico, portaestandarte de la aureola. Lo extraordinario de ese ser nuevo del HOMBRE guerrillero lo tiene en el halo que envuelve su figura.

En Guevara, estos dos líderes pensadores encuentran los dones (entre los cuales cabe, no hay que olvidar, el de la sensibilidad y la ternura, atributos generalmente femeninos), necesarios para el ejercicio del liderazgo y del poder, caracterización de ellos mismos o que ellos mismos precisan de los HOMBRES que se precien de ser HOMBRES. Por eso, en la descripción de

> [...] cómo aspiramos que sean *nuestros* combatientes revolucionarios, *nuestros* militantes, *nuestros* HOMBRES (subrayados míos), debemos decir sin vacilación de ninguna índole: ¡Que sean como el Che! (Castro 1989: 16).

Desde una posición de poder, el Che es enunciado y consagrado institucionalmente como la aspiración del ser del HOMBRE revolucionario, y como la constitución de aquel ser por excelencia que, siendo utópicamente de las masas, será de la nueva nación revolucionaria; y que, siendo ésta, realizará la convergencia del yo individual con el nosotros del pueblo. Pregunto: del pueblo como masculino/femenino? La función del Che en las narrativas e iconografías revolucionarias ha sido la del santo laico encarnando algo que no es de este mundo, las virtudes excepcionales de los constructores de sueños. Quisiera creer que al formular esta imagen como ejemplar, quizás como una oculta e inconsciente convergencia de lo masculino y lo femenino, el andrógino era la propuesta necesaria para la formación de una sociedad nueva que incluyera todos los géneros.

Mujer: signo que identifica la falla en el concepto de clase

Ahora cabe retomar el tema de la mujer en la época post. ¿Qué sucede cuando entendemos Mujer como un concepto estructurador de las relaciones sociales y como tal reconocemos su capacidad de generar significados y valores? Mujer es así uno de los elementos básicos en la construcción del espacio cultural que media entre agentes y estructuras en espacios tan diferenciados como son las revoluciones populares de inclinación socialista y las sociedades capitalistas de corte liberal. En un artículo titulado "Conservadurismo y disensión: el sujeto social (mujer/pueblo/etnia) en las narrativas revolucionarias" (*vid.* Rodríguez 1996), que publiqué en la *Revista Iberoamericana* establecía cuatro tensiones en la constitución del sujeto revolucionario popular. A continuación expongo cada una de ellas en detalle.

Tensión # 1: Yo-(nosotros) (¿quiénes?) de las subjetividades "nuevas", "revolucionarias", y viejas Románticas

La constitución de la subjetividad "nueva" de los revolucionarios, se instala en el texto de los revolucionarios como diferencia entre dos tipos de masculinidad, una conservadora (liberal) y la otra radical —el hombre nuevo. El punto de comparación es la subjetividad producida por el Romanticismo, un yo individualista (liberal). En su libro sobre el Romanticismo, Susan Kirkpatrick (1989) describe el dominio donde operan los parámetros de esta formación de la ontología masculina-burguesa-individualista. Basándonos en su estudio, podemos argumentar que el individualismo burgués es a la vez el punto de despegue y convergencia para ese yo del "hombre nuevo" que proponía el Che, ya que los atributos de lo nuevo se parecen mucho a los aspectos de la formación de aquélla subjetividad romántica liberal que se quiere trascender. Dónde se separan y dónde convergen estas dos ontologías es lo que hay que averiguar, pues aquí estamos frente a una disyuntiva que funde lo político (el deseo de representar al colectivo), con lo personal (el deseo de autorrepresentarse), esto es, el momento de la trascendencia del individualismo que quiere disolver el yo en el nosotros, borrar el trazo, como diría Derrida, de lo conservador en lo radical.

En las narrativas revolucionarias, por ejemplo en los textos de Tomás Borge (1989), de Omar Cabezas (1982), en los del Che Guevara (1968, 1989), se nota la tensión entre cómo hablar en nombre propio y, a la vez, en el nombre del colectivo; o, cómo hablar en el nombre del colectivo (como partido político, por ejemplo en los discursos de Fidel Castro) y cómo hablar en nombre de la sociedad, de la nación, del pueblo. En todos estos escritos, la permanencia de lo "psíquico", o la fuerte marca individual que impide alcanzar la mismidad entre él y el colectivo, entre ese yo y el grupo social más amplio, sea éste la clase, la Organización, el Frente, el Partido, las masas, el pueblo, la tropa, las bases.

Para marcar la "diferencia" entre lo conservador y lo radical, habría sido más provechoso explicar en qué radicaba la "diferencia" como otredad, como lugar de lo femenino y de lo étnico, de lo subyugado, y quizás eso pretendían cuando hacían análisis de clase y mencionaban los sectores sociales en nombre de los cuales, ellos, la vanguardia, el partido, iban a gobernar. Diferencia era ser burgués o proletario. Para el Che el "hombre nuevo" era una opción por los proletarios. En su lucha contra el capitalismo, este nuevo hombre era todo resistencia, serenidad, aguante, amor, es decir, aquellas virtudes que le permitían luchar como clase. Pero todos estos atributos eran ya del dominio del yo romántico burgués (*vid.* Eagleton 1982). En mi libro (1996) sobre mujeres, guerrillas, y amor, he argumentado que todos estos ejemplos estaban predicados dentro de los marcos inertes de las epistemologías conservadoras, la principal de las cuales era la patrística. De todos los revolucionarios, sólo Sergio Ramírez (1989, 1991) se dio cuenta del vacío del concepto "campesino" cuando al final del período revolucionario describe al "hombrecito" campesino, imagen a la cual contrapone la suya propia dirigente y se interroga, seriamente, cuál sería esa ontología campesina que, sorpresivamente se da cuenta, desconoce. Eran dos mundos radicalmente opuestos, dos imaginarios sociales paralelos. Ramírez (1989, 1991) manifiesta su zozobra ante el reconocimiento del desconocimiento que el Partido y él mismo en particular como intelectual, tienen del "hombrecito", del sujeto campesino. Por eso las epistemologías feministas argumentan que la construcción de esa subjetividad "nueva", tenía como prerrequisito el examen de la lógica de la construcción de la mismidad, de la neutralidad y de la diferencia, tensión dos que veremos abajo.

Para borrar la diferencia entre el yo y el nosotros, había que entender lo otro (como subyugado) desde dentro. En su libro sobre insurgencias campesinas, Ranajit Guha (1983) propone una serie de categorías esenciales, entre ellas, una de las más significativas es la de negación. Negación no sólo es entender que la conciencia del subalterno se construye como y desde el no, sino también como método, en su recomendación de leer a contrapelo. Porque es en la negatividad donde ocurren los sincretismos y las conflagraciones. Había, por tanto, primero que negar para después afirmar. Había que negar la categoría "mujer" e inventar la de "género". Para poner un ejemplo, mostrando las limitaciones de las determinaciones bio-sexuales, Teresa de Lauretis intenta una definición pidiendo dos préstamos, uno a Foucault y el otro a Althusser. Del primero toma la noción de efecto y del segundo la de ideología. Género es así "el conjunto de efectos producidos en los cuerpos, comportamientos, y relaciones sociales" (de Lauretis 1987: 35-36); o, "las relaciones imaginarias de los individuos con las relaciones reales de su existencia" (*ibíd.*).

Katharine MacKinnon (1987), por su parte, propone que para conocer eso desconocido, hay que hacer entrar las epistemologías maestras en el *domus* y domesticarlas, poner en escena la voz argumentativa del logos femenino negado, en el cual el sujeto femenino de la interlocución argumenta repitiendo las mismas premisas al revés y haciendo de la tautología y la redundancia, visibilizaciones y comparecencias. En la lógica del absurdo o en la reducción al absurdo de la lógica de las certezas masculinas respecto a lo otro femenino subyugado, se encuentra lo otro femenino subyugado. Por ejemplo, la proposición de que en la mujer no se niega la diferencia biológica sino que se niega la diferencia como biológica. MacKinnon (1987: 22) afirma que:

> Si el género es una categoría social, el género es lo que sea que él signifique socialmente. Todas las mujeres serán o no afectadas de manera particular por esta realidad de género, la totalidad de lo cual comprende el significado de género como categoría social [...] demostrar que una observación o experiencia no es lo mismo para todas las mujeres sólo prueba que no es biológica, no que no es de género. De manera similar, decir que no todas las mujeres experimentan lo mismo [...] sólo sugiere que el estatus de la mujer no es biológico.

Persiguiendo el mismo objetivo, al referirse a ambos, Lyotard y su metadiscurso, Alice Jardine (1985) dice que él lo define como "un discurso 'funcional-de-verdad' —esto es, como un discurso que se autoriza así mismo a decir lo que dice como verdad". Y cuando de Lauretis (1987: 6) se pregunta: Si el género existe en la "realidad", si existe en "las relaciones reales que gobiernan la existencia de los individuos", pero no en la filosofía o la teoría política, ¿qué es lo que el último de hecho representa si no "las relaciones imaginarias de los individuos a las relaciones reales en las que viven?"

Estas tres incursiones del feminismo en las lógicas maestras y su estrategia de domesticación, se encuentran ellas mismas ante el absurdo. Las lógicas maestras tales como las del romanticismo burgués y la patrística incluyen dentro de estos absurdos la construcción de la diferencia como vacío. La Mujer no existe. No es nada[1]. Los revolucionarios llenan este vacío (nada) con otras narrativas maestras. Entonces si la definición de Mujer, de etnia, es una ausencia, un sinsentido, ¿cómo, entonces, estructurar a partir de ellas el colectivo?

En un intento por entender la constitución del sujeto popular como gaucho, Josefina Ludmer (1988) muestra las "diferencias", del gaucho como diferencia. Ella deconstruye el sujeto "gaucho" dentro de la gauchesca y muestra el lugar del gaucho en la construcción letrada como el lugar de lo subyugado. Su desvelamiento de la figura del gaucho en la sintaxis letrada y su reproducción en el corpus de las letras argentinas, echa luz sobre el gaucho como sujeto de opresión y muestra cómo la cultura letrada ejerce su poder sobre este colectivo gaucho al apropiárselo como sujeto en la

---

[1] Para la elucidación de este asunto, *vid.* Rodríguez (por publicarse a fines del 2000). *Narrativas canónicas masculinas. Lecturas transculturales.*

escritura. La escritura escinde al gaucho literario del gaucho como sujeto social y, por ende, al gaucho como sujeto social del escritor como sujeto social en la construcción de la patria. Ludmer desvela al gaucho como un momento continuado de la representación de las masas-pueblo-del colectivo tan buscado, de lo subyugado construido en el ejercicio del poder como grafía. De la misma manera que el sujeto femenino se hace visible lógicamente en la escritura feminista, el gaucho como femenino emerge en esta escritura sobre la patria. En la lógica escrituraria se hace visible el vacío de la construcción letrada. En las epistemes y métodos feministas, además de los vacíos de las lógicas maestras, emerge, en la lógica del oprimido, el oprimido.

Estos ejemplos me sirven para argumentar, con y como ellas, a contrapelo. Me sirven para afirmar que el sujeto sexuado universal, en este caso el "hombre nuevo", no es el sujeto neutro de la representación y la comunicación de todo el colectivo, sino un sujeto masculino individual —Che y los otros comandantes guerrilleros. La lógica de la diferencia practica la construcción del sujeto "de la diferencia" (mujer/sujeto popular) como diferencia. Lo que la diferencia engendra es un sujeto femenino/ popular y los problemas que tal sujeto sexual y popular produce como sujeto del habla. Pero también demuestra que este sujeto de la diferencia resulta más inclusive y abarcador, es decir, el camino más corto entre yo y ese nosotros buscado por esas democracias populares representativas.

La inserción de lo femenino en el espacio de lo masculino como diferencia, tiende hacia el espacio del poder doméstico. Las mujeres escogen el espacio de la familia (la casa) para argumentar su propia negación dentro del espacio estatal patrio. En la casa, que es el dominio de la familia, está el Padre/Poder, en el estado la Patriarquía/ Tiranía. Ambos, casa/estado, son sitios de lucha y resistencia. En el texto de Gioconda Belli (1994), esta lucha la reproduce la inclusión de la resistencia indígena como resistencia de género; en el de Gloria Guardia (1977), el de la mujer/varón emancipada; en el de Yolanda Oreamuno (1984), el del hombre/mujer y la mujer/hombre (*vid*. también Randall 1980, 1984; Alegría/Flakoll 1983; Ramírez 1989). En las tres, esta resistencia denodada se inscribe en un espacio disidente. En los símbolos del árbol, la india, la madre, la semilla, el germen, se localiza la idea de la mujer una vez más como naturaleza, pero en estos símbolos, la mujer se auto-constituye en perpetuo diálogo textual/sexual con los hombres, realizando así un circuito inverso al del hombre que sólo dialoga con los hombres. En estos diálogos de valencias opuestas (en el que lo femenino quiere negociar; lo masculino, excluir —y si forzado, sectorializar), podrían predicarse encuentros, el principio de la cópula individual/colectivo, empezando en el ámbito de pareja.

La presencia femenina en la escritura revolucionaria femenina mater(ializa), hace suya la realidad material, imagina y recrea la materia para reconstruirla y transformarla. La tensión tiranía/patriarquía es uno de los objetos favoritos de tal representación en la literatura de mujeres. Aparentemente las mujeres proponen una distensión del sistema patriarcal, mostrar en sus textos el lugar del nosotros subyugado. La mujer no puede glosar el colectivo puesto que ese es su propio lugar. La idea de la colectividad como pueblo y hasta como organización, viene a ser asumida a fin de crear su propia definición de ser, aun sí, como en el caso del Romanticismo que apunta Kirkpatrick en Larra y los Románticos españoles, en ellas es también un proyecto de clase.

En el debate contra la idea de que la función de la mujer en la pareja es servicio o violación (visión revolucionaria de la pareja), las mujeres entran en diálogo con las estructuras del patriarcado. En las analogías entre oligarca/padre/marido y pueblo/hijos/mujer, se reproducen las fuerzas y las hegemonías estatales a fin de confrontarlas. En la escritura femenina, la mujer combate el patriarcado déspota, absoluto, modelo y episteme del poder masculino (tiranía), que ahoga todo intento de formación del nosotros, incluso en la instancia más pequeña e individual que es la pareja. Las narrativas femeninas revolucionarias son narrativas en las que la pareja patriarcal es disfuncional.

El yo femenino representado en y por el texto revolucionario femenino, es el de la mujer/escritora en proceso (en el sentido legal que Kristeva (1985) da al término: juicio y prueba) de auto-construcción y sus efectos colaterales. El yo masculino representado en el texto "revolucionario" masculino es el de la reproducción del ego masculino y, por ende, el de su separación del colectivo. En la contraposición hombre/mujer como oposición hombre/mujer se encuentran las primeras tensiones. Ese es, según Lacan (1977: 160), el caso de la metáfora que condensa:

> *Verdichtung*, o "condensación", es la estructura de la superimposición de los significados, que la metáfora toma como su campo, y cuyo nombre, condensando en sí misma la palabra *dichtung*, muestra cómo el mecanismo es connatural con la poesía.

Tensión # 2: Las condensaciones lacanianas de mismidad, alteridad, neutralidad

En esta condensación vendrá a radicar la segunda tensión, la de la mismidad como alteridad y como neutralidad. La constitución del yo como nosotros en base a la mismidad (entre yo y el otro del nosotros), y a la neutralidad [en el yo-(nosotros)] de la supuesta incorporación de lo femenino/popular), condensó una y la misma idea en tres palabras diferentes. Lo mismo vino a ser el mismo yo masculino, hombre, en el sentido genérico del término, sexualidad en la clase, sectorialidad sexualizada. Esto es, la prolongación de lo "universal" de la cultura como logos y falocéntrico. En esta mismidad pervive el conservadurismo que alimenta la disidencia.

Esta tensión, la de la idea de la conflagración yo-(nosotros) como mismidad, como neutralización de la "diferencia", (masculino/femenino), o como condensación, metáfora de la alteridad (cuando digo hombres significa hombres y mujeres), sitúa al sujeto "nuevo" en el mismo lugar del sujeto viejo y le permite ejercer, desde la misma posición de sujeto anterior, la autoridad y el poder (tiranía/patriarquía) de la misma manera que lo ejercía el sujeto viejo y sobre lo mismo subyugado anterior (lo femenino/popular/étnico). Lo subyugado, sin embargo, continúa existiendo como huella, como vacío de representación, como subjetividad desconocida y reprimida. Se aplica aquí entonces lo que Foucault dice sobre la posición del sujeto como asignada:

El sujeto de la afirmación no debe ser visto como idéntico al autor de la formulación. No es [...] la causa, origen, o punto de partida del fenómeno de la articulación de la oración escrita o hablada [...] no es la arena constante, inamovible de una serie de operaciones [...]. Es un lugar determinado y vacante que puede ser ocupado por individuos diferentes (Foucault 1972: 95-96).

Ampliando esta observación Spivak señala agendas desconocidas en el desconocimiento de esta propuesta:

La particularidad de este espacio-"yo" es un signo. Puede por ejemplo significar una proveniencia sociopolítica, sico-sexual, institucional-disciplinaria o económico-étnica. De aquí que Foucault use la palabra "asignada": "la posición del sujeto puede ser asignada" (Spivak 1988: 243).

O sea que entre el yo (sujeto del individualismo romántico burgués-liberal) y el nosotros (sujeto del colectivo revolucionario-radical) debería haber una fractura, una discontinuidad y, potencialmente, un conflicto insalvable. Pero en vez de eso hay una solidaridad entre afines. Hay un objeto de deseo de hombradía homosocial, un narcicismo masculino. La epistemología revolucionaria se aboca a construir el puente como suplemento, como addenda, pero el puente lo constituye entre el hombre viejo y el hombre nuevo. Para salir de ese desiderátum, los revolucionarios propusieron la escritura de narrativas sectoriales, narrativas exclusivas para mujeres, para campesinos, para etnias.

Pero las discontinuidades que tienden a suplir las narrativas sectoriales son similares a las que Freud establece entre consciente e inconsciente, o a las postulaciones del cuerpo de Kristeva como "la emergencia de lo semiótico en lo simbólico" (Kristeva 1985: 217). De ahí el análogo del sujeto femenino/popular/étnico con el inconsciente y con el pueblo, con lo subyugado, de lo cual resulta la segunda exclusión u otra manera de ver la misma exclusión, la exclusión de la mujer (sujeto popular subyugado), que no pueden "copiar" las epistemes de la diferencia planteadas como la formación del "hombre nuevo". Porque esta diferencia no es la misma "diferencia" de la que hablan las epistemologías feministas y que veremos después, sino diferencias masculinas entre seres masculinos, conservador y radical, esto es mismidades, no diferencias.

El sujeto femenino/popular/étnico (lo subyugado), tampoco puede inscribirse en esta mismidad y esta neutralidad porque eso equivale a valorarse con criterios masculinos de poder. Al respecto, MacKinnon dice:

Nuestro alegato no es la diferencia de género sino *la diferencia que significa el género, el sentido social impuesto sobre nuestros cuerpos* [...]. La igualdad es una equivalencia, no una distinción, y el sexo es una distinción. El mandato legal de trato igual —que es tanto una norma sistémica y una doctrina legal específica, viene a ser asunto de tratar igual a los iguales y desigual, a los desiguales; y los sexos son definidos por sus desigualdades mutuas. Dicho de otra manera, el género es socialmente construido como epistemológicamente diferente; la ley de la discriminación sexual ata la igualdad de género a la diferencia doctrinaria [...] [un] concepto de igualdad, que presupone mismidad, y este concepto de sexo, que presupone diferencia (MacKinnon 1987: 23-24).

Dentro de esta lógica hegemónica, la escritura revolucionaria femenina textualiza la búsqueda de ese ser "otro" que, organizado por otras grafías, introduce la necesidad de lo que de Lauretis llama el estudio de códigos pre-establecidos, cuyos signos ordenados producen significados patrón. Es en este sentido que la literatura escrita por mujeres tiene una intersubjetividad fluida, en la que se inmiscuyen y colapsan, se intercodifican, también, como dice Jameson "los sujetos narrativos, fictivos y biográficos", y en los que, como en su análisis de *La vielle fille*, una inversión de deseo o fantasía "disuelve lo biográfico en lo utópico" (Jameson 1981: 169), pero lo utópico entendido como la denodada búsqueda de esa otra episteme, de zonas de empoderamiento dentro de las áreas demolidas en los paisajes territoriales.

Tensión # 3: La feminización de las epistemologías "revolucionarias"

La tercera gran tensión es la de la feminización (reprimida) de las epistemologías revolucionarias, o sea, la verdadera revolución respecto a las epistemes románticas y el real tránsito entre unas y otras. Este lugar se escribe como disidencia del mismo como sujeto masculino/femenino colectivo.

En la idea del tránsito del yo al nosotros encontramos una sorpresa, una zozobra, algo "rarísimo". Para mí ésa es la feminización de las epistemes revolucionarias. Feminización en su metáfora esencia de la Montaña como sincretismos de lo masculino/femenino; en la formación del campamento guerrillero como *domus*, casa y domesticidad del hombre con el hombre; en la construcción del líder como "stabat mater"; en la conspicua representación de lo subyugado como mujer y masa; en la sensibilización del agente masculino en la Montaña; y en la fundamental adhesión al Mater(ialismo) y la dialéctica que es, en lo esencial, respeto al principio de oposición. Este tránsito podría postularse como desplazamiento. Según Lacan (1977: 160):

> *Verschiebung*, "desplazamiento", el término alemán es más cercano a la idea de virar la significación que vemos en la metonimia, y la cual, desde su aparición en Freud, se representa como el medio más apropiado usado por el inconsciente para engañar la censura.

Tensión # 4: Tiranía/Patriarquía: Pueblo-Masa-Tropa-Base: Lo subyugado

Dentro de este sistema de signos pre-establecidos, y la interferencia en ellos de lo femenino, quiero prestar especial atención a lo que creo que constituye el signo esencial del error, o la mayor tensión sumergida de las escrituras revolucionarias, esto es, las de copiar el conjunto de metáforas cuyos vehículos de tirano-tiranía/padre y esposo-(patriarquía) —lugares nominales de lo masculino y de lo individual; y los tenores pueblo, hijo y esposa —lugares nominales de lo "otro" como lo femenino y lo colectivo— colocan a éstos últimos en los lugares de lo subyugado y, por tanto, del cambio y, sobre todo, del radicalismo de lo "nuevo".

Las escrituras revolucionarias, al parecer, no se movieron de la primera a la segunda posición sino que emitieron desde las primeras posiciones institucionales de un sujeto ya hegemonizado. Y en este caso fueron escrituras alegóricas de las narrativas maestras. En el caso del Che, lo revolucionario como patrística. O sea que no sólo no ejercieron el criterio radical sobre lo pre-codificado por la literatura anterior conservadora y "burguesa", sino que tampoco prestaron especial atención a las cuestiones de otro género, pues era en el lugar de lo femenino uno de los lugares desde donde se podía localizar la acción revolucionaria radical.

La construcción de lo "nuevo" colectivo "revolucionario" es, desde el punto de vista epistemológico, esencialmente oximorónica. La paradoja radica, por un lado, en postular lo "nuevo", primero, como atributo masculino (dictaduras de la burguesía o del proletariado) y, por ende, a asumir la igualdad entre desiguales: yo/pueblo, nosotros partido/masas populares. En esto "nuevo", la mujer no es compañera sino "ribera de su río"/"reposo del guerrero", esto es, doméstica. Esto significa la instancia femenina de asumir acríticamente el paradigma de subjetividad de género femenino que el Romanticismo edificó para la mujer. Asumiendo que femenino y popular constituyen parentescos, al negar a la mujer el atributo de compañera, se glosa a la vez el del pueblo como sujeto subyugado. Así las analogías tiranía/patriarquía —como lo no democrático— y las de patria y potestad masculinas quedan reinstituidas. La serie niños, mujeres, ancianos y lisiados de guerra, frase hecha que se reitera en los panfletos revolucionarios, casi siempre precedido por el adjetivo posesivo "nuestros", como sujetos de la enunciación de lo que hay que proteger en las escrituras políticas revolucionarias, sólo deja al margen la categoría central de hombre, y de hombre en edades entre la niñez y la ancianidad.

Viene aquí bien traer a colación la polémica feminista sobre género como diferencia. Teresa de Lauretis (1987:1-2) considera que la noción de "género, como diferencia sexual [...] ha devenido ahora una limitación" porque constriñe

> [...] el pensamiento crítico feminista al marco conceptual de una oposición sexual [...] hace muy difícil, sino imposible, articular las diferencias de las mujeres de la Mujer [...] las diferencias entre las mujeres [...] las diferencias dentro de las mujeres (*ibíd*.).

Y un segundo límite, dice, es el de reconcentrar "el potencial epistemológico del pensamiento feminista dentro de las paredes de la casa del amo" (*ibíd*.: 2).

Esta inquietud sobre la relación género/diferencia/sexualidad, o entre Mujer "como objeto y condición de la representación", y las mujeres "seres históricos sujetos a "relaciones reales", es formulada por Alice Jardine como "'de mujer' o 'lo femenino' ambos metáfora de la lectura y topografía de la escritura para enfrentar el colapso de la metáfora paterna" (Jardine 1985: 34).

La problematización del significado "mujer" como lo doméstico, inclusión de la mujer en la biología, y en el "proceso que rompe las estructuras simbólicas de Occidente" (Jardine 1985: 42), vino a instalarse dentro de las epistemologías revolucionarias como disidencia. Mujer es sólo aquello que permite la "contemplación" masculina —"ribera de su río", "reposo del guerrero". Así aparece por lo menos en el pensamiento testimonial.

Hemos repetido hasta el cansancio cómo la concepción de sujeto, como revolucionario, se constituía como una diferencia con relación a la constitución del sujeto burgués y cómo esta diferencia presumía la identidad del yo y el nosotros, su simbiosis en una dialéctica de la igualdad. Más también apuntábamos cómo la transacción entre esos dos sujetos separaba líder de pueblo (lugar de lo femenino) y asumía una identidad/igualdad basada en esa distinción. En cuanto a las mujeres, el concepto de colectivo era excluyente. Fue en la prosa política, en trabajos *apartheid* dedicados exclusivamente a la mujer, que se empezó a constituir el sujeto de género como neutralidad.

En la escritura revolucionaria, en general, se asume la posición de sujeto masculino como paradigma de los dos (condensación metafórica lacaniana), el hombre y la mujer. Habíamos dicho también que en el tránsito entre ese yo individual y ese nosotros colectivo (masa-pueblo) la agencia era de amor, pero que el amor transformador, la ternura, fue concebido ya como *tendresse* hom(m)o-sexual —relación hombre-hombre en el partido— o como intransigencia disciplinaria (tiranía/patriarquía). Este es el caso del concepto "hombre nuevo" en Cabezas (1982). Desde una y otra orilla encontrábamos que los conceptos excluían de las topografías de las narrativas revolucionarias a las mujeres "reales", y que lo femenino, como representación de la Mujer, "aquello" que permitía la "contemplación" masculina, experimentaba un tratamiento confuso, una simbiosis en la Montaña, como sitio de producción patriótica y metáfora de relación erótica. No obstante, la confusión de todas las relaciones filiales primarias en un mismo sitio y con un mismo referente, que podían considerarse como principio de cambio, rendían sólo dividendos masculinos.

La escritura revolucionaria nace tensionada y eventualmente tiene que desarmar las epistemes de la diferencia sexual edificadas por el Romanticismo (tarea que pretenden las epistemologías feministas) y desestabilizar, por fuerza, cuestiones hermenéuticas referentes a la "mismidad", "neutralidad" o "diferencia" del sujeto revolucionario "nuevo" en cuestiones de género.

Katharine MacKinnon ha demostrado que la "neutralidad" de género es una redundancia. El lugar de la mujer dentro de la legalidad, dice ella, no puede constituirse como sub-categoría de la episteme de la neutralidad genérica, pues el modelo de neutro es masculino. En el tratamiento de la "igualdad" ante la ley,

> [...] dos sendas alternas emergen para la igualdad de la mujer [...] ser lo mismo que los hombres [...] determinada doctrinariamente como neutralidad genérica y estándar único filosóficamente [...] [Y] ser diferente a los hombres [...] determinada como la regla legal de los beneficios especiales o regla de la protección especial [...]. Bajo el estándar de la mismidad, las mujeres son medidas de acuerdo a nuestra correspon-

dencia con el hombre [...]. Bajo los estándares de la diferencia, somos medidas de acuerdo a la falta de correspondencia con él. La neutralidad de género es simplemente el estándar masculino [...]: la masculinidad, o lo masculino es el referente de ambas. Aproximar la discriminación sexual de esta manera —como si las cuestiones sexuales son cuestiones de la diferencia y las cuestiones de igualdad son cuestiones de la mismidad— proporciona dos maneras para que la ley sujete a las mujeres a los estándares masculinos y les llame igualdad sexual (MacKinnon 1987: 33-34).

La mismidad (igualdad) como neutralidad, y la diferencia como reproducción del género como biología, vienen también a interferir la dinámica presente/futuro de esta literatura y acarrea grandes consecuencias para la representación de la mujer dentro del cuerpo de la ley. Conocidas son las dificultades de esta representación dentro de las legislaciones revolucionarias.

Desde el punto de vista de la escritura misma, la metáfora de la escritura como acción constitutiva de un sujeto heroico, viene a formularse como una narrativa a la vez distópica (transformar el conservadurismo presente) y utópica (proyectar la nueva sociedad hacia el futuro radical, i.e., el estado revolucionario). Dentro de esta hermenéutica fundamentalmente proyeccionista y de transformación y autotransformación, era imperativo elaborar el lugar del sujeto femenino/popular, ya que la escritura política tenía como propósito principal negar esa realidad en la cual las mujeres (pueblo) estaban subyugadas, de la cual el texto era su efecto.

Mas la erótica revolucionaria, predicada como una trascendencia sexual (el ascetismo nominal del Che), o como un hom(m)o-sexualismo, dejó que la literatura política mostrara dónde coinciden (mismidad) y dónde se separan (diferencia), lo erótico y lo patriótico en el sujeto revolucionario. Al fusionar lo biográfico (el lugar que autoriza la expresión de lo erótico entendido como sexualidad heterosexual y, consecuentemente, espacio de la mujer) y lo político (lugar donde se permite la expresión de la relación emotiva, entendida como sensibilidad hombre-hombre, la relación (filial) de compañero a compañero y, por tanto, hom(m)o-sexual) priorizó lo último.

En conclusión, las narrativas revolucionarias no constituyen un "nuevo" sujeto de género sexual, sino sólo reproducen el ya inventado por la sensibilidad romántica. La imagen cambia a nivel nominal: de "ángel del hogar" a "reposo del guerrero". El cambio de nombres no esconde las semejanzas ni oculta las diferencias. El signo guerrero, junto al de reposo, evocan un espacio general, el del terreno de la guerra (Montaña), del cual está excluida la mujer "real" e incluida su imagen —metáfora de lectura y topografía de escritura, como dice Jardine. En mi lectura del testimonio del Comandante Francisco Rivera hice un listado de las instancias en que la mujer y el hogar son escritos dentro del texto guerrillero y en cuántas ellas mismas están presentes en la Montaña, y singularizaba la textualización de una sola mujer como sujeto guerrillero, en la cual la valentía (léase hombradía) y el cuerpo femenino se unían en una misma mujer en la sangre derramada por las armas y la sangre derramada por el cuerpo en la menstruación. Desde el punto de vista feminista, la escritura revolucionaria es doblemente conservadora. Primero porque se postula como acto de dislocación y desterritorialización y, segundo, porque disloca y escinde el colectivo. La escritura revolucionaria es, así, la escritura de la ilusoria o imaginaria disolución de lo biográfico en lo colectivo, o sea, de la patriarquía en la democracia.

Quiero sugerir que la mortandad femenina y/o la presencia de la mujer como cuerpo muerto, es la metáfora substitutiva del punto u opción cero de y para la mujer representada, tanto en las literaturas escritas por revolucionarios y en la literatura revolucionaria escrita por mujeres. Y si la erotización masculina y la parcial realización del deseo romántico masculino en el heroísmo que ansía la ternura femenina para su reposo (descarga) son constitutivos de una literatura de formación nacional burguesa, como Kirkpatrick argumenta, la continua privatización de la mujer y su desvinculación con la lucha, y/o la muerte en escena y la muerte escenificada en la representación literaria, responden a momentos de deformación (nacional), en los que la ilegalidad del estatus de la diferencia de género, es metáfora y topos de la deslegitimación del "nuevo" estado revolucionario constituido. Si Sommer tiene razón, y la erotización del texto y el uso del amor como argumento atractivo es condición de la literatura de la formación de los estados nacionales, mi argumento es que la deserotización del texto o la violación y el estupor como edificación textual/sexual, corresponde a la deformación de la nación o a la supuesta fundación de la "república revolucionaria" en el rapto, como demuestra Stephanie Jed (1989) para la república romana.

El deseo del guerrillero y su realización por el revolucionario como agente textual, se va deslizando hacia la representación de los cuerpos muertos: Lavinia en Belli, las mujeres de Oliverio Castañeda en Ramírez; Madame Bovary en Borges; la india y la esposa en Yolanda Oreamuno; la amada en Gloria Guardia; la amiga en Carmen Naranjo; las masas en Alegría/Flakoll. La letra escrita se trasmuta, así, en el más clásico de los casos, en heurística, en hermenéutica del alegato jurídico, en un revisionismo histórico y alegato sufragista, o en la re-escriturización irónica del amor burgués, para no mencionar el de las que ironizan la propia acción revolucionaria, apropiándose la metáfora de cambio como guerrilla e incorporándola al ser interior, como es el caso de *Mis guerrillas interiores* en Carmen Naranjo, que pide prestada la metáfora a Guayasamín, junto con su expresión de que "la revolución es excitación". El sujeto femenino constituido por esas literaturas es, pues, desde la mira feminista, objeto de y para un apalabrador legal —juez y parte en el mejor/peor de los casos—, una escriba que reinterpreta, o de un lector ingenuo que ironiza el amor romántico del realismo francés o de uno educado que reproduce, en Centroamérica, la polémica Brecht-Lukács.

La ternura como lugar de la erótica (y la erótica como "simbiosis" y encuentro de la "igualdad" de género —supuesta), y el descanso y reposo del hogar (del guerrillero varón), se va deslizando hacia lo más temido por el hombre: la desnaturalización de la episteme del hogar; el abandono del hogar, el salirse del sitio para ocupar otro lugar. El lenguaje utilizado para esta deserotización es el de la contestación —de ahí la forma de alegato, la desobediencia y la oposición, la argumentación, la disidencia. Esto es, el de las formas retóricas del discurso legal y el del desentrañamiento o domesticación de la lógica de su construcción.

En concreto, mi argumento es que las escrituras revolucionarias, los testimonios, al hablar por el colectivo hablan como y en nombre de la Organización. Es decir habla el sujeto en su posición institucional, como autoridad. La pregunta es si los colectivos partidistas son representantes de ese colectivo masa-pueblo-tropa-base en nombre del cual hablan. En las cuatro tensiones que señalo, es claro cómo la identidad entre el "yo-(nosotros)" del escritor y el del "yo-(nosotros)" sujeto social, es posible sólo en la escritura (en las narrativas de la revolución como ficción de la revolución), cuando el revolucionario mismo escribe su autobiografía personal como testimonio grupal. En este sentido la escritura revolucionaria pone en evidencia las asimetrías de su discurso.

Bibliografía

Obras

Arias, Arturo. (1998). *Jaguar en llamas*. Guatemala: Ministerio de Cultura y Deportes.
Belli, Gioconda. (1994). *The Inhabited Woman*. Connecticut: Curbston Press.
Borge, Tomás. (1989). *La paciente impaciencia*. Managua: Editorial Vanguardia.
Cabezas, Omar. (1982). *La montaña es algo más que una inmensa estepa verde*. México: Siglo XXI.
Castro, Fidel. (1989). "¡Hasta la victoria siempre!", en: Che Guevara, Ernesto. *La guerra de guerrillas*. La Habana: Ciencias Sociales.
Guardia, Gloria. (1977). *El último juego*. San José: EDUCA.
Guevara, Ernesto Che. (1989). *La guerra de guerrillas*. La Habana: Ciencias Sociales.
---. (1968). *El diario del Che en Bolivia*. La Habana: Instituto del Libro.
Naranjo, Carmen. (1974). *Diario de una multitud*. San José: EDUCA.
Oreamuno, Yolanda. (1984). *La ruta de su evasión*. San José: EDUCA.
Ramírez, Sergio. (1989). *La marca del Zorro. Hazañas del Comandante Francisco Rivera Quintero contadas a Sergio Ramírez*. Managua: Editorial Nueva Nicaragua.
---. (1989a). *Castigo Divino*. Managua: Editorial Nueva Nicaragua.
---. (1991). *Confesión de Amor*. Managua: Ediciones Nicarao.

Crítica

Alegría, Claribel/Flakoll, Darwin J. (1983). *They Won't Take Me Alive: Salvadorean Woman in Struggle for National Liberation*. London: The Women's Press.
Eagleton, Terry. (1982). *The Rape of Clarissa*. Minneapolis: University of Minnesota Press.
Foucault, Michel. (1972). *The Archaeology of Knowledge and the discourse on Language*. New York: Tavistock.

Guha, Ranajit. (1983). *Elementary Aspects of Peasant Insurgency in Colonial India*. Delhi: Oxford University Press.
Jameson, Fredric. (1981). *The Political Unconscious: Narrative as a Socially Symbolic Act*. Ithaca: Cornell University Press.
Jardine, Alice. (1985). *Gynesis: Configurations of Woman and Modernity*. Ithaca, London: Cornell University Press.
Jed, Stephanie. (1989). *Chaste Thinking: The Rape of Lucretia and the Birth of Humanism*. Bloomington, Indianapolis: Indiana University Press.
Kirkpatrick, Susan. (1989). *Las Románticas: Women Writers and Objectivity in Spain, 1835-1850*. Berkeley, Los Angeles, London: University of California Press.
Kristeva, Julia. (1985). "The speaking Subject", in: Blonsky, Marshall. (ed.). *On Signs*. Baltimore: The Johns Hopkins University Press, pp. 210-220.
Lacan, Jacques. (1977). *Ecrits. A Selection*. New York: W. W. Norton & Company.
Lauretis, Teresa de. (1987). *Technologies of Gender: Essays on Theory, Film and Fiction*. Bloomington, Indianapolis: Indiana University Press.
Ludmer, Josefina. (1988). *El género gauchesco: Un tratado sobre la Patria*. Buenos Aires: Sudamericana.
MacKinnon, Katharine. (1987). *Feminism Unmodified. Discourses on Life and Law*. Cambridge: Harvard University Press.
Murguialday, Clara. (1996). *Montañas con recuerdos de mujer. Una mirada feminista a la participación de las mujeres en los conflictos armados en Centroamérica y Chiapas. Memorial del Foro Regional San Salvador. Diciembre 1995*. San Salvador: Las Dignas.
Randall, Margaret. (1980). *Todas estamos despiertas: Testimonios de la mujer nicaragüense de hoy*. México: Siglo XXI.
---. (1984). *...y también digo mujer. Testimonios de la mujer nicaragüense hoy*. Santo Domingo: Populares Feministas.
Rodríguez, Ileana. (1996). *Women, Guerrillas, and Love: Understanding War in Central America*. Minneapolis: University of Minnesota Press.
---. (1996a). "Conservadurismo y disensión: El sujeto social (mujer/pueblo/etnia) en las narrativas revolucionarias", en: *Revista Iberoamericana. Crítica Cultural y teoría literaria latinoamericanas*. 176-177: 767-780.
---. *Narrativas canónicas masculinas. Lecturas transculturales*. Barcelona: Anthropos. (En prensa).
Sommer, Doris. (1991). *Foundational Fiction: the National Romances of Latin America*. Berkeley: University of California Press.
Spivak, Gayatri. (1988). *In Other Worlds. Essays in Cultural Politics*. London /New York: Routledge.

Sylvia Molloy

New York University

THE THEATRICS OF READING: BODY AND BOOK IN VICTORIA OCAMPO*

> I experienced everything through the transmuted substance of my body [...] I had no other thing to offer under the species of linked words, under the bread and wine of the spirit we call literature. That, in sum, could well be the epigraph of every one of my texts [...] The more I strayed from it, childishly heeding who knows what convention of the hateful "*I*", the weaker my writing was —flabby, without substance.
>
> (Victoria Ocampo, *Autobiografía*)

Books, many books are mentioned throughout Victoria Ocampo's texts. If autobiographies are wont to highlight the privileged encounter with the written word as a symbolic beginning for their life stories, an acknowledgment of the very tools for self-definition, this highlighting usually occurs, emblematically, close to the beginning of their narrative. In the case of Victoria Ocampo, however, there is no such clearcut inception of the readerly into the life story; not one, not two, but many encounters with books are described in her text. The significant gesture is tirelessly repeated: one scene of reading brings on another, book follows upon book and discovery upon discovery, so that we are left with many beginnings; so many, in fact, that they blur into a dizzying continuum in which the bare gesture —reading— perpetuates itself as the self-sustaining motion of one, consistent autobiographical act[1].

I have already referred to Ocampo's initial version of the scene of reading, recorded amongst her earliest childhood recollections. Under the entry "Book" she writes: "I carry a book that has been read aloud to me and pretend I am reading it. I remember

---

* This article has been already published in Molloy (1991: 55-75). The article is reprinted in this volume without any typographical changes.

1 The autobiographical nature of the entire works of Victoria Ocampo is patent. My study will focus on the posthumously published *Autobiografía* comprising six volumes (*vid.* bibliography). Subsequent references to these editions appear in the text. I shall also discuss a good number of Ocampo's first-person chronicles and essays collected in ten volumes under the general title of *Testimonios*.

the story perfectly, I know it is behind those letters I cannot understand" (*Autobiografía* I: 81). I wish to dwell on the precise phrasing of this recollection for it contains many elements specific to Ocampo's scene of reading. Much like Sarmiento, she favors the Hamlet-like posture — the young reader with a book in hand. Yet in Ocampo's recollection of the scene the theatricals of the pose are stressed. She sees herself performing: *carrying* the book (as an actor would carry a prop onstage) and *pretending* to read. Distance is emphasized in the scene but so is familiarity: the child carries a book full of letters to which she has no access, but it is a book with whose contents she is quite familiar since it has been read to her many times[2].

It may be argued that this parading with a book in hand is no more meaningful than any other example of childhood make-believe: as one might "play doctor", one "plays book". For that matter, Ocampo is not unique amongst autobiographers in playing this game: Sartre, to give one memorable example, recalls a similar imposture in *Les Mots*[3]. As a point of reference, the latter text proves useful to evaluate Ocampo's experience. Sartre's childhood mimicry has a precise model at its source: the child's maternal grandfather is a writer, has a library full of books and, when taking a book from a shelf, follows a set pattern of trivial gestures on which the child spies avidly. The first time the boy pretends to read from a book, he performs a "ceremony of appropriation": he opens the book "to the right page" as he has seen his grandfather do fully expecting a revelation which, to his dismay, does not occur (*vid*. Sartre 1964: 44). Moreover, for Sartre, books are a permanent and gender-affiliated presence: on the one hand, there are the serious "cultural objects" revered by his grandfather; on the other, the frivolous "colifichets" that fuel the erotic imagination of his grandmother and his mother.

Ocampo's posturing with the book in hand, while clearly imitative, differs from that of Sartre in that she has no clear reader, in her immediate entourage, either "seriously" male or "frivolously" female, on whom to model her own reading. No one adult in her childhood is associated with books in any exemplary way nor does reading appear to play a prominent part in family tradition beyond the conventional reading practiced by the well-to-do:

---

2   Another version of this first scene of reading may be found in "De la cartilla al libro" in *Testimonios* (1963: 137):

> Before learning [the alphabet], I so loved stories, and books because they had stories in them, that, according to my mother, I would settle down to read, with an open book in my hands, repeating a story that I knew by heart and turning the pages at the right moment.

3   [I] pretended to read. My eyes followed the black signs without skipping a single one, and I told myself a story out loud, being careful to utter all the syllables (Sartre 1964: 48).

Despite the fact that, like Virginia Woolf's Orlando, I had 'best owed my credulity' on writers from childhood, I had the misfortune of barely knowing professional writers or people who were interested in books (*Autobiografía* II: 71).

When the parents' library is described, books are made to appear as ornaments, objects appealing more than anything to the senses (*Autobiografía* I: 94). The adults who read to her, hardly identified, do not seem to have any special connection to books beyond storytelling. A blurry French governess, Mademoiselle Guerin, is credited with teaching her the alphabet; *showing* may be a better term, since the learning process itself (French is Ocampo's first reading language) is presented as an undirected, spontaneous event; "I learn the alphabet I don't know how [...] I learn French I don't know how" (*Autobigrafía* I: 83). A favorite great-aunt, Vitola, is also mentioned as reading to the child in Spanish but little more is said.

It is obvious that we are not faced here with a situation such as, again, that of the young Sarmiento, born to parents of rudimentary culture, who taught himself to read and took pride in his status as an autodidact. The family into which Ocampo was born, in 1890, was both socially prominent and wealthy. Together with her five younger sisters, she received at home the privileged if restricted education of the upper-middle-class-training in languages and music, plus a smattering of general knowledge that conspicuously excluded Argentine literature, history and current events. Despite this limited formation, Ocampo is far from being culturally deprived. Yet it is clear, from the numerous passages throughout her autobiographical texts that echo that first recollection of the child posturing as reader, that books take on for Ocampo an importance well beyond the one her milieu is willing to assign to them. They are not marks of conventional culture nor are they means to achieve the formal education to which, as a woman, she has no right: "'If she had been a boy she would have taken up a career,' my father would say of me, probably with sadness" (*Autobiografía* II: 16)[4]. It is not surprising then that, like Sarmiento, Ocampo (*Testimonios* 1957) referred to herself as an autodidact: she had to teach herself new ways of reading and of relating to a canon to which, because of her gender, she had limited access. The inordinate intensity with which Ocampo successively fills out the first version of her scene of reading, giving life to the childhood posturing and turning that posture into an expression of self, be-

---

[4] The second volume of the autobiography, *El imperio insular*, presents an incisive critique of the education of Argentine women in the late nineteenth century. To back it, Ocampo includes the letters she wrote to her friend Delfina Bunge in adolescence:

> I wanted to stress how much I suffered, how much I was mentally tortured, early on in my adolescence, by the situation of women. That suffering was not without cause. I was wasting my time, I was hopelessly wasting my time. And those lost years are impossible to recover later on (I mean in discipline, in seriousness towards study) (*Autobiografía* II: 143).

trays a relation with books that goes well beyond —and even goes against— the tame and ideologically limited cultural landscape in which she was raised.

Ocampo has written extensively about her voracious childhood reading and I shall not go into it in detail here[5]. Although her appetite for books is constant, the reading itself follows different patterns. In early childhood there are the books one is read to from; later on the "classics", read in the classroom and eliciting a prescribed response; finally, there are the books that one reads for oneself, those that Ocampo appropriates more directly and turns into vehicles of self-expression: "Books, books were a new world in which blessed freedom reigned. I lived the life of books and had to account to no one for that life. It was my thing. [*Era cosa mía*]" (*Autobiografía* I: 177).

Like Proust's scene of reading to which Ocampo refers often, this private reading is a solitary ritual observing specific rules. However, reading does not escape contamination with the outside world and even seems to encourage it. If French and English books are devoured inside the house, the reading experience also incorporates the specifically Argentine surroundings, so that, in memory, the two live combined, in a constant interplay of the exotic and the familiar: the Brontës' Yorkshire moors will "forever smell of the Argentine summer and echo with the amorous duets of *hornero* birds and the resonant presence of cicadas" (*Testimonios* 1963: 143), while "The Fall of the House of Usher" will always be associated with the mooing of cows and the bleating of sheep (*Testimonios* 1935). This very elementary contamination between what Ocampo will later set up as complementary and often interchangeable categories, *lo vivido* and *lo leído*, carries over into other domains. As *lo vivido* seeps into the book so at other times does *lo leído* parry the onslaught of direct experience and even replaces that experience. When Ocampo reads *David Copperfield* she has already lost her great-grandfather; yet it is Dickens' description of Steerforth's body on the beach, at the end of the novel —"I saw him lying with his head upon his arm, as I had often seen him lie at school"— that gives her her first *real* contact with death and with personal loss:

> [I] wept also for myself. I wept for the childhood I knew was leaving me since I had already begun to look back on it; and I wept for the childhood that did not completely let go of me, that in vain resisted triumphant adolescence, as Steerforth's familiar posture, with its appearance of life, in vain resisted death (*Autobiografía* I: 179-180).

From adolescence on, Ocampo will read most major events of her life through books. This is not to say that hers is a primarily bookish existence, lived in seclusion, nor that, because of books, to transpose the phrase Borges wrote of himself, "life and death are lacking from [her] life". Books do not do her living for her but they are, in a way, the space in which her life is enhanced and can be lived more fully than anywhere else.

---

5   In addition to her autobiography, specific references to childhood reading may be found in "Ordenar el caos" (*Testimonios* 1975: 58-67), a review article on Graham Greene's autobiography and in "La influencia de la lectura sobre nuestra infancia" (*Testimonios* 1975).

Referring to the modelling function of readings done early in life, Ocampo highlights empathy and identification. The theatrical terms she uses provide a helpful clue to the self-representational potential she attributes to books:

> All imaginative and highly sensitive children are fascinated by certain heroes and tell themselves stories in which they play an important role in relation to their hero —they are pursued, loved, betrayed, saved, humiliated or glorified by him, Late, once that stage is left behind, they usually act out in life those scenes so often rehearsed in childhood. When the magnificent or terrible moment finally arrives, the reply comes naturally, on cue. Impossible to change it, impossible to get it wrong [...] There have been too many rehearsals. It is no longer possible to choose another, it was never possible to choose another reply. Each being carries within himself, the same scene, the same drama, from the moment he awakens to consciousness till the end of his days, and he plays out that scene, that drama, no matter what events or what characters come his way, until he finds his own plot and his own character. He may never find them. But that does not stop him from playing out his scene, bestowing on the events and characters least likely to fit his play the shape of the events and character that are his own. He was born to play but one scene and one drama, and cannot help repeating them as long as he lives (*Testimonios* 1941: 115-116).

Reading is a vital performance, but a performance that continuously seeks new settings. "From my adolescence onwards", writes Ocampo, "I was dissatisfied with the books I was given. I began to read all those I could lay my hands on" (*Testimonios* 1971: 100)[6]. One of the first examples of this new, unfettered manner of reading that remains in her memory for its modelling impact is Rostand's *L'Aiglon,* a text that she hears and sees before actually reading it, much as she had heard the book she carried around as a child. At age fifteen, she sees a performance of *L'Aiglon* with Marguerite Moreno (who would later give her acting lessons) in the title role, and recognizes herself wholeheartedly in the young hero. The fact that the role of the Duke of Reichstadt was usually played by a woman —Sarah Bernhardt, in one of her most famous performances, and now Marguerite Moreno— must have had, one suspects, some part in this spontaneous reaction. However, there was more that bonded Ocampo to the protagonist:

> I immediately recognized myself in the hero. Why? The whole thing seemed preposterous. The plight of Napoleon's son was not my own. However, that sick boy (his ravaging consumption seemed to me then an enviable illness) was as much a prisoner at Schoenbrunn as I was in the house on Florida and Viamonte. He was a *pas-prisonnier-mais*. He could not go out riding without "the sweet honor of an invisible escort". His mail was censored. He was allowed to read only those books that had been chosen for him. Someone lent him books clandestinely:

---

6   Subsequent references to this piece appear in the text.

> Le soir, dans ma chambre, je lisais, j'étais ivre.
> Et puis, quand j'avais lu, pour cacher le délit
> le lançais le volume au haut du ciel de lit.

My bed had no canopy but it did have a mattress and under that mattress I hid my private library (*Testimonios* 1971: 100)[7].

Ocampo not only reads herself into a character but into a character *who reads*: like Hamlet, Napoleon's son is a prince with a book in his hand. However, unlike Hamlet, who reads with impunity, the young Duke's unsupervised reading, his only means of liberation, is an offense in the eyes of his guards. It is in this illegality, assumed defiantly as a liberating act, that Ocampo recognizes the mark of her own reading.

The theatrical nature of the experience is to be noted. Rostand's text is discovered not on the printed page but on a stage —through voice and representation, through active posturing. What Ocampo "reads" (and what she reads herself into) is, in sum, a performance: an actress playing the role of a character who rejects the role others would impose on him and turns reading into rebellion. If reading is performance, this particular reading of *L'Aiglon* is the performance of a performance. And it is also, of course, a translation; a passage not only from text to life, or from French theatrical convention to Argentine everyday experience, but from one gender to the representation of the other: the young Ocampo identifies herself with a boy but also with a woman playing the role of a boy.

The presence of the theatrical in Ocampo's scene of reading, from the posturing with the book as a child, through the dazzled recognition of self in *L'Aiglon,* to the unceasing search for her "own plot and [her] own character", reveals Ocampo's obsessive preoccupation with self-representation, a preoccupation that informs all of her work and reflects a gender-related cultural predicament. But this presence of the theatrical should also be seen quite literally, as the expression of a vocation —"I was born to *act*. I have theatre in my blood" (Letter to Delfina Bunge, 3 August 1908, quoted in Meyer 1979: 31)— that was thwarted early on, leaving its diffuse trace in her life and in her writing. Ocampo's life story casts her early on as a misfit, constantly at odds with the real-life roles society had to offer, roles that did not include, needless to say, that of actress or writer. Instead of public acting, for example, she is allowed recitation in private: a pale and insufficient substitute, it is allowed, even encouraged, as a decorous manifestation of talent. That Ocampo wished to go beyond those private spectacles and devote her life to acting, that she strived to achieve her goal by coaching with a reputed professional, that, when faced with strong parental opposition, she did not assert herself, appears in her autobiographical writing as one of her more poignant defeats; a defeat that occasional and very successful public per-

---

7 For an almost identical version of this discovery, *vid.* Ocampo (*Autobiografía* II: 62-63).

formances in later years, as the *récitante* in Honegger's *Le Roi David* and in Stravinsky's *Persiphone,* doubtless rendered more unpalatable[8].

Literature was not an easy career, even for men, at the turn of the century. The caricatures of the uncomprehending, self-assured bourgeois that pepper the texts of Spanish American *modernismo,* the discomfort shown by that bourgeois himself when he became a writer, as did the members of the Argentine generation of 1880, are proof of the unease with which society looked on the institutionalization of literature and on the professional status claimed by writers. For women wishing to write, the issue, foreseeably, was infinitely more thorny[9]. An adolescent, Ocampo complains vehemently to her friend and confidante of those years, Delfina Bunge:

> *Man of letters* is a word that is taken pejoratively in our midst. "He is a man of letters" (or what is worse, *"she* is a woman of letters") means a good-for-nothing [...] (Unless he's a professor and has a chair: they respect that kind of title.) If it's a woman, she is a hopeless *bas-bleu,* a *poseuse,* she borders on perversion or, in the best of cases, she is a badly put together Miss Know-It-All. Conversely, the word *landowner [estanciero]* has prestige. As in the fable, it means *veau, vache, cochon, couvée* (*Autobiografía* II: 104).

For women, the dividing line between the permissible and the perverse, in areas pertaining to literature on theatre, clearly reproduces the separation between public and private. Theatrical performances are limited to domestic interiors —safe places where, precisely, one does not make a spectacle of oneself. The same applies to literary performances— reading and writing —albeit in a more complex way. Reading from a censored list is permitted, even encouraged but the censorship itself is arbitrary. Many books were on the family index but others, unaccountably, escaped it: *Anna Karenina,*

---

8   In these performances, Ocampo notes rapturously, "I expressed myself fully, entirely. I *communicated*" (*Autobiografía* IV: 103). Of her concession to the wishes of her parents, she writes to Ortega y Gasset:

> I have sacrificed to my parents convictions I should have sacrificed to no one. Given my character, the sacrifice should have been not to sacrifice myself but to sacrifice them. That is, to sacrifice the false view they had of things (in MY opinion) even if it made them suffer. But I was a coward out of love. It's a fault I still have and I don't know that I'll ever be rid of it (Letter to Ortega, cited in *Autobiografía* II: 175).

9   In those years, the attitude of Argentine 'society' towards a woman writer was not particularly indulgent [...] [Writing] was considered scandalous, as much as driving a car in the streets of Buenos Aires. For the latter I was showered with insults. And what passers-by shouted at me when they saw me go by at the wheel of my car, others thought when they read my articles (*Autobiografía* III: 105).

for example, and also Shakespeare and Dante because, "although all sorts of things happened there, they eluded censorship because of the rhyme, as operas did on account of the music" (*Autobiografía* II: 62). An autobiographical footnote, tucked away in an essay by Ocampo on Virginia Woolf, is expressive of her parents' shortsightedness. The father used to show early Max Linder films at home:

> [I]f there were love scenes accompanied by kissing, my mother [...] planted herself before the projector, intercepting the image. We protested but she would not budge. As she couldn't guess how long the amorous outbursts lasted (these were silent movies and in covering the image she covered the subtitles), her shadow remained longer than necessary on the screen, just in case, and made us lose the gist of the story (Ocampo 1944: 44-45).

For all its comicality, the passage is significant. The mother's purpose is clearly to censor all intimations of sexuality, in their graphic, physical representation. But in so doing she also obscures the words (those silent movie subtitles the viewer *reads* as if he were hearing them being *said*) and deletes the meaning of the story .The intercepting gesture inadvertently merges body and reading, the two main components of Ocampo's autobiographical writing.

As with the plays staged in private, Ocampo's first publication was very much an *entre nous* affair. Two of her poems, in French, were published anonymously in 1908; the Buenos Aires newspaper in which they appeared merely identified her as a young woman from a distinguished family. In no manner, however, was writing or even interest in literature to be personalized and made public, to be *signed*. In 1910, during an extended stay of the Ocampo family in Paris, the parents allowed their eldest daughter to audit courses at the Sorbonne and, as was fashionable, attend lectures at the Collège de France. Ocampo heard Bergson, Faguet, and was particularly taken by Hauvette's course on Dante. Also during that stay, arrangements were made for Ocampo to sit for different artists then in fashion, amongst them Troubetzkoy and Helleu. One of the artists, Dagnan Bouveret, struck by her love of books and by the passion with which she quoted from the *Commedia,* decided to place a small head of Dante on the table on which she leaned while posing. Ocampo wryly recounts the consequences of his idea:

> [My parents] tactfully told him that his new ornament was not suitable for a nineteen-year-old girl and that it might seem pretentious or would be interpreted as a ridiculous show of *basbleuisme*. Dagnan answered that my love of Dante seemed to him to justify fully "the ornament" but that he was ready to erase it and replace it by some pansies or a laurel sprig in a vase. So he did. Thus we were separated, Dante and I, in effigy, and the vegetable kingdom occupied his place but could not (in my memory) "briser son absence". So much could it not shatter it that my first article, in *La Nación,* was a commentary of the *Commedia*. It was published ten years later —that is, after ten years of navigating against wind and tide (*Autobiografía* II: 151).

If Ocampo did not become an actress she did become a writer, "against wind and tide" as she so enjoyed saying, against the Argentine literary establishment and against the better judgment of the social group to which she belonged. The displacement of one vocation by another doubtless affected her writing and her general demeanor within a field she would always perceive as not entirely her own. Despite the importance she would achieve in literary circles, both at home and abroad, despite the fact that she founded and for many years directed *Sur,* one of the most influential literary journals in Latin America, despite her self-assured stance when she advocated women's rights and founded the Argentine Women's Union in 1936 with two other women, María Rosa Oliver and Susana Larguia[10], when Ocampo speaks of herself as a writer there is always malaise, a reluctance to accept herself fully in that role. As is well known, such self-disparagement is not uncommon in women writers of the nineteenth (even the twentieth) century (*vid.* Gilbert/Gubar 1979: 45-92). In Ocampo's case, the deprecating gesture may also echo, unconsciously, the very class prejudice she believed she was battling —contempt for the professional writer and devaluation of "paid" work. But the gesture is further compounded by the fact that Ocampo the actress is always behind Ocampo the writer, or rather, that the writer is an actress in disguise, living out a *rôle manqué.* The text she reads will always be a partition waiting to be performed, a quiescent word in search of expression, a *chose possible,* as she notes much later, quoting Valéry: "the poem is an abstraction, a text that awaits, a law that has no life but in the human voice [...]" (*Testimonios* 1971: 195)[11]. So is the self perceived as a *chose possible,* another word —"I"— in search of its script. If the theatre cannot provide a suitable scene for the encounter of the two, then literature —writing as a performance of reading— will have to suffice.

Ocampo's living and writing her life through books and through authors has been routinely interpreted as a desire to identify with the male models offered by a patriarchal society[12]. While this interpretation is *in part* true it suffers from oversimplification

---

10   A detailed, personal account of the political struggle for women's rights in that period may be found in the second volume of Oliver's autobiography (1969: 350-355).

11   Ocampo quotes from Valéry (1966: 1255).

12   Thus for example Doris Meyer (1979: 27) writes:

> [...] Victoria had identified her adolescent heroes. Not surprisingly, they were all characters in her favorite books, and all of them were men. [...] [F]emale roles were singularly uninspiring at the turn of the century. Both in life and literature, the Victorian age fostered the notion that a woman should be chaste and long-suffering [...].

The statement implies a view of identification that is strictly mimetic and coeval: it does not allow for the possibility of anachronism in the process of *literary* identification.

and needs to be qualified on several levels. In relation to the literary *characters* with whom Ocampo bonds through her reading, such an interpretation falls short. For example, it ignores the young Ocampo's reading of self in *Corinne* and her sympathy for Madame de Staël, often mentioned in the second volume of her autobiography[13]. Furthermore, that interpretation —living through books as a way of identifying with male models— sidetracks the most interesting and intricate bonding of them all, that of Ocampo with Dante's Francesca.

Describing her first encounter with the *Commedia*, at age sixteen, Ocampo recalls the drastic nature of her reaction to "some passages from the *Inferno*":

> The impression made on me by that reading is only comparable to what I experienced as a very young child when, in the sea for the first time, I was swept off my feet and rolled over in the sand by a magnificently impetuous wave. In all of my being I received the baptism of those *parole di colore oscuro,* as the poet himself so fittingly writes, and I emerged from that immersion staggering, my lips wet with bitter salt (Ocampo 1928: 27).

Two years later, in a letter to Delfina Bunge in which she speaks of her attraction for the man she will eventually marry (with disastrous consequences), she begins by quoting from Canto V and adds: "These verses sing in my mind like a catchy tune" (*Autobiografía* II: 97). In spite of its adolescent pretentiousness (the eighteen-year-old Ocampo is courting literary approval from an older, budding *femme de lettres*)[14] the letter illustrates the process that Ocampo's subsequent writing will tirelessly repeat. *Lo*

---

13   Meyer (1979) does not mention Madame de Staël in her biography of Ocampo. Yet Ocampo writes to Delfina Bunge in 1906:

> Mme Necker de Saussure was right to observe in a footnote: '*in writing, she wished to express what she carried within her far more than to achieve a work of art*'. More than ever have I had the familiar feeling of living what I was reading. I was *Corinne*. Her fate was mine (*Autobiografía* II: 166).

Later in the same volume, Ocampo again resorts to Madame de Staël "because I find her so useful to determine my own position" (*ibid.*: 179).
Drieu la Rochelle (1964: 208), a friend and sometime lover of Ocampo, compares her in his journals to Madame de Staël. The comparison, in fact, is far from flattering: "Victoria will have been my Madame de Staël. But she was less substantial; in a few months, I was practically free from her grip". Ocampo defends herself gallantly (*Autobiografía* II: 167). For further reference to Madame de Staël and politics, *vid.* Ocampo (*Autobiografía* IV: 14).

14   Delfina Bunge, nine years Ocampo's senior, wrote poetry in French at the time these letters were exchanged. The friendship would soon die out due to Bunge's growing religious prejudice and the protofascist ideology she shared with her husband, the writer Manuel Gálvez. Besides poetry and essays on religion, Bunge published a childhood memoir in Spanish, *Viaje alrededor de mi infancia* (1941).

THE THEATRICS OF READING 171

vivido and *lo leído* form a system of interconnecting vessels, flowing, being translated, into one another. One calls effortlessly to the other: the connection is automatic, "like a catchy tune". If the flow seems to favor at times one direction over the other, it is only because time or social circumstances so demand[15]; what is important is that contact, intermingling and mutual reinforcement between the two —life and literature— are unceasing.

Sustained by the *Commedia,* the third volume of Ocampo's *Autobiografía* stands out as the one that best expresses, celebrates even, this intermingling between literature and life in one passionate performance. Narratively speaking, this volume constitutes the high point of Ocampo's story; devoted to the great love of her life and also (not by chance, as will be seen) to her literary beginnings, it also marks the passage from the private individual of the first two volumes to the more public adult of volumes four, five and six. Less digressive than the other volumes, book three is, in all senses of the word, the most *dramatic*: it dynamically sets forth a plot and plays the self into that plot as protagonist. From the Stendhalian echoes of its title, *La rama de Salzburgo,* it proclaims its literary texture and functions like a many-layered script through which Ocampo reads herself. Whereas the script is composed of many voices, the figure that holds those literary echoes together, the model that will center the performance and serve as an emblem for the autobiographical "I", is, once more, Dante's Francesca[16].

Why Francesca? The reference to Stendhal's *De l'amour* in the title announces the text for what it indeed is, a narrative of *amour passion,* devoted in its near entirety to the account of a long, secret relationship with her husband's cousin, Julián Martínez. That in itself might justify the translation into Ocampo's life of Francesca, of a particular version of Francesca —Francesca the eternal lover, as popularized by nineteenth-century readings of Dante. The fact that the affair Ocampo narrates, with a mixture of passion and directness rare in Spanish American autobiography, male or female, in a way parallels the episode in Dante (two cousins instead of two brothers) provides further grounds for the comparison. Yet neither the superficial resemblance, nor the clan-

---

15 Years later Ocampo tells an interviewer:

> In my childhood, in my adolescence and in my first plunge into young adulthood, I lived in books what I could not live in life, because life was full of absurd taboos for a girl or a young woman when I was at either stage. After that, I lived in life what I had lived before in literature and literature paled. It was used to relate, more or less indirectly or directly, what was lived [*lo vivido*] (*Testimonios* 1971b: 297).

16 Domínguez/Rodríguez Persico (1984), in a generally thoughtful article, suggest Racine as Ocampo's intertext in this third volume, with the character of Hermione as her emblem. Their notion that Ocampo "performs" her text is convincing. However, since Racine's text is never summoned in *La rama de Salzburgo* in any constructive way, the suggestion seems rather hasty.

destine character of the relationship, wholly accounts for the presence of Canto V in this text. Many other references to jealous husbands and doomed lovers (*Tristan, Pelléas et Mélisande, Anna Karenina,* the *Princesse de Clèves*) have their part in this concert of voices through which Ocampo writes herself.

More to the point, it is the illicit nature of this love that connects it to other transgressive gestures in Ocampo's life. On more than one occasion, when pressed by her lover to brave public opinion and leave her husband, Ocampo holds back for fear of parental rejection. This combination —vital attraction for the forbidden curbed by fear of authoritarian repression— immediately prompts the reader to rank this love with the other interdictions imposed by (or attributed to) parental, and by extension social, intolerance. Relegated to the limits of the permissible, like the child who hides her books under the mattress, the woman meets her lover in an apartment on the outskirts of the city. Ocampo inscribes the three forbidden passions —the theatre, literature and love— in the margins of convention.

As the coded language of flowers is ritualized in nineteenth-century novels, so books, from the very beginning and especially *at* the very beginning of Ocampo's relationship, convey meaning. When all other possibilities of exchange are barred, books become a privileged means of communication —better still, of conversation and confabulation. Before effectively becoming lovers, Ocampo and Martínez use reading as a clear substitute for physical contact:

> I soon got into the habit of calling him, sometimes from my singing teacher's house. We spoke briefly. We recommended books to each other. We read Colette, Maupassant, Vigny. We set up rendezvous to read them at the same time. "At ten, tonight. Can you do it?" Twenty blocks apart, I at home, he in his house, we read. Next day we discussed our reading [...] On occasion we would make a date to meet in a bookstore, to see each other from a distance. We did not greet each other. We did not go beyond looks (*Autobiografía* III: 29).

In this fecund junction of love and literature and, more specifically, in the use of the book as mediator in the unfolding of love, the presence of Francesca in Ocampo's text takes on full meaning —not only as a passionate lover, but as a reader whose sign is the book. Francesca recognizes an expression of self and the *prima radice* of her feelings as she reads. Furthermore, in an important gesture of reflection, she recognizes the mediating qualities of the book itself: "Galeotto fu il libro e chi lo scrisse"[17]. As with *L'Aiglon*, Ocampo reads herself into a figure who reads, and for whom reading is allied with interdiction. And,

---

17 As a point of curiosity, I quote from a footnote in an Argentine translation of the *Commedia*, a translation sponsored by the Fondo Nacional de las Artes on whose board of directors Ocampo served:

> A similar role [that of go-between] is played by an inanimate object, the book, in the relationship between wife and brother-in-law. The episode con-

more importantly, she is reading herself into a figure who is aware of what the process of reading achieves[18].

It is not impertinent to recall, at this point, the illustration on the cover of this third autobiographical volume. Although the role Ocampo had in the choice is hard to determine, all six volumes having been published posthumously, *La rama de Salzburgo* is strikingly different from its companion volumes. Whereas there are photographs on the covers of the others, there is an arresting full-length painting of Ocampo on the cover of this one —a sensuous, physically challenging Ocampo, the body very much in evidence, and *a book in her hand*. This is the very portrait by Dagnan Bouveret referred to earlier, the one from which a small bust of Dante was deleted by a parental ukase which had not succeeded, however, in deleting Dante from her mind. In a sense this cover, built around the absence of Dante, turns that absence into a presence, and *re-presents* Francesca: the painting binds love's body to the body of the book, defiantly expressing —as an actress on a stage— the union of the two:

> I lived Dante, I did not read him. I received baptism from certain verses; they had been written to name me. I took notes so I would learn to read him better. (*Autobiografía* III: 98)

If one discounts the mediocre French sonnets, turned out at some governess' bidding, writing for Ocampo had been until then only a possible sequel to reading, not its systematic complement. The scribblings in the margins of Dante now mark a transition.

>   stitutes an early but unquestionable example of the harmful influence of certain readings (Dante Alighieri 1972: 313, n. 137).
>
> The narrowness of the translator and critic ironically echoes the parental and societal repression Ocampo fought all her life.

18 Marcelle Thiébaux (1982: 53) argues that women's reading is intolerable to patriarchal discourse and that it is constantly interrupted, redirected and incorporated into the (patriarchal) text.

>   Dante records Francesca's own story of how reading about adultery stirred her and her lover's passion. The fateful kiss interrupts the reading: 'That day we read no further'. Now she is a text in hell.
>
> I take issue with some points of this particular interpretation while not disagreeing with its general argument. Francesca's and Paolo's reading is less an act of voyeuristic titillation than a moment of knowledge (indeed, Dante uses the verb *conoscere* twice): reading does more than arouse the two lovers, it allows them to recognize and to name. Thus "the fateful kiss" does not interrupt the reading but in a sense continues it. Janet Beth Greenberg (1986: 150) concurs with Thiébaux's interpretation of the Francesca episode and, extending it to Ocampo, speaks of a voyeuristic dimension in Ocampo's reading of Dante, a view I do not share.

On the one hand, they are the logical continuation "in literature" of the haphazard private journal she has kept since adolescence; on the other, they prepare her for a more sustained, visible effort, the writing, in French, of her first book, *De Francesca a Beatrice,* which was published during this love affair. That writing should finally find its form and become a public gesture at this stage in Ocampo's life is not a coincidence. It is a way of completing the meaning of Dagnan Bouveret's painting, of exhibiting, through a now triple mediation —a book about a book in a language that is not her mother tongue— that which society denied her: to speak her body and to speak her mind[19]. "This book was a substitute for a confession, for a confidence" (*Autobiografía* III: 105). Significantly, *De Francesca a Beatrice* is dedicated to Ocampo's lover in a coded inscription, a subversive gesture that effectively succeeds in calling attention to itself.

If Dante's Francesca is the major mediating text that governs self-portrayal in *La rama de Salzburgo,* it is by no means the only one. Not surprisingly, this third volume of the autobiography, by far the most personal and stirring of all six volumes, is also the one in which the most reading gets done, in which the most quotations appear, in which literary reference is at its most dense. The very excess of feeling —"passion is beautiful only in its excess and can only be conceived in that excess" (*Autobiografía* III: 32)— is matched by the excess of voices that mingle in the text. Dante, yes, but Dante contaminated: not only read through French nineteenth-century readings but read in conjunction with Stendhal (the crystallization of love), Proust (the violence of retrospective jealousy), Shakespeare ("Make thee another self, for love of me"), Eliot, when all passion is spent ("What is actual is actual only for one time"), Péguy, when her lover is dead ("C'est le sang de l'artère et le sang de la veine / Et le sang de ce cœur qui ne bat déjà plus").

In a sense, one might apply the Stendhalian notion of crystallization not only to the love that is narrated here but to the process of narration itself, an accumulation of fragmentary quotes that gradually take on meaning. Indeed, this prolific annotation of life through texts is a dilated process occurring at different stages. Resort to texts takes place at the time of the experiences themselves, for *lo vivido* goes hand in hand with *lo leído,* as has been noted: Ocampo thinks and feels "in literature". But it also takes place, even more conspicuously, at the time of the autobiographical act itself. Ocampo subjects her retrieval of the past to the very same contact with literature to which she had exposed life

---

19   The additional fact that she enters the literary scene with a text in French prompts Beatriz Sarlo (1988: 91) to comment shrewdly:

> Foreign language was the language of feminine consumption not of production. Victoria Ocampo subverts it, making it productive —to read, to receive, is also to quote, to give back [...] She gives back what her family had given her in childhood but changes its sign: what her social milieu considered an ornament, Victoria Ocampo turns into an instrument.

itself: memory of life also follows a path of texts. I give but one example. At the time of her relationship with Julián Martínez, Ocampo states, she had not yet read Proust. It is when she looks back on those years, in order to narrate them, that Proust's text, which she has since read, allows her to recognize and name, within that relationship, one of the sources of its undoing —her retrospective jealousy.

Resorting to literature, in that retrieval of the past, allows for something more: it permits a reinterpretation from afar in which literature is astutely used to give the self the best part, glossing over events that might reflect on it adversely, and channeling the reading of the autobiography away from potentially thorny issues. Again, I consider Ocampo's reference to Proust. Retrospective jealousy provides one of the more poignant scenes in this volume: Ocampo, being fitted for a dress, feels jealousy arise within her as the designer's assistant innocently describes for her in detail the body of the woman who had been Martínez's lover before her. The scene, subtly combining retrospective voyeurism and rekindled desire, is remarkably effective; so much so that, for a moment, it steers the reader's attention away from another, more immediate issue that affects the relationship in a manner no less adverse —the fact that Julián himself was jealous, not precisely of past lovers Ocampo might have had but of a very concrete man with whom she was flirting in the present.

In speaking of the publication of *De Francesca a Beatrice,* I purposefully compared it to an exhibition and meant it explicitly, in a near physical sense. Indeed, this is the sense in which the verb surfaces in the negative reactions greeting Ocampo's first literary attempt. The criticism to which she was subjected proved, at the very least, that her reading was unexpected. Ocampo showed her manuscript before publication to two prominent figures of the Argentine establishment, Paul Groussac, the acerbic French critic turned self-appointed mentor of the Argentine intelligentsia, and Ángel de Estrada, the highly respected aesthete and *modernista* writer who wrote for *La Nación*. Groussac, from his lofty magisterial stance, dismissed the piece as pedantic:

> [He] mocked my choice and assured me that if I really felt a literary itch (an itch he clearly considered masculine) it was better to choose "*personal*" topics. Personal? This good man did not understand that Dante for me was a *personal topic* (*Autobiografía* III: 107).

For reasons precisely opposite[20], Ángel de Estrada also criticizes Ocampo's piece and recommends caution:

> You tell me that these pages are written this way because this is how you feel Dante. I know, it suffices to read them. However, this is not what makes the publication difficult,

---

20 The predicament of male critics when confronted with women's texts is not infrequent, nor are the contradictory statements they issue on the texts themselves. For a similar situation, *vid*. Gilbert/Gubar (1979: 541-543) on the conflictive reception of Emily Dickinson.

it is the excessively personal form, *utterly straightforward* [...] When women bared their shoulders to go to the theatre and to balls, everyone screamed. Now there are fewer screams and he who screams does so against all of society It has become a general *state of body*. But you are the only innovative woman who is on familiar terms with designers of spiritual fashion and, being alone, you will reveal a *state of mind*. (*Autobiografía* III: 106)

Despite the comparison with the world of fashion, highly revealing of a generalized opinion on women's writing, this judgment, in an odd way, is not inaccurate. Estrada perceives something untoward that smacks of exhibitionism, of unseemly revelation, of *excess,* and not being able to name it precisely, he translates it into physical terms: showing one's mind, if one is a woman, is as unacceptable as, in the past, showing one's body. But then, showing body and mind, through the reading of Dante, was precisely Ocampo's purpose.

When I speak here of body, as I have in the past pages, I am not vindicating for Ocampo a notion of woman's writing based on physical pleasure or physiological difference —a notion held by certain French feminists which I find perilously close to essentialist formulations of the feminine and do not happen to share[21]. Nor, of course, am I celebrating Ocampo's body against her, considering *it* in lieu of her writing, as not a few masculinist critics are prone to do when discussing women's texts and as some of Ocampo's male friends and would-be suitors did. Ocampo tells the story at her expense of the time when, as a young woman in Rome, she was invited by a courtly Italian *senatore,* who shared her passion for Dante, to see "his most precious treasure":

I imagined —she writes— that it was some rare edition of Dante. He brought me, instead, a plaster mold of Pauline Borghese's breast [...] This man did not take my love for Dante seriously. To hell with the senator and to hell with the breast [*Al diablo el senador y el seno*] (*Autobiografía* III: 15).

Similar misunderstandings, less ludicrous albeit more painful, abound in Ocampo's life. Ortega y Gasset, sensitive to her physical attraction, extravagantly sang her "feminine" virtues while subtly putting her down intellectually in his epilogue to *De Francesca a Beatrice* (a book he himself had published); Hermann von Keyserling never accepted that Ocampo's passion for his books did not prepare a way into her bed[22]. That there is

---

21   For a lucid critique of some versions of this position, *vid*. Jones (1985).

22   Of her misunderstanding with one of those men, Ocampo writes:

Maybe he ignored (as do most men) up to what point I was capable of feeling passion (dissociated from amorous passion) for a book, an idea, for a man who would incarnate that book, that idea, without having that passion invade other regions of my being. Those regions seemed to have their own

a strong physical, both sensual and sexual drive in Ocampo, the woman —what Drieu la Rochelle, her friend and, in the early 1930s, her lover, called her *génie charnel* (*Autobiografía* II: 11)— is certain: she manifests it often enough and in different ways throughout the six volumes of her autobiography, never reluctant to speak of erotic desire, of the physical urge to have a child by her lover, of menstrual blood. Yet I read her references to her body in the autobiography as signifying something more complex —something that surely includes the concretely physical but goes beyond it, something more like a *presence* (the way one speaks of a presence on stage) that society would have her repressed and for which her body is the most visible sign.

Ocampo speaks complacently of the more evident, even frivolous aspects of that presence in visual terms, narcissistically referring to the way in which others look at her, desire her, flatter her. Her sheer size and good looks, those commanding proportions so imposing to acquaintances and admirers in real life ("the Gioconda of the Pampas", Ortega would call her) are translated in her autobiographical text into an overwhelming persona. Yet there is an odd imbalance between that physical self-assuredness and the anxiety of speaking found so often in these writings, an anxiety compounded by a basic situation that repeats itself in the text: Ocampo, tonguetied (*callada, inarticulada, muda* are her expressions) before a voluble, eloquent writer. These interlocutors are frequently male but not always: Gabriela Mistral, Marla de Maeztu, Virginia Woolf have the same effect of cowing her into silence. Ocampo's description of herself and Woolf, in the very first volume of her *Testimonios*, is an accurate reflection of these flawed dialogues:

> Tavistock Square, this past month of November. A small dark green door, very English, with the number squarely placed in the middle. Outside, all of London's fog. Inside, upstairs, in the light and warmth of a living-room, the panels of which have been painted by a woman, two women speak of women. They look each other over, they ask each other questions. One of them is curious; the other, delighted. [...] One of them has found expression, because she has been able to find herself, magnificently. The other has tried, lazily, feebly, but something within her keeps her from doing so. Precisely because she has not found herself, she cannot move further (*Testimonios* 1971a: 9).

---

laws, their requirements, their rights to veto in accordance with their nature. If the man-book-idea was not accepted by that other part of myself [...] distance became definitive and frontiers were set up. This is what happened to me with Ortega (*Autobiografía* III: 110).

On her particularly irksome misunderstanding with Keyserling she wrote *El viajero y una de sus sombras* (1951), and also devoted a good portion of the fourth volume of her autobiography to the subject.

In life, Ocampo often compensated for that lack of eloquence with gestures. They were usually munificent (selling a tiara to pay for Tagore's stay in Buenos Aires, showering Virginia Woolf, who made fun of her in return, with extravagant gifts) and often overbearing. It was as if, when the writer faltered, the *grande dame* stepped in, asserting herself where the writer could not. This too easy shifting of roles worked its way into her writing, with infelicitous consequences: moments of rare literary effectiveness are succeeded by petty grievances or imperious statements, often bearing the imprint of class. In addition to her gender, and perhaps even, more than her gender, it is this hesitation between two very different forms of self-validation —literary competence and social standing— that may well account for Ocampo's final lack of writerly *authority*. It certainly accounts for the way she is so often perceived by the least kind of her critics: as a rich woman, at once fascinating and exasperating, who writes.

At their best, Ocampo's *Testimonios,* essays on subjects ranging from current world events (women's rights, the Nuremberg trials) to everyday minutiae which she considered no less worthy (traffic in Buenos Aires, the smell and colours of trees), to her encounters with books and their authors (usually her most memorable pieces) turn her lack of eloquence into an advantage. In these scattered writings, the role of the witness is Ocampo's mask of choice: if she cannot easily speak, then she will testify to the words of others. Ten collections of essays, published under a title that emphasizes that testimonial stance, record her meetings, conversations, interviews with figures as diverse as Ravel, Mussolini, Malraux, García Lorca, Anna de Noailles, Nehru, Stieglitz. And, when the *Testimonios* do not deal directly with live interlocutors —those figures Ocampo calls "men-books-ideas"— they deal, for the greater part, with reading and books. In all these encounters Ocampo plays Galeotto for the reader: she is the go-between, transmitting the voices of others. The *Testimonios* are, in a sense, mini-performances in which Ocampo, to use a metaphor taken from the French classical theatre she knows so well, plays the role of a *suivante* to the hero or heroine of her choice[23]. Yet as in paintings in which the artist, while ostensibly painting another, paints himself too in the corner of the picture, so Ocampo uses these *testimonios* as vehicles for oblique self-figuration: these texts are no less autobiographical, finally, than the autobiography itself. Her own tendency to silence is replaced by the voices of others, voices that will become, as she writes them down, her own voice. Besides testifying to the people and events in her life, Ocampo's *Testimonios,* as well as her autobiography, testify to her quest for expression, to finding a *voice* for her *presence* so that her performance will be complete[24].

---

23 On Ocampo's *Testimonios* as subjective and ahistorical constructs, *vid*. Gallo (1985).

24 Thus Cortázar (1950: 294) comments on the immediacy of Ocampo's *Testimonios* as verbal performances:

> All I know of her are her books, her voice and *Sur*. He adds: This book [*Soledad sonora*] forces us to accept the role of direct interlocutors [...]

THE THEATRICS OF READING 179

That Ocampo's choice of a writing language was so riddled with anxiety surely contributed in great measure to her difficulties. Torn between a native language which she was taught to consider inadequate (Spanish words were not "words with which one thinks") (*Testimonios* 1935: 34)[25] and the second language, French, in whose comforting cadences and prestigious rhetoric she seemed to perform best, she would start out in literature by posturing as a "French" writer[26]. If Ocampo would gradually come to master her own language, to the point of attaining that seemingly effortless juncture of the spoken and the written that Borges identifies as a typically Argentine *entonación*[27], a good part of her writing, and most importantly her autobiography, would rely till the end on duplication as a necessary vehicle for self-expression: Ocampo continued to write first in French, then to rewrite herself in Spanish. (A close examination of her style, throughout the six volumes of the autobiography, sheds light on how the process worked. Ocampo lived long enough to translate —to repossess— only the first three volumes, which read admirably well. The other three were published posthumously *as if she herself had also translated them,* although it is clear, from the inferior translation, that someone other than Ocampo performed the task. While a disservice, prompted perhaps by a misguided sense of loyalty, the anonymous translation of the last three volumes proves, through its flaws and by comparison with the first three, to what point Ocampo rewrote her texts and rendered her linguistic duplicity unnoticeable.)

    Each chapter bites into its subject matter with an impulse that is both confidential and defiant [...].

25 In this same piece, an interesting example of linguistic soul-searching, she adds:

    Add to this that our society was somewhat indifferent to matters of the mind, even quite ignorant. Many of us, unconsciously, had ended up believing monstrosities. For example, that the Spanish language was incapable of expressing what lay beyond the purely material, practical aspects of life; a language in which it was a bit ridiculous to strive for precision, that is, nuance [...] Many of us used Spanish like those travelers who learn a few words in the language of the country they are visiting because those words are useful in getting them out of trouble in their hotels, at the station, in shops. But that is as far as they go (*Testimonios* 1935: 36).

26 It is interesting that the other Ocampo sister to become a writer, Silvina, went through a similar struggle, torn between an inadequate command of written Spanish and the ease with which she wrote in the other language – English, in her particular case. *Vid.* Ulla (1982: 16).

27 A way of "speaking the written" that Ocampo (1950: 194-195) admired in her favorite performers, Marguerite Moreno (whose acting she preferred to the declamatory style of a Sarah Bernhardt) and Laurence Olivier.

Until the end, then, the process is the same — the appropriation of texts and voices of others. Self-expression is, necessarily, a process of *alteration:* one speaks through the voice of an *other* even if that other— as in the case of Ocampo's self-translation — is a simulacrum of oneself. Could one not compare the autobiographical venture, asks Ocampo resorting once more to the theatre, to what Jouvet says of actors?: "One enters a role, slides into it, one wields the text, one wields it cunningly, *surreptitiously one replaces oneself*" (*Autobiografía* VI: 11). The process of reconstituting this *altered* voice, the culling of literary fragments and "great" voices for the purpose of self-expression, brings to mind the method of Seneca's *hypomnemata,* as described by Foucault:

> The role of writing is to constitute, with everything that has been constituted by reading, a "body" (*quicquid lectione collectum est, stilus redigat in corpus*). That body must be understood not as a body of doctrine but rather — and following the so often quoted metaphor of digestion— as the very body of him who, on transcribing his reading, makes that reading and its truth his own. Writing transforms that which is seen or heard "into strength and blood" (*in vires, in sanguinem*) (Foucault 1983: 8, 12).

In this light, Ocampo's best-known cultural venture, the founding in 1931 of *Sur* (a review that was to be, for the next forty years, one of the most influential literary journals of the Spanish-speaking world), becomes another form of (distanced) self-writing, an extension of a presence that increasingly needed to be made public[28]. The concert of voices that Ocampo transforms *in vires, in sanguinem* for her own self will become her other body, that of the review to which her name is permanently allied.

I am aware that a successful argument could be made in favor of the dependent nature of Ocampo's reading. Such an argument would highlight the fact that the reading to which she turned in search of self-expression was taken mainly from a male-authored canon; the fact that Francesca, the readerly emblem of her choice, was a character in a text within that male-authored canon; the fact that the writers she befriended, as mentors, were mostly men. To this perceived dependency of Ocampo as a woman, one could add her excessive dependency, as a Latin American, on European models; a dependency evidenced not only in the texts she quotes in her own writing but in the preference for the oddly anachronistic assortment of foreigners —Gramsci next to Denis de Rougemont, for example— that became the hallmark of her review. Beatriz Sarlo perceptively interprets this *"bovarysme* with regard to European writers" as a delayed response:

> One might say that *Sur* is the review that Victoria Ocampo would have wanted to read as an adolescent and a young woman. It responds, more than twenty years later, to her unfinished struggle for initiation (Sarlo 1988: 89).

---

28 On *Sur* as a form of "personal writing", *vid*. Bastos (1980, 1981).

It is not, however, my intention to evaluate *Sur* in itself, as a cultural product of a period[29]. I wish to consider instead the first aspect of Ocampo's dependency, that affecting her reading, writing and composition of self as a woman.

It is true that male presences inform Ocampo's system of self-defining voices. If Ocampo does refer frequently to women —Woolf, Anna de Noailles, the Brontës, Mistral, María de Maeztu, Adrienne Monnier— either for their live presence or for their equally live texts, she never *quotes* these women, except in those pieces she devotes, specifically, to them. In other words, although sympathetic to women's texts —witness the admirable intermingling of Ocampo's voice and that of Woolf in "Virginia Woolf in My Memory" (*Testimonios* 1941a: 415-428)[30]—, Ocampo does not incorporate them into that larger and freer system of quotations on which she relies for voice. There appears to be a contradiction here, one that betrays a conflict between two modes of self-representation[31]. On the one hand, there is Ocampo's desire to "some day write, more or less well, but *like a woman*", because "a woman cannot unburden herself of her feelings and thoughts in the style of a man, anymore than she can speak with a man's voice" (*Testimonios* 1941a: 12) on the other hand, there is the fact that Ocampo, most often speaks, if not *with* a man's voice, *through* men's voices. Ocampo never resolved this ambivalence; nor did she ever refer, she who was aware that her writing was marked not only by her gender but by her Latin American origins, to other Latin American women writers (Gabriela Mistral being the exception) embarked on a similar quest for self-expression. This silence should be read less as a sign of snobbery, I suspect, than as what could be called an "anxiety of sorority", a case of literary sibling rivalry[32]. Like Sarmiento, Ocampo creates distance around her, in order to be perceived alone.

The question is, though, do the voices appropriated by Ocampo continue to be solely men's voices? A possible solution to the predicament created by Ocampo's ambiguity takes us back to the scene of reading; to Ocampo not only as reader but as woman reader. Discussing Artemisia Gentileschi's painting within a male, pictoric tradition, Mary Jacobus (1986: 132) writes: "In order to see herself or be seen she has to insert herself into a preexisting narrative". The same might be said of Ocampo who, as a reader and autobiographer who seeks self-definition through reading, can only insert herself in a masculine lineage of texts and a masculine system of representation —the

---

29 The most complete evaluation of *Sur*'s merits and shortcomings is that of King (1986). *Vid.* also Bastos (1980, 1981), Paz Leston (1981), Sarlo *et al.* (1983), Rosa (1971), Matamoro (1986).

30 English version in Meyer (1979: 235-240).

31 For competing self-representations in autobiographies written by women, *vid.* Smith (1987), especially chapter 3: "Woman's Story and the Engendering of Self-Representation".

32 This attitude, one should add, is not exclusive to Ocampo. *Vid.* Gilbert/Gubar (1987). On Ocampo's attitude in particular, *vid.* Matamoro (1986: 80).

only one available to her— all the while wishing for another. What might be judged Ocampo's weakness could well be, given her time and her circumstance, proof of her resourcefulness. Lacking a voice of her own and a feminist system of representation, she repossesses voices of the male-authored canon and, by the sheer fact of enunciating them from a feminine "I", succeeds, much in the way Pierre Menard did when rewriting Cervantes, in differentiating her text. The constant misunderstandings between Ocampo and the "men-books-ideas" she seeks so passionately (and inadvisedly) to dialogue with, the unfamiliar slant given by her comments to canonically "correct" texts, the feeling, so often experienced by her reader, that her quotations, while impeccably accurate, are somehow off-key, are all symptomatic signs, I believe, of that difference. A different way of reading it is also a different way of reading oneself into being:

> The alterity of feminist reading is posited, not simply in opposition to masculinist reading, not simply as a move that carries off familiar readings and puts them to strange uses, but rather as a move that installs strangeness (femininity) within reading itself, writes Jacobus (*ibid.*: 286).

The alterity of self-figuration through reading, I would argue, is a move introducing a similar uncanniness in the autobiographical venture. It is not surprising then that, behind these readings that Ocampo appropriates in her autobiography in order to compose her own voice, lies a question, a *want* that echoes throughout her text and is never satisfied: "I am the *other*. But what?" —"Soy lo otro. ¿Pero qué?" (*Autobiografía* I: 61).

Bibliography

Works

Bunge, Delfina. (1941). *Viaje alrededor de mi infancia*. Buenos Aires: Imprenta Guadalupe.
Dante Alighieri. (1972). *La Divina Comedia*. Buenos Aires: Ediciones Carlos Lohlé.
Drieu la Rochelle, Pierre. (1964). *Sur les écrivains*. Paris: Gallimard.
Ocampo, Victoria. (^{2}1928). *De Francesca a Beatrice*. Madrid: Revista de Occidente.
---. (1935). "Palabras francesas", in: *Testimonios*. Madrid: Revista de Occidente, p. 35.
---. (1941). "Emily Brontë, terra incognita", in: *Testimonios*. 2a serie. Buenos Aires: Sur.
---. (1941a). "Virginia Woolf en mi recuerdo", in: *Testimonios*. 2a serie. Buenos Aires: Sur.
---. (1944).*Virginia Woolf en su diario*. Buenos Aires: Sur.
---. (1950)."Hamlet y Laurence Olivier", in: *Soledad sonora*. Buenos Aires: Sudamericana.

---. (1951). *El viajero y una de sus sombras*. Buenos Aires: Sudamericana.
---. (1957). "Malandanzas de una autodidacta", in: *Testimonios*. 5a serie. Buenos Aires: Sur.
---. (1963). "De la cartilla al libro", in: *Testimonios*. 6a serie. Buenos Aires: Sur.
---. (1971). "El aguilucho", in: *Testimonios*. 8a serie. Buenos Aires: Sur.
---. (1971a). "Carta a Virginia Woolf", in: *Testimonios*. 8a serie. Buenos Aires: Sur.
---. (1971b). "Interview with Fryda Schultz de Mantovani", in: *Testimonios*. 8a serie. Buenos Aires: Sur.
---. (1975). "Ordenar el caos", in: *Testimonios*. 9a serie. Buenos Aires: Sur, pp. 58-67.
---. (1975a). "La influencia de la lectura sobre nuestra infancia", in: *Testimonios*. 9a serie. Buenos Aires: Sur.
---. (1979). *Autobiografía I. El archipiélago*. Buenos Aires: Ediciones Revista Sur.
---. (1980). *Autobiografía II. El imperio insular*. Buenos Aires: Ediciones Revista Sur.
---. (1981). *Autobiografía III. La rama de Salzburgo*. Buenos Aires: Ediciones Revista Sur.
---. (1982). *Autobiografía IV. Viraje*. Buenos Aires: Ediciones Revista Sur.
---. (1983). *Autobiografía V. Figuras simbólicas. Medida de Francia*. Buenos Aires: Ediciones Revista Sur.
---. (1984). *Autobiografía VI. Sur y Cia*. Buenos Aires: Ediciones Revista Sur.
Oliver, María Rosa. (1969). *La vida cotidiana*. Buenos Aires: Sudamericana.
Sartre, Jean-Paul. (1964). *The Words*. New York: George Braziller.
Valéry, Paul. (1966). "De la diction des vers", in: *Pièces sur l'art, Œuvres, II*. Paris: Gallimard, La Pléiade, p. 1.255.

Critical Works

Bastos, María Luisa. (1980). "Escrituras ajenas, expresión propia: *Sur* y los *Testimonios* de Victoria Ocampo", in: *Revista Iberoamericana*. 110-111: 123-137.
---. (1981). "Dos líneas testimoniales; *Sur*, los escritos de Victoria Ocampo", in: *Sur*. 348: 9-23.
Cortázar, Julio. (1950). "Soledad sonora", in: *Sur*. 192, 3, 4: 294.
Domínguez, Nora/Rodríguez Persico, Adriana. (1984). "Autobiografía de Victoria Ocampo. La pasión del modelo", in: *Lecturas críticas*. 2: 22-33.
Foucault, Michel. (1983). "L'écriture de soi", in: *Corps écrit*. 5. Paris: Presses Universitaires de France, pp. 8, 12.
Gallo, Marta. (1985). "Las crónicas de Victoria Ocampo", in: *Revista Iberoamericana*. 132-133: 679-686.
Gilbert, Sandra M./Gubar, Susan. (1979). "Infection in the Sentence: The Woman Writer and the Anxiety of Authorship", in: *idem. The Madwoman in the Attic*. New Haven/London: Yale University Press, pp. 45-92.
---. (1987). "'Forward into the Past': The Female Affiliation Complex", in: *idem. No Man's Land. The Place of the Woman Writer in the Twentieth Century*. Vol. I: *The War on Words*. New Haven/London: Yale University Press, pp. 165-224.

Greenberg, Janet Beth. (1986). *The Divided Self: Forms of Autobiography in the Writings of Victoria Ocampo*. Unpublished Ph.D. dissertation. University of California, Berkeley.
Jacobus, Mary. (1986). *Reading Woman. Essays in Feminist Criticism*. New York: Columbia University Press.
Jones, Ann Rosalind. (1985). "Writing the Body: Toward an Understanding of *L'Écriture féminine*", in: Showalter, Elaine. (ed.). *Feminist Criticism. Essays on Women, Literature and Theory*. New York: Pantheon Books, pp. 361-363.
King, John. (1986). *Sur. A Study of the Argentine Literary Journal and Its Role in the Development of a Culture. 1931-1970*. New York: Cambridge University Press.
Matamoro, Blas. (1986). "*Sur*: la torre inclinada", in: *idem. Genio y figura de Victoria Ocampo*. Buenos Aires: Eudeba, pp. 201-308.
Meyer, Doris. (1979). *Victoria Ocampo. Against the Wind and the Tide*. New York: George Braziller.
Molloy, Sylvia. (1991). *At Face Value. Autobiographical Writing in Spanish America*. Cambridge: Cambridge University Press.
Paz Leston, Eduardo. (1981). *El proyecto de la revista Sur, Capítulo, 106*. Buenos Aires: Centro Editor de América Latina.
Rosa, Nicolás. (1971). "*Sur*, o el espíritu y la letra", in: *Los libros*. 15, 16: 4-6.
Sarlo, Beatriz et al. (1983). "Dossier: La revista *Sur*", in: *Punto de vista*. 17: 7-14.
Sarlo, Beatriz. (1988). *Una modernidad periférica: Buenos Aires 1920-1930*. Buenos Aires: Nueva Visión.
Smith, Sidonie. (1987). *A Poetics of Women's Autobiography. Marginality and the Fictions of Self-Representation*. Bloomington / Indianapolis: Indiana University Press.
Thiébaux, Marcelle. (1982). "Foucault's Fantasia for Feminists: The Woman Reading", in: Mora, Gabriela/Van Hooft, Karen S. (eds.). *Theory and Practice of Feminist Literary Criticism*. Ypsilanti/Michigan: Bilingual Press/Editorial Bilingüe.
Ulla, Noemí. (1982). *Encuentros con Silvina Ocampo*. Buenos Aires: Editorial de Belgrano.

Alicia Borinsky

Boston University

TENTADORAS, INDIFERENTES, APÁTICAS: MUJERES Y CUERPOS

La sigue con la mirada, mientras silenciosa y rápida enciende las primeras lámparas. Es igual que su nombre: pálida, aguda y un poco salvaje —piensa de pronto. Pero ¿qué tiene de extraño? ¡Ya comprendo! —reflexiona— mientras ella se desliza hacia la puerta y desaparece. —Unos pies demasiado pequeños. Es raro que pueda sostener un cuerpo tan largo sobre esos pies tan pequeños (Bombal 1973: 53).

No me hables

La mujer tentadora que hechiza a los hombres con la promesa de una sexualidad compartida, la mujer que, agobiada por la propia inocencia, pierde su reputación para satisfacer instintos que no deberían pertenecerle, las novias, las madres, las vírgenes jóvenes en tránsito hacia la nostalgia de la inocencia perdida y las solteras de avanzada edad en permanente espera de quien las rescate de la soledad, son lugares comunes de evocación del cuerpo femenino. La recurrencia de estas figuras sugiere que en la mujer hay una intención de colaborar, que la sexualidad predicada en torno a un hombre y hecha de temores, aceptaciones y negativas se precipita finalmente a una aceptación activa de una verdad: es en la vida de pareja donde radica la aventura más alta a que puede aspirar una mujer. Es allí y no en otro mundo, el de la política o simplemente el de la calle, donde se gestará aquello reconocible como una vida, una anécdota memorable, el sentido de la experiencia.

La pregunta de Huidobro "¿irías a ser muda que Dios te dio esos ojos?", la certeza de Pablo Neruda cuando asegura que "me gusta cuando callas porque estás como ausente", la ironía de Borges al decir en el *Aleph* que la muerte de Beatriz Viterbo le permitiría dedicarse a amarla sin el riesgo de ser humillado y el culto hiperbólico del amante enlutado en *La Amada inmóvil* de Amado Nervo suponen que el silencio de las mujeres puede ser interpretado como un capítulo elocuente del vínculo amoroso. Ausentarse, ensimismarse o morirse son maneras de colaborar en el romance. No hay allí una separación sino un pacto que se realiza mejor y más intensamente cuando hay un solo participante activo.

Ciertas narradoras latinoamericanas construyen una obra que desmiente prolijamente esta visión de la mujer. Nos proponen algo distinto que sugiere avenidas de interpretación con aristas más agudas, donde la armonía de los sentimientos compartidos o la desesperanza de amores contrariados no tienen un lugar de primacía.

Hasta hace poco estas obras no tenían la legibilidad actual; el canon vigente consideraba la sexualidad como parte de un esquema de interacción con el hombre. Así, el cuerpo de la mujer, los efectos de sus miradas, su comportamiento, se derivaban de la inminencia de su participación en un relato de pareja. El hecho de que la narrativa de mujeres de los últimos años haya suscitado interés, ha ayudado a iluminar también a voces anteriores que de otro modo permanecerían ocultas.

Con la lectura de obras del presente resurge el interés por Elena Garro, Silvina Ocampo y Clarice Lispector. Estas tres escritoras, tan diferentes en muchos aspectos, tienen en común una voluntad de formular modos de interpretación al sesgo de lo que era la literatura establecida.

El discurso paranoico de Elena Garro[1], los murmullos, persecuciones y múltiples miradas brindan en un tono íntimo, a veces conspiratorio, una narrativa de tiempo casi detenido que puede considerarse como una alternativa a la novela que más tarde se llamaría histórica. Lo que se calla en su narrativa no es el amor, es, intuimos, casi todo porque aquello de lo que vale la pena hablar, es otra cosa.

Silvina Ocampo elabora una obra donde la atención al asco, su deseo de hacer culminar los relatos con chistes crueles sirven para desmentir la relación de generosidad de las mujeres con respecto a los niños, su interés por la amistad y su capacidad de ternura.

La variada obra de Clarice Lispector se detiene en la vida de familia, en las relaciones entre mujeres y hombres para sugerirnos que hay algo fundamentalmente ilusorio en la abnegación femenina. En el relato "La gallina" toda una familia cree que hay que perdonarle la vida a una gallina que está por poner un huevo porque sostienen que está embarazada. Sólo la madre manifiesta indiferencia. En el cuento "La mujer más pequeña del mundo" una criatura femenina de ínfima estatura y también embarazada

---

1 *Un corazón en un bote de basura* de Elena Garro que se mantuvo inédita hasta hace pocos años es testimonio de la productiva mirada retrospectiva que anima la lectura de escritoras de su generación gracias a las preocupaciones actuales. Al mismo tiempo, la falta de declamación, el rechazo a las consabidas fórmulas políticas a través de su obra, ofrecen una visión muy contemporánea del lenguaje y de sus personajes. Cuando uno de sus narradores dice con respecto a una mujer:

> Aquella tarde sus gestos y palabras guardaban decisiones secretas y en vano traté de cruzar su frente alta, para saber lo que sucedía tras ella (Garro 1981: 55).

anuncia un trabajo con el secreto, con lo no dicho, lo intuido. Estas reflexiones pertenecen a un trabajo más amplio en vías de elaboración.

ejerce una atracción desmedida sobre un explorador. El final se da en la forma de una moraleja que no se concreta, una enseñanza parentética que debe ser intuida por el lector.

Entre estas escritoras que plantean cuerpos y perspectivas enigmáticas donde la mujer aparece como signo de interrogación o referente flotante, divorciada de historias mayoritarias, lanzada a una representación que sugiere un centro permanentemente desplazado, la obra de María Luisa Bombal ocupa un lugar propio, abierto a la perplejidad de la pasión y el desencuentro.

Bombal y la extrañeza de las mujeres

Más allá de la acaso inevitable reflexión acerca de la contemporaneidad de su escritura, injustamente marginada durante varios años, la obra de María Luisa Bombal ofrece al lector una serie de interrogantes que le son idiosincrásicos. Su elaboración delinea enigmas sobre el deseo, la sexualidad femenina y la inteligencia peculiar de ciertos sucesos, demasiado secretos para convertirse en parte de una historia. Los textos de Bombal enhebran difícilmente aquello que podríamos querer llamar anécdota para situarlos en alguna variante del género narrativo. Por el contrario, son meandros que *alejan* de la inminencia anecdótica, difieren prolijamente la centralidad de avatares cotidianos sin borrarlos, manteniéndolos en una suerte de virtualidad irrealizada. En cierto modo, entonces, la narrativa de Bombal se enfrenta a la peculiar tarea de inventar una fuente de energía para sí que sea diferente de la que atrae inicialmente al lector y le insta a abrir y transcurrir por las páginas del libro. Trabajar a contracorriente de aquello que el lector espera significa también que la lectura resultante está formada por elementos de *resistencia* al texto, productos de la carencia de seducción que acompaña tan frecuentemente a las innovaciones literarias que cuestionan implícitamente el carácter representativo del lenguaje que las compone. Las conjeturas más intensas sugeridas por su escritura tienen que ver con su doble carácter: aparente falta de mecanismos de seducción que enmascaren la convención literaria, por un lado y minuciosa construcción de un andamiaje de ficción hecho de meandros, por otro.

Las palabras de "Las Islas Nuevas" que sirven de epígrafe a este trabajo proponen a propósito de un personaje particular una situación ubicua en la obra de Bombal: la incapacidad de definir nítidamente cómo es una mujer. La desarmonía entre los pies y el resto del cuerpo de Yolanda es en este relato una manera de justificar las dificultades que su apariencia impone a quien la observa. Sin embargo, la relación entre su nombre y su cuerpo revela la necesidad de un acoplamiento que no precisa justificación alguna. ¿Por qué mecanismo se conectan el nombre y el físico resolviendo, a otro nivel, la incomodidad de esos pies "tan pequeños"? El término que une el nombre de Yolanda a su cuerpo está dado en la forma de una hipótesis que la liga a la naturaleza. Se nos dice que es "igual" a su nombre: "pálida, aguda y un poco salvaje". Yolanda, idéntica a su nombre, tiene una identidad más allá o más acá de la humanidad, un nombre que la acerca al salvajismo, a una naturaleza aún no conquistada. Gracias a su nombre, el desconocimiento de su persona adquiere el misterio de un elemento natural. Así, la pregunta acerca de la desarmonía del tamaño de los pies se yuxtapone a una visión esencialista de lo cifrado en el nombre.

No son sólo quienes al querer llamar a Yolanda invocan simultáneamente —por necesidad conceptual— los enigmas de su salvajismo, los únicos que encuentran difícil reconocer identidades femeninas. En "El Árbol" se nos presenta un personaje de dudosa inteligencia, Brígida, cuyo padre, cansado de la tarea de educar a sus cinco hijas mayores, la deja librada a su propia suerte. Brígida es, de este modo, la realización práctica de un *semisalvajismo* tal como podría interpretarse a partir de las reflexiones suscitadas por el nombre de Yolanda y su cuerpo. Su belleza es elocuentemente delineada en el relato, así como su capacidad para dejarse llevar por la música hacia una elaboración imaginaria de asociaciones libres. Brígida es interrogante para quienes en el relato son representados como "normales":

> Sus dieciocho años, sus trenzas castañas que desatadas le llegaban hasta los tobillos, su tez dorada, sus ojos oscuros tan abiertos y como interrogantes. Una pequeña boca de labios carnosos, una sonrisa dulce y el cuerpo más liviano y gracioso del mundo. ¿En qué pensaba sentada al borde de la fuente? En nada. 'Es tan tonta como linda' decían (Bombal 1973: 110).

La verdad de Brígida es su inocencia sugerida como falta de inteligencia o simplemente de educación. El texto deja abierto el problema del origen "histórico" de su circunstancia al mismo tiempo que describe minuciosamente la excelencia de aquella "nada" en la cual ella está enfrascada en su pensamiento. Es la música y la naturaleza. La relación con la música es pasiva: dejarse llevar. Su relación con la naturaleza es menos fácil de delimitar. Brígida es naturaleza en el sentido de no haber sido educada; su marido, Luis, le explica que se ha casado con ella por sus "ojos de venadito asustado" (*ibíd*.: 112); el imperfecto matrimonio es descrito por la noche en términos vegetales y climáticos:

> [...] él se apartaba de ella para dormir, y ella inconscientemente, durante la noche entera, perseguía el hombro de su marido, buscaba su aliento, trataba de vivir bajo su aliento, como una planta encerrada y sedienta que alarga sus ramas en busca de un clima propicio [...] (*ibíd*.: 113).

La energía erótica de Brígida es descripta como voluntad de crecimiento vegetal, su ser amada como mujer es, literalmente, ser percibida como un animal *asustado*. El relato describe la vulnerabilidad del semisalvajismo de Brígida de modo casi caricaturesco. Hay, inicialmente, el padre que rehúsa educarla, el marido viejo que no logra satisfacerla, los que la rodean, presencias anónimas de compromiso con una normalidad amenazadora y extranjera. El cuento tiene un final feliz cuya resolución gira productivamente alrededor de lo natural. En un pasaje donde la evocación de un concierto se entremezcla con el derribamiento de un árbol que crecía al lado de la ventana de Brígida y cuya fuerza, ayudada del viento, hacía posible una comunicación vital entre ambos, Brígida se *reconoce*. El misterio del cuento es ahora redefinido.

No son solamente los lectores o aquellos personajes caracterizados como "normales" quienes desconocen a Brígida. Es ella misma, quien olvidada hasta ese momento de su propia identidad, accede a comprenderse a través del derribamiento del árbol. La comprensión no es analítica sino súbita y confirma la unidad entre Brígida y la naturaleza. Así como el árbol cae de un solo hachazo, su vida se le hace presente en un acto súbito de iluminación:

> [...] aprisionada en las redes de su pasado, no puede salir de su cuarto de vestir. De su cuarto de vestir invadido por una luz blanca aterradora. Era como si le hubieran arrancado el techo de cuajo; una luz cruda entraba por todos lados, se le metía por los poros, la quemaba de frío. Y todo lo veía a la luz de esa fría luz: Luis, su cara arrugada, sus manos que surcan gruesas venas desteñidas, y las cretonas de colores chillones [...] (Bombal 1973: 126).

La razón que precipita directamente este reconocimiento es la ausencia del gomero. Es como si su pareja con Luis hubiera dependido siempre de otra pareja más esencial: la de Brígida con el gomero cuya estabilidad preservaba para Brígida el engaño que hacía posible su vida con Luis. ¿Pero a qué clase de engaño nos referimos? ¿Cuál es la inteligencia privilegiada que surge de la desaparición del gomero? Brígida no explica su relación con Luis sino que la ve. La visión tiene poco que ver con los hechos de su historia como matrimonio. Por el contrario, deja de lado esos hechos para presentar solamente la vejez de Luis, los detalles de su cuerpo. El cuarto de la casa compartida con Luis, el refugio, aparece también en su *fealdad*. Las descripciones tienden a presentar el cambio de Brígida como un vuelco sorpresivo en su evaluación de la energía física y estética que movía su existencia. La autocomprensión de Brígida es, así, capacidad de contemplarse como habiendo sido incomprensible. La fealdad de los componentes de su vida trivializan su pasado y, por contraste, figuran un final feliz al ofrecer la hipótesis de un cambio.

El lector no sabe en qué consistirá el cambio de Brígida, pero el relato ha logrado producir una figura para su "extrañeza" inicial. Si bien su personaje permanece sin explicación discursiva, al cambiar y volverse contra quien había sido, se asimila al lector y comparte su perplejidad.

Brígida y Yolanda son momentos de una tarea de aproximación de la femineidad a la naturaleza que circulan intermitentemente en la obra de Bombal. No se trata de una metafísica del "eterno femenino" que pretende explicar, por la hipótesis natural, una especificidad que cubriría de manera homogeneizante a todas las mujeres. Es por el contrario, una notación de detalles que diseminan a ciertos personajes femeninos en contrapartes naturales que sirven de vehículo para una heterogeneidad de encarnaciones. No es suficiente la hipótesis de la naturaleza para explicar la *extrañe-*

za con que se recibe la presencia de estos personajes; una vez que la hipótesis es anotada, no obstante, el elusivo carácter de una primera lectura se torna en complicidad entre lector y personaje.

Deseo y anécdota

> Mi cuerpo y mis besos no pudieron hacerlo temblar pero lo hicieron, como antes, pensar en otro cuerpo y en otros labios. Como hace años, lo volví a ver tratando furiosamente de acariciar y desear mi carne y encontrando siempre el recuerdo de la muerta entre él y yo. Al abandonarse sobre mi pecho, su mejilla, inconscientemente, buscaba la ternura y los contornos de otro pecho. Besó mis manos, me besó toda, extrañando tibiezas, perfumes, y asperezas familiares. Y lloró locamente, llamándola, gritándome al oído cosas absurdas que iban dirigidas a ella. (Bombal 1973: 75).

La novela *La última niebla* tiene como personajes a los miembros de una pareja en apariencia tan desarmónica como la de "El árbol". Son primos que se han casado después de que uno de ellos ha perdido a su primera mujer. La narradora, segunda mujer, describe los encuentros eróticos con su marido como exploraciones por las cuales él busca eliminar la muerte pasada. La pasión que lo une a ella es fidelidad a una energía suscitada por un cuerpo ausente; hacer el amor —desde el punto de vista de la narradora— es participar como *otra*, dar su cuerpo para que de ella surja la mujer inasible; estar allí en el momento del acto sexual es testimoniar su propia ausencia, vaciarse de identidad, dejarse invadir por el deseo de su marido quien al mismo tiempo que la posee, la rechaza. Esta pasión es intensamente nostálgica. Por ella se reactiva una pérdida, se desvaloriza el presente y se borran las identidades. La cama donde hacen el amor es un teatro donde la narradora accede a la figuración de su cuerpo como otro-cuerpo; al ser mujer de su marido es *otra* mujer. Pero ella también está animada de una energía erótica con un objeto fuera de su pareja matrimonial. Al hacer el amor, siente que traiciona a un amante con quien ha estado en una situación privilegiadamente intensa en un momento que ella caracteriza como de su más intensa y auténtica pasión.

Una noche, la narradora decide salir a caminar. Esto sorprende a su marido quien le recuerda que nunca ha salido sola a tales horas. Como esas habían sido las circunstancias que llevaron a su encuentro erótico con el amante de sus sueños, ella insiste en que ha habido una noche en que realizó esa caminata en el pasado. Daniel, su marido, niega que haya sucedido:

> Daniel me mira fijamente un segundo, luego me interroga con sorna: —¿Y en tu paseo encontraste gente aquella noche? —A un hombre —respondo provocante. —¿Te habló? —Sí. —¿Recuerdas su voz? ¿Su voz? ¿Cómo era su voz? No la recuerdo. ¿Por qué no la recuerdo? Palidezco y me siento palidecer. Su voz no la recuerdo [...] porque no la conozco. Repaso cada minuto de aquella noche extraordinaria. He mentido a Daniel. No es verdad que aquel hombre me haya hablado. —¿No te habló? Ya ves, era un fantasma [...] (Bombal 1973: 82).

La humillación que resulta de la falta de identidad propia en su contacto sexual con su marido, se intensifica con la duda acerca de la existencia real del amante. La insatisfacción matrimonial de la narradora tiene como fuente el contraste con esa experiencia única y básica por la cual ella define la excelencia de su placer. Un testigo, Andrés, que podría haber confirmado el paseo y el encuentro muere antes de que ella pueda encontrar confirmación de su anécdota. Librada así, a la incertidumbre, la narradora padece un doble dolor. Por la gravitación del amante, ella lograba acercarse más a su marido. Su placer dislocado de la fuente que podría producirlo, se convertía en experiencia de segundo grado, dependiente de un punto nostálgico. Su deseo de otro al estar con su marido la ponía en la situación de su marido cuando evocaba a su primera mujer tomando el cuerpo de la narradora como vehículo. La posible inexistencia de la experiencia, quita peso a la prolija identificación con el marido que constituye el punto de apoyo más nítido del matrimonio. El dolor desgaja a la narradora del placer repetitivo de sus identificaciones; se ha perdido como amante de su amante y nunca ha existido "original" como mujer de su esposo.

Cabe preguntarse sobre la calidad de su experiencia original, independientemente de la realidad o fantasía de su acaecimiento. En otras palabras: ¿Qué clase de sujeto es la narradora en su experiencia básica? ¿Hasta qué punto está ella libre de la cadena de proliferaciones que la escinden de una identidad unívoca? El encuentro con el hombre se realiza en un contexto anonimizante. El lector tiene acceso a él por medio del relato retrospectivo en lo que respecta a las consecuencias que el hecho tiene en el recuerdo, pero hay también, al comienzo de la novela un largo pasaje en tiempo presente donde se cuentan los detalles del encuentro. Por ese relato se sabe que hubo una caminata nocturna, un pacto sin palabras con un desconocido que lleva a la narradora a una casa donde hacen el amor sin hablarse. El acto sexual es descrito en términos de integración a una naturaleza más amplia:

> [...] entonces él se inclina sobre mí y rodamos enlazados al hueco del lecho. Su cuerpo me cubre como una grande ola hirviente, me acaricia, me quema, me penetra, me envuelve, me arrastra desfallecida [...] (Bombal 1973: 60).

En su placer, la narradora ha sido *nadie*. Sin nombre para su amante, olvida también su propio cuerpo para perderse en la corriente de una sexualidad que la envuelve más allá de la especificidad del hombre. Es llevada como por una ola. Así, estar con el hombre en esa experiencia que signa todas las demás es haber estado en la vecindad del olvido. El presente de ese acto, es, desde el mismo comienzo, inminencia de interrogación sobre su haber sucedido. El mejor amante para la narradora es quien logra hacerle olvidar quién es. Su ser sujeto en el acto sexual es haber alcanzado un momento de privilegio donde se siente arrastrada fuera de su identidad, hacia un terreno que ella desconoce. La protagonista narradora de *La última niebla*, como Brígida en relación con la música, añora ser llevada, dejar de ser quién es. El hilo narrativo de *La última niebla* es frágilmente llevado por una protagonista que al mismo tiempo que se sugiere como demasiado plena de energía para su esposo, nombra la energía que la une a su amante como un modo especial de pasividad.

La narradora no sólo desconoce el nombre de su amante sino que también tiene nostalgia por el momento en el cual ella misma ha perdido el suyo, en su unión. Otros dos hombres obran de sostén para la confirmación de aquello que ha pasado. Uno es su marido, quien duda de su paseo nocturno y la humilla con su seguridad de que recuerda a un fantasma. El otro es un testigo cuya muerte silencia toda respuesta. Abandonada ante la necesidad de confirmar la historicidad del hecho, el suicidio de una amiga da a la narradora la oportunidad de dar el salto que separa la evocación imaginaria de la experiencia real. Una visita al hospital urbano le permite tratar de recorrer las mismas calles, buscar la casa donde tuvo lugar el encuentro. La búsqueda es infructuosa, lleva primero a un malentendido y después a otra experiencia de pérdida del yo:

> [...] Con la vaga esperanza de haberme equivocado de calle, de casa, continúo errando por una ciudad fantasma. Doy vueltas y más vueltas. Quisiera seguir buscando pero ya ha anochecido y no distingo nada. Además ¿para qué luchar? Era mi destino. La casa, y mi amor, y mi aventura, todo se ha desvanecido en la niebla, algo así como una garra ardiente me toma, de pronto, por la nuca; recuerdo que tengo fiebre (Bombal 1973: 98-99).

La comprensión de su destino toma la forma de impedir la continuación de la nostalgia. El cambio, otra vez (como en "El árbol"), es súbito. No hay un trabajo analítico con los datos de la experiencia. Simplemente, el lector debe aceptar que esta caminante cancela la caminata hipotética y que, nuevamente, debido a una fuerza fuera del control de la narradora, ella penetrará una nueva realidad. No es la energía erótica la que la impulsa a abandonar el deseo de reencontrar el escenario original de su amor, es la fiebre.

La revaloración del texto a partir de la anécdota, el interrogante sobre si ocurrió o no ocurrió lo añorado, es imposible. La narradora fracasa en la empresa de definirse como sujeto de experiencia y deja como cifra de su historia personal el desdibujado itinerario de un deseo permanentemente fijado en la nostalgia.

La mujer muerta

Una mujer muerta puede convertirse en dato narrativo fijo. Eliminadas las contingencias temporales de lo cotidiano, la muerte es productora de figuras, fuente de signos con una nitidez exenta de accidentes históricos. La muerte voluntaria da a un personaje femenino una fuerza que milita en contra de la pasividad mediocrizante con que se define la vida en la obra de Bombal. En *La última niebla,* la narradora describe su reacción cuando visita el hospital donde yace su amiga Regina que ha intentado suicidarse:

> Tras el gesto de Regina hay un sentimiento intenso, toda una vida de pasión. Tan sólo un recuerdo mantiene mi vida, un recuerdo cuya llama debo alimentar día a día para que no se apague. Un recuerdo tan vago y tan lejano, que me parece casi una ficción.

La desgracia de Regina: una llaga consecuencia de un amor, de un verdadero amor, de ese amor hecho de años, de cartas, de caricias, de rencores, de lágrimas, de engaños. Por primera vez me digo que soy desdichada, que he sido siempre, horrible y totalmente desdichada (Bombal 1973: 93).

La decisión de Regina suscita reflexiones cuyo impacto para la factura de *La última niebla* no puede ser dejado de lado. La relación de Regina con su amante tiene la materialidad fáctica que falta a la narradora. La documentación del tiempo compartido y el precipitado final fúnebre abren una veta por la cual la novela contempla las posibilidades que su narrativa no ha desarrollado. Regina viene de un mundo alternativo, donde los hechos llevan hacia decisiones, donde la energía que impulsa el pasaje del tiempo está hecha de una riqueza "real". Para el lector, esa riqueza tiene un nombre: el argumento novelístico tradicional. La muerte de Regina contemplada por la narradora es un modo de valorización de personajes novelísticos con peripecias reconocibles. Así, la "visita" de Regina, divide a la narrativa de sí misma e inaugura la fisura que permite entender diferencialmente el tono que anima al texto. El suicidio de Regina, en el ámbito de la anécdota, es pretexto para la continuación de la autoconmiseración que caracteriza el discurso de la narradora; a escala estructural ofrece una fórmula para aquello que la novela ha abandonado para constituirse.

La vida de Regina sin su muerte carece de interés. Es por la muerte que su presencia adquiere peso, que su personaje se anima. Las mujeres muertas interfieren en la vida erótica de la narradora. Son mejores que ella. Regina y la primera mujer de su esposo configuran un sistema de referencias por el cual su humillación encuentra una medida. Por Regina, la narradora se da cuenta de que su relación con el hipotético amante puede no haber existido o, en todo caso, carece de la "realidad" de un verdadero amor. Por la primera mujer de su marido, su propio matrimonio la somete a una suerte de invisibilidad.

Las mujeres muertas controlan el sentido de las relaciones que la narradora construye con quienes la rodean. Su ser personaje femenino tiene como raíz querer ser *otra*, o ser obligada a la equivocación de quién es. La atracción por las muertas, el influjo que ejercen sobre ella, son modos de anotar el hueco de la representación y la concomitante voluntad de llenarlo con nombres, aventuras.

Maneras de hablar: silencios

En una escritura tan signada por la pasividad como la de Bombal, el silencio surge como efecto interpretativo general cuando —en una lectura de sentidos— nos interrogamos sobre qué han dicho los personajes. La falta de anécdota, el constante diferir de los hechos, la nostalgia que constituye los relatos crean una atmósfera detenida, un efecto de suspensión del lenguaje. La ilusión es poderosa; los personajes parecen carecer de voz. Como la narradora de *La última niebla* que se da cuenta de que su amante ideal no le ha hablado sólo cuando, mucho después del encuentro, su marido le pregunta por su voz, el lector de Bombal cierra la obra de esta escritora con la incapacidad de reproducir las voces de los personajes que lo han implicado en su ficción.

No obstante, hay diálogo en Bombal. Su uso del lenguaje cuando la narración se dirige explícitamente al lector es expresivo; hay abundantes signos de exclamación; la puntuación ayuda a la recepción de un ritmo ligero, casi coloquial. El diálogo no asegura que la interlocución se realiza en términos que llamaríamos corrientes: los personajes intercambian palabras que los *exponen* sin integrarlos en la textura narrativa; las aseveraciones para el lector tienen la función de destacar las dudas que la voz que narra tiene sobre sí misma. Este fracaso del lenguaje como interlocución tiene como logro el delineamiento de una alternativa para la literatura de peripecia, una narrativa donde en vez de aventura se dibuja un paisaje para la apatía de los personajes femeninos.

Los personajes masculinos en Bombal son vehículos para presentar una femineidad insatisfecha, en permanente relación asimétrica con amantes y maridos[2]. La idealidad que se presenta con signo positivo es la consecución del objetivo apático por excelencia: la muerte. Cuando los personajes hablan, invitan al lector a entrar en un recinto cerrado donde el lenguaje reitera la claustrofobia evocada en la obra de Bombal. Los elementos del encierro son la mediocridad de la existencia, la vejez, la incapacidad de encontrar el amor. Hablar es siempre insuficiente porque por las palabras hay participación en un mundo que aparece denigrado. Incluso el ubicuo sufrimiento es pobre respuesta de inserción en el universo, como leemos en "El árbol":

> Su fiebre decaía a medida que sus pies desnudos se iban helando poco a poco sobre la estera. No sabía por qué le era tan fácil sufrir en aquel cuarto (Bombal 1973: 124).

La obra de Bombal está escrita en un lenguaje a la vez consistente y desparejo. Al querer dejar testimonio de la mediocridad de los acaeceres planteados por ese lenguaje, la intensidad de la expresión se vuelve falsa, exagerada. Acaso esos momentos débiles residan sobre todo en las descripciones de los encuentros eróticos entre personajes, en la admiración de las descripciones de ciertos personajes femeninos, en la insistencia de calificar los sentimientos de recepción de paisajes. Este inventario de incomodidades señala también que, al no haber logrado ocultar los mecanismos que constituyen esos

---

[2] Nuestras preocupaciones actuales casi inevitablemente plantean la pregunta de si estos aspectos de la obra de Bombal la vuelven feminista, y si están animados de una voluntad de protesta. Más allá, de las posibles intenciones de la autora, creo que la obra de Bombal no tiene un sesgo político acusado. Sus textos plantean para sí mismos una productiva marginación de los procesos sociales parecida, en ese sentido, a la que encontramos en las atmósferas enrarecidas de Felisberto Hernández. El desacomodo de las narradoras y personajes femeninos de Bombal es radical. Sus contextos son prolijamente estetizantes y aun cuando parezcan brindarse como imágenes de una sociedad que oprime a través de los hombres, practicando en el microcosmo familiar lo que existe fuera de él, la excentricidad de los personajes permanece como obstáculo para el gesto político.

elementos de sus relatos, Bombal ha abierto una puerta para salir de su universo y contemplarlo en sus detalles. Como Brígida, que encontraba el sufrimiento demasiado fácil en ese cuarto, el lector-crítico, al mostrar los límites del cuarto cierra el libro quizá salvado de la claustrofobia que anima sus páginas.

Bibliografía

Bombal, María Luisa. (1973). *La última niebla*. Buenos Aires: Editorial Andina.
Garro, Elena. (1981). *Testimonios sobre Mariana*. México: Grijalbo.
--- (1996). *Un corazón en un bote de basura*. México: Joaquín Mortiz.
Lispector, Clarice. (1960/1974). *Laços de família*. Rio de Janeiro: Livraria J. Olympio.
Nervo, Amado. (1939). *La amada inmóvil*. México: Ediciones Botas.

Diane E. Marting

University of Florida

DANGEROUS (TO) WOMEN: SEXUAL FICTION IN SPANISH AMERICA[1]

> Sexuality is to feminism what work is to Marxism:
> that which is most one's own, yet most taken away.
> (Catharine A. MacKinnon, 1982)

Alluding to literature's ambivalent role in woman's emancipatory struggle, Ángel Rama (1966: 7) once wrote:

> Literature for the woman writer was frequently a jail; when literature begins to transform itself into an instrument to reduce alienation, it is common for whoever wields it as a weapon —still awkwardly— against an armed society, to be blown to bits[2].

The Uruguayan critic made this remark in his prologue to a 1966 collection of erotic short stories by Latin American women, *Aquí la mitad del amor* (literally, Here Half of Love), in order to emphasize the changing relationship between literature and women writers. Previously an imprisoning "jail", now a useful "instrument", literature is a weapon used by women and against women in the twentieth-century's gender wars in the cultural arena.

Rama's military metaphor of literature as a double-edged weapon women try to use against an armed society brings to mind Luisa Valenzuela's short story "Other Weapons" (1985; "Cambio de armas" 1982) in her book of the same name. As with Rama's statement about literature for the woman writer, in Valenzuela a woman tries and fails to use a gun the way she wishes. Her intended victim, a colonel, becomes

---

[1] Reprinted with modifications with permission of the University of Florida Press, from *Women's Dangerous Desires*, forthcoming in 2001.

[2] La literatura fue para ellas frecuentemente cárcel; cuando comienza a transformarse en instrumento desalienante, es corriente que quien lo esgrime —todavía torpemente— frente a una sociedad armada, estalle en pedazos (Rama 1966: 7).

her torturer and keeps her alive as his personal sex slave. Eventually, this colonel comes to believe he has completely erased her personality and her memory of her radical political beliefs. In preparation for the moment in which he wants to make an escape from the impending military attack, he tries to convince her that she owes him her life, since others had wanted to kill her. At this moment of crisis, the colonel gives back to her the very revolver with which she had tried to kill him. After this change of weapons, as he turns to leave, she picks up the loaded gun and points it. The story ends ambiguously at this juncture: Is she pointing the gun at him, as most readers assume? Will she shoot or won't she? She has the weapon again and will make a choice. Or can she? Will her desire to end the torture she has suffered cause her to turn the weapon on herself? Or has she lost the ability, temporarily or permanently, to use the weapon as she herself might wish, either against him or herself? Will she obey the colonel and use it as he wishes?

In the Valenzuela story, the colonel believes she will obey his commands without any further force to back them up. His words, together with her memory of the torture, he hopes, could control her by themselves. In this verbal coercion lies a second 'change of weapons' from guns to discourse. Returning to literature as a weapon, how has the woman novelist used literature in the past and how does she use it in the present? Have male-centered discourses and master narratives functioned like the colonel in "Other Weapons", keeping women under control? Do stories about the sexual woman veil threats that she who follows the path of attacking society will bring down upon herself the wrath of her society? Additionally, has the woman reader been coerced, so that she obeys in fear?, attacking the women who produce critical discourse? When the gun is returned to her, when women do write the stories about woman's sexuality: Do they pursue their own issues? Do they obey the colonel and defend him? Do they kill themselves? Do they aim the gun at the society that punished sexual women for so long?

Like other women writers from her generation, Luisa Valenzuela has been able to employ sexuality boldly as an element of social critique, and return unscathed from the fray; the weapon has truly changed hands. But many women writers in the past, as Rama correctly reminds us, have injured themselves socially or have represented sexual women characters as unintentionally hurting themselves, through this new weapon at their disposal: women's sexuality in (woman's) fiction. Today when most writers, women and men, write frequently about sex, it is difficult to remember that sexuality has only recently become ubiquitous in literature; it is a very contemporary literary fashion[3]. For most of this century, a woman writer courted danger by writing about wom-

---

3   In Liliana Trevizan's study of the Latin American short story by women in the 1980s, she asserts that before that decade, sexuality was merely suggested, not explored:

> It is clear that the cultural transformations of the last decade have permitted the medium to grant freedoms to the Latin American woman writer to treat, without censorship, themes like infidelity, eroticism and politics,

an's sexuality. It was not until the 1960s that sexuality in novels arrived at this juncture for the Latin American woman writer, not universally but generally speaking. Rama testified in 1966 that eroticism was still a dangerous topic for the woman writer to undertake. The weapon of sexual fiction before the 1960s had harmed the woman writer who may have attempted to aim it at gender injustice or even merely at rules of propriety. Within the space of a decade, most of the hesitations keeping women from treating female sexuality disappear. Woman, in even greater numbers, wield the "weapon against alienation" and survive.

Literature has been changed by the new ways sexual themes have been deployed by women. To understand this change in the production of a novelistic discourse of female sexuality and in its product, the literary history of the twentieth century must consider the importance of women writers, of women's themes *and* of sexuality more generally —the discourse about sex which Michel Foucault has called modernity's characteristic obsession— if it is not to suffer a fatal blindness. Additionally, the topic of female sexuality in literature has intersected with the role as social critics to which most Latin American novelists ascribe, and thus gives its readers a new and significant perspective on gender debates and literary feminism in contemporary Latin America. This literary history, while fascinating and illuminating, is largely untold. My forthcoming book, *Women's Dangerous Desires*, cannot remedy this lack, either. I hope that its in-depth examination of selected transitional novels in which this 'change of weapons' can be observed, and a hypothesis regarding them, both a detailed knowledge of particular examples and a general sense of this complex history can be gained. My book looks at sexualized power relations in novels where woman is a subject who desires rather than an object desired. Her body is the site of pleasure which she actively seeks and in some measure experiences. The works studied explore issues of love, sex and the condition of women, but the field is vast.

Women novelists, compared to men, have tended to avoid the subject of sexual women, at least until the 1960s. Arguably one of the most important women novelists from the early twentieth-century, the Venezuelan Teresa de la Parra, for instance, prefers subtle irony regarding love and marriage to representations of sex when she questions woman's femininity as a meaningful, satisfying life choice. Themes of female sexuality, while crucially linked to themes of social justice for women, were dangerous to undertake:

> That is what happened with Delmira Agustini: women's arts are beginning to exist in Uruguay due to her. She died when two disparate functions, both imposed by the new socie-

---

which were avoided by previous generations. (Es claro que las transformaciones culturales de la última década permiten que el medio otorgue libertad a la escritora latinoamericana para tratar, sin censura, temas como la infidelidad, el erotismo y la política, los cuales fueron eludidos por las generaciones anteriores (Trevizan 1997: 11).

ty of the 1900s, enter into conflict inside her: the mystification of the conventional bourgeois woman and her independence as a being of amorous sensuality (Rama 1966: 7)[4].

Murdered by her ex-husband, the poet Agustini represents an extreme case of victimization by Montevideo high society's particular juncture of patriarchal values. The ferociousness of the attack against Agustini was not typical, but her brave writing and tragic death illustrate in broad outline some of the difficult choices and negative consequences for women authors and artists who before the 1960s flaunted strictures regarding the woman writer and female sexuality. For every successful female artist associated with sexual freedoms in Latin America —like later Uruguayan novelist Armonía Somers or Mexican painter Frida Kahlo— there were many others who dared not, or preferred not, take such risks[5]. Merely being taken seriously as a professional artist or writer was difficult enough for a (Latin American) woman until very recently.

This danger to a woman author from writing about sex has taken a great variety of forms, from the most violent physical attack, as happened to Agustini, to serious damage to a woman writer's social reputation, resulting in exclusion from her social circles or losing her (other) job, to harm to her literary standing. In "The Front Line: Notes on Sex in Novels by Women, 1969-1979", Ann Barr Snitow (1980: 167) argues that in English "Women, for so long equated with sex, did not immediately leap at the chance to tell their side of the sex story" because it hurt their reputation as all-round writers, as fully capable authors. If a woman produced a novel about sex, she was a "woman writer"; if she wrote on other topics instead, she was a "writer" without the qualifier.

In 1980 Puerto Rican novelist, poet and essayist Rosario Ferré speaks of women writing about female sexuality as a future event, not yet accomplished:

> Women writers today know that if they want to become good writers, they will have to be women before anything else, because in art, authenticity is everything. They will have to learn to become acquainted with the most intimate secrets of their body and to speak without euphemisms about it. They will have to learn to examine their own eroticism and to derive from their sexuality a whole vitality that is latent and exploited on few occasions (Ferré 1980: 16)[6].

---

4   Así pasó con Delmira Agustini por quien comienza a existir un arte femenino en el Uruguay, y que muere cuando entran en pugna dentro de ella las dos funciones dispares que la nueva sociedad novecientista le impone: la mistificación de la burguesa convencional y su independencia como ente de la sensualidad amorosa (Rama 1966: 7).

5   Some men who wrote sexual texts also suffered from public scandal or from the negative reactions of intimates, but to a lesser degree than women.

6   Las escritoras de hoy saben que si desean llegar a ser buenas escritoras, tendrán que ser mujeres antes que nada, porque en el arte la autenticidad

The reasons women have not done so before, in Ferré's opinion, are the limitations on her "material freedom" ("libertad material"), which "the feminist movement has confronted energetically throughout the last ten years" ("se ha enfrentado enérgicamente a lo largo de los últimos diez años el movimiento feminista"), and her "inner freedom" ("libertad interior"). Inner freedom includes both:

> [...] the emotional and psychological sanctions that society continues to place on her on the level of customs, and the sanctions that woman normally imposes on herself (Ferré 1980: 13-14)[7].

which together place obstacles of the most varied sort in her path. In an affirmation of female sexuality as a topic for the woman writer, Ferré (*ibid*.: 16) asks:

> Don't women have a right, the same as men, to profane love, to transitory love, to bedeviled love, to passion for its own sake?[8] (She asserts): [...] passion is the defining nature of woman, but that passion tends to be at the same time, her greatest strength and her greatest weakness (ibid.: 17)[9].

Debra Castillo notes that another motivation leading women to write about female sexuality may have been to escape from the popular domestic fiction to which they appeared condemned; but she underlines the escape brought with it its own problems. It was in fact a double bind[10]. If a woman wrote on female sexuality, she was castigated for her audacity; if she did not, she was criticized for not being "feminine". In the opinion of many, woman's greatest strength —love, not sex— was the world that women knew best.

---

      lo es todo. Tendrán que aprender a conocer los secretos más íntimos de su cuerpo y hablar sin eufemismos de él. Tendrán que aprender a examinar su propio erotismo y a derivar de su sexualidad toda una vitalidad latente y pocas veces explotada (Ferré 1980: 16).

7   [...] las sanciones emocionales y psicológicas que, al nivel de las costumbres, la sociedad sigue imponiendo a la mujer y las sanciones que ella suele imponerse a sí misma (Ferré 1980: 13-14).

8   ¿No tiene acaso la mujer, al igual que el hombre, derecho al amor profano, al amor pasajero, incluso al amor endemoniado, a la pasión por la pasión misma? (Ferré 1980: 16).

9   [...] pasión es la naturaleza definitoria de la mujer, pero esa pasión suele ser al mismo tiempo, su mayor fuerza y su mayor flaqueza (Ferré 1980: 17).

10   Private communication, February 26, 1999.

The best-selling Chilean author and journalist Isabel Allende, for example, has said she feared being categorized as a "woman writer" because she felt such a designation diminished her reputation, by reducing the sphere and scope of her efforts. When Allende was asked in an interview whether she had used the diary technique in *House of the Spirits* (*La casa de los espíritus*, 1985), for instance, "because this was a novel about women", Allende responded: "No. And if I had known it was a feminine technique, I wouldn't have used it" (García Pinto 1988: 30). Pressed to explain herself, she adds:

> Because I don't think literature has any gender, and I don't think it's necessary to come up with a plan to write like a woman, because that seems like a kind of awkward self-segregation to me (*ibid.*).

"Self-segregation" is what Allende considers consciously writing women's literature. By extension, one can presume she means not only the diary technique but themes of importance primarily to women. Rosario Ferré, who has an essay on "The Diary as a Feminine Form" ("El diario como forma femenina"), praises the abundance of women's diaries of all sorts and explains:

> The diary is that secret place where a woman can find her authenticity, free of the prejudices of which she has always been a victim (Ferré 1980: 27)[11].

Thus the new female sexuality in literature, while a project shared by individuals of both genders, involved difficult risks for women and men before the 1960s, and was taken up by many women with greater hesitation than by men[12]. On the other hand, when male novelists wanted to write about feminist issues, whether or not their stance was pro-woman, they often chose female heterosexuality as their theme; I have been frustrated to find that women writers largely avoid female sexuality during the same period. But the history of the woman writer has undergone a greater number and more dramatic changes than that of the male writer. Once women writers begin to notice the successes of feminism in the 1970s and after, fewer of them avoid sexual topics. Perhaps the risks for women writers had been attenuated, but certainly the rewards if she were successful were greater. While some women turned independently to themes of female sexuality, other women writers learned some time around the 1960s that publishers and readers had actively begun to look for books by women on virtually every topic. Consciously feminist writers, of course, were already reading their literary fore-

---

11   "El diario es ese lugar secreto donde ella encuentra su autenticidad, libre de los prejuicios de los que siempre ha sido víctima" (Ferré 1980: 27).

12   In addition to the male predecessors Gamboa and Andrade discussed later in this chapter, some examples of twentieth-century treatments of the sexual woman, especially the prostitute, before the sixties can be found in the works of the Argentines Roberto Arlt and Leopoldo Marechal, the Uruguayan Juan Carlos Onetti and the Mexican Juan Rulfo.

mothers with pride and learning from them. Now, though, whether feminist or not, women could gain by speaking to women's interests. For recent writers, in fact, the themes and characters of female sexuality most attract those women writers who seek to further a female tradition, rather than to elude it like Allende. These two groups of women, those aspiring to explore pro-woman issues, and those wishing to hop on the woman-centered bandwagon as a publishing decision, are the earliest women to write the new sexual fiction.

In the 1960s the Buenos Aires publishing house Editorial Merlín began publishing collections of sexual fiction similar to Rama's 1966 Uruguayan anthology. One, *Prostibulario* (Prostibulary), centered on brothels and prostitutes; another Merlín anthology was *El arte de amar: el hombre* (The Art of Loving: Men)[13]. Both appeared in 1967 and contained a number of short stories and one essay: the former compilation was penned by seven men and one woman; the latter, by seven women about male sexuality. Nira Etchenique, the only woman writer in *Prostibulario*, is mildly punished for writing about sexuality; the weapon she wished to use is turned against her. The editors describe her in the capsule biography as 'too strong' in her writing for a woman ("excesivamente viril", Amorim 1967: 41). It is surprising that the anthologists would want to denigrate an author they were publishing, and thus whom they would be expected to promote. But even in 1967, sex was supposed to be off-limits for women writers; they should stick to more 'feminine' topics. When Etchenique wrote about prostitution, the editors publicly reminded her that she was a woman and should act like one.

For good reasons, feminist studies have chosen not to dwell on the threats women writers have received from addressing certain topics, and to emphasize instead women's agency and accomplishments in literature despite the obstacles and the risks. Nevertheless the warnings to women and the exemplary punishments existed. A full understanding of the freedom which Latin American women writers enjoy (or not) today is impossible if one simply ignores the real consequences to women of taking up certain subjects.

One reasoning of those who, like the colonel in Valenzuela's story or Etchenique's editors, sought to control women's actions and prevent her from writing about sexuality, and especially female sexuality, was that if a woman wrote about such things, she must have experienced them. Portraying sexual women could dangerously reflect back upon the woman who wrote them. Hence a consequence of this particular danger to their reputation is that the women who risked writing about sexuality in the early years gave up on producing popular, simple stories about women like themselves. The portrayal could be too easily read as autobiographical, unless the writing clearly destabi-

---

13 Some examples of twentieth-century treatments of the sexual woman, especially the prostitute, before the sixties can be found in the works of the Argentines Roberto Arlt and Leopoldo Marechal, the Uruguayan Juan Carlos Onetti and the Mexicans Federico Gamboa and Juan Rulfo.

lized that kind of reading. Much of the history of the reception of women's writing taught women writers the cautionary tale that if they wished to sabotage simplistic identifications of their characters with their own life, they needed to use more radical modes, more revolutionary changes in conceptualization, and greater experimentation in writing gender than their male counterparts. Women writers often write about sexual women today and with impunity in most cases. We do not assume that women who write about prostitution have experienced that world. But the freedom today's authors have has been won through efforts by women and men who used the weapon of discourse to change literature and the society in which they live. Allende's success as a popular writer was preceded and partially made possible by a history of increasing female freedoms in Latin America and in its literature.

While not denying the infrequency of interest in the subject of female sexuality by woman novelists compared to men, David William Foster (1985) has sought to remind us that women writers do not always act like 'women'. Women like Agustini and Etchenique have disregarded the warnings and written about prohibited sexuality. When they do, such writers successfully show, according to Foster, the artificiality of gendered sexual scripts:

> If male authors and their narrators have yet to create an authentic erotic vision in Latin America, one would expect that the women authors, subject to even greater sociocultural restraints, would be even more circumspect on the subject. Yet the Latin American women writers who write unabashedly about erotic themes bear out the hypothesis that women artists may more effectively shatter such taboos and restraints because they are not of their own making but imposed on them by a male-dominated society (Foster 1985: 130)[14].

Foster's idea is that among the self-selected group of women who disobeyed and wrote about female sexuality, breaking the rules is done well and thoroughly. He links female sexuality to freedom, the "effective" shattering of "taboos and restraints", which appears stronger in works by women writers than in those by men[15]. Put in Foucauldian terms, Foster argues that the literary establishment, the publishing industry, and society offered carrots and sticks which combined to produce a discourse of sexuality by

---

14 Foster is considering only those writers who have obeyed the Foucauldian mandate to write about sexuality, rather than considering the entire picture of those who have and those who have not.

15 Sexual liberation, in the sense of an individual's freedom to sleep with whomever he or she may wish, appears occasionally as an issue in novels from the 1960s on, but "free love" had limited appeal. Nevertheless, by positing a sexuality in which girls and women can claim for themselves the sexuality men have previously practiced — one separated from marriage, children, and even from love — writers who treat the theme questioned culture as currently constituted.

women which implicitly or explicitly thematized their own rebellion in taking up the subject. I am suggesting that writing about female sexuality was part and parcel of a broader disobedience to master narratives (the colonel's imperatives) on the part of these female novelists; if they write about breaking sexual rules, it would be a *mise en abyme* of their own actions.

Considering only female sexuality as a topic, I have found such a link with freedom not to be limited to women writers, however, contrary to conventional wisdom. For example, the male Peruvian novelist Enrique Congrains Martín (1967) protests against bourgeois morality through the sexual aggressiveness of his female protagonist in *No una, sino muchas muertes* (Peru, 1967; literally, Not One, But Many Deaths). In a 1971 interview he explained that in this novel he wanted:

> [...] to denounce the situation of Peruvian women [...] and at the same time to make fun of conventional feminine models [...] and at the same time I wanted to say, more or less, 'these are the true possibilities for women to relate' or 'a woman should dare to do anything, absolutely anything' (Congrains Martín 1977: 67)[16].

The freedom Congrains Martín associates with his representation of his protagonist Maruja's sexuality is rebellion against a puritanical morality of feminine purity, frigidity and fragility. Primarily a storyteller, he works out his optimism about the way the world can be radically altered through (a sexual) woman's activities. Not only does Maruja achieve a 'liberation' of sorts through or with her sexuality, female sexual pleasure clears the way, the novel suggests, for a more general freedom and equality for the poor —perhaps even a new society.

Female sexuality in its association with freedom, in fact, is the common denominator among sexual fictions which fulfilled my conditions for thematizing sexuality from a female subject position and in social terms. The authors, male and female, claim their novels are about the search for liberty, and characters are made to speak in similar terms. Definitions of female sexuality differ widely, as do definitions of the freedom said to accompany it, but pairing of the two appears unquestioned.

The attitude of considering a preoccupation with the theme of women's sexuality in literature to be synonymous with a demand for greater freedom generally appears to originate in ideas of sexual repression, according to which woman, as the more repressed of the two sexes, doubly defies the rules, as we saw in Foster above. But some critics have extrapolated much beyond those consequences which Foster claims. In the 1974 introduction to his Mexican anthology, Enrique Jaramillo Levi asserts that trans-

---

16   [...] de denunciar la situación de la mujer peruana [...] y al mismo tiempo burlarme de los patrones femeninos convencionales [...] y al mismo tiempo quería decir, más o menos, 'éstas son las verdaderas posibilidades de relación de una mujer' o 'una mujer debe atreverse a todo, absolutamente a todo' (Congrains Martín 1977: 67).

gressing against erotic taboos holds great potential as a symbolic first step toward a desire for freedom in other areas. In so doing, Jaramillo Levi greatly expands the claims made for sexuality's liberatory associations. If freed from its bounds, he believes sexuality can bring about a less aggressive society where war itself can be prevented:

> In societies in which sexuality is a normal manifestation of life, there is less aggression, both on an individual level (murders, thefts, fights, etc.) and collectively (war) (Jaramillo Levi 1975: 14)[17].

Less extravagantly, the editors of *El placer de la palabra* (1991; *Pleasure in the Word* 1993), Margarite Fernández Olmos and Lizabeth Paravisini-Gebert, attribute a liberatory function to sexual discourse when written by women, especially in its ability to confer dignity on images of women degraded by oppression. For readers of Spanish, they write (1991: xxiv):

> The erotic discourse of the Latin American woman writer opens new literary and cultural horizons in her use of the sexual as a vehicle for an audacious critique of sex and politics. It forms part of a revolutionary process whose object is to unmask the cultural categories of sex and gender in a search for a real liberation and raising of consciousness leading to the total restoration of dignity to the Latin American woman[18].

In the English edition published two years later, they express these ideas with different nuances:

> The sexual discourse of contemporary Latin American women authors is innovative and groundbreaking work that uses the dimension of gender to produce a powerful critique of sex and politics. It is a constructive creative process that exposes the cultural constructs of sex and gender in its pursuit of genuine sexual liberation and consciousness, and ultimately, in the restoration of the total and unrestricted dignity and autonomy of the Latin American woman (Fernández Olmos/Paravisini-Gebert 1993: 32).

---

17 En las sociedades en las cuales la sexualidad es una manifestación normal de vida, hay menos agresividad, tanto a nivel individual (asesinatos, robos, riñas, etcétera), como colectivo (guerras) (Jaramillo Levi 1975: 14).

18 El discurso erótico de la escritora latinoamericana abre nuevos horizontes literarios y culturales en su uso de lo sexual como vehículo para una crítica audaz del sexo y la política. Es parte de un proceso revolucionario cuyo objeto es el de desenmascarar las categorías culturales del sexo y del género en la búsqueda de una verdadera liberación y concientización que conduzca a la restauración total de la dignidad de la mujer latinoamericana (Fernández Olmos/Paravisini-Gebert 1991: xxiv).

In Spanish, the weapon used for sexual critique is the sexual ("lo sexual"), a blunt instrument at best, but in English it is "the dimension of gender", which I take to mean 'gender difference'. In fact, it is the conjunction of the two, gendered sexuality (female sexuality), and not merely "the sexual" or gender alone that has the greatest capacity for critiquing the way the status quo affects women. Resistance, confrontation, and varieties of the two become immediately visible.

A second nuance differentiating the introduction to *Placer de la palabra* from that to *Pleasure in the Word* comes when the anthologists write in Spanish that women's erotic writing participates in a revolutionary process ("proceso revolucionario"), whereas in English, they call it a "constructive creative process". Here we find literature's greater political importance in Latin America than in the U.S. Within a Latin American literary context, women's erotic literature displayed a *revolutionary* agenda, in contrast to the norms of the U.S. and England, where a determined anti-political stance prevailed in most sexual fiction. Additionally, in the Spanish introduction, sexual literature by women restores the Latin American woman's dignity, but in the English introduction, the editors say that both her dignity and her autonomy are recuperated. In this last contrast, the addition of autonomy, the difference between the Spanish and English versions appears less cultural. This has likely been an afterthought in the later edition, a greater recognition that sexuality is one of a woman's links to other people, one of the fulcrums of power, a linchpin (to use Foucault's metaphor) in systems of control of and by a subject. Hence woman's sexuality can be a means to resistance and agency in discourse, precisely due to the way power is deployed through it.

Today in most of Latin America, merely writing about sex or sexuality no longer has serious social consequences for the professional writer, even young female ones, and fewer claims are made for its dangerousness as a weapon to provoke social change. That more male writers than female ones treat female sexuality is part of the genealogy of the *topos*, but the predominance of men becomes less and less true as the vast changes wrought by the second wave of feminism become less novel and more the norm. Clearly, the relative silence of women writers as compared to men on the subject of female sexuality has largely ended; beginning in the sixties, when both men and women increase their production about it, women have been catching up. Indeed, writing about sex has become almost obligatory in urban environments for many journalists and professional writers.

In Isabel Allende's "Mis líos con el sexo" (1989; My Problems with Sex), the novelist and journalist humorously details her energetic attempt to catch up with the sexual liberties of 1970s Venezuela, having suddenly arrived there from a more sexually conservative Chile under the dictator Augusto Pinochet. Allende had written about sex previously as an audacious professional, but now she pursues sexual liberation as a way of life and a subject that touches her personally. She writes that her daughter Paula had begun studying sexology at the university. Allende tried to be modern, too, by attempting contortions with her husband, learning about sex toys, and installing a mirror over the bed, until a few years later an awareness of AIDS suddenly brings her experimentation to a rapid close. But in emphasizing her sore muscles after new sexual acrobatics with her husband, Allende trivializes, perhaps unintentionally, the continuing problems of the many sexually active women across Latin America who must deal with the inaccessibility of divorce, abortion and modern birth control. Even today, there is danger in the practices of heterosexuality and lesbianism, even though there is appreciably less hazard, and perhaps even a reward system now, for those educated, comfortable, urban women who write about sex in the course of their professional lives[19].

In Latin America the association of the sexual woman with freedom became a powerful new metaphor to deal imaginatively with the urgent social and political crises of the 1960s, 1970s and 1980s. Perhaps we can find harbingers of the 'newly sexed woman' character who appeared in the sixties among the songs, stories, movies and novels of the Mexican Revolution with its image of the *soldadera* (both the female, gun slinging fighter and the camp follower —a prostitute or girlfriend/lover/wife of a soldier). In *Easy Women: Sex and Gender in Modern Mexican Fiction*, Debra Castillo (1998: 4-5) discusses the estimate that "during the Mexican Revolution of 1910-1920 more than half of the women in Mexico were forced to turn to prostitution to survive" and concludes:

> Whatever the exact numbers of female soldiers, *soldaderas*, and actual prostitutes (given the confusions of war, any estimates can be more or less speculative), there is general agreement that, in the period of tremendous social upset, women were largely on the loose and on their own in Mexico (*ibid.*).

Certainly other signals of the changes occurring in Latin American societies can be found in such diverse phenomena as the passage of women's suffrage in most Latin American countries between the two World Wars, with the resulting attention paid to the new female electorate; in the excitement caused by the Cuban Revolution in 1959, with its image of the female *guerrillera* (female revolutionary); and finally the new legislation accompanying modernization processes promoting women's work outside the home and the rural sectors. In the 1960s, the Latin American sexual woman suddenly had many faces, rather than merely that of the Janus-like prostitute, both innocent victim and embodiment of corrupted evil.

Whatever the combination of causes, broadly speaking there emerged at this time a sexual woman character who could symbolize or be a metonymic figure for some of the more subtle —and intimate— aspects of the sixties upheavals. Women were demanding not to be bound by the antiquated social mores that forgave men all transgressions and forgave women none of them. In ever greater numbers, writers began to create characters doing the same. In fact, to a large coterie of leftist and liberal novelists in Latin America —men and women— the sexual woman became a vehicle for

---

19   *Vid.* the special issue, "Sexual Politics in Latin America" for recent articles on abortion, reproductive rights, AIDS prevention and lesbian and homosexual liberation movements.

speaking about more general hopes for a future with greater political and social freedoms, as well as sexual freedoms. Like the short-story writers and editors I have already mentioned, male and female novelists in the sixties began to treat woman's acquisition of *sexual* independence as a worthy social theme. While the poverty of the many and the massive accumulation of goods and power by the few were clearly the major target of the attacks on the contemporary situation by most Latin American novelists, an important and growing minority saw female sexuality as a new topic with untested capacities for critique and for envisioning social transformation.

What is the nature of the female sexuality that makes it propitious for such a serious literary exploration of social justice? First of all, sex is gendered. Sex impacts men and women, boys and girls, differently; discourses of fertility, abortion, and childbirth, to mention only the most obvious topics, represent the inflection of gender on individuals, communities and the state, and can easily be commented upon by sexual fiction. In "Sexual Skirmishes of Feminist Factions, Twenty-Five Years of Debate on Women and Sexuality", the introduction to *Feminism and Sexuality, A Reader*, editors Stevi Jackson and Sue Scott (1996: 2-3) report that:

> While making an analytical distinction between gender and sexuality, we recognize that the two are empirically related. Indeed it is the relationship between the two which makes sexuality a crucial issue for feminists [...]. The social distinction and hierarchical relationship between men and women profoundly affect our sexual lives. This is true not only for those of us who are heterosexual: lesbian and gay sexualities are also shaped by wider understandings of masculinity and femininity, as are heterosexual attitudes to other sexualities —for example, the idea that lesbians are not 'real women'. Gender and sexuality intersect with other social divisions such as those based on 'race' and class, so that we each live our sexuality from different locations within society[20]. Hence women's experiences of both gender and sexuality are highly variable. Feminists have sought to understand both what we share in common as women and the differences between us. In the context of the women's movement, which aims to advance the interests of all women, these differences have become a crucial, and often highly contentious, issue.

---

20   The term 'gender' was adopted by feminists to emphasize the social shaping of femininity and masculinity, to challenge the idea that relations between women and men were ordained by nature. Sometimes a distinction is made between 'sex' as the biological differences between male and female and 'gender' as the cultural distinction between femininity and masculinity along with the social division between women and men. [...] Not all feminists accept this distinction. Some think that it denies the importance of the physical body, while others argue that our understanding of the anatomically sexed body is itself socially constructed. [...] We ourselves endorse the latter view (Jackson/Scott 1996: 2).

Thus the study of sexuality, whether male or female, translates into the study of gender relations due to the normative role played by heterosexuality in most societies' attitudes toward the libidinal body. But this genderedness does not entirely explain why female sexuality should be so strongly correlated with themes of freedom in literary discourse since the 1960s.

Indeed, the normative role played by heterosexuality is always an incursion of power and the opposite of freedom. It limits human beings to the socially held, culturally defined parameters for the practice of sex and gender, by each sex. Power at all levels employs sex and gender categorizations for the control of subjects. For instance, the authors Caroline Ramazanoglu and Janet Holland (1993: 255-56) made a study of young women and the risk of AIDS, concluding:

> When young women say yes to sex, they say yes to power differently from their male sexual partners. Both are caught in the general deployment of heterosexuality, but they are situated differently within it.

By deployment of sexuality Ramazanoglu and Holland mean the injunction to produce a discourse of sex, which is the opposite of repression. They conclude that Foucault's theory of power and discourse:

> [...] enables us to find young women working hard at silencing their own desires, and supporting masculine domination of sexuality, through their careful constructions of feminine selves (*ibid.*: 260).

To quote Jackson and Scott (1996: 17) again:

> [H]eterosexuality is constructed around a hierarchy of gender evident in its specifically sexual practices as elsewhere. Lesbianism is a potential escape from this, a more pleasurable and less risky [i.e., involving less direct risk of violence by men] alternative, yet lesbians are not immune from the heterosexual ordering of desire which shapes all our sexualities. What counts as erotic is itself socially constructed in terms of relations of dominance, to the extent that it is difficult even to think of sex outside of the patriarchal language and culture which shape our thoughts, desires and fantasies.

Judith Butler has denominated gender and sexual categories "regulatory fictions", that is, socially constructed identities which appear essential and necessary, but which in fact are shifting and shiftable; given to each of us, but capable of being adopted; authentic within certain contexts for each of us and yet capable of being discarded by the same person within other contexts[21].

---

21 For excellent articles about the challenge for feminism of the differences between women, that is, the dangers of eliding/ignoring race, class, ethnicity, age and other factors that distinguish people of the same gender from each other, *vid.* Meese/Parker (1989).

Kadiatu Kanneh (1996: 173) explains how heterosexuality can have an ambivalent effect on the complex and shifting meaning of identity for individuals, as either negative or positive:

> Feminism's response to heterosexuality has repeatedly been to dismiss it, to criticize it as a neutral or normalizing area, as a threat to women, as akin to capitalism and male dominance. The other story which remains almost in the guise of feminism's guilty shadow, is that of solidarity with a community, loyalty to a history which still needs, cries out, to be honored. I think of the black and white lesbians whose emotional suffering rests on their feeling of exile from fathers, brothers, mothers, the warmth of familial acceptance, the joy of staying with ease within the boundaries of home. I am also, necessarily reminded of those women, like myself, who feel caught between two contradictory heritages, coerced alternatively into the context of one or the other, disqualified from forming an identity in harmony with both. The politics of identity do, of course, involve a mass of contradictions, lived as shocks and moments of acute anxiety, invisibility, that sickness of standing at one remove from the body. A mixed-race identity reads as a contradiction in terms.

In Latin America, Kanneh's perspective, in which competing family, race and community identities vie with each other and with that of gender, has largely predominated. In fact, class and race have usually prevailed over gender as the social variables of power located in its discourses of control and of resistance. At the same time, the problems of sexual violence, heterosexist coercion, etc. have been central to Latin American women's search for social justice in this century[22]. Among Latin America's activists for women, there was

---

22 For reasons of history and culture, during the same period women's groups, political parties, labor unions, and loose coalitions rarely accept the designation "feminist", although that has changed in the 1990s. Even women's groups whose *raison d'être* is to promote better wages for women, gender equality before the law, free education for girls, etc. often have preferred not to be called "feminist". Nor do individual Latin American women writers normally welcome this designation. Luisa Valenzuela, a widely translated Argentine known for ironic gynocentric narrative touching on issues of gender equality, autonomy, and sexuality, in 1998 felt it necessary to clarify before an English-speaking audience that she is not a feminist (Nov. 12, 1998, in Columbia, Missouri, at the conference: "Spanish American Women Writers: Luisa Valenzuela, Albalucía Ángel"). Although in the English-speaking world, a group's or an individual's lack of acceptance of this term would indicate a rejection of activism on behalf of women, the history of Latin American women's movements that Miller and others tell, and the socially committed books Valenzuela writes, signal that something quite different is occurring. *Vid.* "Seminar on Feminism and Culture in Latin America" (1990), Miller (1991), Bronstein (1982), Jaquette (1991), and Lavrin (1994) for other histories of Latin American feminism. I highly recommend Castillo's *Talking Back* (1992) for a full discussion of these issues. In *Latin American Women and the Search for Social Justice* (1991), Francesca Miller makes explicit the history of a twentieth-century feminism which went by other names. Much more than a problem of translation for the present study, the effect of this reticence is to hide the similarities between woman's ac-

a recognition that intimate relations with men placed women at risk, either from those men, or from her society. Precisely due to the vitality of family and community for women, activists worked with knowledge of the bidirectionality of this equation, the ambivalent charge of sexuality for women. In addition, the Latin American fictional image of heterosexuality —since the widely distributed novels before the late 1980s all ignore or hide lesbian activity, except in brief segments— as either dangerous to her world or dangerous to her, coincides with the analysis of large segments of North American feminists:

> Heterosexuality has always been risky for women, whether in terms of the double standard and fears of loss of 'reputation' or of pregnancy, disease, violence and coercion (Jackson/Scott 1996: 17).

Hence it is not the nature of sexuality nor gender differentiation that provided sixties radicals and writers with utopian visions of sex as a symbol of social change, but rather the comprehension that this situation of normative power could be altered. When Ángel Rama found a link between women's liberation and female sexuality in the short stories in *Aquí la mitad del amor*, he recognized that the connection is not philosophically necessary; there certainly exist many discourses of female sexuality which are not empowering at all and only acrobatically can even be related to feminism. However, Rama (1966: 8) writes, the chosen stories

> [...] progressively reveal to us women's independence, acquired after a struggle —one demanded and required— the Otherness of the amorous relation, the mirror broken into slivers[23].

The ideas here are at least threefold. First, those stories portrayed love in the experience of women as distinguished from that of men. Second, the stories describe love as it relates to women's liberation, or female emancipation from masculine domination. Third, women's "independence" was paradoxically revealed in the joining of woman and man in sexual love; difference (from a masculine center, standard or point-of-view) appeared in love's "broken mirror". The ideology of love given in female subjectivity conflicts with the ideology of patriarchy. Thus female sexuality has a special ability to reveal chinks in society's masculinist armor.

---

tivism in Spanish-speaking, Portuguese-speaking and English-speaking America, and to place a spotlight on the differences. If one cautiously disregards the effect of labeling, however, and recognizes homologies of interests where they exist, one finds enough similarities in the discourses themselves across languages and culture to be able, when we discuss Latin American literature in English, to call some works "feminist".

23   [...] van develándonos, progresivamente, la independencia duramente adquirida, la requisitoria, la otredad de la relación amorosa, el espejo hecho añicos (Rama 1966: 8).

In literature, there is a movement whereby female sexuality becomes generalized into a representative female experience, a stand-in for many other aspects of women's lives not deriving from the female role in reproduction, but rather from the webs of association that cultures spin around reproductive functions in historical moments. The tendency to which I am referring is not the gender-transcending one by which the characteristics of sexuality found in men are assumed to apply to women, or vice versa. The generalizing process in fiction which usually occurs in fictions of female sexuality compares a woman's sex life to her whole life. Often a female character's sexuality literally defines and limits her socio-economic status, as when a youthful heterosexual episode produces a child and thus changes the woman's life unequivocally. She usually becomes the (sole) caretaker of the child and may also lose her parental support, her employment, her home or all three. Most often, however, sex for a woman character functions as a symbol. Her sexuality —its timidity or vociferousness, its attention to a single object or openness to serial lovers, her sexual victimization by others or sexual cruelty to them— not only defines her character and experience, but also provides the import and meaning of her story in society outside the novel. This type of generalization from sexual narrative to social ideology can happen for male characters, too, but for them, the likelihood is that his sexuality will be generalized to some social belief vis-à-vis all humanity, rather than to one pertaining only to his sex. Furthermore, since female sexuality, like male sexuality, clearly remits to biological sex differences, and because female sexuality, unlike male sexuality, is so frequently generalized to comment on gendered life experiences rather than the human qualities of a character, it may become a metaphor for feminist issues of sexual inequality or female empowerment.

While meditating on the importance of Roland Barthes's ideas of the 'pleasure of the text' and the *jouissance* of reading, Fredric Jameson distinguishes between pleasure that is progressive and political versus that which is neither. The difficulties inherent in distinguishing political and apolitical conceptions of pleasure that Jameson (1988: 70) seeks to explain are crucial. The latter is "comfort, and comfortable, in Barthes' pejorative sense", i.e., a "vision of bodily pleasure that [...] is not [...] a Utopian vision of another way of living", and which treats "my individual relationship with my own body —which is to say with Earth (Heidegger) or with what used to be called Nature". In contrast, progressive and political pleasure is concerned with "that very different relationship between myself or my body and other people —or, in other words, with History, with the political in the stricter sense" (*ibid.*). Jameson (*ibid.*: 70-71) continues:

> Whence the troublesome unruliness of the sexual question. Is it only that comfortable material question, or is it more irredeemably scandalous —as in sexual "ecstacy" (the strongest translation of Barthesian jouissance), or in that even more somber matter of the will to power in sexual domination? These are harder 'pleasures' to domesticate, their political content more easily assimilable to religions, or fascism —yet another "pleasure", this last! Therapeutic puritanism thus seems to impose itself again; yet be-

fore embracing it, it may be desirable to see what happens if we try to historicize these dilemmas, and the experiences that produced them. Is not, for example, the aesthetics of ecstacy, Barthesian jouissance, a properly 60s' experience?

In other words, to the extent that even pleasure —the apparently unpolitical component of sexuality— resists the passivity of middle-class comfort and edges toward radical states and actions of the libidinous body in society, pleasure can be a political issue within a historical context:

> Maybe indeed the deeper subject is here: not pleasure (against whose comfort and banalities everyone from Barthes to Edmund Burke is united in warning us), but the libidinal body itself, and its peculiar politics, which may well move in a realm largely beyond the pleasurable in that narrow, culinary, bourgeois sense (ibid.: 69, emphasis Jameson's).

Thus the politics of pleasure, like the politics of sexuality (i.e., within discourses of sex) and of the libidinal body are only visible within their historical and cultural contexts.

Many critics of literature rely on Michel Foucault for his analysis of microrelations of power or for his refutation of the Repressive Hypothesis (by which repressive power largely seeks to silence sexuality), but they frequently forget he wrote not a timeless theory but a *history*. Foucault's many insights and methodological innovations pervade modern theoretical analyses in many disciplines; for this book, however, it is most important that he argued that sexuality appears differently across time and place. Is this obvious today? Perhaps. But it also seems difficult to remember that in analyses of sexuality we are never speaking of timeless universals or essentials. Our subject matter is concrete discourses and discursive practices related to (also changing) biological and psycho-sexual realms. A society which considers certain bodies male or female, young or old, healthy or sick, one of its own or foreign to its community, following its own definitions and concepts, will become modified in time or will be modulated in contrast to other societies at the same time. The realm of the political is the conflictive, conflicted, and conflicting space of power relations within and among societies; sexuality that is political is a social issue. The criticism and fiction I discuss here are thus intended as examples of historical moments; they represent discourses on sexual pleasure and sexual pain as a political issue.

In *El arte de amar: El hombre*, for instance, psychotherapist Eva Giberti (1967: 40) concludes that Argentine men in the 1960s are:

> [...] creating a form of love, of man-woman relation, much more free, less rigid and stereotyped; less in function of others and more in accordance with itself[24].

---

24   [...] creando una forma de amor, de relación hombre-mujer mucho más suelta, menos rígida y estereotipada; menos en función de los otros y más de acuerdo con él mismo (Giberti 1967: 40).

According to Giberti, in the past, traditional Argentine men needed to exhibit their manhood ("hombría") in public sexual aggression toward women, whereas 1960s men ("el hombre actual") are more sincere, more loving, and better partners for Argentine women. The essay in *Prostibulario*, the other 1967 Merlín anthology mentioned above, provides a second perspective on this period of sexual transition in Argentina. Written by tango composer Cátulo Castillo, the text provides a nostalgic look at his adolescent visits to brothels, when he was still "unprejudiced" and "unworried about hygiene". Castillo's youthful explorations of the red-light district are told with affection, and his ruminations about the past lack any conception of the economic plight, health risks and legal purgatory suffered by many of the women who provide paid sexual services to men. His goals appear to be to provide what he believes to be an "honest" and "objective" view while entertaining the (presumed male) reader. Without any awareness of male complicity in the poor conditions in which prostitutes live and work, Castillo discusses —in the tone of "isn't this interesting"— international attempts to regulate the actions and movements of prostitutes, marketing ploys used by madams, and then gives a brief descriptive typology of Argentine *prostíbulos*, *quilombos*, *franeleros*, *chichisbeos*, *clandestinos*, etc. in the preceding fifty years. Most important, Castillo details the customs of his youth as if prostitution were a throwback to a bygone age, as if it were disappearing (whereas it was merely changing). In his essay the paid female prostitute gains an aura of quaintness, viewed from afar by a generation of elder gentlemen and their supposedly liberated readers.

In Castillo's essay, a discourse of 'liberated sexuality' and of the counterculture is present, but muted; the new sexuality is assumed to have convinced readers that male recourse to whores as a widespread cultural practice in Latin America would gradually die a natural death as more and more young women of the middle classes (in capitals like Buenos Aires, at least) act on their sexual desires[25]. Unfortunately, neither female prostitution nor the negative consequences of unmarried pregnancies disappeared with the advent of sexual permissiveness in urban cities in the sixties. Indeed, the enduring imperviousness of traditional bastions of male sexual power in Latin America have contributed to continuing female sexuality's place as a favored literary topic for social critique of the status quo. Narratives about sexual women are a discursive weapon wielded by a variety of writers because these stories highlight injustices in diverse circumstances.

Sexuality (not just female sexuality) serves easily as a theme of social critique in Latin American fiction for additional reasons. First, with its rich linguistic repertoire of allusions, insinuations, slang and metaphor, sexual discourse provides the novel with new words for fighting ideological battles grown stale. Second, as Doris Sommer (1991) and others have shown, the Latin American canonical novel long before the 1960s had

---

25 I do not want to suggest that greater numbers of sexual willing females would force prostitution's demise. The history and future of the practice are affected by economic motivations (female poverty) and many other factors making it more complex than anything which a single action or factor could cause to disappear.

already been involved in discursive struggles involving gender, race and ethnicity through romance in quite sophisticated ways[26]. Third, in "Notes on the Presentation of Sexuality in the Modern Spanish-American Novel", D. L. Shaw (1982: 281) speculates that sexuality became important in Latin America in the 1960s due to the "falling fortunes of the old novel of protest in Latin America. Head-on criticism seems to have failed"[27]. Writers searching for alternative means of addressing concerns of poverty or injustice, fell upon the new mode of sexuality, because sex's halo of unchanging biological naturalness had been summarily removed by the sexual rebellion taking place in urban centers of Latin America. In countries where censorship was strong or the risk to an author was great if a critique took direct aim at a dictatorship or entrenched interests, as was frequently the case with the repressive regimes of the Southern Cone in the 1970s, sexuality allowed writers to criticize the state or the elites from a position of relative safety, since censors often missed the metaphorical and lateral social commentary in sexual fiction.

Additionally, sexual themes since the 1960s have appeared to have the potential to question traditional sexual ethics, and thus ethics in general by extension. In other words, not only could the same issues be addressed with new words and in a new and safer way, but also new issues altogether could be the target of sexual fictions. Female sexuality had the further possibility of specifically protesting against or reflecting upon women's condition. Awareness among intellectuals of the way gender has negatively affected woman in her sexual life spread rapidly in Latin America, as it did elsewhere, after World War II. The increasing understanding of gender as not given and eternal but historical and cultural had immediate importance for (re-)interpreting social phenomena like sexual practices and the discourses about them, both fictional and non-fictional. Given the political adroitness and ideological sophistication of novelists in the region, they sometimes were more ready than their First World counterparts to question the most simplistic versions of liberal personal politics of 1968 and the student movements. In their fiction, Latin Americans often would combine identity politics with an analysis of class and struggles for power at a variety of contested sites. The Latin American intellectual, male and female, already adept at contextualizing, hybridizing and modernizing concerns about race, gender and imperialism, could see gender as never entirely separate from those other identifications.

---

26 The change from the earlier representation of love as socially unifying in romance to sex as empowering to women and therefore threatening to society in its current form comes about gradually and can be seen in its purest form only in groups of novels beginning in the 1960s. Nevertheless, the portrayal of sex as a crucial social issue for women is not confined to one part of the century. It can be found in early avant-garde texts from the beginning of the century and in some of the latest postmodern ones at century's end.

27 For some of the best of the many new collections of articles on the connections in literature between sexuality and politics, *vid.* Hunt (1991); Foster/Reis (1996); and Bergmann/Smith (1995). These last two deal with Latin American literature.

Bibliography

Works

Allende, Isabel. (³1985). *La casa de los espíritus*. México: Editorial O.M.G.S.A., Editorial Diana and Edivisión, Compañía Editorial.
---. (1986). *House of the Spirits*. New York: Bantam.
Amorim, Enrique *et al.* (1967). *Prostibulario*. Buenos Aires: Merlín.
Congrains Martín, Enrique. (1967). *No una, sino muchas muertes*. Montevideo: Alfa.
Etchenique, Nira. (1967). "Curriculum", in: Amorim, Enrique *et al. Prostibulario*. Buenos Aires: Merlín, pp. 41-49.
Ferré, Rosario. (1980). "'La autenticidad de la mujer en el arte' and 'El diario como forma femenina'", in: *idem. Sitio a Eros: trece ensayos literarios*. México: Joaquín Mortiz, pp. 13-27.
Valenzuela, Luisa. (1982). *Cambio de armas*. Hanover: Ediciones del Norte.
---. (1985). *Other Weapons*. Hanover: Ediciones del Norte.

Critical Works

Allende, Isabel. (1989). "Mis líos con el sexo", in: Bautista Gutiérrez, Gloria. (ed.). *Voces femeninos de Hispanoamérica: antología*. Pittsburgh: University of Pittsburgh Press, pp. 241-248. (*El País*, 27 julio 1988).
Bergmann, Emilie L./Smith, Paul Julian. (eds.). (1995). *¿Entiendes? Queer Readings, Hispanic Writings*. Durham: Duke University Press.
Bosco, María Angélica *et al.* (1967). *El arte de amar: el hombre*. Buenos Aires: Merlin.
Bronstein, Audrey. (1982). *The Triple Struggle: Latin American Peasant Women*. Boston: South End Press.
Butler, Judith. (1990). *Gender Trouble: Feminism and the Subversion of Identity*. New York, London: Routledge.
---. (1997). *The Psychic Life of Power: Theories in Subjection*. Stanford: Stanford University Press.
Castillo, Cátulo. (1967). "Prostíbulos y prostitutas", in: Amorim, Enrique *et al. Prostibulario*. By Colección Espejo de Buenos Aires. Buenos Aires: Merlín, pp. 7-29.
Castillo, Debra A. (1992). *Talking Back: Toward a Latin American Feminist Literary Criticism. Reading Woman Writing*. Ithaca: Cornell University Press.
---. (1998). *Easy Women: Sex and Gender in Modern Mexican Fiction*. Minneapolis: University of Minnesota Press.
Congrains Martín, Enrique. (1977). "Enrique Congrains Martín, ¿Homenaje a las limeñas? April 4, 1971, interview in Caracas with Wolfgang Luchting", in: Luchting, Wolfgang. *Escritores peruanos, qué piensan, qué dicen*. Lima: ECOMA, pp. 65-81.

Fernández Olmos, Margarite/Paravisini-Gebert, Lizabeth. (eds.). (1991). *El placer de la palabra. Literatura erótica femenina de América Latina, antología crítica*. México: Planeta Mexicana.

---. (1993). *Pleasure in the Word, Erotic Writings by Latin American Women*. Fredonia, New York: White Pine Press.

Foster, David William. (1985). *Alternate Voices in the Contemporary Latin American Narrative*. Columbia: University of Missouri Press, pp. 129-136.

--- /Reis, Roberto. (eds.). (1996). *Bodies and Biases, Sexualities in Hispanic Cultures and Literatures*. Hispanic Issues, vol. 13. Minneapolis, London: University of Minnesota Press.

García Pinto, Magdalena. (1988). "Isabel Allende". Interview, in: *idem. Women Writers of Latin America: Intimate Histories*. Austin: University of Texas Press, pp. 23-42.

Giberti, Eva. (1967). "Cómo aman los argentinos", in: Bosco, María Angélica *et al.* (eds.). *El arte de amar: el hombre*. Buenos Aires: Merlín, pp. 7-41.

Hunt, Lynn. (ed.). (1991). *Eroticism and the Body Politics*. Baltimore and London: Johns Hopkins University Press.

Jackson, Stevi/Scott, Sue. (1996). "Sexual Skirmishes of Feminist Factions, Twenty-Five years of Debate on Women and Sexuality", in: *idem. Introduction. Feminism and Sexuality, A Reader. A Gender and Culture Reader*. New York: Columbia University Press, pp. 1-31.

Jameson, Fredric. (1988). "Pleasure: A Political Issue", in: *idem. The Syntax of History*, vol. 2 of *The Ideology of Theory, Essays 1971-1986*. Theory and History of Literature, 49. Minneapolis: University of Minnesota Press, pp. 61-74.

Jaquette, Jane. (1994). *The Women's Movement in Latin America: Participation and Democracy*. 2nd ed. Boulder: Westview Press.

Jaramillo Levi, Enrique. (1974). "Prólogo", in: *idem.* (1975). *El cuento erótico en México*. México: Diana, pp. 11-22.

Kanneh, Kadiatu. (1996). "Sisters Under the Skin: A Politics of Heterosexuality", in: Jackson, Stevi/Scott, Sue. (eds.). *Feminism and Sexuality, A Reader. A Gender and Culture Reader*. New York: Columbia University Press, pp. 172-174.

Lavrin, Asunción. (1994). "Women in Twentieth-Century Latin American Society", in: Bethell, Leslie. (ed.). *The Cambridge History of Latin America*. Cambridge: Cambridge University Press. Vol. VI, Part 2, pp. 483-544.

MacKinnon, Catharine A. (1982). "Feminism, Marxism, Method, and the State: An Agenda for Theory", in: Keohane, Nannerl O./Rosaldo, Michelle Z./Gelpi, Barbara C. (eds.). *Feminist Theory, A Critique of Ideology*. Chicago: University of Chicago Press, pp. 1-30.

Meese, Elizabeth/Parker, Alice. (eds.). (1989). *The Difference Within: Feminism and Critical Theory*. Amsterdam, Philadelphia: John Benjamins Publishing.

Miller, Francesca. (1991). *Latin American Women and the Search for Social Justice*. Hanover and London: University Press of New England.

Rama, Ángel. (1966). "Prólogo", in: *idem. Aquí la mitad del amor*. Montevideo: Arca, pp. 7-10.

Ramazanoglu, Caroline/Holland, Janet. (1993). "Women's Sexuality and Men's Appropriation of Desire", in: Ramazanoglu, Caroline. (ed.). *Up Against Foucault: Explorations of Some Tensions Between Foucault and Feminism*. London, New York: Routledge, pp. 239-264.

"Seminar on Feminism and Culture in Latin America". (1990). *Women, Culture and Politics in Latin America*. Berkeley, Los Angeles: University of California Press.

"Sexual Politics in Latin America". (1998). *NACLA Report on the Americas*. 31, 4 (Jan./Feb.).

Shaw, D. L. (1982). "Notes on the Presentation of Sexuality in the Modern Spanish American Novel", in: *Bulletin of Hispanic Studies*. 59, 3: 275-282.

Snitow, Ann Barr. (1980). "The Front Line: Notes on Sex in Novels by Women, 1969-1979", in: Stimpson, Catherine R./Spector Person, Ethel. (eds.). *Women, Sex, and Sexuality*. Chicago, London: University of Chicago Press, pp. 158-174.

Sommer, Doris. (1991). *Foundational Fictions*. Berkeley: University of California Press.

Trevizan, Liliana. (1997). *Política/sexualidad: Nudo en la escritura de mujeres latinoamericanas*. Lanham, Oxford: University Press of America.

Laura J. Beard

Texas Tech University

DISCORDANT IDENTITIES AND DISJUNCTIVE AUTHORITY IN A PERVERSE NARRATIVE: JULIETA CAMPOS' *TIENE LOS CABELLOS ROJIZOS Y SE LLAMA SABINA*

In *The Spanish American Regional Novel: Modernity and Autochthony*, Carlos Alonso argues that the movement away from modernity became discursively and politically institutionalized as a continual search for identity that provided the foundation for an intrinsically Spanish American cultural enterprise. His more recent book, *The Burden of Modernity: The Rhetoric of Cultural Discourse in Spanish America,* seeks to document:

> [...] that moment in which the gesture of allegiance and obeisance toward the modern is eschewed —however ambiguously or paradoxically— by recourse to a given textual practice that renders that gesture problematic (Alonso 1998: v).

Conflating the two meanings of modernity —both a concept or aesthetic ideal and a socioeconomic reality or phase of Western historical development— he looks at the specifics of the Spanish American writer's relationship to modernity, arguing that the

> [...] intrinsic discordances and disjunctions, which are characteristic of all writing, become more salient in the Spanish American text given the particular nature of the rhetorical situation in which it is inscribed (*ibid.*: 5).

Alonso's provocative discussion of modernity and postmodernity in the Spanish American context provides certain points of departure for a discussion of the problematics of identity and authority in Julieta Campos' *Tiene los cabellos rojizos y se llama Sabina*, a postmodern novel whose intrinsic discordances and disjunctions are perhaps its most salient features.

Alonso's recent monograph forms part of the ongoing debate as to whether Latin American literature can be said to be postcolonial. With the quintessential postcolonial gesture one of recuperation of the indigenous group's interrupted historical existence, Alonso notes that in Latin America, the native population was either wiped out or marginalized while the criollos and mestizos who formed the new nations employed European language, religion, and cultural models. Alonso (*ibid.*: 15) argues that the

Creole and mestizo groups *willed* themselves narratively white and Western, and the denial of the autochthonous element issued from that, and not from being different from that element.

So that rather than a return to an idyllic past, Alonso sees Latin American literature as a "narrative of futurity":

> [...] the contestatory plot in which America was identified with an ever postponed future, a tactic that inaugurated a discursive space in which alternative possibilities could be legitimately envisioned [...] (Alonso 1998: 10).

This description of a narrative of futurity, with ever-opening alternative possibilities, aptly describes Julieta Campos' novel.

In *Tiene los cabellos rojizos y se llama Sabina* (which won the Premio Villaurrutia in 1974), Campos creates a self-conscious text that multiplies the number of its narrators, mixes in countless intertexts, and continually questions the narrative process. Her novel is one that can be endlessly interpreted and one that specifically addresses questions of interpretation. In one 179-page paragraph, readers are presented with myriad fragments of text that resist being fashioned into a linear narrative.

Indeed, *Tiene los cabellos rojizos y se llama Sabina* fits Judith Roof's definition of a perverse narrative, "a narrative about narrative dissolution, a narrative that continually short-circuits, that both frustrates and winks at" (Roof 1996: xxiv) those expectations readers bring to the text. In Roof's terminology, the perversity of such a narrative lies not in its subject matter but in the way the narrative "enacts a perverse relation to narrative itself" (*ibid*.: xxiv). Just so does Campos' novel continually suggest and then deny the notions of plot and character, authority and identity.

The cardinal point of the kaleidoscopic novel[1], if it can be said to have one, is a redheaded woman named Sabina who stands on the balcony of her hotel room in Acapulco, looking out to sea at four o'clock in the afternoon on May 8, 1971. She hopes to reexperience, and perhaps catch in a photograph, a moment of epiphany, when for once everything made sense. Just as in Alonso's discussion of the narrative of futurity, when he argues that "the present was significant mostly inasmuch as it constituted the anticipation of a final and always future epiphany" (Alonso 1998: 18), so too can all of *Tiene los cabellos rojizos y se llama Sabina* be read as the protracted description of a present moment which anticipates a final and always future epiphany.

---

[1] The front cover of the June 1978 Joaquín Mortiz edition of *Tiene los cabellos rojizos y se llama Sabina* features a still-life picture of various objects, including one that appears to be a kaleidoscope. Other objects include the book *Tiene los cabellos rojizos y se llama Sabina* itself (creating a mise-en-abîme effect), a lined notebook with words written in green ink (evoking one of the narrators of the novel), seashells, dead leaves, a yellow rose, a snowglobe, a black cat statuette, and a postcard of Venice —all elements that appear frequently in the narrative itself. Rivero-Potter (1990: 634) also uses this term when she writes of "a kaleidoscopic protagonist and plot".

In a text which is paradoxically both novel and critical essay on the process of constructing a novel, Campos wants to focus on the present moment, the moment of writing. Yet, the present moment of Campos' text is problematic, as indicated by the very first sentence of the novel "No estoy aquí" (Campos 1978: 11). As I have argued elsewhere[2], the first sentences of the text alert readers to ways in which Campos plays with time and space in a novel in which temporal and spatial references are always slippery.

In spite both of efforts to remain in the present moment and of repeated assurances that it is four o'clock in the afternoon of May 8, 1971, time slips free from its textual moorings. Even the use of the present progressive tense, which would seem to obligate fixity in the present moment, is no guarantee: "Pero no lo estoy pensando ahora, que han pasado siete días y creo saber algo de este lugar. Lo estoy pensando el segundo día [...]" (*ibid.*: 21). The first person narrator admits "que los tiempos de la novela son múltiples" and goes on to list two pages of times for her text (*ibid.*: 134-35)[3]. While occasionally the narrator places the present moment in different centuries, more frequent is the insistence that

> [...] estoy escribiendo una novela sobre el minuto más largo que ha registrado la historia literaria y no podría decirles lo que ocurre en ese larguísimo minuto ficticioso que es sin embargo, lo aseguro, un minuto espléndidamente verdadero (*ibid.*: *124*).

The incessant discussion of time is one of the perverse elements of Campos's text as it continually short-circuits conventional narrative distinctions between story-time and discourse-time[4].

Tiene los cabellos rojizos y se llama Sabina is a challenging text in which various possible narrators discuss different narrative strategies for their potential novels. The writing of the novels is ever postponed, while alternatives are considered and dismissed. One of the narrators of *Tiene los cabellos rojizos y se llama Sabina* proposes a book which "[n]o sería la primera novela que describiera un instante ficticiamente abultado, sin relación alguna con el verdadero transcurrir del tiempo" (*ibid.*: 19). This narrator of

---

2   *Vid.* my "Navigating the Metafictional Text: Julieta Campos' *Tiene los cabellos rojizos y se llama Sabina*" in *Hispanófila* (forthcoming).

3   Page 85 also lists a variety of possible times for the novel.

4   Chatman (1978: 62) distinguishes between

> [...] discourse-time —the time it takes to peruse the discourse— and story-time, the duration of the purported events of the narrative.

In Campos' narrative, the story-time would be just one moment while the time it takes readers to read the 179-page text would obviously be much longer.

Tiene los cabellos rojizos y se llama Sabina wants to write a novel about that one moment in which a woman stands on her balcony looking out to sea while her travel companions wait for her inside the hotel room, their bags packed at the end of the vacation. It is a marginal moment, marking off the boundaries between vacation time and nonvacation time, between the inside and the outside of the hotel, between land and sea. The moment that is to be the key moment of the novel is one that resonates with Alonso's description of the narrative of futurity in which

> [...] the richness of possibilities seemingly available and the open-ended quality of the discursive realm hence inaugurated would also bring unexpected anxieties and difficulties [...] (Alonso 1998: 17).

In Campos' novel, we see a richness of possibilities in the multiple narrators and their multiple possible texts as well as unexpected difficulties and anxieties in determining any fixity of identity for those narrators and their indeterminate texts of suspended meaning.

That the various narrators might also be characters in the novels of other narrators and that the narrators and characters are all nameless confuse any desire for distinction between character and narrator in this postmodern novel. Their namelessness contests the concept of identity: "El personaje no tiene nombre porque no tiene identidad o, si quieres, porque en él, en ella se intercambian y coinciden muchas identidades latentes o posibles" (Campos 1978: 78-79). The giving of a name is the imposition of an identity and Campos wants to confuse, rather than impose, identities. The identities of the narrators and their characters blend:

> La narradora y su personaje estarán ligadas como dos hermanas siamesas. Sus corazones latirán con la misma cadencia y una podrá adivinar lo que piensa o siente la otra, porque una y otra serán las dos caras de una misma, casi incestuosa, identidad (*ibid.*: 82).

Identities are always already entangled in *Tiene los cabellos rojizos y se llama Sabina* as the various narrators and characters question each other's existences. "*Tú* eres la mujer que mira la escenografía. *Yo* no soy yo. *Yo* no existe. No hay más que una ficción de personaje a la que ni siquiera he pensado en ponerle un nombre" (*ibid.*: 58). The third-person singular of the verb *existir*, rather than the first-person singular form that the *yo* would require, stresses that the *yo* is not a true first-person voice, but rather a subject pronoun being used almost arbitrarily as a marker of a character position. The *yo* is just the fiction of a character. The constant undecidability of subject and object position in Campos' narrative continually conflates the positions of narrator, author, even reader. The grammatical ambiguity also would seem to challenge the elusive discursive authority being sought in this narrative of futurity.

The first person narrator of *Tiene los cabellos rojizos y se llama Sabina* attempts to affirm her control over the identity of her character aggressively, proclaiming

DISCORDANT IDENTITIES 225

"conozco mejor que nadie el personaje porque lo he inventado, independientemente de los hechos y aun de su voluntad" (*ibid.*: 177). This control relies on an asserted authority as the creator, or author, of the character. The first person narrator further reminds the reader:

> [...] no olvidemos que su destino depende de mí, que estoy escribiendo efectivamente esta novela y, en cierta medida, de otros dos narradores que a su vez dependen de mí porque yo los he inventado (Campos 1978: 139).

The lack of proper names, the paradoxical facelessness of the women —"su rostro sin facciones que encubre tantos rostros" (*ibid.*: 131)—, the confusion over identities, and the insistent discussion about who controls whom, are all part of the intrinsic discordances and disjunctions characteristic of Campos' text and of the concerns with authority it perpetually raises.

In a narrative that explicitly addresses questions of interpretation, the narrators of *Tiene los cabellos rojizos y se llama Sabina* frequently discuss the expected reaction of the hypothetical readers to their potential novels. One narrator recommends removing all signs of punctuation in order to "[d]arle un poco de trabajo al lector" (*ibid.*: 126) and while the novel does have punctuation, there are no paragraph breaks, a circumstance that does trouble many readers[5]. A later suggestion to leave "al capricho y al buen entender del lector" the decision as to whether the girl in the black sweater is "una aparición, un personaje simbólico, la portadora de un augurio o es nada más una muchacha que pasa" (*ibid.*: 136) affords Campos the opportunity to poke fun at literary critics (in whose ranks she can be counted as well).

The conventionally separate roles of reader and character are also blurred throughout the novel, as when a narrative voice shows concern for the reader whose level of confusion must surely surpass that of the character:

> La confusión del lector deberá superar, en este punto de la novela, a la del personaje: tendrá que perderse entre la multiplicidad de las máscaras, los rostros y las voces para encontrar, si es que lo encuentra, un indicio caricaturesco de su propia imagen (*ibid.*: 121).

---

5   Bilbija (1993: 137) argues that

> [...] el texto se ofrece como una entidad única, ya que no hay párrafos, capítulos, puntos y apartes, nada que rompería su uniformidad.

I would argue, however, that the interruption into the Spanish text of words and passages in English, French, and Latin, as well as the inclusion of a diagram and a drawing, break the uniformity for most readers more than would the division into conventional paragraphs and chapters.

Any readers who pick up the novel hoping to find some reflection of their own image, searching for mimesis, will be disappointed. When another narrative voice asserts that by this point the reader has undoubtedly given up reading the novel[6], Campos' novel makes clear that any readers who have become so hypnotized by the words that they continue to read, do so at the risk of losing their own subjectivities, even their lives, teetering as they do on the edge of the balcony with a woman who "ni siquiera tiene nombre" (Campos 1978: 122). Entering the discursive realm is a dangerous activity that puts one at risk of losing one's identity in the confusion of identities that comprise the kaleidoscopic text.

Nor is teetering at the edge of the balcony the only danger facing the readers in this aquatic novel in which the identities of author, narrator, character, and reader ebb and flow like ocean waves. The possibility of drowning is a recurrent motif in the narrative and Campos purposefully plays with different forms of drowning: "No soy yo quien me ahogo sino tú, en un mar de palabras. Tú que me lees y que con mis ojos miras el mar y con mi deseo te dejas sumergir en el mar" (*ibid.*: 170). Readers of the text, caught up in narrative desire, are positively drowning in a sea of words, in a maritime mixture of discontinuous narrative voices.

The predominant "yo" of *Tiene los cabellos rojizos y se llama Sabina* is writing a novel about a person who, looking at the sea, imagines herself writing a novel that would permit her to put together all the pieces of an identity that is dispersed among the fragments of many identities[7]. The woman who writes in green ink in a lined notebook, the woman in the hotel room, and the characters of the novels they might be writing also share and fragment their identities:

> La mujer que está en el cuaderno mientras yo pretendo que está en el mirador, hace como si estuviera en el mirador, hace como si fuera mi personaje. Y yo hago como si fuera el personaje que se imagina capaz de escribir una novela con un solo personaje: una mujer que, desde un mirador, mira el mar (*ibid.*: 52).

Each imagines the other, and imagines the other imagining her. Each acts as if an imagined situation were real. This passage full of *como si* clauses and past subjunctive verb tenses stresses the hypothetical nature of the sometimes contradictory sentences. The passage also reflects the subjunctive tense's lack of independent existence in grammar, the fact that it (like the various character/narrator positions in Campos' text) is always other-directed. Campos' frequent use of the subjunctive tense bears out Debra Castillo's

---

6 "Te equivocas. El lector, para entonces, habrá abandonado la lectura dejando de ser, en consecuencia, el lector" (Campos 1978: 121).

7 ¿Escribes, pues, si he entendido bien, una novela acerca de un personaje que, mirando el mar, se imagina escribiendo una novela que le permitiría recoger los pedazos de una identidad dispersa en los fragmentos de muchas identidades [...]? (Campos 1978: 134)

definition of women's writing as "a life lived in the subjunctive mood" (Castillo 1992: 63) at the same time that it reminds us of the "subjunctification" of language Alonso (1998: 10) finds characteristic of the narrative of futurity.

In spite of its discontinuities and disjunctions, *Tiene los cabellos rojizos y se llama Sabina* sustains itself as narrative by its indirect and often direct appeals to narrative and narrative conventions. The various narrators make self-conscious references to their own and each other's narrative context:

> Ella es únicamente una parte de ti a la que te empeñas en llamar tu personaje. Una parte de ti que rompería todos los lazos, para imaginarse ensimismada en la contemplación del mar. Es necesario dejarla sola. Sólo así podrá asumir plenamente su naturaleza de personaje de ficción (Campos 1978: 52).

While this first person narrator has taken a part of her own personality and made that isolated part into the character for a novel, the separation is never complete, as the subjectivities are continuously blurred.

The speaker who addresses the first person narrator as "tú" here asserts that characters must be left alone in order to assume their full natures as fictional characters. Again, authority and control are taken away from the author or narrator in an assertion of autonomy for the fictional character. Yet none of the authors or characters in Campo's novel can be said to be autonomous when each is, or might be, a character of someone else's fiction, problematizing distinctions between extradiegetic, heterodiegetic, and intradiegetic levels. Neither can the narrators and characters profess autonomy when they themselves are so confused about their identities.

Tiene los cabellos rojizos y se llama Sabina is a novel concerned with questions of identity and authority yet one that continually undercuts any possible authority being claimed. Authority, in all its forms and guises, is always already problematic in Campos' novel. In his discussion of modernity and postmodernity in Latin American narratives, Alonso (1998: 23) argues that

> [...] the Spanish American text underscores that its authority is founded primarily on the citational operation that it encompasses, thereby turning what defines itself as a limited practice of authorization into the text's foundational strategy of legitimization.

Alonso explains that the Spanish American writer, traditionally perceiving himself as outside the metropolitan rhetorical collectivity that he needs to cite for authority, can claim any author from the metropolis as an authority figure (since authority is equated with provenance from that realm), but faces the difficulty of making a choice:

> Hence, the Spanish American writer collectivizes and multiplies a category that in order to function effectively as a warrantor of his authority has to be thoroughly identified with a particular individual instead. (*ibid.*: 22)

Alonso's concerns with the problematization of the writer's discursive authority are illuminating of Julieta Campos' work, as *Tiene los cabellos rojizos y se llama Sabina* has a rich citational, or intertextual, foundation that situates the novel in an ofttimes problematic relationship with not just the Latin American canon, but also the European and North American canons.

Campos' novel is prefaced by a quotation from Chateaubriand "Je reposerai donc au bord de la mer que j'ai tant aimée" (Campos 1978: 9), begins with a citation from Proust (*ibid*.: 11), and refers frequently to a host of canonical male European writers. Her preoccupations with canonical European cities like Paris and Venice would also seem to reflect an anxiety to draw upon the authorization of a metropolitan rhetorical collectivity.

The presence of previous texts is felt in the provisional setting for the novel, a hotel in Acapulco. Acapulco, as a city on the water, incorporates two crucial images around which the novel revolves, with the sea and the city both being terms that allow the narrative to shift in time and space. The sea is self-consciously questioned as a literary topos that carries a heavy load of literary precursors:

> Habrá que describir el mar. ¿El mar de Ulises? ¿El mar de Ajab? ¿Acaso el mar de los Sargazos? Pienso en el Caribe, en el mar que rodea a Capri, en el mar de la costa Norte de Cuba (*ibid*.: 59).

The sea functions as a mirror that reflects back to the author all other literary descriptions of the sea[8]. In making explicit that point, the narrator refers first to two literary heavyweights, Homer and Melville, then alludes to a feminist work, *Wide Sargasso Sea*, in which Jean Rhys reinscribes *Jane Eyre*, rewriting the story of Rochester's first wife from her point of view. Thus, the last literary sea mentioned in the short list is one that inverts the usual position by privileging the female point of view over the male, one that tells the other side of the story (Hite 1989: 19-54).

Cities also carry a heavy intertextual burden. The evocation of one city immediately brings to mind another, so that Venice becomes Alexandria, Havanna, Acapulco, or Vancouver. Focusing on port cities reminds the reader that it is through those cities that new, or foreign, elements are introduced and further underscores the sea as the binding element in the text[9]. In comparing seventeenth-century Mexico City with Venice, the narrator is aware that these comparisons arise from "[m]i manía de encon-

---

8   An even longer list of literary images of the sea can be found on pages 168-69 as

> [...] la narradora, que toma notas, sentada en uno de los escalones del promontorio, se propone en este momento hacer un catálogo de asociaciones marinas, símbolos, símiles, metáforas [...] (Campos 1978: 168).

9   On page 59, the text is interrupted with a figure that imitates a sort of chemical or mathematical equation showing the connections between the water and the port cities:

DISCORDANT IDENTITIES 229

trar relaciones. Una escenografía que reúna en un paisaje todos los paisajes" (Campos 1978: 38). The sea is repeatedly evoked as a scene that includes all scenes.

The hotel is also chosen for its ability to include all scenes. In an international hotel, people from all parts of the world, from various walks of life, come and go, leading the narrator of *Tiene los cabellos rojizos y se llama Sabina* to conclude that "[u]n hotel sería la mejor localización simbólica de la vida" (*ibid.*: 31). Having stated that a hotel is the best symbolic location, she later claims it is the best imaginary site:

> El hotel es el espacio imaginario perfecto, destilado idealmente para la ficción, donde el tiempo se interioriza, reina una libertad absoluta y es factible romper y rehacer todos los lazos (*ibid.*: 51).

Campos may be making a play here on Lacan's three stages in the development of the subject, with the narrator having decided that the hotel is the best spot for the development of the elusive subject of this narrative of futurity.

Individual settings within the hotel are also rich in embedded meanings. The male narrator lives on the top floor of the hotel, in a room called "El laberinto". The labyrinth has been noted as "a metaphor for the search and destroy paradigm —the quintessential male adventure story, complete with hero, villain, suspense, action, blood and guts, and sex" (Bruce-Novoa 1984: 54). The male narrator is a combined Theseus/Minotaur, trapped in his own labyrinth of repeated images and texts, condemned to exploit women in order to move in any direction. His mystery/adventure novel displays such (commercially successful) exploitation.

The female narrator lives in "El mirador": a word that evokes both look-out point and looking glass or mirror, allowing the woman's orientation to be simultaneously outward and inward. "El mirador" is thus "a vantage point from which the woman explores her own image in the world, while seeing herself viewing herself in nature as a reflection of herself" (*ibid.*: 54). She looks out at the sea and, in the sea, sees herself. The sea is her mirror[10]. Her position on a balcony looking out to sea also recalls the traditional role for the woman who waits and watches for her man to return from the sea.

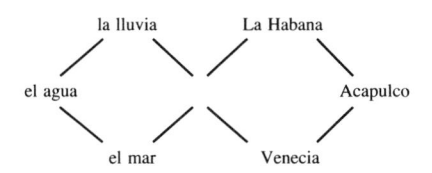

```
         la lluvia      La Habana
        /        \    /         \
   el agua        \  /          Acapulco
        \          \/          /
         \         /\         /
          \       /  \       /
           el mar      Venecia
```

The port cities serve as foci of desire for the narrative voice of *Tiene los cabellos rojizos y se llama Sabina*.

10 "Sólo he dicho que mira el mar y que, al mirarlo, se mira. El mar es su espejo" (Campos 1978: 127).

The labyrinth and the mirror metaphors merge into a metaphor of the novel itself:

> Si yo pudiera dibujarte la novela como un puro esquema formal, les correspondería el laberinto y sería un laberinto de feria, tapizado de espejos deformadores, de esos que alargan las figuras o las inflan desmesuradamente (Campos 1978: 56).

A novel is a labyrinth constructed of distorting mirrors. Mimetic realism clearly is not possible in this perverse narrative.

The image of the novel as a labyrinth of distorting mirrors, a carnival trick, is reinvoked later in the novel when one of the narrative voices, in confusion or exasperation, asks:

> [...] ¿existe esa novela o se trata también de un juego peligroso, un juego de espejos que confunde deliberadamente los puntos de vista, de modo que resulte imposible saber cuándo se está de uno o de otro lado del espejo, siendo además que los espejos son múltiples y que la dificultad para situarse en relación con ellos se hace cada vez más inquietante? (*ibid.*: 171).

Multiple mirrors are used to make something appear to be present when it actually is not. *Tiene los cabellos rojizos y se llama Sabina* itself does exist as a text that we, as flesh and blood readers, hold in our hands; but within Campos' novel, it is not clear whether any of the multiple narrators ever do write their novels into existence. The narrators, their characters, the hotel, the port cities, the existence of everything is put into question[11].

The labyrinth and the mirror are, of course, both images strongly associated with Borges and Borges is one of the authors most frequently reflected in the mirrored labyrinth of *Tiene los cabellos rojizos y se llama Sabina*. When a phrase pops into the mind of one of the narrators, it is immediately followed by the thought "Debió decirlo Borges" (*ibid.*: 62), Borges being one of the few Spanish American authors conventionally considered part of that metropolitan rhetorical collectivity to be appropriately cited as an authority figure. This narrator who attributes a statement to Borges has her ruminations interrupted by another voice, one who addresses her in the second person singular form, *tú*. This second person voice often interrupts in order to contradict: "Te engañas" (Campos 1978: 46). The first person narrator calls attention to the interruptions, asking "¿Que quién habla en segunda persona?" (*ibid.*: 47), going on to wonder, in a self-conscious narrative mode: "¿Es un recurso artificioso y por lo mismo inútil o

---

11 In addition to the labyrinth of mirrors and the "rompecabezas" (Campos 1978: 39), other metaphors for the novel include a house ["¿Qué se pensaría de un arquitecto que mostrara en la casa terminada, al descubierto, todo lo que le hubiera servido para cimentarla y apuntarla?" (*ibid.*: 38-39)], "un reloj de arena" (*ibid.*: 92), and a board game ["esta novela que es un juego donde yo creía mover las fichas a mi antojo" (*ibid.*: 175)]. Another proposition is for "[u]na novela calcada sobre el diseño de Venecia: el laberinto y la plaza" (*ibid.*: 35).

una necesidad consubstancial con ese personaje del que muy bien podría decirse que tiene una naturaleza escindida, desdoblada, casi esquizofrénica?" (*ibid*.). The first person narrator has "una memoria literaria que cada vez se distingue menos de la otra, la memoria de la realidad" (*ibid*.: 158-59) and thus, when feeling pursued by another voice, turns to literature:

> Me obsesionan unas palabras dichas ya por Borges, un día en que le angustió de una manera demasiado punzante la duplicidad de sí mismo que todo escritor arrastra, como cada hombre lleva consigo el propio cadáver: *Al otro... es a quien le ocurren las cosas... yo vivo, yo me dejo vivir, para que Borges pueda tramar su literatura...* (*ibid*.: 47, Campos' ellipsis).

Campos quotes directly from "Borges y yo", embedding the Argentine's discourse into her own without citing it by title. Campos' method of incorporating Borges' work into her novel continues the struggle or opposition between the public and the private Borges presented in his essay. By not referring to his words as coming from a published piece, but rather by referring to them as some words *said* by Borges one day when he was feeling particularly bothered by his own split nature, Campos stresses the personal side of Borges over the public side, the oral over the written. As someone who speaks, someone who feels anguish, Borges is a person, not a distant writer. Because the words are presented as spoken rather than written, the possibility exists that those words were spoken to, or at least overheard by, the first person narrator of *Tiene los cabellos rojizos y se llama Sabina*. That Borges and the first person narrator of *Tiene los cabellos rojizos y se llama Sabina* are then, in some way, in the same discursive realm is another way in which the claim of authority is being staked.

Having quoted from "Borges y yo", Campos goes on to reinscribe his thoughts as those of her first person narrator:

> Yo, la que está, estoy, sentada en el muelle no he querido nunca escribir libros. Ha sido ella la que me ha obligado. Ella, la que habla en segunda persona, aunque a veces soy yo, yo misma, la que asumo esa segunda persona del singular, esa ambigüedad de mi personaje sin la cual la novela que yo podría escribir, que acaso estoy escribiendo, no habría podido, ni habría tenido, ni tendría que escribirse nunca (*ibid*.: 47-48).

In "Borges y yo", the 'yo' refers to "Borges" as the one who writes; here the "yo" claims that she never wanted to write books, that the "ella" is the one who made the "yo" do it. At the end of "Borges y yo", however, Borges' narrator is not sure "cuál de los dos escribe esta página" (*ibid*.: 51), blurring the distinction between the two. Campos' first person narrator also blurs the distinction between these two voices in her novel by admitting that she herself sometimes assumes the second person singular voice. If, at times in *Tiene los cabellos rojizos y se llama Sabina*, the one who speaks as "I" is the same one who contradicts as "you", does that mean that, at other times, there is another person (not the first person narrator) who speaks in the second person singular? The reader can never be sure who is speaking. But, then, neither is the one who is speaking: "No sé si soy, en este momento, el personaje que proyecta una novela, el personaje que la está escribiendo o un personaje fascinado por la luz de las cuatro de la tarde" (Campos 1978: 74). Any desire for a reliable narrator, or for a settled truth, must be frustrated.

In their dialogue, the one who speaks in the second person asks the first person narrator whether her character, "ese del que me hablas, ese que te obsesiona" (*ibid*.: 51), is a young girl, a middle-aged woman or an older woman, receiving the answer, "Es todo eso al mismo tiempo y no existe en ninguna parte" (*ibid*.). Her character is a woman of all ages, or is perhaps all women, but she does not exist anywhere. Her character has a complex, confused, multiple, ambiguous, scattered identity. She is capable of representing all the roles in any play[12]. She is a fictional character self-consciously aware that her existence is limited to the imagination of the one who writes her and to the pages of the novel, should that novel ever get written.

Authority is also at issue in the discussion of a possible suicide. A narrator intimates that the female character who looks out to sea, "haciendo un abuso insospechado de su libertad personal", violated the rules of the game (whereby the person writing the novel gets to decide the fate of the characters) by deciding to become her own character and end her life by jumping to her death onto the promontory (*ibid*.: 176-77). The novel goes on to state that certain facts reported in the newspapers on the morning of Monday, May 9, 1971, seem to corroborate this version. After relaying the bits reported by the newspapers, the first person narrator goes on to state that "el único dato al que puede atenerse el lector, sin temor de ser engañado, el que constituye la única clave de este libro y, en consecuencia, de la identidad de dicho personaje" is that she has reddish hair and her name is Sabina (*ibid*.: 177). This is the only certitude; the rest is a dream or a trick done with mirrors[13].

In his article on the intertextuality of *Tiene los cabellos rojizos y se llama Sabina*, Juan Bruce-Novoa situates Campos' vision and prose in a narrative mode passing from Virginia Woolf to Nathalie Sarraute, compares her work with the French *nouveau romanciers*, and points to Salvador Elizondo as her most similar colleague in Mexico. Elizondo's similarly self-reflexive text, *El hipogeo secreto*, focuses on the writer in the act of writing about characters who are imagining or watching a writer imagining char-

---

12   [...] mi personaje, como todos los seres que participan de ese delirio inexplicable que se manifesta por una tendencia sin freno y sin límite a vertir el mundo en palabras, tiene una identidad compleja, confusa, múltiple, ambigua, desdoblada. Es, por así decirlo, un figurante capaz de representar todos los papeles [...] (Campos 1978: 130).

13   "Ésa es, sería en definitiva la única certidumbre y todo lo demás un espejismo o una ensoñación" (Campos 1978: 177).

acters who imagine the writer[14]. Bruce-Novoa suggests that *Tiene los cabellos rojizos y se llama Sabina* is a feminist deconstruction of the male logocentrism exemplified in Elizondo's texts (*El hipogeo secreto* and *Farabeuf*).

Bruce-Novoa also ties the title of *Tiene los cabellos rojizos y se llama Sabina* to a character of Anaïs Nin. Sabina is a character in Nin's prose poem *House of Incest* as well as one of the three protagonists of Nin's pentalogy of novels[15]. Julieta Campos attests to her interest in Anaïs Nin by including two essays on Nin in her 1988 collection, *Un heroísmo secreto*. In "Anaïs Nin o la alquimia de la vida como obra de arte", Campos (1988: 17) proclaims that:

> Anaïs es muchos personajes y participar en la aventura de su vida es reconocer que toda vida auténticamente vivida supone muchas vidas sucesivas y aun muchas vidas que se viven al mismo tiempo aunque con ritmos diversos, en tonos diversos, como los distintos instrumentos de una orquestra ejecutan los motivos de una melodía.

Campos finds Anaïs Nin seductive as an example of a self that is not self-identical, of a person who incorporates many identities. To appreciate Nin's life is to appreciate that one lives many lives in succession *and* at the same time: like the "I" in Campos' *Tiene los cabellos rojizos y se llama Sabina* who takes up various subject positions and simultaneously lives many different moments (in the hotel room, on the promontory, at the maple desk).

For Campos, Nin's *Diary* is the lucid, verbal condensation of Ariadne's thread, that which guarantees an exit from the labyrinth. The minotaur is her own image reflected in the mirror: "la parte escondida, enmascarada, de ella misma, que había regido realmente sus actos" (*ibid.*: 17)[16]. Nin is both Theseus and Ulysses, travelling incessantly in search of the world and of her own identity (*ibid.*). Campos' characterization of Nin's *Diario* as incorporating both the labyrinth and the mirror reflects back her definition of the novel.

Tiene los cabellos rojizos y se llama Sabina also seems to embody a theory of writing considered by Virginia Woolf in her diary entry of April 20, 1919. Woolf wrote that she would like her diary to resemble a deep old desk:

---

14   *El hipogeo secreto* appears in one of the many attempted erasures of any distinction between the authorial level and the narrative level of the text:

> Julieta Campos, que soy y no soy yo, ha escrito un ensayo sobre una novela llamada *El hipogeo secreto* [...] (143).

15   *Ladders of Fire* (1959), *Children of the Albatross* (1959), *The Four-Chambered Heart* (1959), *A Spy in the House of Love* (1959), and *Seduction of the Minotaur* (1969).

16   The title of Campos' earlier work of critical essays, *La imagen en el espejo* is clearly reflected here.

[...] in which one flings a mass of odds and ends without looking them through [...] The main requisite [...] is not to play the part of censor, but to write as the mood comes or of anything whatever (qtd. in Benstock 1988: 17-18).

Certainly, Campos has not thrown in odds and ends without looking them through, but rather has constructed her novel quite carefully so that within *Tiene los cabellos rojizos y se llama Sabina* the narrative voice(s) can appear to have done so. The multiple female narrators do not play the part of censors, but refrain from shaping, sorting, or subordinating the material to their will. Each female narrator in *Tiene los cabellos rojizos y se llama Sabina*, like Woolf in her diary, systematically cuts out from under herself the props that hold up her authority as author (*ibid.*: 18).

Campos' text, then, like Woolf's and Nin's diaries, could be read as falling into Roland Barthes' category of the text of bliss. In *The Pleasure of the Text*, he describes the text of bliss as one that is engendered by the narrative's edges and seams, by its seductive appearances and apertures. As Judith Roof (1996: xxiii) explains in her own work on sexuality and narrative:

[...] [e]roticism comes from a dynamic produced by a concatenation of edges, gaps, loss, and desire, but is structurally unfixed except as it coexists with and is produced and enjoyed despite cultural imperative.

Campos' narrative concatenation of edges (land/sea), gaps (pieces of the hotel and promontory not visible to the narrators), loss (of that sense of epiphany), and desire (for Venice, for Cuba, for the ocean) is carefully played out throughout the text of bliss.

The text of bliss, like the perverse text, is ultimately dependent on the readers' knowledge of narrative. As readers we only recognize the perversity because we are cognizant of the norms of narrative. Roof (*ibid.*: xxiv) argues that the text of bliss's dynamic "is textual rather than narrative, that is, is produced by properties of the text as text (language, image, rhetoric) as they play through and around narrative". In *Tiene los cabellos rojizos y se llama Sabina*, Campos draws attention to her text as textual construct, introducing passages, phrases or words in French, English or Latin, and including a drawing of a steamship with a long English advertisement for "Ward's Line, between New York, Havana and Mexican Ports" (Campos 1978: 60), followed by a page which lingers on different translations for English words from the advertisement: "*delightful*: delicioso, ameno, agradable, deleitable, grato, divertido, encantador, embelesador, exquisito" (*ibid.*: 61). The drawn-out pleasure of the text delights in language itself and gets caught up in the shifting operations of the textual erotic.

Like *The Pleasure of the Text*, *Tiene los cabellos rojizos y se llama Sabina* "flirts, evades, reveals, and conceals its narrative of reading, suggesting, cajoling, and teasing with suggestions of something narrative and not" (Roof 1996: xxiv). Roof begins her study of the imbrication of narrative and sexuality noting that in Freud's narrative on sexuality, "perversions cut the story short, in a sense preventing a story at all by tarrying in its preparations" (*ibid.*: xxi). *Tiene los cabellos rojizos y se llama Sabina* exemplifies a discourse whose perversions cut the story short; as the story of a novel that never gets written, it is a discourse that tarries in its preparations. But while the Freudian narrative shows that perversions prevent the presumed desirable union of male and female towards the goal of sexual reproduction, it also shows that "the aberrations are the foreplay necessary to ever getting to the end at all" (*ibid*.: xxi). Campos' perverse text gets caught up in the pleasure of the aberrant foreplay and never gets to the end product conventional readers might expect. It is a narrative of futurity that inaugurates a blissful discursive space in which perverse possibilities are ever ecstatically envisioned and never foreclosed.

Bibliography

Works

Borges, Jorge Luis. (1977). *Obras completas*. Buenos Aires: Emecé.
Brontë, Charlotte. (1965). *Jane Eyre*. Boston: Houghton Mifflin.
Campos, Julieta. (1965). *La imagen en el espejo*. México: Universidad Nacional Autónoma de México.
---. (1973). *Función de la novela*. México: Joaquín Mortiz.
---. (1978). *Tiene los cabellos rojizos y se llama Sabina*. México: Joaquín Mortiz.
---. (1988). *Un heroísmo secreto*. México: Vuelta.
Elizondo, Salvador. (1968). *El hipogeo secreto*. México: Joaquín Mortiz.
---. (1981). *Farabeuf*. Barcelona: Montesinos.
Nin, Anaïs. (1958). *House of Incest*. Chicago: Swallow Press.
---. (1959). *Children of the Albatross*. Chicago: Swallow Press.
---. (1959a). *The Four-Chambered Heart*. Chicago: Swallow Press.
---. (1959b). *Ladders of Fire*. Chicago: Swallow Press.
---. (1959c). *A Spy in the House of Love*. Chicago: Swallow Press.
---. (1969). *Seduction of the Minotaur*. Chicago: Swallow Press.
Rhys, Jean. (1966). *Wide Sargasso Sea*. London: Deutsch.

Critical Works

Alonso, Carlos J. (1990). *The Spanish American Regional Novel: Modernity and Autochthony*. Cambridge: Cambridge University Press.
---. (1998). *The Burden of Modernity: The Rhetoric of Cultural Discourse in Spanish America*. New York: Oxford University Press.
Barthes, Roland. (1975). *The Pleasure of the Text*. New York: Hill & Wang.
Benstock, Shari. (1988). *The Private Self*. Chapel Hill: University North Carolina Press.
Bilbija, Ksenija. (1993). "*Tiene los cabellos rojizos y se llama Sabina* de Julieta Campos: ¿Es Sabina lista para el diálogo?", in: *Revista chilena de literatura*. 43: 137-46.
Bruce-Novoa, Juan. (1984). "Julieta Campos' Sabina: In the Labyrinth of Intertextuality", in: *Third Woman*. 2, 2: 43-63.
Castillo, Debra A. (1992). *Talking Back: Toward a Latin American Feminist Literary Criticism*. Ithaca: Cornell University Press.
Chatman, Seymour. (1978). *Story and Discourse: Narrative Structure in Fiction and Film*. Ithaca: Cornell University Press.
Hite, Molly. (1989). *The Other Side of The Story*. Ithaca: Cornell University Press.
Rivero Potter, Alicia. (1990). "The Role of the Reader in Julieta Campos's *Tiene los cabellos rojizos y se llama Sabina*", in: *Hispania*. 73, 3: 633-640.
Roof, Judith. (1996). *Come As You Are: Sexuality and Narrative*. New York: Columbia University Press.

María Inés Lagos Pope

Washington University in St. Louis

RELATOS DE FORMACIÓN DE PROTAGONISTA FEMENINA EN HISPANOAMÉRICA: DESDE *IFIGENIA* (1924) HASTA *HAGIOGRAFÍA DE NARCISA LA BELLA* (1985)

La novela de formación ha sido uno de los modos de expresión preferidos de las escritoras (Pratt 1981; Abel/Hirsch/Langland 1983; Felski 1989; Heller 1990). También en Hispanoamérica, sobre todo en la segunda mitad del siglo xx, se han publicado relatos que giran en torno al crecimiento de una niña. Este hecho no es casual ya que la novela de formación permite la confrontación de la protagonista ante los valores de su sociedad en un proceso en que se ponen en juego los deseos del individuo y sus posibilidades de cumplirlos. Aunque proporcionalmente las escritoras han mostrado una marcada preferencia por este tipo de novela, los escritores también han cultivado el género en este mismo período[1]. Sin embargo, el subgénero novelístico llamado *Bildungsroman*, que cuenta con una establecida tradición crítica en varias literaturas, especialmente en la alemana, inglesa y francesa, no ha recibido atención crítica de manera sistemática en Hispanoamérica[2].

En tono mayor: relatos de formación de protagonista femenina en Hispanoamérica examina cómo las escritoras hispanoamericanas representan el proceso de aprendi-

---

[1] Algunos ejemplos son: *Hijo de ladrón* (1951) de Manuel Rojas; *Los ríos profundos* (1958) de José María Arguedas; *Las buenas conciencias* (1959) de Carlos Fuentes; *La ciudad y los perros* (1962) y *Los cachorros* (1967) de Mario Vargas Llosa; *La traición de Rita Hayworth* (1968) de Manuel Puig; *De perfil* (1966) de José Agustín; "Gaspard de la nuit" (1973) de José Donoso; y más recientemente *No pasó nada* (1980) de Antonio Skármeta; *Las batallas en el desierto* (1981) de José Emilio Pacheco; *La vida a plazos de don Jacobo Lerner* (1978) de Isaac Goldemberg; y *Mala onda* (1991) de Alberto Fuguet. Avellaneda (1994-95: 219-20) cita ejemplos de novelas argentinas que caracteriza como *Bildungsroman*.

[2] La bibliografía del MLA sobre el *Bildungsroman* en diversas literaturas incluye casi 350 estudios publicados desde 1963 en adelante; menos de una docena se refieren a narraciones hispanoamericanas. Entre los relatos de escritoras que se han examinado como *Bildungsroman* se cuentan *Ifigenia* (Aizenberg 1985), *Balún-Canán* (Lagos-Pope 1997), *La pájara pinta* (Mora 1984), y "La bella durmiente" (Rojo 1988, Apter-Cragnolino 1991). Jörgensen

zaje de las niñas en sociedades en que las diferencias entre masculinidad y feminidad han estado —están— claramente definidas. Usando un acercamiento crítico que se fundamenta en los feminismos contemporáneos que consideran la interacción de género, clase, sexualidad, religión, etnia y circunstancias históricas como coordenadas inseparables, mi estudio establece y describe una tradición, y propone que estas narraciones constituyen un subgénero novelístico específico que difiere del *Bildungsroman* o novela de aprendizaje centrada en un protagonista masculino. Mi análisis muestra, por un lado, que no hay un patrón o modelo único sino, por el contrario, diversas modalidades que expresan el desarrollo de una protagonista y, por otro, que las estrategias narrativas están inextricablemente unidas a las condiciones sociales y culturales del medio. El tipo de educación que reciben las niñas, el ambiente social, familiar y cultural, tanto como las tendencias políticas del período tienen un fuerte impacto en su formación. Ahora bien, en la mayoría de los casos las protagonistas son las niñas excepcionales que se apartan de la norma, las jóvenes rebeldes que carecen de modelos, lo cual, al mismo tiempo que crea un sentimiento de confusión e incertidumbre a veces posibilita una apertura.

Debido a que las expectativas, educación y roles femeninos de las mujeres de clase media y alta latinoamericana no sufrieron cambios notables entre 1924, fecha de publicación de *Ifigenia*, y los años cuarenta, a los que se refieren las obras de las escritoras más jóvenes —las protagonistas de *La pájara pinta* y *Hagiografía* nacen en 1940— no distinguiré períodos o etapas al referirme a aquellos textos publicados hasta 1985[3]. El mismo fenómeno se observa en estudios sobre otras literaturas y tradiciones culturales, como lo muestran los análisis de Pratt (1981) para la novela inglesa y norteamericana de los siglos XIX y XX, Dalsimer (1986) para la narrativa europea, en el que se estudian textos de los siglos XVI al XX, y Abel/Hirsch/Langland (1983). Más que en el proceso

---

(1994) concuerda con el término empleado por Bruce-Novoa (1983: 511), "*Bildungsroman* esquemático", para caracterizar a *Lilus Kikus*, y considera *La Flor de Lis* un *Bildungsroman*, pero no enfoca su análisis en la especificidad de este subgénero novelístico (*ibíd*.: 107-37). Gimbernat González (1992) examina tres novelas argentinas de los ochenta utilizando como marco de referencia el *Bildungsroman*; éstas son: *Las ruinas de la infancia* (1983) de Edna Pozzi; *De Pe a Pa (o de Pekín a París)* (1986) de Luisa Futoransky y *El penúltimo viaje* de Alicia Diaconú (1989). Ciplijauskaité (1988) estudia un grupo de novelas de autoras españolas narradas en primera persona que en algunos aspectos coinciden con la caracterización del *Bildungsroman* (Capítulo I, "El proceso de concienciación").

3   En gran medida, los cambios de actitud en cuanto a la posición y posibilidades de la mujer en las sociedades hispanoamericanas se han producido sólo en las últimas décadas. Como puede comprobarse en estudios sociológicos sobre la mujer latinoamericana, la situación no varió ostensiblemente entre los años veinte y mediados de los cincuenta, período al que se refieren las obras que estudio en esta sección. *Vid*. Vitale (1981), Tejeira (1977), Gissi Bustos (1977), Castilla del Pino (1971), Pescatello (1973), y Miller (1991). Una reciente colección de artículos de Subercaseaux (1994) revela, con perspicacia y humor, cómo se han transformado las vidas de las mujeres en las últimas décadas.

mismo, o en el tipo de obstáculo que enfrentan, las diferencias de época se han manifestado hasta ahora en las posibilidades de elegir un estilo de vida que difiere del tradicional y en la manera cómo se resuelven los conflictos[4].

Estrategias narrativas

La perspectiva narrativa usada con mayor frecuencia en el *Bildungsroman* tradicional ha sido la primera persona, pero también se ha utilizado la tercera persona desde el punto de vista del protagonista, el monólogo narrado, o una combinación de estas. En el caso de las escritoras se advierte una gran variedad en el uso del punto de vista, lo cual es también una característica de las autobiografías de mujeres, que tienden a ser menos lineales, unificadas y cronológicas que las de los hombres (Gardiner 1981: 355). Judith Kegan Gardiner agrega que en las novelas de las mujeres frecuentemente se alterna el punto de vista: se pasa de primera persona a segunda o tercera, y luego se vuelve a repetir el patrón (*ibíd*.: 357). Estos rasgos que se han observado en la escritura estarían en consonancia con lo que estudios sicológicos han demostrado, es decir, que el individuo integrado corresponde al modelo masculino, no al femenino, que sería más difuso, con una identidad menos fija y unitaria, y más flexible que la masculina (*ibíd*.: 353). De manera que el modo de utilizar el punto de vista narrativo es una de las estrategias narrativas distintivas de los relatos de las escritoras.

En una entrevista con Emmanuel Carballo (1965: 419), Rosario Castellanos declaró que al escribir su novela *Balún-Canán* había tenido grandes dificultades para encontrar un punto de vista adecuado para expresar las experiencias de una niña de siete años. Como el relato tiene lugar en una época de disturbios y de cambios sociales y políticos que tienen un papel de primera importancia en la narración, tenía que en-

---

[4] A lo largo de este ensayo haré referencias a los siguientes textos: *Ifigenia* (1924) y *Las memorias de mamá Blanca* (1929) de Teresa de la Parra (Venezuela, 1889-1936); *Ana Isabel, una niña decente* (1949/1980) de Antonia Palacios (Venezuela); *La casa del ángel* (1955) y *La caída* (1956) de Beatriz Guido (Argentina, 1924-1988); *Balún-Canán* (1957/1973) de Rosario Castellanos (México, 1924-1975); *Enero* (1958/1962) de Sara Gallardo (Argentina, 1931-1988); *Ceremonias del verano* (1966/1981) de Marta Traba (Argentina, 1930-1983); *Estaba la pájara pinta sentada en el verde limón* (1975) de Albalucía Ángel (Colombia, 1939); *Lilus Kikus* (1976/1985) de Elena Poniatowska (México, 1933); "Amalia" y "La bella durmiente" (1976, en: *Papeles de Pandora* 1979) y "El regalo" (1983) de Rosario Ferré (Puerto Rico, 1942); *El detén* (1977) de Claribel Alegría (Nicaragua, El Salvador, 1924); y *Hagiografía de Narcisa la bella* (1985) de Mireya Robles (Cuba, 1934).

El último capítulo de *En tono mayor*, que estudia el período 1986-91, muestra que las escritoras hispanoamericanas han seguido publicando relatos de formación y, como ha sucedido en otras literaturas, a medida que se transforman las condiciones sociales, en parte debido a la presión ejercida por las mismas mujeres para lograr mayor control sobre sus vidas e igual acceso a profesiones prestigiosas, las representaciones literarias también varían.

contrar un medio para contar hechos que una niña de esos años no podía comprender en su totalidad. Castellanos superó el escollo dividiendo la narración en tres partes[5]. En la primera utiliza la primera persona; en la segunda parte, donde se narran los acontecimientos históricos y las vicisitudes de los mayores, la tercera, para luego volver a la primera persona al contar las experiencias y reacciones de la niña protagonista en la tercera parte. En *La pájara pinta*, Albalucía Ángel utiliza varias perspectivas narrativas. Se alternan la primera y tercera personas, se intercalan voces de diferentes personajes, noticias de la radio, textos de los periódicos, cartas, testimonios de campesinos, etc.[6] Aunque se podría decir que una estrategia semejante se da en *La muerte de Artemio Cruz* (1962) y en otras novelas del período del "boom", si leemos estos recursos considerando la diferencia sexual el despliegue de voces evoca un significado diferente en las novelas que analizamos. En *La pájara pinta*, si bien las otras voces están subordinadas a la perspectiva de Ana, la protagonista, se delega la responsabilidad del discurso a otras voces que se encargan de describir el ambiente sociopolítico en que se mueve Ana. No es ella quien está en la cárcel sujeta a los sufrimientos de la tortura sino su novio, ni tampoco es ella la víctima de los desmanes de las fuerzas del orden y de los bandidos que despojan a los campesinos, pero estos hechos la afectan profundamente porque los experimentan aquellos cercanos a ella. Además, la muerte de dos de sus amigas, Julieta la amiga de su niñez que muere atropellada, y Valeria, la activista que perece a manos de la policía, marcan de manera decisiva la visión del mundo que se va formando Ana. Un uso semejante de la voz narrativa lo encontramos en "La bella durmiente" de Rosario Ferré. Si bien el relato gira en torno a María de los Ángeles la narración está dominada por las voces de los que rodean a la protagonista. La fragmentación del discurso y la multiplicidad de voces apenas dejan entrever la voz de la protagonista que se expresa en cinco monólogos interiores en los que María de los Ángeles no se identifica, y en dos anónimos que le escribe a su marido haciéndose pasar por una "amiga"[7]. Las cartas del padre, Fabiano Fernández, a la superiora del Colegio del Sagrado Corazón donde se educó María de los Ángeles y las cartas de respuesta de la religiosa, los recortes de la crónica social del periódico compilados por la madre, y las reseñas del periódico sobre

---

5   Sobre este aspecto *vid*. mi análisis de *Balún-Canán* como novela de formación (1997). Smith (1992: 134-47) ha trabajado sobre el problema de la verosimilitud en el uso de la voz narrativa desde la perspectiva del subalterno en *Balún-Canán*.

6   Mora (1984: 73) comenta el uso de las voces narrativas en esta novela describiéndola como un *collage* de voces.

7   Franco (1984: 112) llama "collage" al modo como está construida la narración. En cuanto al uso del monólogo, Norat (1989: 17) sugiere que éste permite la "visión personal de la mujer como sujeto dentro de ese cuadro social", a pesar de que el relato muestra a la mujer como un "ser literalmente atrapado en un ambiente donde no tiene voz" (*ibíd*.: 22).

la actuación de María de los Ángeles como *prima ballerina* son en realidad los textos que cuentan la historia de la protagonista. Los varios documentos revelan el ambiente cerrado y la atmósfera sofocante en la que ha crecido María de los Ángeles, ya que tanto el padre —quien se comunica directamente con la madre Martínez usando la forma plural "nosotros" en la que incluiría a su esposa Elizabeth— como el colegio, representado por la Reverenda Madre Martínez, y las voces de la sociedad según se articulan en la prensa, parecen arrogarse el derecho a contar su historia y a decidir por ella. Así, el que la protagonista articule sus pensamientos a través de escasos monólogos interiores que sólo constituyen un fragmento del discurso en el que fundamentalmente se intercambian opiniones sobre la protagonista, se transforma en un elemento significativo. Es precisamente el silenciamiento de su voz lo que da origen a medios alternativos de expresión, como son su intención de casarse con Felisberto Ortiz —novio al que sus padres no aprueban— para evadir la autoridad paterna, alterar los guiones del ballet, y el intento de imitar a Carmen Merengue, una atractiva pelirroja antigua amante de su padre, para hacer oír su voz, sus deseos, sus necesidades personales. En "Amalia", otro cuento de Ferré, predomina —por el contrario— el punto de vista de la primera persona, el de la niña protagonista que con voz segura cuenta su historia en retrospectiva. Aunque también aquí se intercalan otras voces, se destaca la de la niña, quien logra finalmente liberarse de las fuerzas que quieren mantenerla prisionera dentro de la casa. Contrariando las reglamentaciones, primero de su madre y luego de su tío, sale al aire libre del que se la ha mantenido alejada para que su cara de porcelana no se dañe con el sol. La niña gana su libertad solamente cuando los criados, al mando de Gabriel —el chofer— se rebelan violentamente después de despedazar al tío, imagen del poder patriarcal, de la corrupción y de la alianza con los militares norteamericanos. Pero Amalia, la muñeca y doble de la niña que le da el título al cuento, no logra escapar porque su cara de cera se deshace con el sol. La posibilidad de salir al sol aprovechando la rebelión de los criados es un gesto premonitorio que sugiere una liberación y el derecho a decidir con libertad su propio destino.

Si por un lado se podría aceptar la explicación de Castellanos, según la cual el cambio de perspectiva en *Balún-Canán* es una exigencia de la dificultad técnica para expresar de una manera verosímil el contexto social cuando los protagonistas son niños, esta explicación no es suficiente[8]. La dificultad para encontrar un modo tradicional de expresar una perspectiva ambivalente frente al mundo adulto no es privativa de narraciones en que se representa la perspectiva de la niñez, como lo demuestran "La bella durmiente" o *La pájara pinta*, relatos en los que se recurre a la misma estrategia de entregar la narración a otras voces para aludir al contexto en el que se mueve la protagonista. El hecho de que las protagonistas-niñas no se vean a sí mismas como indi-

---

8   *Vid.* mi análisis de *Tiempo que ladra* (1991), novela de Ana María del Río narrada desde la perspectiva de una niña, en Lagos (1996: 148-52).

viduos independientes sino como piezas en una red de relaciones en las que tienden a borrarse los límites entre el yo y el otro puede explicar la preferencia de las escritoras por estas estrategias narrativas (Gardiner 1981: 355)[9].

Otro modo de leer el recurso de intercalar voces ajenas es considerar una posible autocensura, tanto por parte del personaje como de la autora[10]. Si consideramos que rara vez se enfrentan las protagonistas a los conflictos que se suscitan entre ellas y sus familias, de tal manera que ni se encaran ni se analizan sino que más bien se sugieren, advertiremos hasta qué punto opera en estas circunstancias el modelo de la niña sumisa que prefiere callar antes que faltarles el respeto a los padres, especialmente cuando esta disposición se apoya en las enseñanzas religiosas que están profundamente enraizadas en la psique de los personajes. En "La bella durmiente" María de los Ángeles no se rebela ante sus padres abiertamente, pues no quiere herirlos con su actitud inconformista, sino que aparenta aceptar su voluntad y manifiesta su disconformidad de modos subrepticios. Introduce variantes en los guiones del ballet o se enferma y pierde la voluntad de seguir viviendo. A consecuencia de esta enfermedad misteriosa, y dispuestos a hacer cualquier cosa con tal de salvar a su hija, los padres deciden dar su aprobación al matrimonio con Felisberto. Aunque Felisberto no es el hombre que sus padres hubieran escogido para esposo de su hija, María de los Ángeles ve en este matrimonio una oportunidad de liberarse de su tutela para poder dedicarse a su carrera de bailarina. Ella le había hecho prometer a Felisberto no sólo que le permitiría seguir con su carrera sino que no tendrían hijos. Sin embargo sus planes no se cumplen como esperaba, pues Felisberto no respeta sus promesas, asumiendo así el papel que antes había tenido su padre, Fabiano Fernández. Las voces que dominan la narración —el padre y la madre superiora— revelan hasta qué punto la protagonista está sujeta a la mirada y los dictámenes de la autoridad paterna y religiosa. El hecho de que continuamente se confíe la narración a la voz del discurso hegemónico sugiere no sólo que son aquellos los que ejercen el control, subrayándose así el carácter pasivo del personaje, sino que se pone de relieve el temor de la protagonista a descorrer el velo y mostrar sus verdaderos deseos. La intimidad se entrega más bien de manera oblicua, en monólogos a los que sólo el lector tiene acceso y en anónimos que María de los Ángeles le escribe a su marido delatando sus anticonvencionales y promiscuas actividades. Los monólogos subrayan la falta de un modelo viable que le permita a la protagonista encontrar una alternativa en

---

9 En un poema de Rosario Castellanos, "Lecciones de cosas", el yo poético se transforma en una pieza de máquina para poder encontrar su lugar.

>Hasta que comprendí. Y me hice un tornillo / bien aceitado con el cual la máquina / trabaja ya satisfactoriamente./ Un tornillo. No tengo / ningún nombre específico ni ningún atributo / según el cual poder calificarme / como mejor o peor o más o menos útil / que los otros tornillos. (*En la tierra de en medio*, 299).

10 Sobre la escritora y la autocensura *vid*. Roffé (1985).

la sociedad de clase alta a la que pertenece y en la que se encuentra atrapada. Por las cartas de la madre superiora —la única mujer que tiene una voz con autoridad en el relato, pero cuya autoridad emana de ser representante de la educación religiosa que colabora a la sumisión de las niñas— sabemos que ésta quiere que la antigua alumna se haga religiosa. La madre, Elizabeth, representa a la mujer dócil, sin personalidad propia, que hace en todo la voluntad del marido y que no tiene voz, hasta el punto de que para darle consejos a su hija se sirve de artículos que recorta de la "Página femenina" del periódico. Elizabeth no es capaz de usar sus propias palabras para hablar con su hija sino que recurre a palabras prestadas, articuladas en un lenguaje estereotipado y modeladas en los ideales de la cultura patriarcal. Y finalmente Carmen Merengue, una antigua amante de su padre —una equilibrista de circo que se atreve a bailar sin malla, libre y aventurera— no es tampoco un modelo factible para la hija de un hombre rico y socialmente destacado, a pesar de que María de los Ángeles la admira y trata de imitarla. Por ejemplo, en el monólogo con que concluye el relato, oímos la voz de la protagonista mientras ejecuta el número de Carmen Merengue bailando en la cuerda floja en el hotel donde la sorprende su marido con un hombre al que ha recogido en la calle. Maquillada como artista de circo, siente que "el pelo se [le] va tiñendo de rojo a la limón" (185), como la imagen de la amante pelirroja de su padre. En los intersticios del discurso fragmentado —compuesto de cartas, recortes del periódico (la página femenina y crónicas sociales), y las acotaciones de un narrador en tercera persona— apenas si caben los breves anónimos y los monólogos de la protagonista, sugiriéndose así el papel incidental que tiene la voz individual del personaje femenino en el concierto de voces de los que toman decisiones sobre su vida.

Relatos tales como *Las memorias de mamá Blanca*, *Ana Isabel, una niña decente* y *Lilus Kikus* presentan narraciones fragmentadas en forma de viñetas o estampas en las que, en tercera persona desde la perspectiva de las niñas, se ofrecen los sentimientos íntimos y las experiencias de las protagonistas. En estos textos se destaca el carácter episódico de los recuerdos de la niñez. En la novela de Marta Traba *Las ceremonias del verano* también se observa una discontinuidad semejante. La novela gira en torno a tres momentos diferentes en la vida de una mujer, comenzando con la juventud. Desde una perspectiva interior se cuentan las vivencias de la protagonista sin recordar las etapas previas, como si se tratara de un presente sin pasado. Aunque se observa un proceso progresivo, cada una de las secciones podría leerse separadamente, como un momento epifánico en la existencia de la protagonista. Patricia Waugh ha observado que la desintegración del yo considerada como una pérdida del sujeto integrado en la ficción postmoderna no ha sido infrecuente en las narraciones de las escritoras o de otros grupos marginados. Waugh (1989: 2) sugiere que es muy posible que los individuos que se han percibido como marginados ya sea por su clase, género, raza, creencias o apariencia quizá nunca se sintieron como sujetos completamente integrados. Waugh atribuye esta situación al hecho de que su sentido de identidad dependía de sus relaciones con sistemas de poder sobre los que no tenían control (*ibíd*.: 3). Waugh añade que mientras los escritores lamentan que se haya perdido el yo unificado, coherente y racional,

[...] las escritoras no han experimentado todavía esa subjetividad que les dará un sentido de autonomía personal, una identidad continua, una historia y el poder de ser agentes en el mundo (*ibíd*.: 6).

En otras narraciones, en las que la narradora-protagonista cuenta retrospectivamente sobre su niñez, con la distancia de una cierta madurez, se mantiene un mismo punto de vista a lo largo del relato ofreciéndose una visión coherente del proceso de crecimiento. Ejemplos de este tipo de narración son *Hagiografía de Narcisa la bella* de Mireya Robles y *La casa del ángel* de Beatriz Guido. Lo que caracteriza a estas novelas es que la voz de la narradora configura poderosamente la evocación de la niñez. Así como en otros relatos en que se emplea la forma autobiográfica, en el *Bildungsroman* se observa una distancia que separa al narrador del personaje. Aunque son la misma persona ficticia, el narrador interpreta y selecciona sus recuerdos estableciendo una distancia entre el que fue y el que ha llegado a ser. En la novela de Robles, Narcisa recuerda su infancia y los años juveniles con una especie de humor negro, en el que se mezclan la ironía y el sarcasmo[11]. Su voz —"vozarrón" la llama su hermano Manengo— revela su profunda frustración y su rabia ante la diferencia de trato que se le da en su casa en comparación a sus hermanos Manengo y Florita-íta. El hermano mayor goza de los privilegios de ser varón y sabe beneficiarse de la actitud servicial de Narcisa, quien trabaja después de salir del colegio para pagarle unos cursos de cine, y su hermana menor consigue de su madre todo lo que quiere, pues representa el ideal de feminidad y privilegio de acuerdo a los criterios que su madre Flora aprende de las radionovelas. Flora se siente especialmente orgullosa de tener una hija bonita y femenina que sigue los dictados de una sociedad machista que promueve una feminidad basada en valores superficiales, especialmente después de su experiencia con su hija mayor, Narcisa, quien en su opinión no tiene ningún atractivo físico. El tono de desenfado de Narcisa, en el que se mezcla un sentimiento de seguridad en sí misma —el "vozarrón" en un sentido positivo— y la vulnerabilidad de los aspectos sumisos de su carácter, junto a su inclinación a hacer felices a los demás a pesar de que con ello posterga sus propias necesidades, y la mezcla de fantasía y realidad, permiten una crítica mordaz y despiadada a la institución de la familia concebida según los estereotipos culturales propagados por las radionovelas y la cultura de la clase media pequeño burguesa. El padre de Narcisa es un don Juan, y la madre, cuya filosofía de la vida proviene de las radionovelas y revistas femeninas, vive preocupada por el qué dirán; Manengo muestra tendencias homose-

---

11 Hirsch (1979: 298) observa que el uso de la ironía es uno de los rasgos característicos del *Bildungsroman*. El narrador subraya a través de esta actitud la distancia que lo separa de su juventud, a la que ve con ironía más que con nostalgia. Pratt (1981: 15), por otra parte, observa que la ironía es una estrategia empleada por las escritoras para ofrecer una perspectiva crítica de las restricciones sociales que enfrentan sus personajes y que les impiden actuar como desean. Geisdorfer Feal (1989: 15-6) destaca el valor terapéutico del uso de la ironía en la novela de Robles (15-6), y señala la importancia del estilo narrativo en la estructuración de las fantasías de la protagonista (*ibíd*.: 4).

xuales que enfurecen al padre, pero cuando triunfa con su film "Los perros del charco", éste le perdona cualquier imperfección, y Florita-íta, la hermana menor, vive obsesionada con su vestuario. Narcisa, por el contrario, emerge como un personaje ejemplar —su texto es una hagiografía— por su autoconciencia de su condición subordinada en un medio en que la belleza física y la apariencia se consideran condiciones *sine qua non* de la feminidad, y por la posición disminuida que sus necesidades y deseos tienen en la lista de prioridades de su familia, en contraste con su generosidad, especialmente con respecto a su hermano y su madre. Narcisa se ve obligada a trabajar una doble jornada después del colegio para pagar los cursos de Manengo, y por un año sustituye a su madre, en un comienzo incapacitada por una enfermedad, en las labores de la casa. Esta doble carga no le permite dedicarse a sus intereses, especialmente a su arte de hacer curiosas construcciones con ladrillos, por falta de tiempo. Con un tono socarrón, Narcisa, como su nombre sugiere, cuenta sus peripecias subrayando sus propias cualidades. A pesar del barniz que provee la ironía, la descarnada crítica a la familia constituye una obvia transgresión ya que, como he sugerido, aunque las protagonistas de estas novelas ofrecen muchas razones de insatisfacción por la falta de oportunidades y de apoyo que les provee su medio, su crítica no es directa. Sin duda *Hagiografía* representa una fuerte protesta contra el sexismo del medio pequeño burgués que se describe en la novela[12]. El énfasis en el lenguaje oral y el humor contribuyen a hacer de Narcisa un personaje complejo dentro de un modelo primordialmente paródico[13]. Como sugiere Annis Pratt, el humor es uno de los medios utilizados por las escritoras para desenmascarar la situación disminuida de las protagonistas. En *Hagiografía* el humor añade a esta radiografía cruel una pequeña dosis de compasión.

En otro ejemplo de una perspectiva única, *La casa del ángel* de Beatriz Guido, Ana Castro evoca el día en que Pablo Aguirre se batiría a duelo por motivos políticos en el parque de su casa. Muchos años después de estos sucesos —sus hermanas se han casado; su madre y su nana han fallecido— Ana se enfrenta cada viernes, como en una especie de renovado sacrificio de la pasión de Cristo a la realidad burda del amante idealizado en los años juveniles. El relato comienza con el ritual de los días viernes cuando Pablo viene a tomar el café en su casa y ella, inevitablemente, lo abandona con el pretexto de que debe salir con sus amigos. Aunque sus reminiscencias están salpicadas de digresiones que dan una idea del mundo de la adolescencia de Ana, su evocación gira en torno al día de su desgracia, cuando se entrega a Pablo antes del duelo en el que ella cree que él va a morir. Pero Pablo se salva, y el obsesivo recuerdo de esa tarde marca la existencia de la narradora y acaba paralizándola, pues no puede ni enfrentarlo directamente ni evitarlo.

Las relaciones sexuales forzadas, la violación —o un caso como el de Ana de pérdida de la virginidad— lejos de ser una excepción es uno de los hitos significativos en

---

12 Sklodowska (1986) comenta sobre el machismo en *Hagiografía*.

13 Sobre este texto como parodia *vid*. Sklodowska (1991: 146-51).

los relatos de formación de protagonista femenina, así como la aventura amorosa lo es en el caso de los varones[14]. Además, no es extraña la incapacidad de Ana de olvidar esta experiencia que tiñe sus recuerdos a causa del exagerado énfasis en la educación religiosa de la protagonista, la cual está inextricablemente unida a la construcción de la subjetividad femenina en sociedades católicas como las hispanoamericanas, especialmente en las clases acomodadas. Este es un factor que ciertamente contribuye al hondo sentido de culpa que asedia a Ana[15].

Los diversos modos de utilizar la voz narrativa, especialmente en el caso de textos fragmentados que muestran los dilemas del sujeto y su situación disminuida, sugieren que la perspectiva narrativa se convierte en una estrategia que revela sutilmente ciertas realidades peculiares a la condición subordinada de la mujer. Una lectura que pase por alto la diferencia sexual puede descartar inadvertidamente la focalización como expresión que contribuye a articular las diferencias genéricas.

La familia y las relaciones madre-hija

El mundo de la mujer ha girado tradicionalmente en torno a la casa y la familia. Aunque las relaciones dentro de la familia constituyen un aspecto crucial en el desarrollo de niñas y niños, en el caso de la niña estas relaciones cobran una importancia primordial, lo cual se evidencia en estos relatos de formación de protagonista femenina. Dentro de la familia la figura más importante en la socialización de la niña es la madre[16]. Ésta puede ser considerada como un modelo, como la antagonista que suscribe los valores de la sociedad dominada por los valores masculinos, o como una víctima a la que no se juzga. En las novelas que estudiamos la madre aparece, por lo general, como la representante de una imagen con la que la niña no quiere identificarse y en gran medida se la considera el agente que quiere imponerle a la protagonista que se someta a los valores de un sistema que discrimina contra las niñas. Por ejemplo en *Balún-Canán*, *La casa del ángel*, *Enero*, "Amalia", "La bella durmiente" y *Hagiografía*, la madre no representa un modelo para las niñas, sino al contrario, es la figura ante la que los personajes se rebelan y con la cual rehúsan identificarse. Gabriela Mora (1984: 75) comenta que en *La pá-*

---

14 Herrera-Sobeck (1988) afirma que las escritoras chicanas han usado la violación como motivo para presentar la experiencia de una protagonista femenina desde la perspectiva de la víctima. Herrera-Sobeck sugiere que un ejemplo de este uso es el segmento "Red Clowns" en *The House on Mango Street* de Sandra Cisneros. Sobre este mismo tema en Cisneros *vid*. Rivero (1986: 13) y Mora (1984: 76-8) con respecto a *La pájara pinta*. Sobre el tema del "trauma de la violación como arquetipo" *vid*. Pratt (1981: 24-9).

15 Sobre religión y sexualidad *vid*. Lagos Pope (1996: 96-108).

16 Kaminsky (1976) ha explorado la ambigua relación entre madres e hijas en cuatro novelas argentinas.

jara pinta "la rebeldía contra los padres, típica del *Bildungsroman* clásico, se expresa aquí especialmente dirigida contra la madre, juzgada severamente en el recuerdo de Ana". En *Ifigenia*, por ausencia de la madre, la abuela y la tía son las figuras femeninas antagónicas. El sentimiento de ambigüedad frente a la madre y la falta de una genealogía femenina son temas que ha examinado Luce Irigaray[17]. Irigaray propone que "la madre no puede trasmitirle a la hija una imagen culturalmente accesible y respetable" (Whitford 1992: 263) que le sirva de modelo puesto que la hija ve a la madre:

> [...] ya sea como una madre fálica, una figura omnipotente y aterradora de la cual la hija debe huir para asegurarse autonomía y una identidad propia, o como una madre castrada, con carencias y deficiencias, una madre con la que la hija no quiere identificarse, por lo que en su humillación y odio debe recurrir al padre (*ibíd.*).

Irigaray considera que esta imagen disminuida de la madre no es una creación de las madres sino del sistema patriarcal en la cultura occidental.

Debido a la particular estructura social hispanoamericana, en muchas de estas narraciones encontramos otra figura femenina adulta, la nana, quien muchas veces representa la contrapartida de la madre. Las diferencias con la madre no sólo se advierten porque la nana pertenece a otro grupo social —y a veces también étnico— sino que culturalmente introduce una variante con relación al modelo de la madre[18]. La nana provee una visión diferente del mundo y ayuda a la niña a comprender más cabalmente su situación en la sociedad. Tres son las nanas que se destacan especialmente: la nana indígena de *Balún-Canán*; Gregoria, la nana negra de María Eugenia Alonso en *Ifigenia*, y la de *La casa del ángel*. La nana de *Balún-Canán* le enseña a la niña a apreciar la cultura indígena y sus tradiciones, le habla de la naturaleza y de su religión, le ayuda a tomar conciencia de las diferencias que existen en la sociedad entre patrones, servidores e indios, es decir, le muestra una visión variada y plural de la realidad. Pero esta educación cesa cuando acaba el período de la infancia, alrededor de los siete años, momento en que la nana se separa de la niña. En *La casa del ángel* la nana les muestra a las niñas las realidades de la vida que la madre les oculta. Por ejemplo, cuando hay un incendio en una casa cercana y salen a mirar, se encuentran con que se trata de un burdel. Las niñas asedian a la nana con sus preguntas. La nana es mucho más flexible y liberal que la madre, lo cual se pone de manifiesto cuando salen de paseo con ella en lugar de con su madre. Cuando van al cine la madre las distrae en el momento climático del beso; en cambio, cuando van con la nana, se sienten libres:

---

17 La excelente síntesis de Whitford (1991) me ha sido muy útil para dilucidar la posición de Irigaray.

18 Este doble modelo se observa también en la relación de la protagonista con una amiga de otro nivel social, quien provee una alternativa atractiva para ella pero no permitida por su grupo social. Algunos ejemplos son la admiración de Merceditas por su amiga Carlotta en "El regalo" y la amistad de Ana y Valeria en *La pájara pinta*.

Entonces nuestra madre se convertía en el peor enemigo. Nos obligaba a que le pasáramos los caramelos o el programa. Éramos felices cuando nos acompañaba Nana. Yo sentía mi butaca más amplia, como un cuarto cerrado; no se adivinaban mis pensamientos y, cuando llegaba el beso de los actores, podía ruborizarme y bajar la mirada, sintiendo en mí el extraño placer que producen la vergüenza y el pudor (Guido 1955: 17-8).

En *Ifigenia* la nana es una negra llamada Gregoria, quien se encarga de contarle a María Eugenia la otra versión de la historia de la familia, el lado que su abuelita oculta por decoro y conveniencia. Por otra parte, cuando María Eugenia conversa con Gregoria se comporta de una manera espontánea, sin tener que disimular, mientras que con su abuela y con su tía adopta la pose de la niña dócil y educada, ocultando su verdadero sentir.

Al distinguir el tipo de modelo que estas dos figuras femeninas representan para las niñas las diferencias sociales son fundamentales. Las sirvientas tienen mayor libertad para ir y venir, para tener relaciones sexuales fuera del matrimonio, pues su vida no está reglamentada por las convenciones y restricciones que atan a las señoras. Las relaciones con las niñas son íntimas y espontáneas y, al no mediar la distancia que se crea en las relaciones con la madre, se tratan de igual a igual. La nana es también fuente de información, especialmente de la existencia de las facetas ocultas por el doble estándar y la moralidad convencional. En los tres casos las niñas adquieren una visión de la realidad muy diferente de la que obtienen de sus madres.

Así, la niña de familia acomodada se enfrenta a un modelo femenino doble. La madre representa el modelo de conducta restrictiva de la mujer de clase alta y la nana, mucho más libre, más abierta, les transmite a las niñas unos conocimientos que la madre, especialmente por su formación religiosa, les oculta. Esta duplicación de la figura materna se resuelve cuando la niña crece. Como en *Balún-Canán*, la niña termina asimilándose —aunque con cierta ambigüedad— al mundo de la madre, pues ese es el mundo que le corresponde por su clase social y grupo racial. En el caso de la niña de clase alta la identificación con la madre no es total ni única, por lo menos en la infancia, y aunque la visión de la nana no prevalece al final, inicia a la niña en los secretos de la familia y de la sexualidad. Los mensajes que recibe la niña son dobles, y esto la prepara para reconocer (¿aceptar?) el doble estándar. Recordemos que al hombre se lo estimula en estas sociedades a tener dos mujeres, la esposa que representa a la mujer virgen y pura, y la amante, la mujer oscura y sexualmente desinhibida, como se observa en "La bella durmiente"[19]. Carmen Merengue es la mujer sensual y libre, la ex-amante de su padre que tiene su propia vida y una profesión —el modelo que María de los Ángeles admira y trata de imitar— y Elizabeth es la esposa legítima, elegante y refinada pero sin voz propia.

También en *La pájara pinta* la criada con quien dialoga Ana en la novela tiene un papel destacado. Sabina sirve de mediadora entre la protagonista y su madre. Mientras

---

19   Vilar (1975) provee una justificación a esta conducta.

Ana evoca estos recuerdos, Sabina es quien hace que se cumplan las órdenes de la madre. Aunque Sabina representa a la autoridad materna, Ana se siente más a sus anchas con la criada y se queda en la cama hasta tarde mientras Sabina le recalienta el café del desayuno. Es cierto que Ana teme que Sabina se entere de sus actividades, por ejemplo que se ha puesto al sol desnuda, pero la criada no representa una amenaza. No obstante, como estas narraciones se enfocan en protagonistas que entran en conflicto con el modelo de feminidad establecido no se puede concluir de estos relatos que siempre se produzca un dilema entre los dos modelos.

A diferencia de los ejemplos anteriores, en *Las memorias de mamá Blanca* la nana —una jamaiquina de habla inglesa que ha sido contratada para que les enseñe su lengua a las niñas— parece más estricta que la madre cuando trata de enseñarles a las niñas sus valores puritanos. A pesar de que la madre es una figura etérea en esta novela, no es del todo distante y presenta rasgos muy positivos. Un ejemplo en que la madre aparece retratada como amiga de la niña es en *Ana Isabel, una niña decente*. En el texto de Palacios la madre es el único modelo de la niña en una familia que vive pobremente. Pero la madre, de familia de abolengo venida a menos, no deja de ser el agente que socializa a la niña imponiéndole ciertas restricciones. En el resto de las narraciones, la figura de la madre, o su equivalente, no tiene una relación estimulante ni íntima con la hija. Especialmente negativa es la relación, en *Enero*, de Nefer con su madre, quien se siente como una víctima de su poder. Un indicio del carácter dominante de la madre se revela cuando se suben al tren que las llevará al pueblo para la ceremonia de la boda, "su madre la empuja y trepa resoplando" (Gallardo 1958/ 1962: 127). En cambio Nefer siente simpatía por su padre, a quien considera una víctima, igual que ella, del dominio de la madre, por estar los dos sujetos a su voluntad avasalladora. Es importante advertir que además de la figura de la madre aparece la patrona de la hacienda en quien se modela la actitud de la madre de Nefer. La patrona es quien respalda a la madre y entre las dos presionan a Nefer para que se case con el peón que la dejó embarazada. También en *Hagiografía* la madre es el blanco de gran parte de la crítica de Narcisa, pero el texto sugiere que toda la familia causa la muerte de la protagonista. Además, doña Flora aparece como una víctima de las imágenes de la feminidad que propagan los medios de comunicación, las radionovelas y revistas femeninas, y de las presiones que el medio ejerce sobre las mujeres para que se conformen al ideal de su sociedad, especialmente a través del qué dirán y de la presencia de la autoridad eclesiástica. Aquí se produce un caso comparable a la caracterización sugerida por Irigaray, pues la madre aparece como un instrumento del sistema patriarcal que impide la creación de una genealogía femenina[20].

---

20 En su estudio sobre *The House on Mango St.* como *Bildungstale*, Rivero (1986: 8) observa que en los relatos chicanos aparecen figuras femeninas positivas, especialmente entre las amigas y hermanas de las protagonistas. Como señala Rivero, estos textos se refieren a una realidad cultural y social muy específica, en general, a experiencias urbanas de la clase trabajadora hispánica en ciudades norteamericanas.

Otros miembros del grupo familiar que tienen crucial importancia en la formación de las protagonistas son las hermanas. Frecuentemente las hermanas son las niñas perfectamente adaptadas y dóciles que siguen la norma establecida. Por ejemplo en *La casa del ángel* mientras las hermanas de Ana se casan, la protagonista sigue atada a su experiencia transgresora del pasado. En *Hagiografía* la hermana de Narcisa es bonita y femenina, lo cual complace a la madre que se siente orgullosa de su hija Florita-íta. En *Ifigenia* la prima de María Eugenia es una niña dócil, y lo mismo ocurre en *Enero* con las hermanas de Nefer. Susan, la compañera de colegio de Karen en *El detén* es una alumna modelo, estudiosa, buena y respetuosa[21]. Es significativo que las escritoras hayan contado estas historias desde la perspectiva de la niña que entra en conflicto con su ambiente y que la historia de la hermana dócil sirva para representar la norma como contraste. De este retrato se desprende que no todas las niñas rechazan el modelo establecido y que la respuesta ante el modelo varía, aunque de preferencia los relatos muestran las dificultades que enfrentan las protagonistas al ponerlo en tela de juicio.

La familia sirve de catalizador de los códigos de conducta prescritos por el orden social, y es en su seno donde la niña aprende las nociones básicas de lo permitido en su grupo social[22]. En las familias de las clases acomodadas en las que la apariencia juega un papel preponderante, los códigos de conducta son estrictos[23]. La niña aprende que apartarse de la norma, o rechazarla, implica una rigurosa proscripción. El aislamiento no sólo es afectivo y familiar, ya que sin la protección del poder masculino no tiene acceso al ascendiente que le brinda pertenecer a la clase dominante, como lo ejemplifica María Eugenia Alonso en *Ifigenia*.

En *Historia de la sexualidad*, Michel Foucault (1976/1980: 123-5) afirma que para reafirmar su predominio como clase —no para dominar a las clases bajas— las clases "aristocráticas" y burguesas han utilizado medios de control para ejercer vigilancia

---

21   En "El árbol" de María Luisa Bombal (1973), el padre tiene seis hijas y la única que le da problemas es Brígida, la protagonista, a quien considera retardada. Cuando Brígida comprueba la distancia con que la trata su marido, se separa de Luis y rompe con los convencionalismos.

22   Sobre el papel del padre y los hermanos varones *vid*. Lagos (1996: 92-95).

23   En gran parte de las narraciones citadas en este estudio las protagonistas provienen de la clase alta. Las excepciones son Nefer, de *Enero*, una joven campesina, y Narcisa de *Hagiografía*. Sin embargo, aunque esta última no pertenece a la clase dominante sino a la pequeña burguesía de provincia, en su madre se observa un obsesivo deseo de imitar a los ricos y a regirse por los patrones de la clase alta a la que, irónicamente, imita a través de su representación en las radionovelas que escucha asiduamente. También la protagonista de *Ceremonias del verano* pertenece a la pequeña burguesía inmigrante, pero por el hecho de ser estudiante universitaria y de viajar al extranjero este factor se diluye. Ana de *La caída* estaría en una situación semejante a la de la novela de Traba, pero con la salvedad de que Ana pertenece a una clase media más acomodada. Ana Isabel, del relato de Palacios, es un caso diferente porque aunque proviene de una familia de alcurnia sus padres no tienen muchos medios.

y poner restricciones sobre el cuerpo y la sexualidad. Esta vigilancia, que ha estado a cargo de la familia, ha sido especialmente estricta en cuanto a la sexualidad infantil y femenina (*ibíd*.: 120).

El contexto sociopolítico

La socialización de la niña dentro del sistema de valores de su sociedad y de su clase no está solamente localizada en la esfera privada sino que también la esfera pública cumple un papel predominante. Así, junto al mundo de la familia el contexto sociopolítico adquiere gran importancia en varios de estos relatos. *Balún-Canán* y *La pájara pinta* son dos textos en los que la acción se sitúa en momentos turbulentos y de gran inestabilidad. *Balún-Canán* tiene lugar en la región de Chiapas durante los años de la presidencia de Lázaro Cárdenas (1934-40), período en el que se llevaron a cabo reformas propuestas por la Revolución Mexicana en el sur de México, una zona alejada de la capital donde no habían llegado hasta entonces las agencias gubernamentales. En *La pájara pinta* los primeros recuerdos de Ana se remontan a los días en que se inicia la década de la violencia en Colombia con el asesinato de Jorge Eliecer Gaitán el 9 de abril de 1948. Es en estas dos narraciones, que se refieren a épocas de grandes conflictos sociopolíticos, donde encontramos posibles oportunidades para la mujer. *Balún-Canán* da testimonio de una sociedad en transformación; la niña protagonista que observa los cambios siente curiosidad por lo que sucede y le pregunta a la nana, quien le explica las razones de la muerte de un indio que llega gravemente herido desde el campo a la casa de la familia en la ciudad de Comitán. Más tarde ella misma experimenta los efectos de las reformas sociales cuando se cierra el colegio de la Srta. Silvina, al que asisten las niñas de su grupo social. Además, la protagonista es testigo de los cambios que tienen lugar en la hacienda de su familia cuando los indios exigen una escuela, y de las transformaciones que acarrea la reforma agraria. El relato presenta a la niña en el umbral de un nuevo orden. No acepta, por ejemplo, que su hermano varón sea el depositario de la tradición familiar, que según su madre le pertenece, y lee los documentos genealógicos destinados a Mario apropiándose de la historia que se le ha vedado. Pero el final de la niña es ambiguo, ya que aunque por una parte es ella quien sobrevive y acaba escribiendo, empieza por inscribir el nombre de Mario, a quien cree haberle causado la muerte, en los ladrillos del jardín y las paredes del corredor. Sin embargo la brevedad del último capítulo —escasas siete líneas— sugiere que ese es sólo el comienzo, y que lo significativo es su gesto de tomar el lápiz[24].

---

24 Sobre la función del contexto social, como también sobre la niña en su papel de lectora y su gesto de tomar el lápiz al final de la novela *vid*. Lagos (1997).

El final

El desenlace y el modo cómo se resuelven los conflictos adquiere especial significación en estas narraciones. Al igual que en los *Bildungsromane* masculinos los finales son variados. Hay finales abiertos que sugieren la posibilidad de una transformación si no inmediata por lo menos para el futuro, como sucede en narraciones en que las niñas protagonistas son todavía pequeñas, como en *Balún-Canán* y "Amalia", y con las jóvenes de *La caída* y *La pájara pinta* que se mueven en un ambiente urbano y universitario[25]. En otras narraciones las protagonistas se resignan y aceptan soluciones convencionales a cambio de protección y estabilidad. María Eugenia Alonso, de *Ifigenia*, consiente en casarse con un político prominente en lugar de elegir el riesgo y seguir al hombre que ama, y Nefer, de *Enero* se casa con el hombre que la ha embarazado. El fin de otras protagonistas es la muerte, ya sea en sentido figurado, como en *La casa del ángel*, o de manera imaginaria, como sucede con el asesinato espiritual de Narcisa, quien considera que su familia ha aniquilado su personalidad; o en un asesinato de hecho, como en "La bella durmiente". En este último caso la muerte sobreviene después de que la protagonista decide no someterse a las convenciones sociales, como una especie de castigo por su rebeldía.

Ceremonias del verano es el único de estos relatos que tiene un final armónico, en el sentido que la protagonista revela haber alcanzado una plenitud[26]. Una experiencia de indiscutible repercusión en el desarrollo de las protagonistas es la de ser estudiantes universitarias, especialmente cuando ya no viven con su familia.

He sugerido que las protagonistas de estas narraciones representan en gran medida a la mujer excepcional, no a la mujer sumisa y dócil. Sin embargo se puede concluir que a pesar de la autoconsciencia de su papel subordinado que empuja a las protagonistas a rebelarse, especialmente cuando comprueban su falta de libertad para hacer sus propias decisiones, la fuerza de la educación y de las instituciones que respaldan al orden dominante resultan exitosas porque consiguen que el sistema se perpetúe. En la mayoría de los

---

25 El final de *Balún-Canán* se ha leído como un final abierto y optimista (Cypess 1985; Lagos-Pope 1997) y como la imposibilidad de escapar de los roles sexuales prescritos (Smith). Smith (1992: 141) escribe:

> Castellanos chooses not to offer positive role models for women readers [...] The impossible predicament of the female characters derives ultimately from their inability to achieve separation from the mother. This pattern is reproduced obsessively.

26 En contraste con estas novelas hispanoamericanas, Rivero (1996: 16) observa que como en otros

> [...] female Bildungstales [chicanos], [...], the young protagonist of *The House on Mango Street* sees a way out; her destiny will not be like Mama's, or Marin's, or Minerva's.

casos la familia y el colegio logran sus objetivos. A las protagonistas que han llegado a la edad adulta les resulta prácticamente imposible tomar sus propias decisiones y vivir de acuerdo a sus convicciones dentro de los roles tradicionales. Dos ejemplos que iluminan esta situación son los de María de los Ángeles y María Eugenia Alonso. En cambio las protagonistas jóvenes que dejan la casa familiar para estudiar en la universidad tienen mayores posibilidades de lograr sus propósitos, como lo ejemplifican *La caída* y *Ceremonias del verano*. Todas estas narraciones dan testimonio de una intensa lucha interior en la que chocan los intereses del individuo con los de la sociedad.

Los relatos de formación de protagonista femenina de escritoras hispanoamericanas que examino en este ensayo, al igual que los de escritoras en otras literaturas, difieren del modelo tradicional de *Bildungsroman*. Y, como en los *Bildungsromane* masculinos hispanoamericanos, el contexto cultural y sociopolítico cumple también una función importante en las narraciones de las escritoras. Este énfasis, que es, por lo demás, característico de gran parte de la literatura del continente, las acerca al modelo que Hirsch (1979: 309-11) describe para las novelas francesas e inglesas en las que la sociedad juega un papel preponderante. El doble modelo femenino en los relatos hispanoamericanos sin duda añade complejidad al proceso de identidad, y el sexismo del ambiente familiar y social está acentuado por la prevalente presencia de la educación religiosa que refuerza la noción de sumisión en las mujeres. Sin embargo, a pesar de las diferencias culturales y religiosas, estas narraciones se pueden comprender más cabalmente si se tiene en cuenta la diferencia genérica, y por esto es que los análisis que se han hecho en otras literaturas desde la perspectiva feminista ayudan a leer estos textos hispanoamericanos[27]. Como en otras tradiciones literarias, los relatos de formación de protagonista femenina encierran una sutil o abierta crítica al sistema patriarcal que minimiza el crecimiento de las niñas y, "como se podía anticipar, la conciencia femenina de estas escritoras dirigida hacia la sociedad patriarcal despierta una respuesta feminista" (Labovitz 1986: 250)[28].

---

27   En la introducción a Abel/Hirsch/Langland (1983: 14) concluyen que la exploración de diversas tradiciones en los ensayos de este volumen, los cuales abarcan una variedad de culturas, revelan similitudes en la experiencia de las mujeres. Del mismo modo, se puede afirmar que estas narraciones hispanoamericanas también comparten rasgos similares en la formación de las niñas y la condición de subordinación de las mujeres a los que se observan en otras tradiciones a pesar de las variantes culturales. Labovitz (1986) examina cuatro textos —"female *Bildungsroman*"— de cuatro tradiciones literarias diferentes y concluye que

> [...] in all four works, a common bond unites the heroines: the loss of self, efforts to regain control over their own minds, to win their freedom without hindrance, and to further their self-development (*ibíd*.: 248).

28   Labovitz (1986: 249) escribe que

> [...] underlying every other assumption of a definition I offer of the female *Bildungsroman* is the overt and subtle presence of partriarchy throughout these works.

Examinadas en conjunto, estas narraciones de formación de protagonistas femeninas hispanoamericanas forman un corpus que revela inequívocamente la conciencia del papel de la diferencia genérica en la construcción de la subjetividad e identidad de los personajes femeninos.

Bibliografía

Obra

Alegría, Claribel. (1977). *El detén*. Barcelona: Lumen.
Ángel, Albalucía. (1975). *Estaba la pájara pinta sentada en el verde limón*. Bogotá: Instituto Colombiano de Cultura.
Bombal, María Luisa. (^{7}1973). "El árbol", en: *La última niebla*. Buenos Aires: Editorial Andina, pp. 105-28.
Castellanos, Rosario. (^{4}1957). *Balún-Canán*. México: Fondo de Cultura Económica.
---. (^{2}1975). *Poesía no eres tú. Obra poética: 1948-1971*. México: Fondo de Cultura Económica.
Ferré, Rosario. (^{2}1976). *Papeles de Pandora*. México: Joaquín Mortiz.
---. (1983). "El regalo", en: Barradas, Efraín. (ed.). *Apalabramiento. Diez cuentistas puertorriqueños de hoy*. Hanover: Ediciones del Norte, pp. 85-119. (Cuento incluido en: *Maldito amor*. México: Joaquín Mortiz 1986, pp. 83-114).
Gallardo, Sara. (1958/^{2}1962). *Enero*. Buenos Aires: Sudamericana.
Guido, Beatriz. *La casa del ángel*. (1955/^{5}1966). Buenos Aires: Emecé Editores.
---. (1956/^{5}1971). *La caída*. Buenos Aires: Losada.
Palacios, Antonia. (1949/1980). *Ana Isabel, una niña decente*. Caracas: Monteávila.
Parra, Teresa de la. (1965). *Obras completas*. Caracas: Editorial Arte.
---. (1982). *Obra. (Narrativa, ensayos, cartas)*. Caracas: Biblioteca Ayacucho.
Poniatowska, Elena. (1954/1985). *Lilus Kikus*. México: Era.
Río, Ana María del. (1991/1994).*Tiempo que ladra*. Santiago: Planeta.
Robles, Mireya. (1985). *Hagiografía de Narcisa la bella*. Hanover: Ediciones del Norte.
Traba, Marta. (1966/1981). *Ceremonias del verano*. Barcelona: Montesinos.
Vilar, Esther. (1975). *El varón polígamo*. Barcelona: Plaza & Janés.

Crítica

Abel, Elizabeth/Hirsch, Marianne/Langland, Elizabeth. (eds.). (1983). *The Voyage In. Fictions of Female Development*. Hanover: University Press of New England.
Aizenberg, Edna. (1985). "El *Bildungsroman* fracasado en Latinoamérica: El caso de Teresa de la Parra", en: *Revista Iberoamericana*. 132-33: 539-46.

Apter-Cragnolino, Aída. (1991). "El cuento de hadas y la *Bildungsroman*: Modelo y subversión en *La bella durmiente* de Rosario Ferré", en: *Chasqui*. 20, 2: 3-9.
Avellaneda, Andrés. (1994-95). "Construyendo el monstruo: Modelos y subversiones en dos relatos (feministas) de aprendizaje", en: *Inti: The Configuration of Feminist Criticism and Theoretical Practices in Hispanic Literary Studies*. (Número especial). 40-1: 219-31.
Bruce-Novoa, Juan. (1983). "Elena Poniatowska: The Feminist Origins of Commitment", en: *Women's Studies International Forum*. 6, 5: 509-16.
Carballo, Emmanuel. (1965). *Diecinueve protagonistas de la literatura mexicana del siglo xx*. México: Empresas Editoriales.
Castilla del Pino, Carlos. (1971). *Cuatro Ensayos sobre la mujer*. Madrid: Alianza.
Ciplijauskaité, Biruté. (1988). *La novela femenina contemporánea (1970-1985). Hacia una tipología de la narración en primera persona*. Barcelona: Anthropos.
Cypess, Sandra M. (1985). "*Balún-Canán*: A Model Demonstration of Discourse as Power", en: *Revista de Estudios Hispánicos*. 19, 3: 1-15.
Dalsimer, Katherine. (1986). *Female Adolescence, Psychoanalytic Reflections on Literature*. New Haven: Yale University Press.
Felski, Rita. (1989). *Beyond Feminist Aesthetics. Feminist Literature and Social Change*. Cambridge: Harvard University Press.
Foucault, Michel. (1976/1980). *The History of Sexuality. Volume I: An Introduction*. Nueva York: Vintage Books.
Franco, Jean. (1984). "Self-Destructing Heroines", en: *The Minnesota Review*. 22: 105-15.
Gardiner, Judith Kegan. (1981). "On Female Identity and Writing by Women", en: *Critical Inquiry*, (*Writing and Sexual Difference*). 8, 2: 347-61.
Geisdorfer Feal, Rosemary. (1989). "Gender Identity and Feminine Creativity in *Hagiografía de la Narcisa la bella* by Mireya Robles", en: *Literature and Psychology*. 35, 1-2: 1-18.
Gimbernat González, Ester. (1992). *Aventuras del desacuerdo. Novelistas argentinas de los 80*. Buenos Aires: Danilo Albero Vergara.
Gissi Bustos, Carlos. (1977). "Mitología sobre la mujer". *La mujer en América Latina*. México: Sepsetentas.
Heller, Dana A. (1990).*The Feminization of the Quest-Romance. Radical Departures*. Austin: University of Texas Press.
Herrera-Sobek, María. (1988). "The Politics of Rape: Sexual Transgression in Chicana Fiction", en: Herrera-Sobek, María/Viramontes, Helena María. (eds.). *Chicana Creativity and Criticism: Charting New Frontiers in American Literature*. Houston: Arte Público Press, pp. 171-81.
Hirsch, Marianne. (1979). "The Novel of Formation as Genre: Between Great Expectations and Lost Illusions", en: *Genre*. 12: 293-311.
Irigaray, Luce. (1981). "And One Doesn't Stir without the Other", en: *Signs*. 7, 1: 60-7.
Jörgensen, Beth E. (1994). *The Writing of Elena Poniatowska. Engaging Dialogues*. Austin: University Texas Press.

Kaminsky, Amy. (1976). "The Real Circle of Iron: Mothers and Children, Children and Mothers, in Four Argentine Novels", en: *Latin American Literary Review*. 4, 9: 77-86.
Labovitz, Esther Kleinbord. (1986). *The Myth of the Heroine. The Female Bildungsroman in the Twentieth Century. Dorothy Richardson, Simone de Beauvoir, Doris Lessing, Christa Wolf*. Nueva York: Peter Lang.
Lagos, María Inés. (1996). *En tono mayor: relatos de formación de protagonista femenina en Hispanoamérica*. Santiago de Chile: Cuarto Propio.
---. (1997). "*Balún-Canán*: una novela de formación de protagonista femenina", en: *Revista Hispánica Moderna*. 50, 1: 159-79.
Lagos-Pope, María Inés. (1986). "En busca de una identidad: Individuo y sociedad en *Balún-Canán* de Rosario Castellanos", en: *Texto Crítico*. 12, 34-5: 81-92.
Miller, Francesca. (1991). *Latin American Women and the Search for Social Justice*. Hanover: University Press of New England.
Mora, Gabriela. (1984). "El *Bildungsroman* y la experiencia latinoamericana: *La pájara pinta* de Albalucía Ángel", en: González, Patricia/Ortega, Eliana. (eds.). *La sartén por el mango*. Río Piedras: Huracán, pp. 71-81.
Norat, Gisela. (1989). "Del despertar de 'La bella durmiente' al reino patriarcal", en: *Lingüística y literatura*. 15: 17-31.
Pescatello, Ann. (ed.). (1973). *Female and Male in Latin America: Essays*. Pittsburgh: University Pittsburgh Press.
Pratt, Annis. (1981). *Archetypal Patterns in Women's Fiction*. Bloomington: Indiana University Press.
Rivero, Eliana. (1986). "*The House on Mango Street*: Tales of Growing Up Female and Hispanic". Working Paper 22. Tucson: The University of Arizona, pp. 1-19.
Roffé, Reina. (1985). "Omnipresencia de la censura en la escritora argentina", en: *Revista Iberoamericana*. 51, 132-33: 909-15.
Rojo, Grínor. (1988). "*Los cachorros*, de Mario Vargas Llosa, y *La Bella Durmiente*, de Rosario Ferré: nota sobre la inversión de una estructura", en: *ídem. Crítica del exilio. Ensayos sobre literatura latinoamericana actual*. Santiago: Pehuén, pp. 141-56.
Sklodowska, Elzbieta. (1986). "El discurso de *Hagiografía de Narcisa la bella* de Mireya Robles en el contexto de la prosa femenina hispanoamericana", en: *Kwartalnik Neofilologiczny*. 33, 4: 487-98.
---. (1991). *La parodia en la nueva novela hipanoamericana (1960-1985)*. Amsterdam: John Benjamins Publishing Company.
Smith, Paul Julian. (1992). *Representing the Other. 'Race', Text, and Gender in Spanish and Spanish American Narrative*. Oxford: Clarendon Press.
Subercaseaux, Elizabeth. (1994). *La comezón de ser mujer*. Santiago: Planeta.
Tejeira, Otilia. (1977). *La jaula invisible. (La mujer en América Latina.)* México: Costa Amic.
Vitale, Luis. (1981). *Historia y sociología de la mujer latinoamericana*. Barcelona: Fontamara.

Waugh, Patricia. (1989). *Feminine Fictions. Revisiting the Postmodern*. London: Routledge.
Whitford, Margaret. (1991). *Luce Irigaray. Philosophy in the Feminine*. London: Routledge.
---. (1992). "Mother-daughter Relationship", en: Wright, Elizabeth. (ed.). *Feminism and Psychoanalysis. A Critical Dictionary*. Oxford: Blackwell, pp. 262-66.

Erna Pfeiffer

Universität Graz

LAS NOVELAS HISTÓRICAS DE CARMEN BOULLOSA: ¿UNA ESCRITURA POSMODERNA?

Con cada nueva novela de Carmen Boullosa (México 1954), se ilumina por un breve rato, cual las "moscas de fuego" (Boullosa 1991: 14) de *Son vacas, somos puercos*, otra faceta de un universo cambiante, polivalente e irritador. Un universo *sui generis* que va completándose más y más con cada pieza en el rompecabezas del mundo textual boullosiano.

Cuando creíamos, allá por los años 80, que su temática más clara y sólidamente reconocible era la del mundo de la infancia (*Mejor desaparece, Antes*), nos sorprendió con una serie de novelas que se podrían llamar históricas (*Llanto, Son vacas, somos puercos, El médico de los piratas, Duerme, Cielos de la Tierra*). Y al final de los años 90, cuando casi podíamos asegurar que Carmen Boullosa era *la* novelista histórica por excelencia en México, retorna nuevamente al tema de la infancia con *Treinta años* (1999).

De la historia personal, individual, subjetiva, a la nacional, social o política, parece existir un juego dialéctico en este "viaje" narrativo de Carmen Boullosa entre historia(s) e Historia, la cual a su vez se compone de historias sueltas, desconcertantes y erráticas ("peregrinas" en el sentido decimonónico), contadas a contracorriente de la historiografía oficial, sea ésta europea o mexicana.

La escritora, y esto vale casi como regla general, siempre se pone del lado de las causas perdidas, de los vencidos, de lo silenciado y olvidado. Hace las veces de un doctor Freud literario, que sacaría a relucir lo reprimido por un proceso psicológico colectivo y lo pondría a actuar/hablar en un extraño sueño textual, un fresco surrealista, compuesto de escenas, imágenes, fragmentos relampagueantes, que en su conjunto podrían dar una clave para descifrar el substrato histórico mexicano, no elaborado conscientemente ni por historiadores, políticos o sociólogos.

¿Por qué Boullosa se mete en el pellejo de los filibusteros, eternos malvados y malditos del sistema occidental, que obstruían el libre flujo de capitales desde las colonias a los centros e intentaban vivir una anarquía utópica violenta? ¿Por qué trata de hacer hablar (en vano, porque es —como se sugiere en el subtítulo— un habla "imposible") a Moctezuma, "traidor" de su pueblo, que no lo defendió contra los conquistadores españoles sino que agasajó a éstos con regalos y con oro, demostrándoles que el valor de éste era relativo? ¿Por qué inventa un manuscrito inexistente, *en latín*, de un alumno apócrifo del Colegio de Tlatelolco, experimento fracasado de Bernardino de Sahagún, otro "vidente" del diálogo pacífico entre las culturas?

Y aunque estas preguntas retóricas quizás lleven su respuesta en sí, vale decir que hay varias razones para escribir una novela histórica:

1. la más romántica: cierta nostalgia por las cosas idas, cierta glorificación de lo pasado (que en la mente de los conservadores siempre ha sido "mejor"), cierta actitud retrógrada de escarbar en las cenizas del recuerdo, en suma: una posición evasiva;
2. la causal: la búsqueda de modelos de explicación del por qué algo (la historia nacional, la biografía individual) se desarrolló en un sentido y no en otro;
3. la pragmática o didáctica, que con la dilucidación de las causas/paralelismos quiere "aprender" del pasado, o sea, mejorar la situación actual o acuñar modelos futuros; y
4. la alternativa o juguetona (¿posmoderna?), que experimenta con diversas conjeturas al modo de "¿qué hubiera sido si...?" (*vid*. Pozuelo Yvancos 1996: 97).

Tal vez haya otros tipos de relaciones históricas, y tal vez los cuatro mencionados[1] puedan estar presentes en un mismo texto; pero según mi punto de vista, en Carmen Boullosa prevalece la última actitud: la creadora, la cual es al mismo tiempo destructora y constructora[2] como ella misma dice:

> La verdad es que el novelista no construye, el novelista es un destructor. [...] En su tercera dimensión se manifiesta el todo de su poder destructivo. Pone la realidad entera en entredicho. Ahí, los cuerpos en tres dimensiones, vivos y compuestos de palabras, forman un espejo feroz y devorante de la realidad. Son una catástrofe si consideramos su capacidad destructiva (Boullosa 1995: 217).

---

1   No veo aún claramente si "mis" cuatro modos de contar Historia concuerdan con el cuadro que establece Hayden White (1978: 70):

Mode of emplotment:	Mode of explanation:	Mode of ideological implication:
Romance	Idiographic	Anarchist
Comedy	Organicist	Conservative
Tragedy	Mechanistic	Radical
Satire	Contextualist	Liberal

Algo tendrán en común, pero no estoy segura si el modo de contar posmoderno sería una quinta variante en el espectro o se incluiría en la sátira...

2   Por eso, estoy convencida de que Seymour Menton (1993: 26) se equivocó al clasificar la primera novela histórica de Carmen Boullosa, *Son vacas, somos puercos*, como perteneciente a las "[n]ovelas históricas latinoamericanas más tradicionales".

Y estamos pensando en el símil del espejo de Stendhal, en *Le Rouge et le Noir*, que ya refleja el azul del cielo, ya el lodo de los charcos en la calle (Stendhal 1981: 510) y se ha convertido en emblema de un supuesto realismo "impasible", reflector de lo que es o ha sido[3]. Pero el espejo de Boullosa tiene tres dimensiones, pertenece a los artefactos del carnaval, de las ferias, de lo burlesco, distorsionante, y no sólo esto: es un espejo "devorante de la realidad", un espejo caníbal, peligroso, agresivo, en cuyas profundidades abismales "mejor desaparece" más de un ídolo y más de una mentira del pasado (y del presente, si pensamos en la novela *La Milagrosa*, no mencionada hasta ahora). Y no es por casualidad que esto me evoque el título de una sección de *Doña Bárbara* que se llama "La devoradora de hombres" (Gallegos 1959: 511). Tendrá que ver, tal vez, con la escritura y/o anatomía femenina ese afán de engullir, de incorporarse, digerir y vomitar piezas de historias[4]. Y es interesante que este procedimiento de escritura "contamine" también los contenidos de varios textos, como por ejemplo, la inolvidable escena en la que L'Olonnais es consumido, pieza por pieza, por las mujeres devoradoras del golfo de Darién (Boullosa 1991: 129-131). También la novela "vampirística", *Isabel*, tiene por motivo este afán de succionar, de embeberse de vidas ajenas y hacerlas suyas, destruyéndolas[5].

Así, la trama de cualquiera de las novelas boullosianas, sean las de infancia, sean las históricas, incluye algún fracaso, alguna catástrofe, algún apocalipsis (*vid*. Boullosa 1995a: 43): fracasa la utopía anárquica de los "Hermanos de la Costa" en *Son vacas, so-*

---

3 Ayer vi con mis propios ojos a dos personas que llevaban un espejo por un cruce en la calle, y debo decir que el efecto que produjo en mí esta escena stendhaliana fue espeluznante, sobre todo por el movimiento de las imágenes cambiantes (que me incluían a mí y mi auto). ¡Cuánto más horror me produciría un espejo cóncavo o convexo! (Stendhal 1981: 510).

4 *Cfr*. lo que dice Alicia Kozameh (1995: 95), coetánea argentina de Boullosa (nacida en 1953), sobre su manera de asimilar lo vivido:

> Lo que me pasa a mí es que comprendo los hechos, los entiendo, los elaboro, a través de las formas creativas. Entonces si yo, por ejemplo, no convierto el hecho mismo en una fantasía, no logro entenderlo más que en su aspecto racional. Es una obsesión la que tengo de entenderlo todo. Después de que el hecho sucedió, lo instalo en mi mente como ficción; lo desnaturalizo en sí mismo y lo convierto en algo muy diferente, como para poder destrozarlo, como para poder masticarlo, como para que se haga accesible a mi sistema digestivo, para que mi sistema digestivo se lo aguante, digamos, y salga como un producto diferente y nuevo. Porque, Erna, si sale como lo mismo que fue, quizás yo ya estaría muerta, porque no me aguantaría tanta mierda. Es una transformación.

5 Tampoco será casualidad que en otra novela, posmoderna *avant la lettre*, *Jardín* (1935) de la cubana Dulce María Loynaz, aparezca no sólo el motivo del vampiro sino también el de la "madre terrible, la madre saturnal, la insaciable devoradora de sus propios hijos" (Loynaz 1993: 140). *Vid*. también Davies (1997).

mos puercos, por la irremediable victoria del sistema capitalista; se ve eliminado el experimento multicultural, pedagógico de Bernardino de Sahagún, del cual formaba parte Hernando en *Cielos de la Tierra*, quien por su mismo nombre podría verse como un simbólico personaje alternativo, contrastando con Hernán(do) Cortés[6]; tampoco sobrevive el intento de Lear o Cordelia, en la misma novela, de rescatar lo rescatable del mundo sumergido de los humanos en un mundo post-humano y de conservar el don de la palabra; no resulta posible establecer un auténtico contacto cultural entre Moctezuma redivivo en el siglo XX en *Llanto*, con excepción de un contacto no verbal entre él y Laura, que se esfuman como por magia en un encuentro erótico[7]; y la supuesta inmortalidad de Claire, en *Duerme*, que podría desembocar en un proyecto revolucionario con los indígenas, se ve imposibilitado por el sueño eterno en que cae la enigmática protagonista andrógina.

Siguiendo a Northrop Fryre y Hayden White (1978: 58 *et passim*), podríamos decir que Boullosa despliega un mito histórico trágico, que termina siempre en una decadencia, en el ocaso de una cultura. Por otro lado, y mirando bien sus textos, ninguno de ellos se cierra sin que antes se nos dé algún hilo adicional, que podría llevarnos a escapar del laberinto hundido[8]. En *Son vacas*, es la utopía de Negro Miel, "un lugar

---

6   Quien a su vez figura como personaje emblemático del mestizaje en *Llanto* (Boullosa 1992a: 117-119).

7   *Cfr.* lo que dice Michaela Peters (1996: 115), muy acertadamente, sobre el tema:

   Pero al mismo tiempo es también una novela sobre la imposibilidad de escribir una novela histórica sobre Moctezuma. En el nivel metanarrativo la obra se interrumpe a cada rato. El fracaso narrativo de revelar la vida interior del protagonista en el nivel de la trama corresponde a la disolución física de Moctezuma en el acto de amor con una de las tres mujeres al final de la novela. [...] Aunque la descripción de esta escena muestre semejanzas con una unión cósmica, no se debería entender esto en el sentido positivo como redención, sino más bien en un sentido pesimista como otra ocasión fallida de encuentro. [La traducción es mía.]

   El texto en original reza:

   Gleichzeitig ist es aber auch ein Roman über die Unmöglichkeit, einen historischen Roman über Moctezuma zu verfassen. Metanarrativisch wird das Werk stets von neuem unterbrochen. Das erzählerische Scheitern, das Innenleben des Protagonisten zu offenbaren, korreliert auf der Ebene des Plot mit der physischen Auflösung Moctezumas beim Liebesakt mit einer der drei Frauen am Ende des Romans. [...] Zwar weist die Beschreibung dieser Szene Ähnlichkeiten zu einer kosmischen Union auf, jedoch sollte dies nicht im positiven Sinne als Erlösung verstanden werden, sondern eher pessimistisch als eine erneut verfehlte Chance der Begegnung.

8   El que Moctezuma, en *Llanto*, resucite precisamente en el *Parque Hundido* de la Ciudad de México (Boullosa 1992a: 13), es seguramente símbolo de este proceso de enterramien-

donde la tierra alcanza su perfección" (Boullosa 1991: 138), que tiene, literalmente, la última palabra, después de la negativa perentoria de cualquier posibilidad de evolución: "El sueño de esos hombres había llegado a su fin, y no veía yo cómo podíamos revivirlo" (*ibíd.*). En *Duerme*, es la fantasía de Pedro de Ocejo, que inventa un final imaginativo para Claire, fantasía revolucionaria que casi simultáneamente con la aparición de la novela, en 1994, se hace realidad en la escena zapatista de Chiapas:

> En la casa, al llegar la noche, entran y salen indios. Ella les da dinero para comprar armas, y los organiza. Ahora me ha explicado todo: "Tengo tantos preparados para dar el golpe, que someteremos a los españoles, sin que nos sientan. Primero México, después Veracruz, Puebla, Querétaro, Zacatecas, Potosí [...] No pagaremos un céntimo de tributo al Rey, ni diezmo a la Iglesia. Todos los españoles desaparecerán de estas tierras como si se los hubiera tragado la tierra. Sólo restarás tú y la viuda de Ocharte, la impresora, porque alguien deberá poner en libro los versos de Pedro de Ocejo. Yo seré el hombre más rico del orbe, y mis dominios sabrán que yo les he devuelto lo que es de ellos, que he tirado a los usurpadores, que he espantado a los zánganos de las tierras nuevas. Seremos la mejor nación, ejemplar entre todas [...] (Boullosa 1994: 145).

Y también *Cielos de la Tierra*, el texto que combina novela histórica y ciencia-ficción, termina en futuro. En contra de la aniquilación del lenguaje, dictaminado por el impersonal sistema futurista de L'Atlàntide, se levanta la voluntad y el poder de imaginación de Lear/Cordelia, que va a formar un nuevo paraíso con la combinación de los tres tiempos contenidos en las tres tramas: pasado, presente y porvenir:

> Los tres viviremos en un mismo territorio. Los tres perteneceremos a tres distintos tiempos, nuestras memorias serán de tres distintas épocas, pero yo conoceré la de Hernando, y Hernando conocerá la mía, y ganaremos un espacio común en el que nos miraremos a los ojos y formaremos una nueva comunidad. [...] La nuestra se llamará *Los cielos de la Tierra*. L'Atlàntide pertenecerá al pasado, como la vieja Tenochtitlan, como el México de Hernando y el país de Estela. [...] Viviremos recordando. No tendremos más futuro que recordar. Pero no nos disolveremos [...]. Salvaremos al lenguaje y a la memoria del hombre [...] (Boullosa 1997: 369).

Poniendo la mira en el conjunto de las distintas novelas, se puede decir que lo único que vale la pena conservarse en la idiosincrasia boullosiana es la palabra, el lenguaje, el libre divagar del verbo, hablado, escrito o solamente imaginado. Así, en *Llanto*, excep-

---

to y desenterramiento, que también se podría ver bajo la perspectiva de un reverso del proceso de engullir, un nuevo nacer, aunque "sin madre" (*ibíd.*: 11), de las entrañas de la tierra:

> [...] dolor de parto en un cuerpo adulto, acabado de pasar por el canal de la sangre, los apretujones, los crujidos de huesos. Un segundo nacimiento (*ibíd.*: 49).

ción en el sentido de que no se nos ofrece, al final, una "esperanza" concreta, form(ul)ada verbal y conceptualmente, es el mismo hecho de haberse escrito esa "novela imposible" que el lector tiene en sus manos, aunque la narradora lo niegue entre lágrimas y la relegue a un incierto condicional pasado:

> No sé de qué lloro. Todo fue mentira. Pero no puedo desprenderme de la imagen del hombre recostado cerca de mí, en el pasto del parque, vestido como un Tlatoani antes de la caída de la gran Tenochtitlan, y sin dejar de llorar pienso en la novela que yo hubiera querido escribir sobre este encuentro, la novela que las musas me decidieron imposible (Boullosa 1992a: 120).

Es un complejo proceso de destrucción y (re)construcción que abarca todas las variantes desde desbaratamiento de estructuras obsoletas y cuestionamiento/negación de mitos anquilosados, rescate de lo reprimido/marginal hasta (re)invención de lo olvidado/obliterado, en una palabra: deconstrucción, como muy acertadamente lo expresa Corinne Machoud (1999: 50):

> Dentro de este marco teórico de la 'trace', los textos de Boullosa se dibujan en proceso de deconstrucción de una estructura; (re)piensan la cerca (la Palabra), México y sus fronteras, la huella como tela de fondo de una mexicanidad a reinventar, fuera de los nombres (Machoud 1999: 50).

Para volver a la imagen del abismo: Carmen Boullosa desciende muchas veces a las simas oscuras de la Historia, se deja caer, atraída por la "materia negra", por "el reverso de la Conquista" (León-Portilla 1980) (u otras historias), por "la Nada" etiquetada por Octavio Paz (1973: 72, 77), en *El laberinto de la soledad,* como "la condición femenina" (*ibíd.*: 77) que "radica en su sexo, en su 'rajada', herida que jamás cicatriza" (*ibíd.*: 27). O, como sugiere más positivamente Luisa Valenzuela (1988: 130) (otra escritora posmoderna, argentina), el "negro profundo pozo" de su propia anatomía, "[u]n oscuro, inalcanzable fondo de ella, el aquí-lugar, el sitio de una interioridad donde está encerrado todo lo que ella sabe sin querer saberlo" (*ibíd.*: 129), donde "pasa largas horas dada vuelta como un guante, metida dentro de su propio pozo interno, en una oscuridad de útero casi tibia, casi húmeda" (*ibíd.*: 130).

Como la Laura del cuento de Valenzuela, Boullosa, sin embargo, vuelve a ascender de ese viaje iniciático a lo bajo, lo reprimido, lo Otro[9], aunque sí trae de él las marcas

---

9   Me parece simbólico, en este sentido, que Boullosa haya escrito su primera novela, *Mejor desaparece*, encerrada en un clóset, del cual "resucitó" después: se desaparece ella misma, haciendo desaparecer, al mismo tiempo, al patriarca de su relato:

> *Mejor desaparece*, en el momento en que la vi, digamos, en el momento en que tomé a la niña como la narradora, la hija del viudo, ella nada más, y la estrellé en muchos personajes, la deformé, la rompí, en ese momento me en-

del descenso al infierno o limbo preverbal, prehistórico[10]: me parece sintomático el que much@s de l@s protagonistas en los textos boullosianos sean, en realidad, personajes muertos o seudo-muertos, que vuelven a nacer (hablar) después de los ritos de pasaje al "otro mundo": Motecuhzoma resucitado en el México de 1989 en *Llanto*; Claire/Clara, después de su "muerte" en la horca, como sustitut@ del Conde Enrique de Urquiza y Rivadeneira, en *Duerme*; Smeeks o Esquemelin que nos habla desde el lugar de la muerte, desde "la ceguera que [l]e ha regalado el paso de los siglos" (Boullosa 1991: 132), en *Son vacas,* y el propio L'Olonnais, en la misma novela, que nos puede relatar, desde un ángulo lateral, su propia muerte (*ibíd*.: 131):

> Yo aún estaba con vida cuando veía cómo los niños devoraban partes de mi cuerpo, comían trozos de mi propio cuerpo, hasta que la pérdida de sangre me hizo quedar sin conocimiento y exhalé el último aliento en el momento en que clavaban en mi torso una estaca para asarme con todo y cabeza. No sentí el fuego. No supe cómo terminó la ceremonia con que los indios darién festejaron el banquete que mi propio cuerpo les procurara.

En *Cielos de la Tierra*, todos los personajes están muertos, nos hablan desde un más allá, un "no-lugar", sea del pasado, sea del futuro, sea de un presente enigmáticamente también pasado, y son reanimados por el habla de otros personajes, igualmente muertos. Es el procedimiento *per se* de Carmen Boullosa: hacer hablar, o fingir hacer hablar, a los silenciados, a los engullidos por el gran abismo de la Historia a los que ella vuelve a parir, echar al mundo, no en carne y hueso sino en palabras. Entonces la materia negra se hace visible, aunque queda estigmatizada con las marcas de los que vuelven del "reino del otro mundo", como el bíblico Lázaro. Como Claire que, después de su ahorcamiento, ya no lleva sangre en las venas sino las aguas del sumergido lago de Tenochtitlan, haciéndose portadora de la sustancia vivificadora de las culturas desaparecidas, que podrían haber sido la salvación de un México asfixiado, en sentido literal y figurado, por el exceso de "modernidad" (que precisamente arranca desde el comienzo del sistema expansionista colonial)[11].

---

        cerré en un clóset, literalmente, dos semanas, hasta que la acabé, de principio al fin (Boullosa en Ibsen 1995: 59).

10   Tal vez "semiótico" en el sentido kristevano (Kristeva 1978: 32-113). Sospecho que las "incoherencias" de estructura o estilo que la crítica le ha reprochado a Boullosa, vienen de ese regreso al hablar balbuceante, precedente a la etapa simbólica, binaria, logocéntrica. Es un estigma o malentendido que la mexicana comparte con otras escritoras posmodernas o practicantes de una escritura femenina "asistemática", "desigual", "inconexa", como Armonía Somers, Dulce María Loynaz o Diamela Eltit.

11   Al mismo tiempo, a mi modo de ver, Boullosa (Boullosa 1992a: 118) implícitamente demuestra el por qué de la modernidad fallida de México: como se cortó de cuajo una de las

Y estas marcas se traducen en la forma literaria: forma posmoderna, irritadora, no-lineal, inconsistente, palimpséstica, fragmentaria, deconstructora. Cada texto se construye y se deconstruye constantemente a sí mismo; deconstruye y reconstruye constantemente a las historias acumuladas en el saber de la Humanidad, escarbando en los basureros de las enciclopedias donde celebra hallazgos de historias desechadas, medio descompuestas, despedazadas[12], para rearticularlas en forma de *collages* surrealistas. Pero la oscuridad absoluta, por más que se le eche luz, no puede iluminarse como creían los filósofos del siglo de las luces o los positivistas del xix; sólo vemos relampaguear, en el vacío de los universos sumergidos de otras culturas (que deberían pertenecer, sin embargo, a nuestro legado histórico) átomos sueltos de un conjunto imposible de armonizar otra vez, imágenes inconexas de un sueño ininteligible, fragmentos de una gran "novela imposible".

Mientras que muchos estudiosos concuerdan en su juicio de que Boullosa es una escritora posmoderna (*vid*. Ortega 1993; Tompkins 1993, 1997; Chorba 1999), muy pocas veces se ha visto, sin embargo, la faceta política (y por ende, moderna) de la escritura de Carmen Boullosa, y ella se queja de esto, con mucha razón:

AR: In the past, in reference to *La Milagrosa*, you have said that the political content of your novels has not been recognized. Why do you think this is so?

---

raíces de la cultura mexicana, delegándola al olvido, se hace imposible un crecimiento sano hacia el futuro. Todo lo moderno, entonces, es injerto artificial, venido de afuera, importado:

[Hernán Cortés f]ue el primer habitante de la nueva nación, el primero de todos nosotros, el fundador de una historia que entre sus raíces tiene una rota que nunca dejaremos de lamentar y de comprender seducidos por ella, una raíz que intentaremos arrasar, seducidos por ella, y que alternadamente negaremos y vocearemos, y abandonaremos, sabiendo que ella nunca nos dejará, que siempre tendremos esa raíz rota, porque no es una elección, es una memoria india imborrable e imposible de evitar, irrecuperable e inalcanzable, el recuerdo de un dominio del mundo que hoy no puede tener imitación, un dominio que ya no está, que ya no se puede practicar, un dominio de otra manera, basado en otro ejercicio del poder del hombre sobre el mundo y en otro hombre, otros dioses, otros afectos, otro lenguaje, y [...] la raíz se torna veneno puro y vitalidad exuberante en todo mexicano, certeza negada y habitada, de esencia irreconciliable, de mestizaje imposible, raíz propia y ajena, [...] ajena en su propio territorio, ajena adentro de la patria que le es propia, como algo invencible que...

La autora deja la frase inconclusa, como para remedar esa raíz tronchada. *Vid*. también Ortega (1993), Chorba (1999: 177) y Pfeiffer (2000).

12 *Cfr*. la escena final de *Llanto* donde reaparece la basura, materialmente (Boullosa 1992a: 120).

CB: Maybe I'm absolutely wrong, but I think that it is because I am a woman. Women are allowed to enter the spaces of the senses, the space of the body, the spaces opened by sensations, all kinds of feelings, but women are not allowed to enter the spaces of reason to the same extent, that is to say the space of ideas, political ideas (Reid 1995: 145).

El motivo que ella alega para esta mancha ciega en los ojos de muchos críticos, no deja de tener interés: el hecho de que la autora sea mujer los predispone en dirección a la arbitrariedad posmoderna, a la relatividad de valores, más cómoda para quitarle explosividad a la escritura histórica crítica practicada por Boullosa. Paradójicamente, sin embargo, ella emplea precisamente esto, que podría ser signo de debilidad, como arma combativa. Porque no cabe duda de que ejerce en las filas del feminismo, demostrando al mismo tiempo que la mujer y el indígena quedan eclipsados del discurso oficial histórico. Y es importante la combinación de ambos, el "indigenismo feminista" boullosiano, por llamarlo de alguna manera.

Basta una mirada sobre l@s protagonistas y sus constelaciones/configuraciones: Motecuhzoma, Laura, Margarita y Luisa en *Llanto*, Claire y Juana/Inés en *Duerme*, Hernando, Estela y Cordelia/Lear en *Cielos de la Tierra*, y —más sintomático todavía— las ausencias conscientes, las "imposibilidades" de mujeres actantes: las mujeres de Motecuhzoma, que *no* pueden resucitar porque su voz es una voz vedada, su cuerpo es un cuerpo privado de sustancia (Boullosa 1992a: 11, 40, 95); las mujeres en *Son vacas*, que están prohibidas por la lógica de los Hermanos de la Costa (Boullosa 1991: 21, 135), y que, si alguna vez alcanzan a hacerse ver, o son mujeres disfrazadas de hombres (*Ella*) o son prostitutas (las mujeres de La Casa en Jamaica) o son mujeres violentadas (la marquesa de la Poza Rica y su hija) o son mujeres indígenas (las caníbales del golfo de Darién). *Son vacas*, en este sentido, es una *performance*, un experimento que pone en escena la radicalidad del postulado de eliminación de lo femenino. ¿Qué se gana con realizarlo? ¿Qué se pierde? Es una apuesta histórica, como lo fue la utopía violenta de los filibusteros; sin moraleja explícita, más bien una adivinanza, un *juego de errores*, donde el lector/la lectora misma tiene que detectar lo faltante, las ausencias, o bien un dibujo tridimensional, donde con "ojo mágico" hay que descubrir la tercera dimensión, que es la que conforma la imagen.

En otras ocasiones, tenemos a mujeres y/o indígenas como voces narradoras, como encarnación de la voz del Otro: un yo narrador en *Duerme*, que titubea entre una identidad femenina y masculina, que constantemente se cuestiona a sí mism@ acerca de su género, una identidad cambiante también entre indi@, europe@ y mestiz@, incertidumbre que incluso destruye las concordancias gramaticales: "Usted que no eres hombre ni mujer, que no eres nahua ni español ni mestizo" (Boullosa 1994: 28)[13]. El

---

13 Una cita muy parecida la encontramos en *Cielos de la Tierra*: "Entonces yo no era ni pequeño, ni enorme; ni varón, ni niña; ni indio, ni blanco, sino un ser perfecto" (Boullosa 1997: 344).

mestizaje se mezcla con la androginidad[14], la hibridez con la hibridez. Es la hibridez llevada a la potencia.

Otras veces, se procede hasta la eliminación de esa voz andrógina, como sucede en *Cielos de la Tierra* con Lear/Cordelia[15]:

> Llegó el día de la abolición de la palabra. Sí, no estoy bromeando, llegó. Convéncete, Lear, ¡llegó! La ceremonia de hoy fue para hacer público y solemne el decreto de la abolición de la lengua (Boullosa 1997: 250). [...] Quise hablarles, pero, ¿de qué habría servido? [...] Han olvidado ya la lengua y sus poderes, no serían capaces de entender una sola de mis palabras. Lo olvidaron ya todo. [...] bastaba verlos y sentir el horror que sus gestos produce para comprender que lo que ahí se rompía era más que la lengua. O que al romper con la lengua se rompía con todo lo que el hombre fue o podría ser (*ibíd.*: 336).

Tal como el personaje mismo (Lear/Cordelia/24) opone resistencia a estos intentos de abolición de la lengua y en esto consiste su "heroísmo", resultante en el supuesto manuscrito ("keston de Learo") que estamos leyendo, también en la misma estructura de los textos de Boullosa se observa una dialéctica muy visible entre el deseo de narrar, de contar historia(s), la voluntad de lo coherente y cerrado —herencia de la narrativa clásica o realista— y la ineludible fragmentación de la forma, que se contrapone siempre a este anhelo de "totalidad". Parece que ya no es posible contar nada; en realidad estamos ante una totalidad de "novelas imposibles". Cada nuevo texto es un intento de superar la imposibilidad de narrar (y de narrar la imposibilidad de narrar). Todos los textos están llenos de reflexiones metaficcionales. Michaela Peters (1996: 113) habla de

> [...] novelas [...] que se caracterizan especialmente por una estructura narrativa fragmentaria y una perspectiva narrativa múltiple. Además, son los elementos fantásticos, un lenguaje poético y el juego con las posibilidades de la literatura los que marcan la técnica narrativa de Carmen Boullosa; la autora muchas veces juega con sus lector@s,

---

14 Incluso en un texto como *Son vacas*, tan "masculino" a propósito, con un narrador en primera persona que forma parte integrante del cuadro homoerótico de los filibusteros, se puede ver la androginización creciente de este narrador-protagonista, como bien observa Kristine Ibsen, quien habla de "esta lengua andrógina de Esquemelin o Smeeks" (Ibsen 1995: 56). Él mismo se da cuenta de este proceso de "feminización":

> Entendí que desde que había dejado Europa yo vivía como mujer, repitiendo la rutina del mismo rincón protegido para dormir a diario y casi a las mismas horas (Boullosa 1991: 127).

15 Respecto a esta confusión entre Lear y Cordelia, voz del padre y de la hija, *vid.* Pfeiffer (1999: 117, nota 17).

l@s conduce a las esferas imaginarias de la ficción, para volver a arrancarl@s seguidamente del apenas creado mundo de la fantasía por medio de breves reflexiones metaficcionales. [La traducción es mía.][16]

Y también Carrie Chorba (1999: 173) observa:

> Yet the novel's metafictious element functions as a map that plots the creative process —or processes— because it openly discusses its own writing and the necessary inclusion of the multifarious themes which course through its pages.

Cada nuevo texto, también, pone en escena una correlación entre tema y procedimientos narrativos: el canibalismo relatado en *Son vacas* no se puede contar sino por medio de un método canibalístico, el de "comerse" otros textos, usándolos y deconstruyéndolos al recodificarlos. En el caso de los "filibusteros del mar Caribe", Carmen Boullosa se vale del palimpsesto, citando y descitando un texto del siglo XVII, *De Americaenschen Zee-Rovers* (1678) de Alexandre Olivier Exquemelin, ya de por sí una mezcla intrincada entre fabulación e historia, verdad y mentira (*cfr*. Peters 1996: 116). La autora misma habla muy claramente de su intención consciente de no sólo "reescribir" ese texto sino de "destruirlo":

> Por un lado, yo me avoqué a una aventura espiritual que no querría repetir por ningún motivo, donde la destrucción del cuerpo era la ley de la historia. Por el otro, me propuse destruir el libro de Esquemelin, desentrañar en él el espejo del alma de mi aventura personal (Boullosa 1995: 219).

Y también Peters (1996: 116) afirma:

> El nuevo libro de piratas, reescrito, *Son vacas, somos puercos* da la impresión de un palimpsesto. Algunos datos básicos, descripciones generales de la vida de los piratas y anécdotas coinciden con la novela autobiográfica de Exquemelin. [La traducción es mía.][17]

---

16 [...] Romane [...] die sich insbesondere durch einen fragmentarischen Erzählcharakter und eine multiple Erzählperspektivik auszeichnen. Daneben prägen phantastische Elemente, eine poetische Sprache und das Spiel mit den Möglichkeiten von Literatur Carmen Boullosas Erzähltechnik, wobei die Autorin oftmals mit ihren LeserInnen spielt, sie in die imaginären Sphären der Fiktion geleitet, um sie sodann durch kurze metafiktionale Reflektionen aus der soeben geschaffenen Phantasiewelt wieder herauszureißen. (cita original.)

17 Das *neugeschriebene* Piratenbuch *Son vacas, somos puercos* wirkt wie ein Palimpsest. Einzelne Eckdaten, allgemeine Beschreibungen des Lebens der Piraten und Anekdoten stimmen mit dem autobiographischen Roman Exquemelin überein (cita original).

El mestizaje, tema principal de *Duerme* según los críticos y según la misma autora[18], conlleva al ya mencionado procedimiento tan desconcertante de conferir, por un lado, la diégesis a una sola voz narrativa (con excepción de los últimos dos capítulos), lo cual podría ser expresión de la fusión de culturas, pero desdoblando, por otro lado, esta misma voz en dos, en tres, en múltiples identidades interseccionadas, imposibles de separar, cruces de distintas razas y géneros. En una entrevista, Boullosa habla expresamente de un "mestizaje de géneros":

> [...] I also think that we have to be of mestizo gender. We have to understand the other gender as writers and as human beings, too, and know how to place ourselves on the other side of the discourse (Boullosa en Reid 1995: 150).

Como en otros lugares de la obra boullosiana, el juego con el número tres desempeña un papel muy importante[19]:

> Si acaso mi atuendo de india es verosímil, lo es por un solo motivo, por el tres. Ven mi porte de blanca, mi cuerpo de blanca, mi ropa de india, y dicen "es mestiza". No miento, respondo a las cuentas que han aprendido a hacer en esta tierra los españoles. Para ellos tres es dos, no les cabe duda. Por este error, yo digo "nuestras calles", digo "nosotros", atrapada en un tres que no debiera existir. El mundo se divide en dos [...] (Boullosa 1994: 58).

Y pertenece a este simbolismo numérico el que la diégesis, muy al principio (precisamente en el capítulo *tercero*: "De cómo le fue de india a la francesa [...]"), se bifurque en tres distintas virtualidades igualmente válidas que le acaecen, al parecer, a la misma persona simultáneamente en tres distintos escenarios y contextos: "Aunque parezca inverosímil artificio, me ocurren en el mismo lugar y momento tres diversos sucesos" (Boullosa 1994: 51).

¿Son éstos embriones de narración no-lineal, algo parecido a *hypertexts*, posibles "links", nudos virtuales donde el lector/la lectora puede escoger cuál de los tres quiere seguir?[20] Sí y no. Sí, porque la fantasía del lector, en un instante, puede divagar en tres direcciones distintas[21], no, porque en última instancia, las tres variantes quedan sin

---

18 *Vid.* Seydel (1999: 168), Franco (1999: 29), Reid (1995: 147 f.), Moret (1996: 73).

19 *Vid.* Pfeiffer (1999: 108, nota 2 y *passim*).

20 En la literatura trivial ya existen, desde hace tiempo, estas variantes de historias no-lineales donde el relato, según las eventuales elecciones del lector, progresa de distintos modos y desemboca en desenlaces diferentes; estoy pensando, por ejemplo, en los textos de Steve Jackson e Ian Livingstone de la serie de bolsillo "Abenteuer-Spielbuch" de la editorial alemana Goldmann.

21 Yo las llamaría la variante "realista" (Boullosa 1994: 51 y ss.), la variante "crítica social feminista" con la violación de la protagonista por el conde (*ibíd.*: 52-54), y la variante "realismo-

consecuencias para la narración, no llevan a resultados divergentes. Son un instantáneo quebrarse de las coordenadas espacio-temporales, pero no crean sub-mundos paralelos diferentes; vuelven después a converger en la misma historia, aunque nos dejan con una inquietud profunda acerca de la validez de la percepción y la arbitrariedad no ya tan sólo de los signos, sino del conjunto del mensaje[22].

Sobre todo en *Llanto*, el tema del (no-) encuentro multicultural también se refleja en un polifacetismo diegético: se juntan varias voces errantes, confluyentes o discrepantes, que circulan acerca del mismo tema, la enunciación del otro (Moctezuma). Distintos narradores, no siempre identificables con certeza, masculinos, femeninos, en singular, en plural; intertextos calificados expresamente con nombre de autor (Fray Luis de León, François Rabelais, Hernán Cortés, Antonio de Solís); pasajes de crónicas indígenas (Códice Ramírez, Códice Florentino, Códice Aubin); voces (habladas) de las tres actantes nombradas explícitamente en cursiva (Laura, Luisa, Margarita); los nueve fragmentos de novela —es una polifonía total, que llega a las fronteras de lo representable.

También en *Cielos de la Tierra* encontramos una construcción parecida, con varias capas de autor(idad)es: "Carmen Boullosa", presentada como redactora de una advertencia al lector (Boullosa 1997: 9); Juan Nepomuceno Rodríguez Álvarez, personaje enigmático introducido como el responsable de una "Nota del autor" (*ibíd.*: 13 y ss.); y los tres personajes de distintos tiempos, Hernando de Rivas, del siglo XVI, Estela, del siglo XX, y Lear, del futuro, autores a su vez de manuscritos redactados en tres distintos idiomas. La transferencia de culturas y tiempos también se "traduce" en el trabajo de traducción hecho por los tres (Hernando del náhuatl al latín, Estela del latín al español y Lear [...]).

Resumiendo un poco estas divagaciones, a su vez quizá "inconexas" y asistemáticas, en cuanto que se han dejado llevar por asociaciones veleidosas y espontáneas, siguiendo los intrincados laberintos del universo narrativo boullosiano por un "hilo [que] olvida" (*vid*. Boullosa 1978), cabría preguntarse si la escritura de Carmen Boullosa obedece o no a los paradigmas de lo posmoderno. Y para contrarrestar mis propias tendencias "postmos", no puedo resistir la tentación de volver sobre un modelo estructuralista, que tal vez pueda dejar un cuadro más claro y metódico del asunto. Así que presentaré un esquema binario, en forma de diagrama, de distintos rasgos característicos que se le atribuyen al quehacer posmoderno, y trataré de demostrar cuáles están presentes en los textos "históricos" de Carmen Boullosa y cuáles no:

---

mágico" (*ibíd.*: 54 y ss.), con el levantamiento de las aguas del lago de Tenochtitlan por Cosme. Las tres también se podrían ver como parodia de estilos predominantes en determinadas corrientes de la literatura latinoamericana.

22   Ya en *Son vacas*, Boullosa había empleado este truco metaficcional, en el capítulo llamado "(Número aparte)" (Boullosa 1991: 64 y ss.). Compárese lo dicho acerca de ello en Pfeiffer (1999: 110 y ss.).

Atributo	
Metahistoria/Metaficción	+
Postcolonialismo	+
Hibridez/Sincretismo	+
Imposibilidad de narrar	+
Palimpsesto correctivo	+
Igualdad de diversos discursos	+
Redefinición de la historia desde las "orillas"	+
Contra-cultura	+
Carnavalización, parodia	+
Pluralidad fragmentaria	+
Deconstrucción del concepto genérico	+
Anarquía de la estructura	+
Intertextualidad	+
Interculturalidad	+
Heteroglosia	+
Desterritorialización/falta de concepto nacional	-
Literatura apolítica	-

Se puede ver claramente que la autora estudiada, en casi todos los criterios (aducidos al azar y sin pretensiones de exhaustividad), sigue los patrones posmodernos. Hay, no obstante, dos excepciones significativas:

1. que sí trata de enraizar, evidentemente, sus textos en un discurso nacional, yendo en busca de la identidad mexicana, y
2. que —aunque implícitamente— deja traslucir un innegable compromiso político, posicionándose del lado de los "vencidos" de la historia, de los "outsider", así de la (pos)modernidad como del pasado.

Es algo que hace tan interesante la escritura de Boullosa, comprobando que se pueden desplegar técnicas estéticas posmodernas sin caer en la trampa de una "arbitrariedad" apolítica o neoliberal. ¿Sería válido entonces, en el caso de Boullosa (y de otr@s), hablar de un posmodernismo de izquierda? Dejando de lado la contradicción intrínseca de la expresión, no diré, sin embargo, que sería una idea o un proyecto de "novela imposible"...

Bibliografía

Obra

Boullosa, Carmen. (1978). *El hilo olvida*. México: La Máquina de Escribir.
---. (1987). *Mejor desaparece*. México: Editorial Océano.
---. (1989). *Antes*. México: Vuelta.
---. (1991). *Son vacas, somos puercos. Filibusteros del mar Caribe*. México: Era.
---. (1992). *Llanto. Novelas imposibles*. 1ª ed., México: Era.
---. (1992a). *El médico de los piratas. Bucaneros y filibusteros en el Caribe*. Madrid: Siruela.
---. (1993). *La Milagrosa*. México: Era.
---. (1994). *Duerme*. Buenos Aires/México: Alfaguara.
---. (1997). *Cielos de la Tierra*. México: Alfaguara.
---. (1999). *Treinta años*. México: Alfaguara.
---. *Isabel. Roja noveleta rosa en que se cuenta lo que ocurrió a un vampiro* (manuscrito, sin publicar).
Gallegos, Rómulo. (1959). "Doña Bárbara", en: *Obras completas*. Tomo I. Madrid: Aguilar, pp. 491-803.
Loynaz, Dulce María. (1993). *Jardín. Novela lírica*. Barcelona: Seix Barral.
Stendhal. (1981). *Rot und Schwarz. Eine Chronik des 19. Jahrhunderts*. Deutsch von Rudolf Lewy. Zürich: Diogenes.
Valenzuela, Luisa. ([3]1988). *Cambio de armas*. Hanover (N.H.): Ediciones del Norte.

Crítica

Aínsa, Fernando. (1991). "La reescritura de la historia en la nueva narrativa latinoamericana", en: *Cuadernos Americanos*. 4, 28: 13-31.
Boullosa, Carmen. (1992b). "Yo no tengo misterio, tengo aplicación", en: Pfeiffer, Erna. (ed.). *EntreVistas. Diez escritoras mexicanas desde bastidores*. Frankfurt/ Main: Vervuert, pp. 25-46.
---. (1995). "La destrucción en la escritura", en: *Inti*. 42: 215-220.
---. (1995a). "Procuro pulir mi 'feminidad' asalvajándola", en: Pfeiffer, Erna. (ed.). *Exiliadas, emigrantes, viajeras. Encuentros con diez escritoras latinoamericanas*. Frankfurt/Main, Madrid: Vervuert/Iberoamericana, pp. 35-52.
Chorba, Carrie. (1999). "*Llanto*: A Challenging Approach to Historical Literature and National Identity", en: Dröscher, Barbara/Rincón, Carlos (eds.). *Acercamientos a Carmen Boullosa. Actas del Simposio "Conjugarse en infinitivo - la escritora Carmen Boullosa"*. Berlín: Tranvía Sur, 4/Verlag Walter Frey. pp. 171-180.
Davies, Catherine. (1997). "Dulce María Loynaz: Horror of House and Home", en: Davies, Catherine. *A Place in the Sun? Women Writers in Twentieth-century Cuba*. London/New Jersey: Zed Books, pp. 66-89.

Dröscher, Barbara. (1998). "Carmen Boullosa — ein Porträt", en: *tranvía*. 48: 60-61.
Eltit, Diamela. (1993). "*Llanto*: entre la historia y la histeria", en: *La gaceta del Fondo de Cultura Económica*. 275: 58-59.
Franco, Jean. (1999). "Piratas y fantasmas", en: Dröscher, Barbara/Rincón, Carlos (eds.). *Acercamientos a Carmen Boullosa. Actas del Simposio "Conjugarse en infinitivo - la escritora Carmen Boullosa"*. Berlín: Tranvía Sur, 4/Verlag Walter Frey, pp. 18-30.
Ibsen, Kristine. (1995). "Entrevista a Carmen Boullosa, México, D.F., 22 de junio de 1994", en: *Chasqui*. 24, 2: 52-63.
Kohut, Karl. (1997). (ed.) *La invención del pasado. La novela histórica en el marco de la posmodernidad*. Frankfurt am Main, Madrid: Vervuert / Iberoamericana.
Kozameh, Alicia. (1995). "Escribir es un drenaje doloroso", en: Pfeiffer, Erna. (ed.). *Exiliadas, emigrantes, viajeras. Encuentros con diez escritoras latinoamericanas*. Frankfurt/Main, Madrid: Vervuert/Iberoamericana, pp. 89-108.
Kristeva, Julia. (1978). *Die Revolution der poetischen Sprache*. Frankfurt am Main: Suhrkamp.
León-Portilla, Miguel. (1980). *El reverso de la conquista*. México: Joaquín Mortiz.
Machoud, Corinne. (1999). "Conjugando el ojo en una movediza trampa. Carmen Boullosa y sus entretenimientos", en: Dröscher, Barbara/Rincón, Carlos. (eds.). *Acercamientos a Carmen Boullosa. Actas del Simposio "Conjugarse en infinitivo - la escritora Carmen Boullosa"*. Berlín: Tranvía Sur, 4/Verlag Walter Frey, pp. 49-58.
Menton, Seymour. (1993). *La nueva novela histórica de la América Latina, 1979-1992*. México: Fondo de Cultura Económica.
Moret, Zulema. (1996). "Carmen Boullosa: *Duerme*", en: *Alba de América*. 14, 26/27: 473-475.
Ortega, Julio. (1993). "Una elegía mexicana", en: *El Semanario*. XI, 562 (24 de enero).
Paz, Octavio. (^{3}1973). *El laberinto de la soledad*. México: Fondo de Cultura Económica.
Peters, Michaela. (1996). "Die Utopie einer *frauenfreien* Gesellschaft: Strukturen männlicher Herrschaft in Carmen Boullosas *Son vacas, somos puercos, filibusteros del mar Caribe*", en: Strosetzki, Christoph. (ed.). *Zwischen Ideologisierung und Ausgrenzung. Diskurse der Herrschaft in der Literatur Lateinamerikas, Beiträge zum deutschen Romanistentag 1995 in Münster*. Rheinfelden/Berlin: Schäuble, pp. 113-132.
Pfeiffer, Erna. (1992). "Frauen und Conquista, oder: Von der Unmöglichkeit, einen Roman zum 500-Jahr-Thema zu veröffentlichen", en: *Südwind*. 10: 10.
---. (1992a). "Carmen Boullosa, mexikanische Autorin auf den Spuren der Piraten", en: *Zweiwochendienst frauen und politik*, 6, 70, (30. Sept.): 8.
---. (1997). "Erzählerin mit Tarnkappe. Portrait der diesjährigen Anna-Seghers-Preisträgerin Carmen Boullosa", in *ila*, 210 (Nov.): 50-51.
---. (1998). "La historia como pre-texto: La obra de Carmen Boullosa, Antonieta Madrid y Alicia Kozameh", en: *Confluencia*, 13, 2 (primavera): 145-155.

---. (1999). "Nadar en los intersticios del discurso. La escritura histórico-utópica de Carmen Boullosa", en: Dröscher, Barbara/Rincón, Carlos (eds.). *Acercamientos a Carmen Boullosa. Actas del Simposio "Conjugarse en infinitivo - la escritora Carmen Boullosa"*. Berlín: Tranvía Sur, 4/Verlag Walter Frey, pp. 107-119.

---. (2000). "¿Un encuentro imposible? Moctezuma en la modernidad mexicana", en: Gunia, Inke/Niemeyer, Katharina/Schlickers, Sabine/Paschen, Hans (eds.). *La difícil modernidad: Literatura latinoamericana de los siglos XIX y XX*. Frankfurt am Main, Madrid: Vervuert/Iberoamericana. (en prensa).

Pozuelo Yvancos; José María. (1996). "Realidad, ficción y semiótica de la cultura", en: Romera Castillo, José/Gutiérrez Carbajo, Francisco/García-Page, Mario. (eds.). *La novela histórica a finales del siglo XX. Actas del V Seminario Internacional del Instituto de Semiótica Literaria y Teatral de la UNED, Cuenca, UIMP, 3-6 de junio, 1995*. Madrid: Visor, pp. 97-107.

Reid, Anna. (1995). "Interview with Carmen Boullosa", en: *Journal of Latin American Cultural Studies*. 4, 2: 145-151.

Seydel, Ute. (1999). "La destrucción del cuerpo para ser otro. El cuerpo femenino como alegoría del México colonial en *Duerme*", en: Dröscher, Barbara/Rincón, Carlos. (eds.). *Acercamientos a Carmen Boullosa. Actas del Simposio "Conjugarse en infinitivo - la escritora Carmen Boullosa"*. Berlín: Tranvía Sur, 4/Verlag Walter Frey, pp. 162-170.

Tompkins, Cynthia. (1993). "Carmen Boullosa: *Llanto: Novelas imposibles*", en: *World Literature Today*. 67, 4: 780-781.

---. (1997). "Historiographic Metafiction or the Rewriting of History in *Son vacas, somos puercos*", en: Ibsen, Kristine. (ed.). *The Other Mirror. Women's Narrative in Mexico, 1980-1995*. Westport/London: Greenwood Press, pp. 85-98.

White, Hayden. (1978). "Interpretation in History", en: *ídem. Tropics of Discourse. Essay in Cultural Criticism*. Baltimore/London: The Johns Hopkins University Press, pp. 51-80.

Mary Beth Tierney-Tello

Wheaton College

READING AND WRITING A FEMINIST POETICS: REINA ROFFÉ'S *LA ROMPIENTE*

Much has been written in recent years about the "difference" or specificity of women's writing. I would argue, however, that women's writing has less to do with a specificity in language and more to do with women's historical marginalization from the production of meaning, with their specific relationship to the process of authorization. As Jean Franco notes, all writers —men or women— confront the problem of textual authority. She furthermore explains that while all writers have to

> [...] establecer relaciones de afiliación o de diferencia para con los 'maestros' del pasado. Esta confrontación tiene un interés especial cuando se trata de una mujer escribiendo 'contra' el poder asfixiante de una voz patriarcal (Franco 1986: 41).

In the prologue to her novel *La rompiente*, Argentine novelist Reina Roffé (1987: 10) describes these literary expectations and the impact they had on her writing:

> Como mujer que escribe había recibido el bagaje de una serie de dichos y entredichos: que la escritura femenina carece de nivel simbólico, que está sujeta al referente, que abusa de interrogantes, repeticiones y detalles, que se caracteriza por un tono de enojo y resentimiento. Estigmas que, a la hora de escribir, aterrizan en la mesa de trabajo y se yerguen como sombras ominosas proyectadas sobre la blanca superficie del papel.

The weight of such literary expectations intensifies and becomes even more complicated under an authoritarian regime like those in the Southern Cone of Latin America during the 70s and 80s. While the principle concern of these regimes was to eliminate any threat from the leftist opposition, part of their mission was also to reinforce the most traditional roles for women. Thus, for the woman writing under authoritarianism, the "authorities" become a mutually reinforcing web of literary, socio-political and sexual codes.

As for the socio-political authorities, during the 70s and 80s, Argentina, Brazil, Chile, and Uruguay were controlled by violent and oppressive military dictatorships that went far beyond their initial task of annihilating the subversive movements in their respective countries[1]. Implementing a so-called doctrine of National Security, these regimes virtually waged war on their own populace which they considered to be dangerously contaminated by Marxist ideology[2]. In order to eradicate what they saw as "el cáncer marxista"[3], they coerced and brutalized their own citizens (including women, men, and children) into a state of abject terror, using such techniques as censorship, kidnapping, torture, and murder.

The most obviously and directly affected by the brutality of these regimes were the "disappeared", whose numbers are estimated in the thousands, and their families. The stories of those who survived their ordeals are recorded in volumes such as *Nunca Más* (Argentina) and *Brasil, Nunca Mais*. But, in many ways, the testimonies of the "disappeared" as well as of intellectuals and dissidents who, also in great numbers, fled into exile, constitute only the more formal documentation of a society at war with itself. The collective consequences of such silencing, of such fear and institutionalized violence, are perhaps less easily documented and only beginning to be witnessed. Indeed, the effect of these "dirty wars" —where the enemy was located as internal (that is, both within the borders of the country as well as within the minds and hearts of its citizens)— was a correspondent interiorization of censorship, exile, and violence. Furthermore, in the aftermath of such horror, when the refrain "algo habrán hecho" could no longer defer the horror of the regime from the national consciousness, when it was no longer possible to believe in the "guilt" of all of the disappeared and tortured, the populace was forced to confront the fact that the enemy was indeed within: their neighbors and relatives had been kidnapped, tortured, raped, and murdered by their own fellow citizens and, moreover, not by "criminals" but by the very forces supposedly assigned to protect the civilian population. It is perhaps this aspect of the authoritarian regimes which proved the most chilling, producing a silence pregnant with pain, loss, and guilt, a silence which Argentine poet Liliana Lukin (1986) characterizes as "como mirar al asesino en los ojos / mientras se recuerdan los ojos del asesinado" ("proceso" in *Descomposición*). Chilean poet Marjorie Agosín's words also convey the sense of incredulity, complicity, and shock caused by the realization of this enemy within, of these torturers who are "padres de familia/abuelos/tíos y compadres":

---

1 In many ways, the reign of Brazil's military (1964-1985) served as a "model" for the other countries mentioned (*vid*. Álvarez 1990: 7; *vid*. also Mattelart 1978). While the general trend I describe was followed in the authoritarian regimes of Argentina (1976-1983), Chile (1973-1990), and Uruguay (1973-1985), the course of events and the functioning of the military regime in each country was also quite different.

2 The development and implementation of this doctrine —which was influenced by "counterinsurgency" practices developed by the French and the U.S. during the Cold War— is discussed by Mattelart (1978). Also *vid*. Mattelart (1986: 442-445) who provides insight into the doctrine of National Security as implemented in Argentina.

3 Pinochet, cited in Munizaga/Ochsensius (1983: 80). Jara (1983: 32-34) analyzes how the cancer metaphor was used in Southern Cone authoritarian discourse in order to justify the radical, "surgical", techniques of the regimes.

> Y lo más increíble
> era gente
> como Usted
> como yo
> sí, gente fina
> como nosotros (Agosín 1988: 11).

Within such a suffocating social context, literature occupies, perhaps, a privileged place, able to document and also undo some of the more hidden effects of the experience of authoritarianism. For example, in its testimonial function, literature can document marginalized experiences such as exile, prison, and torture. Furthermore, in its allegorical capacity, literature can work to represent in a more indirect way the aspects of reality the military regime would like to cover over. Literature can also work and rework the very means of representation, in this way denouncing and resisting what has been called the discourse of authoritarianism. Beatriz Sarlo (1987: 40) eloquently sums up the relationship between such a discourse and literature:

> Si el discurso del régimen se caracterizaba por cerrar el flujo de los significados y, en consecuencia, indicar líneas obligadas de construcción de sentido [...] los discursos de la literatura podían proponer una práctica justamente de sentidos abiertos, de cadena que no cierra, de figuraciones abundantes.

In fact, Sarlo's article (specifically focused on Argentina) provides much insight on how literature in general manages to narrate and/or critique what authoritarian discourse works to hide or naturalize. While Sarlo deals exclusively with Argentine narrative by male writers, I would suggest that such narrative techniques are complicated and enriched as women writers confront not only what is obscured by authoritarian discourse but by patriarchal discourse as well. Just as many Latin American feminists working on social issues inevitably began to see gender issues and politics as interrelated, literature by women writing under dictatorship is also often concerned with the politics of sexuality. Extrapolating in a way from Sarlo's formulations to include genderic concerns, we can say that where patriarchal, authoritarian discourses obscure feminine desire, reducing female sexuality to reproduction and maternity, literature by women can uncover the power relations at work in the conventional sex/gender system, multiplying the possible paths of desire and broadening the female sexual imaginary. Where authoritarian, patriarchal discourses constitute a particular socio-sexual script for women, providing and reinforcing normative representations of Woman, writing by women can work to delegitimate and undo such scripts and to rewrite female sexuality[4].

---

4 The difference between Woman and women, as I use them in this study, is between a discursive model or regulatory fiction (Woman) and real social subjects (women). Such a distinction (which I borrow from recent North American feminist theory by such thinkers as Teresa De Lauretis, Sally Robinson, and Judith Butler) suggests that the reflections of

For various Latin American women writers —for example, Diamela Eltit of Chile, Cristina Peri Rossi of Uruguay, Reina Roffé of Argentina y Nélida Piñon of Brasil— social change and the transformation of the sex-gender system must occur simultaneously. Furthermore, for these writers, profound change in socio-sexual relations can only come about through a radical questioning of the very legitimating structures which constitute power: language and discourse. As Diamela Eltit (1990: 1) explains:

> Producir un cambio cultural en la economía social del género, implica reformular radicalmente el bagage simbólico que ordena enteramente a una comunidad determinada.

So, in order to gesture at the internal workings of both patriarchy and authoritarian policies as well as to imagine new socio-sexual relations, the works of these writers all tend toward non-mimetic, non-realistic forms, involving highly intellectual narratives which suggest an awareness of critical theories of discourse and subjectivity. Such experimental techniques are not only a reflection of the contemporary postmodern aesthetic, however, and are far from apolitical. Indeed, techniques such as word play, allegorical gestures, syntactical disruption, composite or abstract characters, and non-linear plot can be conceived as an attempt to challenge fixed, authoritarian points of view, as a contestatory practice in the face of authoritarian univocality. On the other hand, the experimentalism used by these writers also works to break with certain gen(d)eric expectations regarding women's writing, which, as Roffé and others point out, is often expected to be plodding and referential, not experimental. In this way, the experimentalism of the writers I mentioned constitutes a quest to question and disarticulate socio-political, genderic, as well as textual forms of authority.

So, while the struggles in many narratives by women blatantly work to resist authority on a literary as well as a genderic level, they also suggest a relationship between their defiance and the authoritarian context. In Argentine writer Reina Roffé's third novel, *La rompiente* (1987), for example, censorship is the place where the political, the literary, and the sexual coalesce. This narrative is explicitly concerned with combating repression on both political and genderic levels, with breaking both internally and externally imposed silence, and with producing a viable female subjectivity through the very processes of reading and writing. Such a project inevitably takes place at the very discursive boundary drawn between public and private, social and personal. The author herself characterizes the text as a personal recollection which inevitably inscribes and is inscribed by its socio-political context, that is, the "Proceso de reorganización nacional", as the military regime called its authoritarian rule of Argentina from 1976-1983:

Woman that women see in discursive representations authored by men are often quite at odds both with women's real situation and their possibilities for authoring their own self-representations.

> *La rompiente* recupera una memoria: la memoria del itinerario personal contaminada por la memoria de un proceso histórico (los años del proceso) [...] (Roffé 1989: 213).

Such a textual meeting of the personal and the political not only reflects a narrative strategy, but also documents Roffé's own painful experience of the conflicts engendered as a writer negotiates a path between the subjective and the social. In the prologue of *La rompiente*, called "Itinerario de una escritura", Roffé gives a frank account of her literary career thus far, providing a testimonial point of departure for *La rompiente*. In this preface she describes how, after her first novel, *Llamado al puf*, was criticized for its excess of personal content, she planned her next novel, *Monte de Venus*, to include more social content (Roffé 1987: 10). This text, with a lesbian as its central character and a realistic take on the social context, was promptly censored and removed from bookstores. Roffé thus moves from a primarily subjectivist story in her first text to a more social history in her second, only to be completely silenced by the authoritarian State.

After being censored and subsequently ignored in Argentina, Roffé spent the next ten years in relative silence and in exile. She has written (and spoken) in various contexts on the effects of this censorship and exile. Having been told she could not write what she wanted, Roffé was driven to ask herself what it was she *wanted* to write, only to find her "own" desires and creative impulses diluted and distorted through the series of discursive norms that had always mediated her self-representation. Her discovery is not unlike Irigaray's concerns about the inaccessibility of a feminine desire *not* determined by masculine parameters (and, consequently, a female imaginary upon/through which to build a female subjectivity). Irigaray (1985: 218) laments in *This Sex*:

> They have wrapped us for so long in their desires, we have adorned ourselves so often to please them, that we have come to forget the feel of our own skin.

The price for such a repression of the female imaginary, according to Irigaray, is steep: without access to a feminine desire, women's subjectivity is fragmented or lost, for if women cannot *imagine* what they want, they cannot *say* what they want either (*ibid.*: 25, 30, 77). Likewise, Roffé directly addresses the dilemma of feminine desire (of concern to feminists of all persuasions) in a talk presented in Germany after the publication of *La rompiente*, lamenting that "nuestros libros, por el momento, no destruyen contundentemente los viejos mitos sobre la mujer creados por los hombres" (Roffé 1989: 208). Still subject to normative representations of Woman which make expressions of a feminine desire *not* determined by the masculine difficult if not impossible, not yet able to elaborate a system of representation of her own which would enable such expression, the woman writer struggles, in Sally Robinson's (1991) terms, between repetition and resistance. Roffé affirms that the task at hand for women writers is not simply a question of "writing the body" but rather of finding new ways of writing women's experience not limited to the traditional representations of Womanhood:

[...] no se trata de 'escribir el cuerpo', sino de que la mujer pueda expresar la feminidad de un modo diferente al que se le impuso, porque de lo contrario es un cuerpo travestido de femenino que, desarropado, se manifiesta en relación con la masculinidad (Roffé 1989: 208).

What Roffé is calling for, in effect, is the creation of a female imaginary, such that female desire and its expression become possible.

For Roffé as for so many contemporary feminist thinkers, women writers strive to write themselves as not only *subject to* socially determined representations of women, but also as *subjects of* new, resistant representations. For the woman writing under dictatorship, this entails a double struggle since she works under a two-fold silencing: one imposed on her by the normative representations of Woman and the other by the authoritarian State. It is from this conflicted and conflictive space of double censorship that Roffé launches her narrative. The impulse which drives *La rompiente* is, thus, the necessity of finding a voice or a subjectivity which could both document and break these censorships and which could resist (in Roffé's own words) "las trabas internas" and "las trabas externas" (*ibid*.: 211). The strategy Roffé uses in order to find this voice of her own seems akin to the method Dennis Lee describes in his article about postcolonial writing in general:

The impasse of writing that is problematic to itself is transcended only when the impasse becomes its own subject, when writing accepts and enters and names its own condition as it is naming the world (Lee 1989: 141).

In a similar way, Roffé articulates the conditions of her writing: after being forced into silence, she inhabits that silence to the maximum and then, in turn, writes it as what both undermines and subtends her own writing practices.

While Roffé's project certainly involves such a search for a voice or language of her own, she does not "find" an already formed subjectivity, but rather "produces" a gendered subjectivity through the act of reading and writing. As Sally Robinson (1991: 11) has suggested, subjectivity is not a "being" but a "doing", both product and process at once. Similarly, Argentine psychologist Liliana Mizrahi (1987: 51) has detailed the importance of process, of "el sujeto como tarea de la propia subjetividad", in her book, *La mujer transgresora*. She points out that for women to assume both the "agent" as well as "actor" aspects of subjectivity, they must actively and transgressively engage with previous cultural representations of Woman (what she calls the "mujer ancestral") in order for the necessary transformation to become possible. For Roffé as well, subjectivity is both process and product at the same time, literally constituted through her critical engagement with the multiple narratives and discourses of her social context. In fact, Roffé achieves the effect of a subjectivity which encompasses both aspects of acting (that is, both acting as "actor" —subject *to* a social script— as well as acting as "agent" —subject *of* modifications and alterations in the script) through a delicate balance of transgressing and repeating norms on the levels of reading and writing[5]. Authorship is thus produced as a struggle, as always negotiated between repetition and resistance, as something formed in the space between writer and reader, speaker and listener. Indeed, it is primarily in the *acts* of reading and writing, in the various gestures of reading and writing performed in *La rompiente*, that Roffé locates the transformation she needs to construct a subjectivity of her own.

Throughout the three parts of the novel, the subject of the story line shifts continuously creating a constant displacement of the narrative voice. In the first part, an anonymous and ambiguous narrator (at once ideal interlocutor, analyst, and confessor) retells the protagonist's story to her, recounting her arrival in a foreign country as a political exile. In the second part, the narrative shifts and the former "listener" occupies the position of narrator (at the former narrator's urgings) in order to read aloud and comment upon the novel she wrote while in exile about the "years of silence" in her native country. This section thus constitutes a breaking of that enforced silence, and an exploration of the possibilities of representing censorship and repression. In the third section, the original narrator takes up the other's voice once again to retell the various and fragmentary events in the protagonist's native country which led up to her flight into exile.

The entire novel, in all its concern with reading and writing, also alludes allegorically to "another" story, glimpsed by a non-Argentine reader such as myself, but patently obvious to the Argentine reader such as María Teresa Gramuglio, who wrote the post-script included in *La rompiente*. At the end of her brief but suggestive analysis of the text, Gramuglio (1987: 134) turns to the story that is *not* told in *La rompiente*, but that can be read:

> En los años del silencio, de las guerras sucias y los lavados de almas, una mujer se vincula con un grupo (¿de jugadores? ¿literario?) cuyo funcionamiento tiene vagas semejanzas con el de una organización celular. Uno de sus compañeros (¿el profesor? ¿el ex-seminarista?) anuncia, una tarde, que se cree seguido y vigilado. Poco tiempo después desaparece (¿muere?) y sus amigos, asustados, queman, con rabia y con vergüenza, libros y revistas que puede ser peligroso conservar. Hay razzias en bares, sirenas policiales, miedo. Una serie de encuentros aparentemente casuales con 'el estudiante', un antiguo compañero de la Facultad, hacen sospechar a la mujer que ella también es seguida y vigilada. Un día ve al 'estudiante' dirigiendo un proceso policial. Acosada por sus miedos y por sus imposibilidades, la mujer, finalmente, se va de su país.

While such a story can certainly be read, as Gramuglio has convincingly (and helpfully) shown, it is not the story Roffé has chosen to tell explicitly. Rather, the author focuses on the interior transformations of the protagonist, the process of breaking the silences imposed by both implicit and explicit social authorities. The story Gramuglio retells is thus *read* (allegorically) as the "other" story, the story told only as a trace of the more explicit narrative.

---

5   *Vid.* Smith's (1988: xxxiv-xxxv) explanations of the terms "actor" and "agent" in the introduction.

Opting for a narrative which requires just such reading in context, Roffé resists the coherent, linear, "other" narrative read for us by Gramuglio. Roffé (1989: 213) explains:

> La resistencia al 'gran relato', al 'testimonio documental', a la 'historia completa', más que una opción deliberada de escritura y una imputación a la narración realista fue el resultado de mostrar los cabos sueltos del yo de la protagonista, la mujer fragmentada que va venciendo el silencio, que va encontrando la unidad a través de los lazos tenues de su respiración cortada, de sus pedazos dispersos.

Indeed, the narrative strategies and the textual material of *La rompiente* could be seen as symptoms of the censorships women writers are subjected to and as a creative path plotted out of those symptoms. Yet, this is not to propose censorship as the only signified of the text. While Roffé's novel can certainly be read as a symptom of and a response to censorship, it also inscribes a desire to write the multifarious experiences and feelings which authoritarian discourse attempts to homogenize or to render superfluous. For Roffé, reading and writing respond to yet also *exceed* socio-political constraints, forming a type of self-affirmative "intimate resistance", a personal, yet powerful luxury which she views as a "*poder* secreto que nadie iba a *poder* arrebatar [...] Como decir: puedo, a pesar de todo"[6].

In Part 1 of *La rompiente* an intimate interlocutor (or analyst or "confessor") retells the protagonist's story back to her: the story of her arrival in a new country (certain traits of which suggest the U.S.) as a political exile, her missed encounter with an old friend or lover, her friendship and dialogue with "la señorita Key". The narrator thus constructs the history of the protagonist, having evidently "listened to" her and read her diary ("anoche leí su diario, ¿los apuntes marginales? —perdón—, lo que usted denomina *líneas de fuerza*", Roffé 1987: 27). So the narrative discourse remits to another previous utterance on the part of the imagined protagonist, relating the story of her arrival in exile without yet narrating the political and personal events which provoked her departure from her native country. In fact, these events will not be narrated until the third section of the novel. The effect on the reader of such an assault on the habitual temporal and spatial coherence of narrative is a sense of dislocation, of fragmentation, of confusion. This is precisely the desired effect, I would argue, in order to begin to narrate the rupture, the alienation, and the silence produced in the protagonist by her experience as a woman writing under authoritarianism.

The novel begins with a disembodied narrative voice: "Habló de una música de fondo, dijo: [...]" (Roffé 1987: 15). But by omitting explicit references to the subjects of the verbs "habló" and "dijo", the narrative *begins* by implying a previously established context whereby the subjects could be implicitly understood. Yet, the identities

---

6 Roffé made these comments to me in a letter, March 10, 1993, in response to my questions to her about her views on reading and writing under dictatorship (emphasis in the original).

of the respective subjects of these verbs remain unclear at this point. As María Teresa Gramuglio (1987: 129) observes, with this phrase the text immediately introduces an ambiguity: "¿alguien dijo que otro habló, o habló y dijo remiten a un mismo sujeto?". *La rompiente* further breaks with narrative conventions and exacerbates this ambiguity by introducing the use of "usted" a few lines later. In this way, we find a constant undecidability of subject and object positions in the narrative as the novel metamorphoses in a complex game of ventriloquism where the positions of narrator, reader, writer, and listener are constantly conflated. *La rompiente* thus immediately produces a fragmentary subjectivity such that the protagonist occupies an object position (the narrator addresses him/herself *to her*) as well as a subject position (in that she has already told *her* story to the narrator). But that subject position has been, if not entirely erased, at least obscured almost beyond recognition. It is, ultimately, *her* story, mediated and controlled by an/other voice; a *mise en abîme* that serves as a virtual emblem of the effects of an imposed silence which disarticulates the subject, turning it in upon itself, at once multiplying, marginalizing, and obscuring its voices.

Such fragmentation and disidentity operate on many levels in this first section of the text: the lack of traditional temporal and spatial sequencing, the discombobulating question of who is speaking and to whom. The deliberate problematization of identity extends to generic ambiguity as well. Is the narrator/interlocutor male or female? No textual indicators point us in either direction, leaving it to the reader to imagine the sexual identity of the narrator. Such generic ambiguity extends somewhat to the protagonist herself; on her arrival in the airport a stewardess approaches her, "confundiéndola quizá con un maletero novato o una discapacitada mental" (Roffé 1987: 16). Certainly, the reader never doubts that the protagonist is a woman (after all, "confundiénd*ola*" assures her sexual identity). This undecidability refers, rather, to how she is *seen* in this foreign place, to her status as displaced person as she arrives in a foreign country, to the disidentity generated by the state of exile. A much more acute generic ambiguity exists with relation to the person who was to meet her "on the other side". Referred to repeatedly as "esa vieja amistad o ese amor postergado", both the affective identity (friend or lover?) as well as the sexual identity of this character are thrown into question. The possibility that the "amor postergado" could be a woman, and hence a potential lesbian lover, is certainly not ruled out and indeed seems to be deliberately enhanced by so carefully eliding any reference to gender identity[7]. In many ways then, *La rompiente* transgresses narrative conventions having to do with "la absurda entelequia de la identidad" (Roffé 1987: 17), enacting the crisis of identity produced by censorship and exile.

---

[7] The idea that this (possible) lover might be a woman would be even especially enhanced for those who had read Roffé's second novel, *Monte de Venus*, which foregrounds a lesbian relationship. In her article, Martínez de Richter (1993: 104) also refers to the possibility that the potential lover is a woman and further points out that the woman friend who sends the protagonist letters from abroad in the third section of the novel gives the reader another clue as to the sexual identity of this friend and/or lover.

Indeed, this section of the novel serves as a virtual *mise en scène* of how subjectivity and identity have been torn apart, fragmented, or (at least) problematized due to the effects of the authoritarian regime. The protagonist has told her interlocutor: "No hay nada más envilecido que la violencia del silencio" (*ibid.*: 28) and, as such, the effects and aftermath of this "violence of silence" are explored at every textual turn. One such after-effect is the overwhelming sense of discommunication and disconnectedness which the protagonist has described to her interlocutor. This discommunication is literally enacted by their lopsided, dysfunctional dialogue in Part I where it always seems that one side of the sound is turned to "off", proof, in fact, that such disconnectedness is not only externally determined but has continued with the protagonist into exile. This incommunication, isolation, and fragmentation have been internalized by the protagonist, infiltrating and disarticulating any sense of inner, subjective coherence. She has mused to her interlocutor:

> ¿Servía garabatear ideas que apestaban de asfixia, hablar de un ensimismamiento con pretensiones de vida interior que, en realidad, era el resto de una acumulación de desperdicios? (*ibid.*: 24).

While this certainly refers to the effect of the censorship and repression of the authoritarian regime, it also bears resemblance to how Luce Irigaray (1985: 30) has described the plight of women in general:

> The rejection, the exclusion of a female imaginary certainly puts woman in the position of experiencing herself only fragmentarily, in the little-structured margins of a dominant ideology, as waste, or excess, what is left of a mirror invested by the (masculine) 'subject' to reflect himself, to copy himself.

What both Roffé's protagonist's lament and Irigaray's analysis point to is the effects of censorship and repression on the imaginary.

Such repression and censorship render desire inoperative, wrapping it under many layers of proscriptions, mandates, and normative representations. In *La rompiente*, Roffé textualizes the inaccessibility and elusiveness of desire through the protagonist's "anhedonia", the diagnosis given for the protagonist's malady while she was still in Argentina and corresponding with her friend or lover. The symptoms of "la anhedonia", which she defines as "infelicidad y no encontrar placer en las cosas que otros disfrutan" (Roffé 1987: 22), are portrayed as a direct result of the violence of silence, of the imposed or permitted pleasure sanctioned by the regime. "Sentimientos de pesadumbre, de que nada vale la pena —me decía. Dijo, creo, que sin embargo había una dicha permitida de la que no pudo sacar provecho" (*ibid.*: 28). This "dicha permitida" refers to the way authoritarianism attempts to paralyze desire by dictating what may or may not be a source of pleasure, what may or may not be spoken about. Authoritarian practices of the State literally dictate norms, declaring certain pleasures or cultural discourses permissible and legitimate (the discourse of censorship deems them "legítimo, propio, nuestro, de adentro") and others not only illegitimate but not Argentine ("ajeno, no-nuestro, de afuera")[8].

Certainly, in Argentina during the *Proceso*, the authoritarian practices of the State attempted to police specific desires and imaginings. Sexuality and sexual politics, for example, were at the forefront of the struggle to cleanse the Argentine national spirit of extraneous and "dangerous" influences (i.e. what the regime saw as Marxist ideological infiltration). Such "dangers" included, of course, cultural productions which depict sexuality outside of the marital/familial relationship[9]. Furthermore, the "dangers" in terms of gender and sexuality also included anything which might question the traditional roles for men and women[10]. So, policing the realms of sexuality and desire, attempting to construct and impose a single, homogenized idea of "Argentine" sexuality, was one of the explicit goals of authoritarian practices. The protagonist's *anhedonia* —her paralysis and lethargy, her inability to experience pleasure— results from this homogenization of desire. And likewise, access to desire becomes a political as well as a personal issue.

The Argentine regime also maximized the potential for a generalized state of paralysis, by deploying repression randomly, deliberately obscuring the criteria for the application of sanctions (*vid*. Avellaneda 1986, 1: 14). Such paralysis (symptomatically signified in *La rompiente* as the lethargy of *la anhedonia*) forecloses the possibility of forming a viable subjectivity which would enable the individual to act as social *agent*,

---

8   *Vid*. Avellaneda (1986, 1: 20) for a discussion of the "nuestro" and the "ajeno" in terms of sexuality.

9   For example, abortion, prostitution, homosexuality, promiscuity, adultery, or anything seen to assault the institution of matrimony are deemed unfit for public consumption, for, after all, according to the logic of the regime,

> [...] de nada valdrán grandes planes económicos, políticos y sociales en pro de la familia y de la comunidad, si no combatimos la inmoralidad en todos los terrenos, desterrando el erotismo, la pornografía y la violencia de los medios de comunicación social (cited in Avellaneda 1986, 1: 143 from the "Comunicado de las Ligas de Padres y Madres de Familia en ocasión del 25 aniversario de su creación por el Episcopado Argentino en 1951").

10 An Argentine military official, the Vice Admiral Lambruschini, makes this clear in a speech in 1976:

> En el teatro doctrinario se lucha por impedir la utilización del armamento ideológico del enemigo, que se propone objetivos muy concretos [...] [Uno de ellos es] minar la fe de los argentinos en su sistema de vida democrático y pluralista. Para ello atacan en la célula inicial, en la relación padres e hijos *y llegan hasta cuestionar la relación hombre-mujer*, en aquellos elementos que hacen a su dignidad esencial (cited by Avellaneda 1986, 1: 143; emphasis added).

not only as social *actor*. This deadening of desire is undone in Roffé's text through the acts of reading and writing such that these activities become a means of reactivating agency. In general terms, reading involves in its very practice both aspects of subjectivity since it puts the reader simultaneously in positions of "subject to" and "subject of". Indeed, John Mowitt (1988: xxi) sees reading as an "instancing of agency" because

> [...] reading performs the mediation between the two poles of agency: activation and activism. Reading situates one within the experience of being empowered to oppose that which conditions one's experience.

Reading, as portrayed in Roffé's text, becomes just such an example of an "instancing of agency": the protagonist is quite literally reactivated and spurred to action (to writing) through reading.

The letters the protagonist receives while still in Argentina from her friend or lover abroad show how reading can provide an impetus or reactivation of repressed desire. The letters from abroad excite in her a desire for contact with the pleasures prohibited to her, as she imagines herself a melodramatic "rehén amordazado", languishing in an atmosphere of "el cansancio y el agobio" (Roffé 1987: 23). Serving as an antidote for her *anhedonia*; the letters cause her to imagine herself the subject of prohibited desires:

> Se figuraba visitando antros prohibidos. Gran motion y hebras de baba. En alianza con la excitada audiencia aplaudía el fabuloso strip-tease. Mineros, payasos, gangsters y cowboys se iban quitando la ropa al ritmo de sicodélicos bailes hasta lucir un minúsculo taparrabos —de oro o plata—, cuyos brillos resaltaban aún más la descollante naturaleza que apenas cubrían. Tantear, sopesar, acariciar las virilidades. Ah, se oía usted en incontrolable lujuria por el acceso público al manoseo. Oh, se veía usted dilapidando fortunas en los slips de los danzantes (*ibid.*: 23).

Thus, the letters which arrive from abroad stimulate her to invent and fantasize, to imagine for herself what is most morally reprehensible according to the authoritarian scale of values: excess and sexual spectacle, a pornographic strip-tease. Furthermore, such desires are doubly transgressive, not only breaking the moral dictates of the political regime, but also undoing gender scripts which usually cast the object of desire as female and traditionally prohibit women from taking up the position of spectator in such a sexual spectacle[11]. There is an ironic distance, however, which shows that the protagonist and/or her interlocutor realize that such fantasies are those of a subject still *subject to* oppressive discourses (that is, of a subject "maravillada como la típica idiota del subdesarrollo", Roffé 1987: 23). In other words, the desires provoked here are recognized as not free from the "wraps" of the cultural imperialism which scripts the inhabitant of the so-called third world into a position of lack. Nor are these imagined

---

11   *Vid*. Mulvey's analysis (1977) of scopofilic instinct.

transgressions completely disengaged from traditional gender scripts; indeed, they seem the mirror opposite of the acceptable, thus in some way determined and generated by the very prohibitions they seek to violate. These fantasies are still, necessarily, engaged with currently available social discourses and do not represent the protagonist's "true" or "authentic" desires. And yet, such an authentic or essential desire is not the point at all. Her fantasies, inauthentic and overdetermined as they may be, are nonetheless exercises in subjectivity whereby the protagonist occupies a forbidden, desiring subject position as a practice, a rehearsal, an *act*.

Reading and writing serve throughout the text as practices which provide exercises in subjectivity. This function of reading as exercise becomes clear, for example, as the protagonist recognizes and describes the role of the letters from abroad:

> Aquel tráfico epistolar redimía, erotizaba, desbandaba su imaginación sujeta por estados de sitio, guerras sucias y lavados de almas. Aquel tráfico epistolar —contó al fin— la zafaba del maremágnun diario (*ibid*.: 23-24).

This contraband of language becomes a means to escape not only the limits imposed by the regime but also the internalized sense of paralysis and lethargy which is the dictatorship's ultimate, "successful" infiltration of the social subject. After reading the letters from her correspondent, the protagonist is pushed into inventing a version of her life which could fit into prescribed molds:

> Entonces ponía a funcionar la achacada mitomanía de la feminidad en usted: inventaba personajes, descarrilamientos exepcionales, correspondía competitivamente a la receta vulgar que le enviaban. Sí, a la higiénica imprescindible sexualidad enriquecedora. Sí, al saneamiento mental. Sí, al panegírico del desarrollo. Sí, consentía usted en sacarse de encima esa daga de otro cielo (*ibid*.: 24).

The protagonist's search for a subjectivity which would include a sense of agency, a sense of being able to do or say *something*, leads her to write *anything,* to write a desire not necessarily her own (rather "de otro cielo") as an *exercise*, as a cure for her lack of desire, her *anhedonia*, her lethargy, her inner life asphyxiated by censorships of many shades and forms.

The element of contradiction is important in such an exercise, in such an instancing of agency. Social change, and the agency needed for it to occur, are seen by many scholars as a function of contradiction between or among available subject positions (*vid*. Hollway 1984: 252, Mowitt 1988: xxxv, Robinson 1991: 15, 56-57). Accordingly, we could read the letters from abroad as instances of interpellation of the subject according to certain ideological scripts (sexual freedom as healthy, "first world" culture as superior in terms of "development") which conflict with those of the authoritarian regime (sexual relations only in marriage, female passivity, the expressly "Argentine" as the only legitimate culture). Understood this way, the conflict or contradiction between scripts actually helps provoke the protagonist's resistance to each of these discourses, and therefore helps her to produce an active subjectivity which is not completely *subject to* either of them.

The nature of this exercise in subjectivity also determines the very narrative structure set up in the text. The disembodied voice of psychoanalyst, confessor or friend could be read as "another voice", or alternative subject position, of the protagonist. Francine Masiello (1989: 167) implies this when she observes that this doubling of voice is: "Indicio quizás del doble discurso sostenido por toda mujer, en tanto que se siente observada y víctima de una voz controladora externa". This interpretation is supported by the protagonist's own testimony within the narrative. Even further, the method of devising and giving voice to various, conflicting subject positions provides a path out of silence. The protagonist describes her conversations with herself which frequently involve disagreements and lengthy arguments:

> Desde que hablaba sola —allá, en la otra costa, me aclaró— se sinceraba con usted y los interlocutores que surgían para charlar o discutir. Le daban infinidad de puntos de vista y cada uno parecía contener su cuota de verdad. A veces se distraía horas pensando en lo que le decían, hasta que encontraba el punto de disentimiento; entonces reanudaba la discusión (Roffé 1987: 25).

These conflicts, however, are productive rather than destructive. Indeed, this strategy not only provides a way to break an oppressive, imposed silence but also becomes a method for finding a language of her own:

> En esas pláticas me reconciliaba conmigo y el mundo, me quedaba henchida de satisfacción. De a poco iba uniendo los cables sueltos, desmenuzando la materia de su vida, construyendo —como en una tela en blanco— un discurso claro (*ibid.*: 25).

In this way, we can read the text of *La rompiente* as the textualization of just such dialogues the protagonist (as writer) maintains with herself[12].

Such a method of forging a voice of her own from a constellation of voices is no easy task, however, and must involve both writing and reading. For the protagonist (as writer) the process of writing as an attempt to find a language capable of producing and representing a female subjectivity has proven frustrating and unsatisfactory:

> Hartazgo dijo sentir cuando busca en los originales de su novela algo ¿un lenguaje? que la recompense de los balbuceos macarrónicos. Eufemismos, asegura, hay en cada página. Abstracciones, dispara, para que toda articulación fracase. Mentiras, afirma. Miedos innombrables, coquetea. Lastre de un deseo despedazado. Me traba, dice, como este idioma que no termina de armarse en mi boca (Roffé 1987: 30).

---

12 *Vid*. Roffé (1989: 211-212) for her testimony of how she used such a method of adopting contradictory subject positions as a way of empowering herself to write.

Yet, the viable female subjectivity she seeks lies precisely in the discrepancy between what she "writes" and what she tells her interlocutor, between her novel and her analysis of it, between the "mentiras" and her "afirma". By reading ("out loud") the process of writing her novel, a reading and retextualizing that occupies the whole of Part 2, the protagonist literally generates the voice and active subjectivity she is looking for. Furthermore, the margin between the written story (the "novel") and the spoken story (the "telling" of it) virtually provides what the interlocutor calls the "abismo de una historia" (*ibid*.: 30), the textually deferred space where the elusive story of repression and censorship can finally be represented.

Throughout Part 2, in a brilliant *mise en abîme*, the protagonist reads her own authored text and deauthorizes it, contradicting what she wrote, reading with a critical eye to the insufficiency of that "novel" vis-à-vis the "real events" which stimulated its writing[13]. The story line of the "novel", as Gramuglio's reconstruction has perhaps already made clear, is that a young woman falls in with a group of gamblers, has an affair with one of them, and then, along with the other members of the group, becomes alarmed and fearful when one of the members is "disappeared". Meanwhile, alongside the narrative of the "novel" the protagonist reads out loud to her (imaginary?) interlocutor, another story emerges which the protagonist terms the "verdadera historia" (*ibid*.: 38). This story relates the "real" events which the novelist had been trying to textualize in her novel, as she now "remembers" them and narrates them to her interlocutor in their conversation. In the "real story", the group is not made up of gamblers but of literary critics and writers. Yet when writing the "novel", the protagonist had faced the "censorship" of literary expectations and had decided to textualize her story differently:

> La verdadera historia comenzó de otra manera. A ese hombre, ahora para usted llamado el ex-seminarista, lo vi por primera vez en un salón de conferencias; este dato real me pareció inverosímil, presuntuoso —como usted dice—, poco atractivo para mis ingenuas ambiciones de originalidad. Preferí disfrazar los hechos, rasgar las vestiduras, abismar la mentira, sucumbir a la seducción del juego, edificar un casino de humo (Roffé 1987: 39).

In search of the "originality" so valued in literary production, anticipating and responding to the expectations of readers and critics, the protagonist tells how she transformed her story into an/other story, through what amounts to an allegorical gesture[14]. The ironic distance taken in the passage above (*ibid*.: 39), the judgement that such words

---

13 From here on, I refer to the text within the text as the protagonist's "novel"; the "protagonist" refers to the heroine of the "novel"; finally, I here put "real events" in quotations since they are also textualized within the protagonist's narrative, but are deliberately plotted as the "real story" vis-à-vis the "novel".

14 That is to say, one story told as another which is one way of conceptualizing the *modus operandi* of allegorical procedures. Szurmuk (1990: 126) has also referred, in passing, to the use of allegory here. I explore allegory and dictatorship more fully in Tierney-Tello (1996).

as "disfrazar", "mentira", and "sucumbir" imply, show that the protagonist views her efforts as insufficient, as somehow inauthentic. Yet, as she says of her *historia* at the end of Part 2: "No es cierta y tiene, sin embargo, la utilidad de lo verosímil" (*ibid.*: 91). Just what, we might ask, does such a "utility" entail? I suggest that the utility of this non-testimonial and allegorical narrative lies precisely in its insufficiency, its falseness, and its duplicity which ultimately augment its capacity to gesture at the less accessible effects of authoritarianism, at the difficulty of reaching or articulating *any* repressed story, at the virtual crisis of representation engendered by the many censorships to which a woman writing under dictatorship is subjected.

Such censorships are intimately connected with gender politics, as becomes explicit as the protagonist meditates on her relationship with Boomer, the literary critic who, as the protagonist ironizes, "me puso en manos de mi destino" (*ibid.*: 57). It is with regard to this relationship that the confluence of literary and generic expectations emerges and the power relations involved become clear. The expectations —simultaneously literary, emotional, and sexual— involve the appropriation and stifling of the protagonist's subjectivity. At one point in the "love story", which unfolds in ten brief sections, the protagonist realizes exactly what he expects from her:

> Oh sí, ya entiendo, querés apropiarte de mí, no te alcanza con poseerme, necesitás que yo sea algo más que una simple pupila. Oh sí, ahora veo claro, deseas que también me convierta en tu doble bueno, manso y hasta en tu payaso (*ibid.*: 66).

These attempts of absolute appropriation stifle her, producing a type of censorship which has everything to do with gender politics. For example, when he insists that they become "one" in their love, effectively subsuming her identity completely, she is effectively silenced:

> Él solía decirle: 'Cuando dos personas andan bien se funden una en la otra'. Ella acata las sentencias del hombre, casi todas. Sin embargo considera que ella es sola y necesita de vez en cuando estar sola. Y a veces necesita estar acompañada, sin dejar de ser sola. Pero calla porque esto la avergüenza (Roffé 1987: 67).

Resisting such an annihilation of her autonomy, the protagonist buys and mounts a mirror by which she can see herself "de cuerpo entero" (*ibid.*: 66) and can thus form a complete image of her/self by which to establish a viable subjectivity.

Yet, Boomer's and his group's expectations have had specifically literary consequences as well, relating to the issue of the "voice" the protagonist searches for. As the critic accepts her poems for publication and pays her compliments, she begins to write not according to her own desires and impulses, but according to his expectations. She explains this to her "listener"/reader:

> La necesidad de responder a las expectativas y exigencias de los que yo creía eran mis interlocutores [...] y que funcionaban como marco de referencia, produjo un fenóme-

no extraño: me desvió de mi camino [...] Ahora, salir de estas aguas estancadas y encontrar el curso de un torrente propio ¿me será asequible? La pregunta me llena de angustia (*ibid.*: 58).

This search for approval, this perpetual writing according to others' expectations cannot help but be genderically inflected.

Nonetheless, in spite of the expectations which determine both the "real" events and her "novel", the protagonist also has her own agenda. Indeed, further along in the narrative the protagonist indicates that her "false" story had an allegorical function, that through it she aspired to refer to another, more obscure, less accessible story: "[...] en el fondo de mi corazoncito intentaba valerme de agudos artificios para dar, mediante la gran metáfora, los oscuros padecimientos de mi época" (*ibid.*: 45). Linguistic play of an especially decorative sort ("la aventura del lenguaje con impecables florcitas y moños", *ibid.*: 45) as well as the intimist mode of the love story ("quería que se me adscribiera a la corriente intimista, subjetiva, lírica", *ibid.*: 44) are used by the narrator to gain a certain critical approval or to conform to particular, genderically inflected conventions, again showing how writing inevitably involves engaging with social and discursive expectations and practices. Yet through these literary conventions, the protagonist now sees that she had another agenda: to use this allegorical story to refer to the socio-political situation, to the stifling censorships and stagnating fear invoked by the authoritarian regime.

As the protagonist retells her "novel" to her interlocutor, the new narrative she is verbally reconstructing is primarily about the writing process itself. In particular, her resultant textualization of this process shows us how writing becomes allegorical in response to socio-political, genderic, and literary constraints. Allegory has many properties which make it ideal for times of political oppression. But, rather than merely a way of avoiding censorships, it is also a mode of representing the crisis of representation engendered by political terror. In the authoritarian context in particular, not only do writers *produce* oblique references to the silenced social scene, but readers *interpret* all socially produced texts in an allegorical mode, thus bringing the social situation to bear on any text[15]. As such, it is significant that in Roffé's text the allegorical nature of the protagonist's "novel" can only be glimpsed through her own reading in context, her juxtaposing the "text" with the remembered "real story". In this way, allegory does not merely mask a "real" story; rather, it evokes the complexities involved in representation itself, especially in the presence of restrictive social authorities. Furthermore, such techniques also undo the monological system of representation espoused by authoritarianism, denaturalizing meaning and showing the constructed nature of all narratives. In this sense, the fragmented, multiple forms of writing used in *La rompiente* are at once symptomatic of the oppression of authoritarian cul-

---

15 *Vid*. Sarlo (1987: 45), who likewise observes that allegory is a function of reading as well as writing.

ture, as well as a form of resistance to the homogenization and univocality attempted by that same culture.

I am not, by any means, arguing that there is a one-to-one correspondence here between the allegorical "gran metáfora" and the socio-political situation. There are at least three levels of narrative here: the "novel", the "real story", and the "reading" of these narratives of the past undertaken by the protagonist in the moment of retelling both stories to her interlocutor. The following enunciation on the part of the protagonist demonstrates quite succinctly what I mean:

> Alcohólico, delirante, bufón y lazarillo de Boomer, Asius es un personaje menor en la ficción; podría decirle que también en la realidad. Ahora veo que fue más importante de lo que yo creía (Roffé 1987: 82).

Clearly, three levels of narrative, corresponding to the "fiction", the "reality", and the protagonist's "reading" of both ("ahora veo..."), emerge. But, as this very example also shows, these three stories are far from separate. One story tells the other, gestures at the other, bears the trace of the other. Yet the resonance between these stories does not reflect a simple one-to-one correspondence such that the "novel" can come to refer directly and exclusively to the socio-political scene. It is rather that both of these stories, both of these incomplete, inadequate, inauthentic narratives, trace in their very incompleteness the innermost effects of political terror, the "other story" of "los oscuros padecimientos" of authoritarian culture: fear, incommunication, guilt, and the concomitant crisis of representation. Such traces are, furthermore, only activated through the "third" level of the narrative (the "ahora veo"), that is, through the protagonist's *reading*.

True to the protagonist's observation in Part 1, "la literatura contamina" and each of these narratives implicates the other, all ultimately overlapping on the level of the unconscious. Indeed, her dreams from this period make their way into the "novel" via the protagonist's diary. Product of the unconscious during the "años del silencio", inscribed in both the "novel" and the novel, recorded in the diary and told to the protagonist's psychoanalyst, the dream occupies all levels of narrative at once. Furthermore, the content of the dream reveals much about the exact nature of "los padecimientos oscuros" of her time. In the dream Boomer, the protagonist, and the others are in the process of exploring and reconstructing a castle, symbolic of unearthing and remembering the past, when suddenly:

> Por un resquicio del pasado surge el recuerdo de una caja con el contenido de tres ratas [...] Hallarlas muertas, por nuestro imperdonable descuido, nos llena de angustia. Sin embargo, la posibilidad de encontrarlas aún con vida, me inquieta (Roffé 1987: 48).

Thus, the rats evoke fears of confronting the bodies of the disappeared, the guilt of having let these victims of the "dirty war" die, or the discomfort of finding them still alive. These sensations of guilt and fear become even more tangible as the dream becomes a nightmare of horrific proportions, the castle turning into a concentration camp, the dead ("los *muertos*") rising up against the living in revenge for their fate (*ibid.*: 49; emphasis in the original). It is this interior (unconscious) story of terror, guilt, and death —all the effects of the violence of the regime— which the dream, embedded as it is in three contexts simultaneously, represents and will not let her forget.

Perhaps most importantly, it is in reading her own textualization of the "years of silence", in all its allegorical anti-mimeticism, that the protagonist regains access to the unspeakable fear which inhabited her dreams and, ultimately, her text:

> No era entonces, cuando evocaba fragmentos de mi vida y escribía que se me paralizaban los órganos y éste tan vituperado que llaman corazón, sino ahora frente a tantas artimañas para decir algo trabado por el miedo. Ahora, le decía, en el momento de la lectura, de exponerme con un ridículo texto que apenas testimonia todo lo que escondía: un recuerdo agazapado en lo que no se quiso o pudo recordar. Una puede ser indiferente a la realidad, pero no al recuerdo de esa realidad que está en constante desenvolvimiento (*ibid.*: 74-75).

She thus reads traces of her unconscious as written in her text. What her writing has inscribed is not a mimetic copy of her life, not a testimony of political terror; rather it inadvertently bears witness to the fragmentation and paralysis engendered by censorships. Thus, the act of writing is here portrayed as incomplete, because only upon *reading* her own writing can she read the silences of her text and hence remember what was (un)spoken by those silences. It is only as the protagonist reads her narrative, tells the conditions which surrounded her textual production, recalls and contextualizes her nightmares, and consequently activates her memory of what was so untellable, that she begins to be able to remember the subjectivity fragmented and torn up by silence and repression.

Thus, Part 2 of *La rompiente* becomes a highly complex performance of reading as well as of writing. By "making sense of the conditions activated by the text" (Mowitt 1988: xxi), by making sense of the fear, the violence of silence, the sense of guilt that both inhabit and are inhabited by the "novel", the protagonist produces a voice capable of narrating what had been repressed. It is virtually in the contradictions between what the protagonist "wrote", what she "remembers", and what she "tells" that she is *enabled*, that is, that she can come to tell the unspeakable, repressed story of the "years of silence" and that a subjective agency becomes viable. Thus, the protagonist's reading practice ultimately shows how reading can put agency in motion, can actually become what Mowitt calls an "instancing of agency".

And yet, there is never any sense that *this* is it, that she has come into a voice —singular and autonomous— of her own. Through this complex literary game, this intricate *mise en abîme*, the protagonist manages to defer any "true" voice or any "true" narrative as not yet accessible. She concludes these exercises in reading, writing, and remembering thus:

> Ahora sé, por lo escrito y lo contado, que esta historia —aunque inconcluyente— terminó. [...] Aquí o allá, los accidentes y postales del camino difieren el fin de viaje (Roffé 1987: 91).

Indeed, history (*los accidentes del camino*), writing (*las postales del camino*), and memory (inscribed and *read* in writing as well as in the unconscious), all make it impossible for the story ever to reach a definitive version or to truly conclude. And yet it ends. The double gesture embodied in this part of Roffé's narrative is not unlike Irigaray's formulations in that the latter also posits an essential identity of woman while continuing to deconstruct such an identity[16]. As Diana Fuss (1989: 72) notes regarding this aspect of her work:

> Irigaray works towards securing a woman's access to an essence of her own, without actually prescribing what that essence might be, or without precluding the possibility that a subject might possess multiple essences which may even contradict or compete with one another.

Similarly, Roffé's protagonist's multiple narratives work toward conceiving "a voice of her own", made up of a constellation of voices gathered from various, contradictory discourses, yet that nonetheless effectively breaks the silences imposed by social, sexual, and literary authorities. Thus the focus in Irigaray's poetic theory as well as Roffé's theoretical narrative is on both process and product[17].

While Part 3 of the novel in no way offers an essential, singular, "authentic" voice as the conclusion of the exercises in subjectivity rehearsed in the first two sections, it does, however, reembody the disembodied voices put in circulation throughout the author's "Itinerario de una escritura". That is to say, this last section —with its memories of the protagonist's dying grandmother, its remembered smells and flavors from the protagonist's childhood, its testimony to the protagonist's daily existence in isolation and silence cloistered in her apartment in the city— virtually re-incorporates the various textual motifs which had been only gestured at and denounced in Part 1 and variously textualized in the multiple and contradictory narratives of Part 2.

In a sense, this last section achieves a certain antidote to the dispersion of censorships, silence, and political terror, through the telling of the most biographical or personal aspects of her story, involving as it does the narrator/interlocutor of Part 1 rereading the protagonist's diary (what she calls the *líneas de fuerza*) to her. As the interlocutor/narrator reads this diary back to the protagonist, the past is reactualized and

---

16   *Vid*. Fuss (1989: 70) who observes that for Irigaray: "[...] women are engaged in the process of both constructing and deconstructing their identities, their *essences*, simultaneously".

17   The title of Roffé's text similarly inscribes a doubleness of process and product: *rompiente* is both an action or a doing (the present participle *rompiente*) as well as a reified place or product (a *rompiente*).

repersonalized, even though the voice of the protagonist is, admittedly, still mediated. It seems as if *La rompiente*'s function, through all of its exercises in subjectivity, had been to give voice to this most testimonial story. And indeed, between the lines, interspersed and "contaminated" by literary texts, the most untellable, personal, privatized aspects of the protagonist's experiences are finally told. Yet, the text does not posit this personalized narrative as the definitive version of events, for as this third section also shows, no matter how personal these experiences seem, they are always imbedded in and contaminated by the social realm and history: the internal as well as external "trabas", reincorporated and unraveled in Part 3, are both ultimately localized in the individual subject.

This third section reincorporates episodes narrated in the previous two sections, giving them a more immediate focus and voice. The protagonist's activity of reading letters from her friends as a means to stimulate her own writing, for example, reappears in Part 3 (Roffé 1987: 100). Also recurring in Part 3 are various remnants of the "novel" the protagonist recounts in Part 2. Overall, then, the narrative of Part 3 reintegrates the various stories ("reality" with "fiction"), the spatial parameters (the "here" of the narrator's and the protagonist's conversation with the "there" of the diary), as well as the disjunctive temporal sequences ("past" with "present"), showing all of these discourses to exist simultaneously. So, in a sense, the text replicates not the teleological impulses of realist narrative, but the backward and forward, inconsistent yet repetitive movements of memory. Working less linearly and more cumulatively, *La rompiente* enacts its textual transformation (from silence to subjectivity) by taking up and accumulating contradictory discourses and subject positions, allowing these ambiguities to coexist. The resultant text, taken as a whole, is thus a series of exercises which begin to create a new textual space and new possibilities for a female imaginary through reading and writing.

Another aspect of the "reembodiment" theme of the third section is, of course, the way the diary of Part 3 seems to recontextualize the protagonist's *anhedonia* —with its concomitant discommunication, isolation, and silence— in the most personal, private, bodily sphere. The protagonist's discommunication is gestured at and denounced by and through the various narrative levels and the displacing of voices in Parts 1 and 2. In Part 3, the *anhedonia* is retextualized on a more mundane, bodily level, manifested in day to day occurrences. At one point, for example, the protagonist attempts to make herself some fried eggs as if it were possible to cure the symptoms of her *anhedonia* with such a meal:

> Curar una enfermedad a la que llaman anhedonia con embriones fritos. Pero no era cuestión de curar sino de pasar el trance con una metáfora sensual que le devolviera algo del placer perdido o del ansia de placer [...] La metáfora ha ido a parar al tacho de basura. Su estómago ejemplifica de manera patética la sensación de vacío. Piensa tristemente en las galletitas que hoy no compró (Roffé 1987: 104).

Her *anhedonia* here is manifested on a physical level; her empty stomach and her pathetic attempt at remedying her lack of pleasure with fried eggs become symbolic (and symptomatic) of the overwhelming sense of emptiness and paralysis she faces.

The motifs of silence and isolation which contribute to the writer's *anhedonia* also recur in the diary of Part 3, recontextualized in terms of the protagonist's daily life in the city "en la otra costa" (*ibid*.: 95). Whereas in Part 1 we had read in more abstract terms that "no hay nada más envilecido que la violencia del silencio" (*ibid*.: 28), the protagonist's silence is now rewritten in the context of her family circle. At the beginning of Part 3, the protagonist's grandmother complains of her lack of conversation and silence (*ibid*.: 95-96). Later it is the grandmother herself who falls silent and depressed as she approaches death, and the protagonist who tries to get her to speak (*ibid*.: 96). In this way, Part 3 repersonalizes and reembodies silence, a dominant theme of the novel from the beginning, and by the same token shows it to belong to both the personal and the social realms at once.

The isolation and solitude which virtually imbue Parts 1 and 2 are also refocused and reembodied in Part 3. Through the diary of Part 3 we read of entire days spent trying to write, drinking coffee, eating cookies, and sleeping with the help of tranquilizers (*ibid*.: 102-103). After the grandmother's death, the protagonist refuses company in her mourning, preferring to remain cloistered in her apartment, exacerbating the silence and incommunication she suffers (*ibid*.: 107). Her seclusion has, in the narrative of her diary, several and perhaps overlapping personal motives:

> Creí que la reclusión era necesaria para contar una historia —escribe—; la historia se ha convertido en el pretexto ideal para mantener las puertas cerradas: hacerme insensible al mundo exterior —quizás de alguna forma lo he logrado. En un principio, pensó que se enclaustraba porque la separación requería luto. El luto se lleva dos años y éste ha tomado más tiempo; abarca otras penas (Roffé 1987: 113).

As this passage indicates, the protagonist has had varying interpretations of her own seclusion: the solitude needed for writing, the result of grief (mourning either her divorce or her grandmother's death). But through her writing she comes to realize that she had been deceiving herself, that this isolation, as we shall see, has political as well as personal motives. Clearly, instrumental to this realization is the very act of writing, as this passage also drives home, with its blatant "escribe" and the mixture of first and third person narrative due to the particular narrative mechanism the author has devised for this section (that the narrator/interlocutor is *reading* what the protagonist *writes* in her diary). It is, thus, through writing her diary that the protagonist realizes that her mourning and isolation indeed "abarca otras penas", and ultimately have to do with larger, more social questions.

This realization of the socio-political aspect of her seclusion at first only drives her to further solitude and repression. But as such isolation and inner exile take their toll, one of the protagonist's friends comes to a more historical consciousness of her pain and resolves to leave:

Su amiga [...] parece desperezarse de un largo sueño y ahora que usted la está recuperando dice que se va pronto. Haber comenzado otra década respirando el mismo aire le produce asfixia. La hace recaer en el '80 como si este año fuese determinante (*ibid*.: 113-114).

It would seem that taking such a historically aware view of her situation is what makes agency a possibility; it is what allows her to shake off the lethargy and paralysis (the "largo sueño") she and the protagonist inhabit. Liliana Mizrahi's (1987: 64) comments are elucidating in this regard: "El miedo al cambio tiene que ver con la inconsciencia de la significación social de los conflictos personales y con la represión de esa conciencia". Furthermore, according to Mizrahi, change and action become possible, indeed a sense of agency is activated, through an awareness of the social dimension of one's pathology (*ibid*.). Extrapolating from Mizrahi's observations, we could say that in *La rompiente* the protagonist's friend is empowered and begins to strive to make changes and take action, just as she realizes the socio-cultural dimension of her situation. Her awareness encompasses not only the political situation of authoritarianism but also the social import of her condition as a woman. Upon telling the protagonist of her decision to leave the country, the friend observes angrily:

'¿Acaso las mujeres no nos adaptamos fácilmente a las vicisitudes del destino; no hemos seguido al hombre por todos los rincones de la tierra, cambiando de hogar, de lengua, de Dios? ¿Acaso no estamos bien entrenadas para el destierro?' (Roffé 1987: 116).

The protagonist is, on the other hand, still immersed in the traditional schemas which seem to virtually think for her: "Piensa, como si alguien pensara por usted, que es una mujer enojada; los síntomas: protesta, supervaloración del sexo, etcétera" (Roffé 1987: 116). Her friend responds to this unspoken criticism by viewing her anger as a product of her socio-cultural situation and accepting it: "Soy una resentida, cómo no serlo" (*ibid*.). As the protagonist herself gains more of such a historical consciousness, or as it becomes increasingly difficult for her to repress it, she also becomes more capable of imagining change, of undoing her lethargy, of beginning her voyage.

Such a historical consciousness begins to become inevitable for the protagonist of the *líneas de fuerza*. Indeed, as the protagonist's isolation and discommunication are exacerbated, they also become more explicitly symptomatic of her political terror. She begins to fear she is being watched by a police agent/taxi driver/ex-fellow student whom she names simply "*el estudiante*" (emphasis in the original) and whose image worries and paralyzes her further. Through the episodes involving the "*estudiante*", we see how the protagonist's experience of the military regime is mostly filtered or mediated through details of her personal life. Having decided to divorce her husband and discontinue her psychoanalysis, she is confronted by the "*estudiante*" who lets her know that he is aware of these details of her personal life which she had discussed only with her husband and a close friend (*ibid*.: 118-119). This invasion of her personal life by political forces causes her great anxiety and provokes a reaction of denial:

Ante una angustiosa paranoia, prefirió creer que sus comentarios eran inocentes y no un mensaje dirigido a que usted supiera que él sabía una parte secreta de su historia personal (*ibid.*: 119).

Indeed, since this character seems to signify an entire nightmarish socio-political system which is painful to confront, the protagonist resolves to "no pensar más" and to obliterate him from her memory (*ibid.*: 121). Just before resolving to undertake this willful forgetting, she had observed:

Pensar en un taxista-policía o policía-taxista no es una invención delirante sino un delirio de la realidad y el susodicho encaja, por sus características físicas y mentales en la categoría de estos personajes que el país ha engendrado (*ibid.*).

Yet, even though she glimpses the "big picture" of the authoritarian regime in moments such as these, a consciousness of which would help her see her "paranoia" as social as well as personal, she represses this consciousness, willfully attempting to forget it (*ibid.*). Finally she is no longer able to ignore her socio-political situation and the "student's" status as police agent when she witnesses him commanding a police operation in a bar where she had been talking with a friend:

Calló que el hombre de civil que dirigía al grupo uniformado era de su conocimiento. La mirada de *el estudiante* fue recorriendo las mesas y señalando quiénes sí y quiénes no y se detuvo, por una milésima de segundo, en sus ojos que mantuvieron la mirada una eternidad hasta que por fin se desvió a otro rostro (Roffé 1987: 122).

Finally, it has become impossible for the protagonist to ignore her socio-political situation: as the *estudiante*'s gaze catches hers for a second, their mutual recognition makes it impossible to avoid or repress knowledge of his power and her subjection and silent complicity.

But as such a realization of her involvement in a political situation becomes impossible to avoid, this very realization, seemingly haphazard and admittedly reactive, finally spurs her to action. Originally having climbed on the wrong bus in her rush to avoid the *estudiante*'s vigilance, she ends her trip in the cemetery, more in control of the situation than she had thought and more resolute in her decision to leave the country than she had anticipated:

Su desparejo itinerario ahora parece haber sido planeado desde el principio: frente a la tumba de la Ela se dio cuenta de que allí estaban enterrados todos sus muertos, a los que había ido a decirles un larguísimo adiós (*ibid.*).

This comment could serve as an assessment of her textual itinerary as well: while seemingly random and exceedingly fragmented, as the writer/protagonist gains consciousness of what she is trying to do, and as the reader comes to the end of her text, it becomes clear that her itinerary of reading and writing has had a plan all along and certainly the journey has been a fruitful one. In both cases, driven by terror into fleeing her home, riding aimlessly into exile, she has nonetheless (at the end of her text/bus ride) recovered a sense of her past.

I purposefully refer to the processes of Part 3 as rein*corp*oration, for it is through the body that such a reintegration is ultimately imagined. The role of the body in *La rompiente* as a whole, but especially in Part 3, suggests that the protagonist's goal is to work toward a gendered subjectivity, *embodied* without resting on some essential biologism. The body, especially at the end of the text, functions as a means of imagining a productive solitude and as a point of departure from which to produce an active, explicitly female subjectivity. The last scene significantly relocates the protagonist's voice in her female body and sexuality, as she lies in bed awaiting the arrival of her menstrual period[18]. Her isolation has been converted from a hellish place ("un infierno privado donde se debate consigo misma", Roffé 1987: 113) into a space opened to the possibilities of throwing off alienation and converting isolation into a productive and temporary separatism: "Se ve fluctuando con la marea, haciendo lo indecible por deshacerse de todos los lazos: sentirse poseída de sí misma desposeída del mundo" (*ibid*.: 123). Irigaray (1985: 33) similarly advocates a strategic separatism, primarily to give women a chance to fathom or perhaps imagine a desire that would be less false, less a masquerade of the desire of the other. The protagonist imagines this productive isolation in the fluid, marginal, and inarticulate ("indecible") space of the body. Yet, such separation from the external is never complete; her immediate context is her own body and her bed, but "el rugido de los motores la ubica en el corazón de la ciudad" (Roffé 1987: 123). There is, as we have seen, no complete protection against the external realm. Yet her isolation —now viewed as strategic— has indeed liberated her from the obstacles she had faced: she realizes with a thrill of fear, that "el vacío la ha liberado de las ataduras" (*ibid*.). In the quest for a viable female subjectivity, solitude thus becomes not an escape from the social realm, but rather the place —not hermetic but infiltrated by desires, history, and memory— from where we ultimately experience the world. The solitude of Part 3 of Roffé's text becomes just such a richly textured solitude. The memories of her youth, with the Jewish traditions and cuisine associated with her grandmother, the various sights, smells, and sorrows of the past which permeate her memory all keep her solitude from being a withdrawal from the world. These personal details also become intimately entwined with the historical realities of the "dirty war" and the fear of reprisals such tactics have engendered.

Indeed, Roffé's protagonist begins to experience her bodily solitude as marginalized, as fluid, and yet as *worldly*: "Ahora en su cabeza se ha condensado toda el agua del planeta" (*ibid*.). *La rompiente*, thus, finally comes to a close:

---

18 Szurmuk's reading (1990: 128-129) of Roffé's text provides some very insightful comments on the feminine spaces at the end of the novel.

> Oye una sirena quebrar la noche. Su cuerpo se repliega, sin embargo es inútil evitar el escalofrío y una puntada en el bajo vientre que las manos no componen con sus friegas. Respira hondo y exhala lentamente esa pregunta que la persigue: ¿hallaré, a dónde vaya, el esplendor de una voz? El dolor se disipa como si ese esplendor incierto contuviera una substancia benévola que pondrá otra vez su vida en juego. Ahora, sangra (*ibid.*: 123-124).

Moving from exterior to interior, her narrative is certainly reembodied, articulating, as it does, the pain and fluids of the female body. Her characterization of this process suggests that reoccupying her body involves confronting pain and accepting certain physiological functions beyond her control. Yet, while her pain is perhaps necessary, as a possible way out of the anesthetized existence she had been leading, the hope and real possibility of finding a voice, of giving voice to her pain, dissipates it and will actually put her life back "into play", will reactivate her subjectivity which had been paralyzed by various, contiguous censorships: authoritarian, patriarchal, and literary. So, the much theorized and poeticized activity of "writing the body" is not here a goal in itself. The female body —envisioned *not* according to masculine desires, not wrapped in foreign adornments— provides the protagonist/writer with the space of her own that she needs in order to imagine a female subjectivity and, perhaps even more significantly, to imagine that female subjectivity in a politically inflected world.

In this way, the protagonist/writer has not only embodied the subjectivity she was building, but provided a new female imaginary, a new way of thinking through the female body in order to subtend that female subjectivity. The fact that she foregrounds her sexuality in this way, writing literally from the specificity of the female body and experience, rejects a type of subjectivity which would elide the body and especially its sexual "markings". Roffé's imaginary exchange with the Argentine gentleman in her critical essay provides some insight regarding her views on writing and gender. When her interlocutor points out that "your so often mentioned Virginia Woolf [...] believed, just like Coleridge, that the great minds are androgynous", Roffé (1989: 206) retorts:

> I disbelieve, for the moment, [...] in the androgyny of literature. The person who writes has a sex that determines him or her and that socially applies its mark; as such, what that person produces has, without fail, the register of his or her sexuality.

Likewise, Roffé's novel strives not to erase the femininity from the subjectivity it engenders for the protagonist, but rather works to elaborate a subjectivity from a specifically female material existence.

Yet, all of this is not to propose the textual version of Part 3 as an origin or as the "authentic" point of departure for the protagonist's textually, sexually, and politically inflected journey through censorship and exile into subjectivity. She has rather written —in a mediated, constantly deferred, tentative way— the marginalized, fluid, "other" space ordinarily left silenced, unwritten, invisible: the paralysis, suffocation, and nonproduction due to (self-)censorship; the female body and sexuality smothered under the wraps of masculine parameters of desire; the most private of spheres (the home, the body, interpersonal relations) as they were crossed and contaminated by political violence. We, as readers, have thus indeed read an intimate approximation of "la otra costa". Yet, we never actually read the departure or any essential origin of her journey and as readers, we are actually discouraged from searching for such an origin. The protagonist observes:

> Manía ésta de ordenar objetos creyendo que así uno puede encontrar nuevamente el punto de partida. Tarea ingrata, en realidad debería resignarse a empezar todos los días de fojas cero (Roffé 1987: 109).

Subjectivity is indeed a question of *elaboration*, of what Mizrahi (1987: 88) calls "el ser proyecto". Indeed, Roffé's protagonist virtually becomes her own creation and creator through her various "exercises", through her journey in search of a subjectivity capable of resisting censorships simultaneously political, literary, and generic. It is not a matter of returning to a previous originary identity but of imagining a new female subjectivity, continually "por hacerse", deconstructed and reconstructed through the processes of imagining, reading, and writing.

Bibliography

Works

Roffé, Reina. (1976). *Monte de Venus*. Buenos Aires: Corregidor.
---. (1987). *La rompiente*. Buenos Aires: Punto Sur.

Critical Works

Agosín, Marjorie. (1988). *Zones of Pain/Las zonas del dolor*. New York: White Pine Press.
Álvarez, Sonia. (1990). *Engendering Democracy in Brazil: Women's Movements in Transition Politics*. Princeton: Princeton University Press.
Ashcroft, Bill/Griffiths, Gareth/Tiffin, Helen. (eds.). (1989). *The Empire Writes Back: Theory and Practice in Post-Colonial Literatures*. New York/London: Routledge.
Avellaneda, Andrés. (1986). *Censura, autoritarismo y cultura: Argentina 1960-1983*. Vol. I-II. Buenos Aires: Centro Editor de América Latina.
Butler, Judith. (1990). *Gender Trouble: Feminism and the Subversion of Identity*. New York/London: Routledge.
De Lauretis, Teresa. (1984). *Alice Doesn't: Feminism, Semiotics, Cinema*. Bloomington: University of Indiana Press.
Dworkin, Ronald. (ed.). (1986). *Nunca Más: The Report of the Argentine National Commission on the Disappeared*. New York: Farrar Straus Giroux.
Eltit, Diamela. (1990). "Cultura, poder y frontera", in: *La Época*. 3, 113 (10 de junio): 1-2.
Franco, Jean. (1986). "Apuntes sobre la crítica feminista y la literatura hispanoamericana", in: *Hispamérica*. 4, 5: 31-43.
Fuss, Diana. (1989). *Essentially Speaking: Feminism, Nature, and Difference*. New York/London: Routledge.
Gimbernat González, Estér. (1992). *Aventuras del desacuerdo: Novelistas argentinas de los '80*. Buenos Aires: Danilo Albero Vergara.
Hollway, Wendy/Henriques, Julian, *et al.* (1984). (eds.). *Changing the Subject: Psychology, Social Regulation, and Subjectivity*. London/New York: Methuen.
Irigaray, Luce. (1985). *This Sex Which is Not One*. Ithaca: Cornell University Press.
Jara, René. (1983). "Arqueología de un paradigma de negación: El discurso del jefe del estado", in: Larsen, Neil. (ed.). *The Discourse of Power: Culture, Hegemony, and the Authoritarian State*. Minneapolis: Ideologies & Literature.
Lee, Dennis. (1989). "Cadence, Country, Silence: Writing in Colonial Space", in: Ashcroft, Bill/Griffiths, Gareth/Tiffin, Helen. (eds.). *The Empire Writes Back: Theory and Practice in Post-Colonial Literatures*. New York/London: Routledge.
Lukin, Liliana. (1986). *Descomposición*. Buenos Aires: Ediciones de la Flor.

Martínez de Richter, Marily. (1993). "Textualizaciones de la violencia: *Informe bajo llave* de Marta Lynch y *La rompiente* de Reina Roffé", in: *Siglo XX/20th Century*. 11, 1, 2: 89-117.

Masiello, Francine. (1989). "Cuerpo/presencia: Mujer y estado social en la narrativa argentina durante el Proceso Militar", in: *Nuevo texto crítico*. 4, 2: 155-171.

Mattelart, Armand. (1978). "Ideología, información y estado militar", in: Mattelart, Armand/Mattelart, Michele. (eds.). *Comunicación e ideologías de la seguridad*. Barcelona: Anagrama, pp. 51-83.

---. (1986). "The Doctrine Behind the Repression", in: Dworkin, Ronald. (ed.). *Nunca Más: The Report of the Argentine National Commission on the Disappeared*. New York: Farrar Straus Giroux, pp. 442-445.

Mizrahi, Liliana. (1987). *La mujer transgresora: Acerca del cambio y la ambivalencia*. Buenos Aires: Grupo Editor Latinoamericano.

Mowitt, John. (1988). "Foreword" to Smith, Paul. *Discerning the Subject*. Minneapolis: University of Minnesota Press.

Mulvey, Laura. (1977). "Visual Pleasure and Narrative Cinema", in: Kay, Karen /Peary, Gerald. (eds.). *Women and the Cinema: A Critical Anthology*.

Munizaga, Giselle/Ochsensius, Carlos. (1983). "El Discurso Público de Pinochet (1973-1976)", in: Larsen, Neil. (ed.). *The Discourse of Power: Culture, Hegemony, and the Authoritarian State*. Minneapolis: Ideologies & Literature.

Robinson, Sally. (1991). *Engendering the Subject: Gender and Self-Representation in Contemporary Women's Fiction*. New York: SUNY Press.

Roffé, Reina. (1985). "Ominpresencia de la censura en la escritora argentina", in: *Revista Iberoamericana*. 1, 132-133: 909-915.

---. (1989). "Qué escribimos las mujeres en la Argentina de hoy", in: Kohut, Karl/ Pagni, Andrea. (eds.). *Literatura argentina de hoy: De la dictadura a la democracia*. Frankfurt: Vervuert Verlag, pp. 205-213.

Sarlo, Beatriz. (1987). "Política, ideología y figuración literaria", in: Jara, René/Vidal, Hernán. (eds.). *Ficción y política: La narrativa argentina durante el proceso militar*. Buenos Aires/Minneapolis: Institute for the Study of Ideologies and Literature/Alianza Editorial, pp. 30-59.

Smith, Paul. (1988). *Discerning the Subject*. Foreword by John Mowitt. Minneapolis: University of Minnesota Press.

Szurmuk, Mónica. (1990). "La textualización de la represión en *La rompiente* de Reina Roffé", in: *Nuevo Texto Crítico*. 3, 5: 123-131.

Tierney Tello, Mary Beth. (1996). Allegories of Transgression and Transformation: Experimental Fiction by Women Writing Under Dictatorship. Albany: State University of New York Press.

Áurea María Sotomayor

Universidad de Puerto Rico

TRES CARICIAS:
UNA LECTURA DE LUCE IRIGARAY
EN LA NARRATIVA DE DIAMELA ELTIT

> Uno no entiende la música, uno la escucha.
> Escúchame, pues, con todo tu cuerpo
> (Clarice Lispector, *The Stream of Life*)

Desde dónde se habla me parece una interrogante pertinente para tocar, casi como una caricia, tres instancias de habla, que provienen de tres localidades diversas, aunque no disímiles. No es azaroso que quiera tocar lo que se escucha en tres textos de Diamela Eltit: *El padre mío* (1989), *El cuarto mundo* (1988) y *El infarto del alma* (1994) porque quienes allí hablan son hijos de la marginalidad: los que operan en la demencia, en una calle o en un sanatorio, y los que emergen del incesto entre hermanos en el seno de una familia corrupta. Pese a la diferencia de sexo de las voces protagónicas, podría afirmar que son voces "femeninas"[1] las que ocupan este espacio que quiero tocar.

El cómo se habla resulta ser otra pregunta importante. ¿Decidir hablar como una ex-céntrica (el mimetismo histriónico) o como una "con-artist" (el mimetismo histérico), vociferando el "con" de la diferencia sexual? Es decir, ¿fingir actuar *fuera* del discurso falogocéntrico explorando otras posibilidades creativas como mujer o, de otra forma, exponer-se [deshonestamente] lo que se tiene de mujer, magnificando los lugares de esa diferencia? La pregunta formulada por Dianne Chisholm (1994: 264 y ss.) a la filósofa y psicoanalista Luce Irigaray[2] podría leerse como otra versión de la planteada por Tina Chanter (1991) y Simon Critchley (1991) a Jacques Derrida sobre su lec-

---

1   Reconocida en esa otredad femenina una utopía no simétrica, diferente del discurso ho(m)mosexual masculino.

2   El tema referente a la "histeria" irigayana como estrategia deconstructiva ha sido abordado, entre otras, por Butler (1993: 285 y ss.), Moi (1988: 140), Braidotti (1994: 185 y ss.), Cornell (1991: 199 y ss.) y en *Diacritics* 28: 1 (primavera de 1998). Algunas de estas posturas consideran que el mimetismo histriónico o histérico de Irigaray mantiene a la mujer

tura *travesti* de Levinas[3]. Mas con una diferencia, porque no es lo mismo que Jacques Derrida quiera "leer" como si fuera una mujer a que Luce Irigaray desee leer como si fuera un hombre. Al operar en unos específicos contextos socio-culturales, la impostación, la ironía y la parodia no generan el mismo resultado, pese al romance de ambos autores con la otredad. Precisamente, por la diversidad de lecturas que genera la diferencia entre los actores y las expectativas interpretativas de los lectores, nos hallamos en el umbral mismo de la diferencia sexual.

"¿Existe una otredad fuera de la diferencia sexual?"[4], pregunta Luce Irigaray (1991a). ¿Existe una otredad fuera de las prácticas signadas y resignificadas por el cuerpo mismo de los actantes? La filósofa ensaya en muchos de sus textos una estrategia de la subversión valiéndose de un estilo paródico, excesivo, irónico, que destaca los lugares comunes del régimen patriarcal[5]. En el ensayo "The Power of Discourse" Irigaray (1985b: 76) señala:

> To play with mimesis is thus, for a woman, to try to recover the place of her exploitation by discourse, without allowing herself to be simply reduced to it. It means to resubmit herself —inasmuch as she is on the side of the "perceptible", of "matter"— to "ideas", in particular to ideas about herself, that are elaborated in/by a masculine logic, but so as to make "visible", by an effect of playful repetition, what was supposed to remain invisible: the cover-up of a possible operation of the feminine in language.

La hija y discípula histérica de Freud y de Lacan, como le llaman a Luce Irigaray, engendra en su escritura dos posibilidades miméticas: la utópica, es decir, aquélla en que la mimesis se manifiesta productivamente, y la histérica, mediante la cual la mimesis deconstruye mientras re-produce. Según la mimesis productiva, la mujer crearía un espacio colectivo y creativo dentro de la comunidad patriarcal sin necesitar un interlo-

---

    ocupando un papel subordinado respecto al patriarcado (Moi) mientras que Cornell, Braidotti, Grosz y Butler consideran el aspecto estratégico de éste, advirtiendo posibilidades culturales y políticas de naturaleza subvertidora.

3   En su ensayo, Chanter (1991: 131) señala:

> Whatever it means for a man to want to write like a woman differs significantly from what it means for a woman to write as a woman. I would want to insist on this. One might say that the question of woman, the woman-question, is one which would have to be addressed before one could begin to answer the question about what it means for a woman to want to write as a woman.

4   Con dicha pregunta inicia Luce Irigaray las diez que le dirige a Levinas en su artículo "Questions to Emmanuel Levinas: On the Divinity of Love" (1991a: 109-118).

cutor masculino, creando así la posibilidad del hablar mujer o "parler-femme". Según la mimesis histérica o re-productiva, se imita el discurso masculino descubriendo o desenmascarando la cultura hom(m)osexual que veda el "habla mujer".

La narrativa de Diamela Eltit me parece un lugar interesante donde leer, desde las tácticas escriturísticas irigayanas filiadas a la parodia, la cita, la ironía y el exceso, una vertiente agresiva de lo que sería esa mimesis histérica que analiza Chisholm, conjuntamente con un elemento utópico que funde el barroco eltitiano de lo marginal y la vocación performativa de su obra[6] con nociones que atañen al totalitarismo político, el ser mujer y una ética fundada en el amor.

Primera caricia: El padre mío

> Could it be true that not every wound need remain secret, that not every laceration was shameful? Could a sore be holy? Ecstasy is there in that glorious slit where she curls up as in her nest, where she rests as if she had found her home — and He is also in her. She bathes in a blood that flows over her, hot and purifying. And what she discovers in this divine passion, she neither can nor will translate.
>
> (Luce Irigaray, *La Mysterique*)

El padre mío es el resultado de una grabación realizada y segmentada a lo largo de tres años consecutivos, entre 1983 y 1985. Eltit transcribe el habla natural de un vagabundo urbano cuyo delirio se desplaza en dos direcciones: el del yo y el de una autoridad usurpadora y corrupta que resume al país y que él denomina "el Padre mío". Ese yo se desplaza hacia el pasado reciente que son las décadas del setenta y el ochenta en Chile y se dirige a un usted a quien se le relatan incoherentemente varios hechos en los que el hablante se halla implicado. Dicho discurso reiterativo y anárquico, sintáctica y semánticamente estancado, transmite un contenido auto-exculpatorio en una trama en la que se denuncian los agentes de la falsificación. Resume su vida pasada, vuelta en el círculo vicioso de su demencia y de su pasividad ("fui planeado, fui solicitado, fui internado"), para emerger de las acusaciones de "asesinato, enfermo mental y depravado

---

5 A propósito, *vid*. la dinámica entrevista entre Judith Butler y Drucilla Cornell realizada por Pheng Cheah y Elizabeth Grosz (1998) en el número especial de *Diacritics* subtitulado "Irigaray and the Political Future of Sexual Difference". El ensayo citado de Chanter (1991) también es iluminador al respecto.

6 Sobre los "performances" del grupo CADA (Colectivo de Acciones de Arte) al que perteneció Eltit, consúltense Richard (1986a y 1986b). *Vid*. además, Sotomayor (1997). Aludo en dicho texto al "performance" realizado por Eltit en Chile a propósito de su novela *Lumpérica*, como acción artísticamente política frente a la dictadura militar, conjuntamente con una discusión sobre la justicia y la ley en un contexto derridiano, frente a los conceptos de memoria y olvido bajo el estado totalitario chileno.

por el trago"[7]. De su discurso extraemos sus propósitos: enterar a su interlocutor u oyente sobre la identidad del padre, sobre la veracidad de su discurso, del hecho que fue "solicitado por ellos" y de un complot que advierte al "ustedes" de un exterminio al que "están planeados" (Eltit 1989: 47). Su información y advertencia conlleva, además, la petición de dinero para diligenciar su carnet, medicamentos para el "procedimiento de ilusionismo" (*ibíd*.: 56), medios de información para dar a conocer los hechos (*ibíd*.: 58) e "indumentaria en condiciones" (*ibíd*.: 60, 66).

La obsesión del "Padre mío" atañe a una autoridad que fuerza la voluntad y abusa de su credibilidad sumiéndolo en una pasividad que lo enajena. Esta autoridad es el "padre", quien le niega existencia social en su círculo de amistades, lo cual redunda finalmente en la desaparición civil al enloquecer. El padre, según el vagabundo, asume diversas personalidades: el Sr. Luengo - Sr. Calvin-Pinochet, y su crimen atañe a lo que el mismo vagabundo llama "el robo de la representación". Si añadimos a este robo, su inexistencia social entre los amigos del padre y su reclusión o "desaparición" posterior en el manicomio, aprehendemos el cuadro completo de la inexistencia civil, que redunda en la interdicción civil característica del estado totalitario[8]. Este delirio del vagabundo se dice en un discurso seco, objetivo y cegador en el que se denuncia al padre desde los márgenes de la gramática misma de lo in(in)teligible y sólo se accede a la posible credibilidad de lo dicho al insertarse referentes políticos y geográficos.

Aquí Diamela Eltit es toda oídos, pues ella graba y prologa el texto. La filiación afectiva que establece con este hombre a quien ella le llama "el padre mío", abre el radio de acción de su acto de habla. Este todo o esta realidad es dicha por el vagabundo mediante iteraciones, aserciones, valoraciones y autoexculpaciones respecto a un ustedes (los oyentes o los lectores) a quienes se les exhorta a realizar una serie de actos, principalmente de apoyo. El discurso del demente, de carácter intencionalmente cognoscitivo, va reconociendo sus coordenadas vitales y geográficas valiéndose de una memoria fragmentada. Su exposición atañe a un proceso de descubrimiento sobre cómo viene él a saber o cómo viene a enterarse de lo ocurrido. En este sentido, el "oyente" (este lector) se compromete a desentrañar un secreto que la verbalización rehuye mitigar puesto que, a su vez, esta oralidad está necesariamente filiada con la negación al cierre, ya que el descubrimiento como proceso no se agota en el "yo"; y más aún en una escritura volcada hacia una referencialidad problemática que insiste en develar y denunciar públicamente el estado fascista. En consecuencia, ese proceso de "descubrimiento" no es sólo el del "yo", sino el de todo un país reconstruyendo, desvariando, fragmentando e inventando su memoria. El vagabundo de Eltit, la filiación genealógica de origen inverso que evidencia la escritora respecto a su "progeni-

---

[7] *El padre mío* (Eltit 1989). Todas las citas provenientes del texto, en adelante aparecerán entre paréntesis.

[8] Las referencias al estado totalitario o "estado de excepción" provienen principalmente de los estudios que sobre el tema ha desarrollado Poulantzas (1983).

tor" en el prólogo del libro, tiene cinco elementos afines a la estética eltitiana. Los resumo:

(a) el vagabundeo urbano sirve para pensar órdenes críticos que "transgreden la vocación institucional por el espacio privado" (*ibíd*.:11),
(b) la representación de "una libido ávida" desparramada por la ciudad (*ibíd*.:13),
(c) la existencia de una "corporalidad barroca temible en su exceso" cuyo propósito es ser mirada y admirada en "la diferencia límite" de su organización (*ibíd*.: 13),
(d) "una honda crisis del lenguaje" manifiesta en la energía de los cuerpos que son ahora los que nombran y
(e) la interpretación simbólico-política mediada por Diamela Eltit al decir que todo eso "es Chile".

Una vez se justifica la arista estética, intuimos la fijación con el padre, según la escritora actúa como su descendiente.

Nuestra reflexión quiere abordar, no las motivaciones de Diamela Eltit, sino las filiaciones entre esta habla del vagabundo, sus emplazamientos y desplazamientos espaciales y la escritura eltitiana. Habría que preguntarse dónde la escritora realiza los cortes de la grabación, a la manera de identificar dónde en un continuo visual se identifica el instante que nos interesa preservar. ¿Cómo escuchar a un demente? ¿De qué manera aceptar como fidedigna la información que nos ofrece? ¿Qué nos entrega el testimonio de uno que no se sume en el patetismo, sino que se establece como sobreviviente? ¿Cómo aislar el dolor o el delirio de un relato sin lágrimas, denso como su locura? Ese yo hiperconsciente, herido por la inatención y el rechazo del padre, aspira a no perder a su interlocutor, y lo hace asegurándole unas certezas que, en su delirio, explican su locura como consecuencia de un maltrato político y social ejercido sobre su cuerpo físico y psíquico.

El padre mío es la inscripción de un evento verbal[9]. Además de ocurrir en un contexto político-social claramente demarcado, responde a circunstancias específicas. La causa o los acontecimientos que propiciaron un evento verbal como éste es una pregunta que no atañe a este trabajo, pero yo como posible escucha de este vagabundo en una calle de Santiago de Chile me pregunto cómo consumir la información delirante que me ofrece y cómo mitigar su angustia. ¿O será mejor aislarlo a él como carácter tomando su habla como emblema de su dolor? Si su discurso carece de valor referencial y, por lo tanto, de credibilidad, ¿qué nos dice su "honda crisis del lenguaje" y su vagabundeo subversivo por la ciudad en una suerte de barroquismo delirante que evade su propio cuerpo?

---

9 En adelante usaré algunas nociones lingüísticas provenientes de la teoría de los actos de habla, de Austin (1962) y su aplicación a la literatura por Pratt (1977) y otros. *Vid*. además Herrnstein Smith (1978).

El padre mío es una voz. Recordemos que fue una grabación y esto que leemos es su transcripción. Dado que, como texto, está desprovisto de elementos paralingüísticos, ese erial de los gestos o esa ausencia ostentosa de una descripción se convierte en indicio de la soledad del vagabundo. Es necesario reflexionar en ese "tú" invocado *ad náuseam* por este hombre. Si su yo es sólo habla, si apenas posee un cuerpo, ¿qué pulsiones evoca? ¿Es posible reconstruirlo sin un yo físico? ¿Adónde se dirige sino a los emblemas abstractos de la no corporalidad? Este ente sin cuerpo, o esta voz, es boca de un deseo desprovisto de carnalidad. Si el habla de un loco es un evento no verbal para un oyente, ¿quién escucha a un demente? ¿Quién comprende a un demente? Pero también, ¿qué oyente querría el demente? ¿Cómo construirá ese demente a un interlocutor en disponibilidad de escuchar? La exposición de sí sería una forma de crear las circunstancias favorables para ser escuchado. Y en una persona privada de los derechos civiles, interdicto de todo roce y existencia social, hablar y en todo caso decir, posiblemente sea la única posibilidad de actuar. ¿No es ésta la posición misma del artista[10]?

Yo, como lectora de esta transcripción, acudo al prólogo para acceder a la otra faz de esta voz, a su primera oyente. Tengo que cuestionar dónde se realizan los cortes tan precisos de la transcripción que de esta grabación realizó la escritora misma, qué le interesó preservar y exhibir. Tarea difícil cuando partimos de una carencia fundamental: no haber podido escuchar con los oídos esta voz. Nosotros, los lectores, lo escuchamos con los ojos (y acaso, con el corazón de nuestra lectura). Y una última pregunta, ¿cómo Diamela Eltit remueve al vagabundo fuera del intercambio natural de su oralidad? ¿Dónde empiezo a juzgarlo yo como literatura?

Aunque transcrito ese discurso del loco por Eltit, yo opto por consumirlo de otra forma, e invocando otra transacción lingüística me lo apropio, lo poseo. Si hablar es posiblemente la única posibilidad de actuar, en su caso el vagabundo tiene que escamotear su cuerpo para sobrevivir tras una voz (como acto mágico que aborda y desborda el cuerpo)[11] que comprometa también a su escucha. Repito, ¿Qué oyente querría el demente? El acto de hablar se consume en el gesto simbólico mismo. Del habla del "padre" queda el gesto, más bien el carácter, el nombre que no tiene. Es como si su efecto lingüístico se atenuara, como si no hablara, como si no oyéramos. Su desaparición física a partir del 1985 en que la autora intenta reencontrarlo nuevamente en la calle es significativa, porque podríamos afirmar que, de antemano antes de la transcripción, lo ha engullido la ficción. Él (su mera existencia, más que su habla) se convierte en su significado potencial. La transacción "comercial" de la comunicación oral se convierte en

---

10 *Vid.* Sotomayor (1996) para un análisis parcial del cuento de Cortázar, "Las babas del diablo", y una discusión de la situación del artista y su imposibilidad de restañar heridas sociales.

11 Defino el "entre" del cuerpo y la voz poéticas como un acto lúdico de desplazamiento estético, que convoca a la poesía lírica como lectura poética hecha "performance" como una oposición falsa sin límite preciso. *Vid.* Sotomayor (1998).

transacción lúdica mediante un proceso cognitivo infinito que comienza a partir del secuestro de su voz (a través de una grabación) para un texto. Al desaparecer como discurso hablado, al ser recogido, apropiado y adoptado por el texto de Eltit, quien lo toma incluso como padre, aquel acto de habla original transita ahora hacia la acción de arte[12], hacia ese otro por-venir de su oralidad, que yo como lectora convierto en gesto. Más que el sentido ausente de sus palabras, queda latiendo la energía de los gestos que acompañan su no decir: eriazo también de las palabras. Al situarlo e invocarlo en su escritura, Eltit lo autoriza (inviste al loco de poder) y, vuelta sobre ella, Eltit como escritora se des-autoriza (desaparece en la ficción del habla natural de su "padre", el vagabundo).

Segunda caricia: El cuarto mundo

> Only through time time is conquered.
> (T. S. Eliot, *Four Quartets*)

El útero, el cuarto y el país; un hilo de sangre, un trayecto laberíntico y las ruminaciones de dos mellizos de género diverso en el cuerpo de la madre sostienen el esquema somático de *El cuarto mundo*. Mas el claustro corporal no excluye el devaneo acezante del espacio urbano, así como el nomadismo vivencial de *El padre mío* no neutraliza la zozobra del yo desplazándose en la caverna de su propia memoria transida por la necesidad de fijarse geográfica y políticamente. En ambos casos, es mediante el lenguaje que se accede al otro y es en el cuerpo que se registra la insatisfacción. En una es culpa vergonzosa por razón de un adulterio y de un incesto. En otro es un venir a menos del cuerpo. En *El cuarto mundo* se desemboca en la lujuria y en una formación que trasciende la carnalidad. En *El padre mío* el cuerpo se reinstala casi sintéticamente en la voz. El cuerpo, un laberinto; el cuarto, un laberinto; memoria, un

---

[12] Sobre las transiciones que entre la ficción y el performance realiza Eltit y el uso de su nombre en minúsculas en su ficción, *vid.* la novela *Lumpérica*. En un artículo reciente, "[To be] Just in the Threshold of Memory", señalaba:

> Naming herself, summoning her name in the middle of fiction, makes ostensible an autobiographical trace. But this trace does not belong to the past but to the future of her performance. Interestingly, she is inventing a past for an act, which has not occurred, and she is also inventing a future emancipated from a past, but in a way, also anchored in it. Founding memories? Is this the performative act to be expected from a victim, which desires emancipation from a putrid memory? Her representation as a phantom in the novel is already pointing to her prospective performance. [...] The 'I' which is necessarily anchored in the present must give way to the performative 'I' which insinuates an *à-venir*, and thus 'suspends' time in this manner. This is a release from the past; a relief from time. (Sotomayor 1997: 28)

laberinto; casa y ciudad son laberintos[13]. Fuera del laberinto, del roce de los labios por los que tiene que pasar en el momento del alumbramiento en un parto natural, la expulsión del producto que resulta el tropo de la creación: el discurso del Padre mío que sale recompuesto de la grabación realizada por Eltit o el "engendro" o niña de la melliza incestuosa denominada por la autora con su propio nombre, pero en minúscula, de diamela eltit.

Pero antes de los mellizos está la madre que socava con su adulterio los cimientos simbólicos de la nación representada por el padre. La madre halla un propósito en el placer logrado fuera de la familia:

> Entendió que el placer era una combinatoria de infinidad de desperdicios y excedentes evacuados por el desamparo del mundo; entonces, pudo honrar a los desposeídos de la tierra, gestantes del vicio, culpables del crimen, actuantes de la lujuria (Eltit 1988: 78)[14].

La madre gesta su sublevación asumiendo con exceso la "naturaleza" sexual y fecundativa que le brinda su cuerpo, como una *con-artist*, ex-poniendo su sexo en el espacio público. *El cuarto mundo* exhibe la subversión de las genealogías femeninas representadas por la madre, la hija y el hijo nombrado María Chipia al nacer[15]. Presos de las narraciones y las pesadillas femeninas desde el útero, éstos encarnan el principio de la diferencia sexual en la concepción. Lo confirma la organización bimembre de la novela, dos narradores en primera persona de distinto sexo: el varón María Chipia y la hembra, quien sólo adquiere nombre al dar a luz a una niña-otra: "la obra sudaca terrible y molesta" procreada con su hermano varón, pero nutrida por el delirio genésico de tres "hermanas". Para marcar esa diferencia podría decirse además que la autora se vale de dos sintaxis[16]. El doble narrador sexuado diferentemente invita al lector

---

13   Según Irigaray, laberinto proviene del latín "labrum", la misma etimología que "labios".

14   *El cuarto mundo*. (Eltit 1988). En adelante, las citas de la novela aparecerán entre paréntesis.

15   "El ego maltrecho de María Chipia. La herida ranural de las mujeres", dice la madre (Eltit 1988: 96).

16   Si con ello Eltit trata de definirse respecto a si existe una "escritura femenina", no lo queremos saber. Basta con mencionar que este tipo de 'definiciones' también podrían ser objeto de su ironía narrativa. En la primera parte, en la narración de María Chipia, herido por el rechazo del padre, resulta ser un discurso paranoico casi, más atento a la linealidad expositiva, pero obsesionado con el yo. El discurso de la melliza, diamela, es fragmentado, puede leerse a retazos, y hay un pensar en el "otro" que es el feto que carga. Se le otorga importancia a las sensaciones relacionadas con la posición "inferior" que coloca a la mujer siempre abriéndose o, en la versión de Paz, rajándose, ante el invasor. Esa "extrema corporalidad" que se regodea en el lugar asignado sexualmente a la mujer tiene visos sado-masoquistas que no me

a pensar en la pareja. Y así otros detalles, tales como el ser mellizos y la ansiedad de fusionarse pese a la diferencia sexual. El trámite incestuoso apunta hacia esa "re-creación" de la pareja autogenerándose mutuamente. Sólo el valor (social asignado) de sus papeles se trastoca. Y su travestismo psicológico (la niña que desea poder y el niño conjurado por sus padres a ser otro) conjura sus respectivas búsquedas.

Los tres hermanos desbordan los designios de su sexo. María Chipia se apropia intermitentemente del "drag"; es objeto de una personalidad más fuerte que lo fuerza a ser ella, "que arma pieza por pieza su identidad" (Eltit 1988: 38)[17]. Este varón, en quien se concentra la "mácula del mundo" (*ibíd.*: 47) asume la indignidad incestuosa del acto materno y accede a los designios de su hermana de separar el cuerpo del pensamiento y así "distanciarse del orden de las cosas" (*ibíd.*: 38). Este acceder a un cierto tipo de desorden inscribe sus actos en otro nivel. Su iniciación sexual desborda los límites estatuidos: es seducido por no sabe quién, una mendicante o un vagabundo que lo hacen feliz en medio de la noche y en una ciudad malherida rindiéndole con ello "su limosna" (*ibíd.*: 48). Pero sentirse seducido suscita la lujuria en una persona acuciada por la culpa. El subtítulo de esta primera parte ("será irrevocable la derrota") en boca de María Chipia alude al desplome del mundo del padre. Aquí es la madre quien comete adulterio, los mellizos son la progenie de una violación dentro del matrimonio, nacen los niños bajo la égida de los terrores femeninos, crece la necesidad del niño de conocer la identidad de su seductor y se recluye en la casa. De su parte, la melliza feminiza a todos los entes masculinos que la rodean:

> Sólo podía ser, esquivamente, atrapada por aquél que imitara su propio género y su única casta. Por aquél que fuera capaz de compartir y adscribir su lugar mermado y expuesto (*ibíd.*: 59).

---

toca explorar en este ensayo. La narración de esa segunda parte de la novela se compone principalmente de instancias dialogales y epistolares. Relacionado con este comentario, véase el texto de Irigaray (1985: 133-146). Irigaray critica el "otro" de un lenguaje sistematizado por y para el mismo; aludiendo a la necesidad de referirse al otro como objeto mientras el sujeto lo objetaliza (*ibíd.*: 139).

17 Hablando de la melliza, dice María Chipia:

> Su vanidad crecía como la oscuridad invernal. Viviendo en sí y para sí, me utilizaba para reflejarse en mis pupilas, para leerse en mis pupilas, para apreciarse en mis pupilas [...] (56).

En la página 55 señala:

> Debí habituarme a mi cuerpo como hube de acostumbrarme a casi todas las irregularidades de mi vida, acumulando la ira de la víctima destinada a no compartir con nadie su secreto, ni exhibirse, ni festejarse en sus vicios.

La segunda parte, narrada por la melliza y titulada "Tengo la mano terriblemente agarrotada" comienza con la anunciación, hecha por el mismo María Chipia travestido en virgen. Las reflexiones de la melliza atañen al homenaje y al manifiesto que es el niño, la propuesta que es: "No llegará el niño para ser menospreciado, no llegará perdiendo de antemano todo" (*ibíd*.: 125-126). Finalmente, María de Alava es la niña virilizada por el padre a quien toma como modelo y héroe y es aquella por quien sospechan los mellizos por ésta representar en un inicio las expectativas de la familia como institución. "Queerness" en el marco de la familia convencional. En ese continuo devenir de las identidades sexuales, los entes entran y salen de la ciudad y de la casa, de la mimesis productiva o histérica y de la mimesis reproductiva o histriónica.

Al nacer la niña nace la obra porque también nace, precisamente en las últimas dos páginas del texto, un narrador omnisciente que revela el nombre de su madre o el nombre de la melliza, a saber, diamela eltit. La "mano agarrotada" de la que se habla es literalmente la mano que escribe firmando e insertándose desde afuera o desde el marco que le provee la tradición cultural (la escritora como madre excéntrica) que identifica la obra con la progenie[18]. La afirmación de esta otra mujer que no es la madre incestuosa en el momento en que da a luz la "obra terrible y sudaca" contiene *ab initio* y desde siempre el nombre y la propuesta de la subversión. ¿Por qué abandonar su nombre sobre el texto? ¿Por qué nombrarse en su límite? Este niño o este enunciado es el producto de una pareja que la escribe, mientras la enunciación juega con la ficción del nombre que bordea el texto y lo voltea más allá de su género. No es persona, es texto. Y la madre no aborta, sino que la lanza al tráfico de la mercancía.

La segunda parte de la novela es la descripción de un acto sexual equívoco que genera una criatura que no es de carne. El exceso libidinal es casi perverso en su hiperconsciente lujuria, insertada ésta en la culpa familiar y en la orientación del cuerpo hacia el desgaste somático y al agotamiento sexual. La venta de la criatura, señalan algunos críticos, es un abandono al azar del consumo, al circuito creado por las posibilidades abiertas de la lectura[19]. Diría Irigaray (1996: 26) que "se trata de una dimensión sexual que va más allá de la genealogía". Probablemente sea este pasaje que paso a citar un manjar a degustar desde ese otro sentido de la carne que es el texto, representando su máximo logro y su más sincera libertad:

> Ensayamos en el terreno mismo todos los papeles que debíamos cumplir, perfectos y culpables, hostiles y amorosos. Jugábamos hasta caer desfallecidos, pero luego

---

18 Valga apuntar tan solo que en *Los vigilantes* (1994), la madre del niño-larva se dedica a escribir cartas a su ex-esposo manifestándose esa mano agarrotada tan presente en *El cuarto mundo*. Los rumores sobre la relación incestuosa madre-hijo, en este caso, atraviesan la novela.

19 Richard (1986: 26-27) presenta a la niña sudaca como la novela que es "[...] una mercancía ofertada al consumo y el paradigma metropolitano de la cultura hegemónica que regula el juicio literario del mercado".

recomenzábamos para internarnos en la yunta predestinada. Jugábamos también al intercambio. Si yo era la esposa, mi hermana era el esposo y, felices, nos mirábamos volar, sobre nuestra suprema condición (Eltit 1988: 34).

La "relación" que consiste en la mutua narración de los sucesos que conllevan a la concepción, remite a las pesadillas de la madre y a las narraciones que aquélla también les hacía a sus hijos cuando se hallaban en su útero.

No estamos ante la presencia de una genealogía biológica o física, sino de una relacionada con la palabra[20]. La cúspide del acoplamiento sexual o de la ambigua relación aquí es el libro, la cultura operando con el acicate del sexo salvaje. Su líbido trashumante y equívoco ha producido algo más allá del cuerpo. Su deseo no normativo crea una ruptura que atañe a las expectativas patriarcales en tanto la criatura es otra. Paradójicamente, no es de carne y es mujer. En ese libro nuevo que rompe con toda expectativa se concentra la esperanza, el poder, la liberación de la melliza que no es su madre. Opera sustituyendo la genealogía genital. ¿Mimesis creativa en medio de una mimesis histérica? En lugar de generar, crear; en vez de reproducir, producir.

Por eso la melliza no podrá ser nunca la madre. El sueño de la madre es la dualidad[21]. Y es la niña, quien descifra que su origen no son los padres, sino el hermano[22]. Lo que comienza con un roce molesto por la invasión del espacio intrauterino de María Chipia, se convierte en frote y juego; y en alianza de la madre con la melliza. Los mellizos no desean regresar al origen, sino constituirse ambos como origen en la paridad y no en la subordinación. Es la verbalización del acto sexual lo que posibilita la nueva carne. Verbalizar es concebir y engendrar: una concepción que se ha dado en el umbral entre lo privado y lo público, la cópula y el voyeurismo, la casa y la ciudad, lo que es la niña como fin (descendiente) y como principio (subversión), lo que deja de ser la niña como género sexual por ser la diferencia misma de género.

¿Cómo resignificar una actuación subversiva de tipo sexual en medio de una valoración ético-política que aun descalifica el adulterio y el incesto? ¿Qué lastre carga la lujuria incestuosa en un escenario de humillaciones y a su vez de resurrecciones y supervivencias? Hay dos vías de resignificación: el género performativo y la utopía.

---

20 Según Muraro (1994) existe una doble genealogía en Irigaray, que expone en su conferencia de Montréal de 1980 titulada "Le corps-à-corps avec la mère": la primera genealogía está basada en la procreación, que nos vincula a la madre, y la segunda, en la palabra.

21 Los sueños de mi madre portaban un error torpe y femenino. Ella, que nos había domesticado a la dualidad, nunca abordó en sus sueños la diferencia genital, la ruptura desquiciadora oculta tras dos caminos, dos panteras, dos ancianos. Sin duda, su profundo pudor le impidió gestar el terrible lastre de la pareja humana que nosotros ya éramos, desde siempre (Eltit 1988: 25).

22 Ya había descifrado el sentido de su origen, cuya clave, le parecía descansaba en mí y no en mis padres (Eltit 1988: 74).

El género performativo

Asistimos a la escenificación (¿o parodia?) de la pareja convencional, de la mimesis reproductiva de sus convencionalismos heterosexuales. María Chipia y diamela constituyen un más allá de la victimación al exhibir su delirio sexual en casa de sus padres constituyéndolos a ellos en los espectadores de su demostración. Los mellizos copulan y asumen las posiciones adscritas a su sexo, pero en espíritu de "drag". Mientras, los padres observan. Según Judith Butler (1993: 232), el género performativo emana de una norma que exige ser citada; lo que la hace teatral es el hecho de que en cuanto mimetiza e hiperboliza la convención, a su vez la revierte o la refuta. El siguiente segmento es un ejemplo:

> Hoy María Chipia y yo hemos cenado a solas. Fue un rito. Urdimos un símil de comida del modo más convincente posible. Cuando ya no quedaba nada apostamos a nuestros gestos y a la lentitud de nuestros dientes. Comimos como si la comida no tuviera ninguna importancia, desatendiendo el doloroso llamado de nuestros estómagos sometidos a una prolongada carencia. Hablamos. Habló él, al principio, inundado por la desconfianza. Habló con la cautela de un extraño intentando seducirme con una mirada forzosamente íntima. Actué también el papel de la extraña y mi cara se doblegó a la pose que inventé. Actuando, actuamos el inicio de conformación de una pareja adulta. Cuando se asomaba el hastío, tomé otro papel igualmente impostado y banal. Me revestí de distancia, apoyada en la mirada esquiva y en la ironía de mis gestos. Sumergida en la distancia, construí para él una interioridad en la que no me reconocía, la interioridad que desde siempre él esperaba, tibia, sumisa y llena de orificios, esperando que él me destruyera. Representé en la pareja adulta la pieza más frágil y devastada. Fue relativamente fácil levantar un misterio común y conocido; fue, también, muy simple observar el placer por la destrucción. Me dejé entrampar en una debilidad que, en verdad, no tenía y hablé, hablé de sucesivos terrores de mi ser fuera de control y preparé la escena para ser abandonada. Lentamente el ritmo de aquel símil de comida me encaró con nuestra real naturaleza. Cuando el hambre se nos venía encima, acabó nuestra capacidad de parodia. Explotaron los fragmentos de pasiones que ya no nos alimentaban y, belicosas, nuestras pasiones empezaron a devorarse entre sí. La batalla empujó celos contra celos y la envidia, por un instante, coloreó nuestras mejillas (Eltit 1988: 111-112).

La escena se urde como simulacro. La tradicional gestualidad sexual cita a la norma, pero revirtiéndola al convertirla, por su contexto y por su exceso, en un lugar abyecto: "cuando se asomaba el hastío". De otro lado, la frase "como si" subraya la simulación de la que son conscientes, el cálculo con que se aproximan a cada lugar común de esa pareja genésica. La norma es la pareja adulta y ellos, sin embargo, constituyen la verdadera pareja que es, su "real naturaleza" antropofágica. La autodevoración o la autodestrucción parecería marcar el lugar de lo que son. ¿Nos hallamos acaso inmersos en una variación del "tableau vivant"? Señala Scott Durham (1998: 72) a propósito de parte de la obra de Klossowski, que "[...] el propósito no es reconstructivo, fijado claramente en el tiempo, sino que contiene un titubeo implícito en el gesto, no revelado del todo". En *El cuarto mundo* se reitera varias veces este "tableau vivant" que reconstruye desde la parodia la escena genésica. Se reconstituye ante los ojos del padre. Se trata del mismo padre autoritario, violento y ausente que en *El padre mío* le niega existencia social al hijo. Sólo que aquí los hijos, reducidos al ostracismo de la casa por el desorden y la transgresión creada por la madre, inauguran un nuevo espacio —el de la fraternidad— desde adentro y desde el cuerpo[23].

Los límites de ese género "drag" producen un engendro, que consiste en la reescritura de ese resquicio mencionado por Durham, el titubeo no revelado del todo y oculto hasta finalizar la novela. Ambos conciben un producto inefable y opaco colocándolo en el umbral de la circulación y la venta, pero también en el umbral del género: ser mujer, ser relato. El "drag", según Judith Butler (1993: 236), alegoriza la melancolía heterosexual, "la melancolía que emana de un duelo imposible por irrepresentable: la negación de lamentar amar a una persona del mismo sexo". De dicha ausencia entonces la identificación hiperbólica con lo femenino y lo masculino. "What is most apparently performed as gender is the sign and symptom of a pervasive disavowal" (*ibíd*.).

Observamos de fuera "la casa tomada" donde la llave se la apropian ellos, no es lanzada por el hermano al salir fuera de la casa para evitar que un cualquiera la tome e irrumpa en su hogar. Más bien, desde esa casa arrebatada a los padres y donde se cifra su pasión incestuosa urden el engendro a modo de manifiesto futuro y lanzan la propuesta posible estos "hijos de la malinche" (Paz 1972: 59-80), estos hijos de la traición o estos hijos de la marginación. En este sentido no es azarosa la alusión a la rajadura cuando se bautiza al mellizo. Pero esta propuesta tiene que pasar sobre las nociones de género cuestionándolas y parodiándolas "hasta el límite de las gunfias", como decía Cortázar en un pasaje ejemplarmente erótico de su novela *Rayuela*. El umbral, la indecidibilidad de los márgenes, es parte de esa propuesta. La melliza siempre cuestionará la fuerza de esa norma del padre a quien expulsa de la casa. Una casa de duelo y de muerte, corrompida y aislada, pero una casa donde se puede copular.

La utopía

Esta novela es, además, la metáfora de la pareja como diferencia y una puesta en escena estética del engendro procreado por la "divina pareja", según la valida utópicamente Irigaray (1993a) en su brillante ensayo sobre Hegel, "The Universal as Mediation". Según Margaret Whitford (1991: 158), la ética de la diferencia sexual es una ética del amor, de las pasiones, en que la "fertilidad" no se define tan sólo mediante la reproducción biológica, sino en una relación simbólica igualmente fecunda, "un valor irrealizable en la cultura monosexual". La criatura lanzada por la melliza es el discurso de la falta de po-

---

[23] Señala Richard (1986: 142) que "Zurita y Eltit se inscriben en la tradición primitiva de los sacrificios comunitarios que ritualizan la violencia como una manera de exorcizarla".

der enunciándose en la posibilidad de poder. Mimesis creativa y no procreativa. El valor de la carne o del ángel o de la mucosa[24], todas imágenes irigayanas relacionadas con la fusión sexual y la mediación, tienen su mística en el éxtasis que es el "niño". La ética irigayana está imbricada con la diferencia sexual que brota de los cuerpos.

Si el cuerpo es coyuntural, el espacio salvaje donde se debate de forma irresoluble la indiferencia entre lo privado y lo público, lo decible y lo indecible, el afuera y el adentro, entonces, el roce y la caricia tienen que ser lugares privilegiados de mi análisis. ¿Qué son la pareja, la caricia y la carne en Irigaray? Trabajaré con los textos "Questions to E. Levinas" (1991b), "The Universal as Mediation" (1993a), "The Fecundity of the Caress" (1993b) y "The Invisible of the Flesh" (1993c). Todos los ensayos aluden a la relación con el otro, establecida a través de la carne y en virtud de la caricia y el roce. Si la crítica de Luce Irigaray a Emmanuel Levinas consiste en que, según aquélla, la caricia de éste resulta ser "un desorden fundamental" porque nunca toca al otro ni logra el éxtasis, dada la ausencia de "carnalidad" y de placer en su pensamiento, su crítica a Hegel consiste en que éste sostiene su argumento en que la unidad es la familia y no la pareja. Para Irigaray (1993a: 139), "el género es el lugar donde el espíritu entra en la naturaleza humana" y aboga porque la pareja, para sobrevivir, requiera de un método mediante el cual uno no sea reducido al otro, que una vez se reconozca la diferencia sexual, se acepte el hecho de que dos puedan existir en uno o en una. El rasgo universal son los dos géneros:

> That natural immediacy is almost always sexualized is a fact never considered to be one stage in spiritual sublation. That natural immediacy should have a sex is considered only in the context of reproduction and is never developed into a spirituality of the body, the flesh. Thus the natural immediacy of the couple is not spiritualized (*ibíd.*: 135).

Si esta es la situación ideal de la pareja, su realización depende de una dialéctica de la pareja que nazca de un arte de la percepción. El método postulado por Irigaray para la pareja es el de la percepción como un arte de amar, como fundamento dialéctico de la pareja que permite transitar incesantemente —de la misma forma en que los fluidos vitales fluyen a lo largo de toda su obra— entre ambos. Entonces podemos concluir que los sentidos, que posibilitan la percepción, constituyen esa coyuntura. Nos atenemos a esa actitud constante de vigilancia de parte de Irigaray para evitar los binarismos. Señala ésta que "los sentidos también sirven para mediar o posibilitar el pensamiento" (*ibíd.*: 145). Y parafraseo, desde mi lectura, sin sentir no puedo pensar.

---

24 Ángel, mucosa y amor según Grosz, constituyen una fascinación para Irigaray. Son el puente entre lo mortal y lo inmortal, lo divino y lo humano. Margaret Whitford (1986) los analiza como una alternativa al falo, como mediadores. El cuerpo mismo con sus orificios funciona como un mediador entre el sujeto conciente y el mundo. Esa mediación comienza en la placenta. Así el amor, que permite el pasaje entre lo sensible y lo inteligible, umbral de permanente pasaje.

En *El cuarto mundo*, Diamela Eltit indaga las posibilidades que, más allá de la diferencia sexual, engendra una pareja de mellizos incestuosos presos en el laberinto de una concepción violenta y un crecimiento en la marginalidad y la desintegración del marco social. Su perturbación atañe a las marcas de identidad sexual, pero sobre todo a su herencia como progenie. El marco somático de la novela obliga al lector a plegarse a una metáfora materna que abjura de los clichés consabidos. Gestar, en ese espacio, pertenece a una economía del derrame y del exceso que desemboca en un desatar de energías incontrolables y subversivas, esa suerte de liberación que se traduce éticamente con el advenimiento de una criatura que es un libro o, con una muerte en el alba, como veremos en *El infarto del alma*, en que el deseo se manifiesta como arte verbalmente incendiario. Ello compendia el plano performativo de esta estética. Lo hallamos en *El padre mío* como exabrupto agónico de un vagabundo y en *El infarto del alma*, como el paisaje mudo de las parejas divinas que habitan en un antiguo sanatorio. El demente de *El padre mío* pronuncia el discurso anárquico cuyas referencias yerran[25]. La falta de emplazamiento del yo, la amenaza y la promesa, son marcas de su inestabilidad; éste asume el lenguaje, pero sus coordenadas se alteran incontrolablemente. En el caso de *El cuarto mundo*, es imposible salir de la metáfora materna de la concepción, la gestación y el alumbramiento. En *El infarto del alma*, apresar el "ángel" en el cuerpo demente equivale a la plenitud: "Te tengo. Te temo en mí. Tu perfección. Ah, huyes dentro de mí e intentas abandonarme, ¿te sientes como si estuvieras prisionero? No saldrás" (Eltit/Errazurriz 1994: s. p.). El estar "entre" o el espacio intersticial, el puente o tránsito entre dos lugares y el afirmarse en el intervalo, ya sea mediado por la placenta (recordemos la entrevista que hace Irigaray a Hélène Rouch)[26] o por el amor, y la posibilidad de ser escuchados es la tónica para fundar su sostén: el deseo. A ello, añadámosle el hecho de que toda madre está presa por un evento futuro ineludible: el alumbramiento, el cual le hace percibir otra medida del tiempo como gestión de vida o muerte. No hay maternidad sin hijo, y en este caso, ¿Qué se pare y a quién? ¿Qué espacio abre la narración de lo parido? La placenta, el espacio intersticial, los desplazamientos de las identidades, el hilo de sangre, el líquido amniótico, lo femenino como hiperpresencia, el equívoco que promete la criatura, son todos lugares importantes de esa gestación y de ese devenir. ¿Cuál es el sentido de una cópula? ¿Procrear o crear? ¿Es la niña como even-

---

25 Trabajar con pedazos de materiales, con retazos de voces, explorar vagamente (digo, a la manera vagabunda) los géneros, la mascarada, el simulacro y la verbalizada emoción, ha sido mi lugar literario (Eltit 1993: 20).

En el mismo volumen, léase de Julio Ortega (1993: 53-81) "Diamela Eltit y el imaginario de la virtualidad".

26 Según Rouch (1987), la placenta es un tejido formado por el embrión, que aunque imbricado en la mucosa uterina, permanece separado de ésta. "La placenta, según los estudios de Rouch, es un espacio de negociación entre el yo de la madre y el embrión, que es un otro" (Irigaray 1993 f: 37-44).

to su utopía[27] y el proceso de dar y darse la posible divinidad? Obviamente, en nuestro caso, hablamos de una obra que no es de carne, sino de palabras alumbradas por el deseo como otro síntoma de la subversión.

Los lectores transitamos desde esa puesta en abismo del nombre de diamela eltit en letra minúscula al finalizar la novela hasta el duelo que apunta a la utopía, fuera del marco de su propuesta textual. La utopía que lo es en la medida de su circulación, del afuera del texto. La criatura o el engendro de la melliza ha sido concebido literalmente en la oscuridad del cuarto y a su vez por la "fraternidad sudaca", por ese "otro" que también genera la ciudad. En ese sentido, esa niña no es producto del incesto, sino de la caricia irigayana:

> [...] pleasure is engendering in us and between us, an engendering associated with the world and the universe, with which the work (*oeuvre*) of the flesh is never unconnected (Irigaray 1991a: 111).

Así la pareja de mellizos se estatuye bajo el umbral de la caricia. Pareja, umbral y caricia; roce de los cuerpos, percepción de la dualidad que entraña el roce de la caricia [quizás en el roce de la agresión]. La in-mediación perfecta que Irigaray denomina lo que "deviene nosotros en nosotros" es "la obra sudaca terrible y molesta" devenida posibilidad de futuro, divinidad, creación y fuerzas femeninas.

Tercera o El infarto del alma: sólo para tocar

> [...] que yo, más cuerda en la fortuna mía
> tengo en entrambas manos ambos ojos
> y solamente lo que toco veo.
> (Sor Juana Inés de la Cruz,
> *Soneto XXIX*)

Diamela Eltit, también la "hija" de *El padre mío* o "la madre" de la niña sudaca de nombre diamela eltit, decide trabajar un texto fragmentado constituido por un diario de viaje al hospital psiquiátrico de Putaendo, cuatro segmentos epistolares, varios pedazos ensayísticos e instantáneas breves de algunos confinados. Acompaña al libro una secuencia de treinta y ocho muestras fotográficas tomadas por Paz Errazurriz. Todos los espacios representados están llenos de luz. Esa luz es el fundamento de la foto y brota de la ventana abierta o del paisaje explayado, del entorno mismo del cuerpo. La luz también sale de los cuerpos, es luz que transita como excedente que emerge de los ojos.

Casi todas son fotos frontales donde el sujeto no sólo mira la cámara, sino que la busca y la enfrenta. Algunos de los reclusos se emplazan frente a la fachada de un edi-

---

27 Recordemos que utopía en Irigaray (1996: 26) se define paradójicamente: "Lo que quiero es lo que todavía no existe, como única posibilidad de futuro". Una de las funciones de su deseo es evocarlo, que implica cambiar el orden social.

ficio, otros, ausentes respecto a la cámara, son manchas de sombra, paciente estar sobre una arquitectura desolada. Las parejas, que lo son todas, aparecen acompañadas o abrazadas, colgando una de la otra por sus brazos o por sus ojos. Hay fotos de cuerpo entero, medio cuerpo y retratos. Algunas posan; parecerían demarcadas contra la pared y sonríen. Otras se abisman en el arrebato de su santa locura amorosa. Cabría aquí una cita de Julia Kristeva (1988: 4):

> El amor es el tiempo y el espacio en el que el 'yo' se concede el derecho a ser extraordinario. Soberano sin ser ni siquiera individuo. Divisible, perdido, aniquilado; pero también, por la fusión imaginaria con el amado, igual a los espacios infinitos de un psiquismo sobrehumano. ¿Paranoico? Estoy en el amor, en el cenit de la subjetividad.

Podríamos decir que, a pesar de la pose, son fotos espontáneas. La espontaneidad llega con el cuerpo, ajeno a la convención social. No se ha feminizado el pantalón. Tampoco los gestos estatuyen género. Podría tratarse de parejas homosexuales o lesbianas. Las diferencias sexuales que se asoman, a pesar de la ropa, las estatuye el cuerpo[28]. En ese sentido, en estos dementes, el cuerpo accede a cierta espiritualidad que le aviene de la naturalidad. Liberados de su identidad civil por el Estado, y liberados también de la institución del matrimonio y de sus consecuencias civiles, tales como los hijos y la acumulación de bienes. La institución confina el deseo de otredad, pero sanciona la búsqueda ex-propiándolos de la ciudad y de su responsabilidad ciudadana. Una vez el Estado se apropia de su fecundidad al esterilizarlos, toma primacía lo pre-genital. Se adviene entonces a un cuerpo puramente deseante y siamés. Son parejas por las manos, por el abrazo, por la proximidad corporal, por la mirada. Los hermana el amor. Su clave es la luz de la mirada y el emplazamiento de los cuerpos no vocalizantes. Si en *El padre mío* escuchamos la vocación tenebrosa de una voz demencial invocando un auditor, en *El infarto del alma* los dementes le exigen a su narradora y a su fotógrafa testificar su delirio. Lo reclaman sin voz, dada su inexistencia civil y su extravío respecto al lenguaje. Diamela Eltit habla por ellos a través de "la carta de amor". Los cuatro segmentos de esa carta remiten a su presencia, el abandono, la plenitud y una visión

---

28 Sobre el romance o el duelo entre el cuerpo y el vestido, Diamela Eltit (1991: 19-21) comenta el caso del coronel Robles, una mujer que adoptó la vestidura masculina. Dice:

> Cuerpo de poder, cuerpo voluntariamente rehecho para el poder, el coronel Robles compromete su propia imagen hacia el juego de hacer visible una ambigüedad posibilitada por lo arbitrario de las ordenanzas culturales. [...] El coronel Robles, herido de guerra, cuerpo sobreviviente de varias batallas, ha preferido resguardarse tras la sangre heroica más que en la sangre ritual y cíclica, y este gesto que lo expone, lo lleva a la vez a rango de mito, lo hace partícipe del mito supremo de la masculinidad. Como herido de guerra, como sobreviviente, persiste hoy únicamente en la fotografía, documento a-histórico ¿contra-histórico? de una atávica e inquietante batalla con los códigos sociales.

apocalíptica en que se imagina a un ángel como su interlocutor. Este ángel que es su deseo y con quien se identifica una demente, la ha herido de amor. Pese al hecho de habérselo apropiado, el ángel huye en el momento de su muerte, al alba de su travesía místico-amorosa. En los tres textos estudiados hay una erótica que conduce a una ética. Hay un exceso, la creación de un espacio gestual, verbal, creador, que depara un acontecimiento o evento. La "criatura" alumbrada o parida es la de un amor nacido de un desamor, de una rajadura o de una violentación. Su expectativa conduce a una acción o un "performance" que no está lejos de la acción de arte. También aquí en la narrativa eltitiana, como en la filosofía irigayana, el amor adquiere categoría política.

Eltit se vincula a los "infartados del alma" por la exigencia del "mamita", con que la llaman ellos. En su demencia se prescinde de la voz, lo comunicable es inefable y su destino es estar privada de público. Es Diamela Eltit, asumiendo un lugar sociológicamente aceptado en este género, quien torna viable un texto que en sus novelas no hallaría lugar. En este pasaje se sintetiza de otra forma la "locura" de los "mellizos" de *El Cuarto mundo*:

> Los asilados del hospital psiquiátrico del pueblo de Putaendo ponen en movimiento la divinidad de su amor y buscan al otro bajo la forma de un ampliado paraje de ellos mismos. Entregados al amparo del asilo mixto, escudados en la conveniencia erótica amplificado por el sonido de una cama metálica los alienados escogen al otro desde no se sabe cuál opción. Pero buscan al otro. Y en el encuentro construyen una escena que no puede sino ser paródica. Un símil extraviado, desbordado, confundido que parece ser la ilustración resonante de la afirmación del poeta francés Arthur Rimbaud: "Yo es un otro". Porque la gran pregunta que recorre a los cuerpos que hablan en el reclusorio psiquiátrico parece ser: ¿Quién soy?", pregunta que se torna crucial e insoslayable cuando el yo está en franco estado de interdicción. Sin embargo, ¿no es esa acaso la pregunta propia de un enamorado? ¿Quién soy yo cuando me he perdido en ti? pero, ¿en qué primer pueblo de Putaendo?, ¿Cuándo se fundieron? ¿Cómo fue aquel tiempo en que se entramparon en la costumbre inseparable del otro? ¿Se entrelazaron sicóticos entre las rígidas órdenes del padre? ¿O acaso se negaron a participar en el orden de un mundo que les pareció poco sensible? La pasión por el otro es una forma de confinamiento. Cuando estalla la pasión se rompen las cadenas de la responsabilidad (Eltit 1994: 39).

Cuando ya la demencia deja de ser pertinente, es preciso fijarnos en la proximidad de los cuerpos. Su "delito", según Eltit, es el amor y su particularización gestual es la pareja o el siamés. Además de las fotos que ritualizan su proximidad, retengo la pose repetida del roce y la caricia. Entramos en la órbita del tacto. Cuerpo deseante, cuerpo siamés, pero cuerpo estéril. Sólo para tocar. La fecundidad de esta caricia se descentraliza del cuerpo, no produce otra carne. Ese yo no produce otra carne porque su fecundidad se ha extraviado de la genital. Pero el castigo proveniente del estado tiene su vuelta y su revés pues, ¿qué le da un cuerpo estéril a otro similar? Le da unas manos que, como los labios, se tocan; solamente se tocan.

En el brillante ensayo sobre Merleau-Ponty titulado "Lo invisible de la carne", Luce Irigaray (1993c) alude al gesto de las manos enlazadas, las palmas unidas y los dedos extendidos, como un gesto que evoca el roce de los labios y se reserva a las mujeres. Pensamos que lo que le interesa a Luce Irigaray no es el revés y el derecho de esas manos que se entrecruzan con el mundo del tocar y el ser tocadas, sino el secreto o el espacio entre las manos:

> La mirada no puede aprehender lo tangible. Así nunca veo eso en lo que toco o soy tocado. Lo que se juega en la caricia no se ve a sí misma. El entre-medio, la mitad y el medio de la caricia no se ve a sí misma (Irigaray 1993c: 161)[29].

Nuestra mirada tampoco puede atravesar esas manos enlazadas de los confinados de Putaendo. Verbalizar su gesto, ayudada por la mirada, pulveriza lo que las manos podrían "decir". El logro de las manos es el no lugar de lo que está entre manos; su decir "inefable", que es su no visibilidad. Pero hay algo en este ser enloquecido que se torna intocable para el estado aún dentro de las fronteras institucionales. Y es que lo que el estado no ha podido reprimir, lo que está entre manos, es su energía que no se puede confinar. Lo intenta decir Eltit a través de las palabras de los "alienados" en el lenguaje de los "místicos", en la fragmentada carta de amor antes mencionada cuyo último segmento resulta iluminador:

> Me abandonaste como si fuera una antigua apestada. La fiebre negra me inunda de un modo funerario. Sólo mi deseo puede compadecerse. Traga mi corazón. El alba llega. De arte será hoy mi deslumbrante deseo. Que maravilla. ¿Piensas que alguien podría acaso incendiar verbalmente la tierra? (Eltit/ Errazurriz 1994: s.p.).

Regresamos a la criatura irigayana que produce una energía "como resultado de la diferencia irreducible del sexo". Aquí, (podríamos decir que también en *El cuarto mundo* y en *Los vigilantes*) como en el texto irigayano, se trata de tres: el "yo" de la epístola, el "tú" que es el ángel y el deseo que es su obra. Cada uno de los términos podríamos verlos representados en esta triada de textos. Entre lo histérico y lo histriónico hay un paso: la puesta en escena de lo estético. Entre tres se ha realizado "el éxtasis de nosotros en nosotros"[30]. Y ese éxtasis consiste en darse a luz en la divinidad de ese amor.

Lo que se escucha no tiene que entenderse, como decía la escritora brasileña Clarice Lispector, así como lo que se toca no se tiene que ver, según el dictamen poético de Sor Juana Inés de la Cruz. Cuando se acaricia, se cierran los ojos.

---

29   Grosz (1995: 105) ha comentado dicha imagen en el sentido de una fenomenología femenina y en la percepción de que con la imagen de las manos simétricas se abole el principio de jerarquización de entregar o dar la mano.

30   In this relation, we are at least three, each of which is irreducible to any of the others: you, me, and our work (*oeuvre*), that ecstasy of ourself in us (*de nous en nous*), that trascendence of the flesh of one to that of the other become ourself in us (*devenue nous en nous*), at any rate 'in me' as a woman, prior to any child (Irigaray 1991a: 111).

Bibliografía

Obra

Eltit, Diamela. (1983/1991). *Lumpérica*. Santiago de Chile: Planeta/Biblioteca del Sur.
---. (1988). *El cuarto mundo*. Santiago de Chile: Planeta/Biblioteca del Sur.
---. (1989). *El padre mío*. Santiago de Chile: Francisco Zegers.
---. (1991). "Las batallas del coronel Robles", en: *Revista de Crítica Cultural*. 2, 4: 19-21.
---. (1993). "Errante, errática", en: Lértora, Juan. *Una poética de literatura menor*. Santiago de Chile: Paratextos/Editorial Cuarto Propio, pp. 17-25.
---. (1994). *Los vigilantes*. Santiago de Chile: Editorial Sudamericana.
--- /Errazurriz, Paz. (1994). *El infarto del alma*. Santiago de Chile: Roberto Zegers.

Crítica

Allen, Jeffner/Young, Iris Mauron. (1989). *The Thinking Muse. Feminism and Modern French Philosophy*. Bloomington: Indiana University Press.
Austin, J. L. (1962/1975). *How to do Things with Words*. Cambridge: Harvard University Press.
Bernasconi, Robert/Critchley, Simon. (eds.). (1991). *Re-Reading Levinas*. Bloomington: Indiana University Press.
Braidotti, Rossi. (1994). *Nomadic Subjects. Embodiment and Sexual Difference in Contemporary Feminist Theory*. New York: Columbia University Press.
Burke, Carolyn/Schor, Naomi/Whitford, Margaret. (1994). *Engaging with Irigaray. Feminist Philosophy and Modern European Thought*. New York: Columbia University Press.
Butler, Judith. (1993). *Bodies that Matter*. New York: Routledge.
Chanter, Tina. (1991). "Antigone's Dilemma", en: Bernasconi, Robert/Critchley, Simon. (eds.). *Re-Reading Levinas*. Bloomington: Indiana University Press, pp. 130-146.
Cheah, Pheng/Grosz, Elizabeth. (1998). "The Future of Sexual Difference. An Interview with Judith Butler and Drucilla Cornell", en: *Diacritics*. (Spring) 28, 1: 19-42.
Chisholm, Dianne. (1994). "Irigaray's Hysteria", en: Burke, Carolyn/Schor, Naomi/ Whitford, Margaret. (eds.). *Engaging with Irigaray. Feminist Philosophy and Modern European Thought*. New York: Columbia University Press, pp. 263-283.
Cornell, Drucilla. (1991). *Beyond Accomodation: Ethical Feminism, Deconstruction, and the Law*. New York, London: Routledge.
---. (1998). "...?" en: *Diacritics*. 28, 1: 19-42.
Critchley, Simon. (1991). "Bois" - Derrida's Final Word on Levinas", en: Bernasconi, Robert /Critchley, Simon. (eds.). *Re-Reading Levinas*. Bloomington: Indiana University Press, pp. 162-189.

Diacritics. (1998). Número especial. 28, 1 (primavera).
Durham, Scott. (1998). *Phantom Communities. The Simulacrum and the Limits of Postmodernism*. Stanford: Stanford University Press.
Gallop, Jane. (1988). *Thinking Through the Body*. New York: Columbia University Press.
Griffith, Morwenna/Whitford, Margaret. (1988). *Feminist Perspectives in Philosophy*. Bloomington: Indiana University Press.
Grosz, Elizabeth. (1994). *Volatile Bodies. Toward a Corporeal Feminism*. Bloomington: Indiana University Press.
---. (1995). *Space, Time and Perversion. Essays on the Politics of Bodies*. New York: Routledge.
Irigaray, Luce. (1985). *Speculum of the Other Woman*. Ithaca: Cornell University Press.
---. (1985a). *This Sex which is not One*. Ithaca: Cornell University Press.
---. (1985b). "The Power of Discourse and the Subordination of the Feminine", en: *idem. This Sex which is not One*. Ithaca: Cornell University Press, pp. 68-85.
---. (1991a). *Marine Lover or Friedrich Nietzsche*. New York: Columbia University Press.
---. (1991b). "Questions to Emmanuel Levinas. On the Divinity of Love", en: Bernasconi, Robert/Critchley, Simon. (eds.). *Re-Reading Levinas*. Bloomington: Indiana University Press, pp. 109-118.
---. (1993). *Sexes and Genealogies*. New York: Columbia University Press.
---. (1993a). "The Universal as Mediation", en: *idem. Sexes and Genealogies*. New York: Columbia University Press.
---. (1993b). "The Fecundity of the Caress", en: *idem. An Ethics of Sexual Difference*. Ithaca: Cornell University Press, pp. 185-217
---. (1993c). "The Invisible of the Flesh: A Reading of Merleau-Ponty, *The Visible and the Invisible*, The Intertwining-The Chiasm", en: Irigaray, Luce. *An Ethics of Sexual Difference*. Ithaca: Cornell University Press, pp.151-184.
---. (1993d). *Le Temps de la différence*. Ithaca: Cornell University Press.
---. (1993e). *Je, Tu Nous (Toward a Culture of Difference)*. New York: Routledge.
---. (1993f). "On the Maternal Order", en: Irigaray, Luce. *Je, Tu Nous (Toward a Culture of Difference)*. New York: Routledge, pp. 37-44.
---. (1996). "Introducing Love between us", en: *idem. I love to You, Sketch for a Felicity within History*. New York: Routledge, pp. 19-33.
Kintz, Linda. (1989). "In-Different Criticism. The Deconstructive 'Parole'", en: Allen, Jeffner/Young, Iris Marion. (eds.). *The Thinking muse: feminism and modern French*. Bloomington: Indiana University Press, pp. 113-135.
Kristeva, Julia. (1983/1988). *Historias de amor*. México: Siglo XXI.
Lagos, María Inés. (1993). "Reflexiones sobre la representación del sujeto en dos textos de Diamela Eltit: *Lumpérica* y *El cuarto mundo*", en: Lértora, Juan Carlos. (ed.). *Una poética de literatura menor. La narrativa de Diamela Eltit*. Santiago de Chile: Para textos/Editorial Cuarto Propio, pp. 127-139.

Lértora, Juan. (1993). *Una poética de literatura menor*. Santiago de Chile: Paratextos/ Editorial Cuarto Propio.
Moi, Toril. (1988). *Sexual/Textual Politics: Feminist Literary Theory*. London, New York: Routledge.
Muraro, Luisa. (1994). "Female genealogies", en: Burke, Carolyn/Schor, Naomi/ Whitford, Margaret. *Engaging with Irigaray. Feminist Philosophy and Modern European Thought*. New York: Columbia University Press, pp. 317-333.
Ortega, Julio. (1990). "Resistencia y sujeto femenino; entrevista con Diamela Eltit", en: *Revista La Torre*. 4, 14: 229-241.
---. (1993). "Diamela Eltit y el imaginario de la virtualidad", en: Lértora, Juan Carlos. (ed.). *Una poética de literatura menor. La narrativa de Diamela Eltit*. Santiago de Chile: Para textos/Editorial Cuarto Propio, pp. 53-81.
Paz, Octavio. (1950/1972). *El laberinto de la soledad*. México: Fondo de Cultura Económica.
---. (1972). "Los hijos de la Malinche", en: Paz, Octavio. *El laberinto de la soledad*. México: Fondo de Cultura Económica, pp. 125-149.
Poulantzas, Nicos. (1983). *Fascismo y dictadura*. México: Siglo XXI.
Pratt, Mary Louise. (1977). *Toward a Speech-Act Theory of Literary Discourse*. Bloomington: Indiana University Press.
Richard, Nelly. (1986). *Margins and Institutions. Art in Chile since 1973*, en: Fossand, P./Taylor, O. (eds.). Melbourne: *Art and Text*. 21.
---. (1986a). "The Dimensions of Social Exteriority in the Production of Art", en: *Margins and Institutions. Art in Chile since 1973*. Melbourne: *Art and Text*. 21, pp. 53-62
---. (1986b). "The Rhetoric of the Body", en: *Margins and Institutions. Art in Chile since 1973*. Melbourne: *Art and Text*. 21. pp. 65-73. ("Las retóricas del cuerpo", en: *Margins and Institutions. Art in Chile since 1973*. Melbourne: *Art and Text*. 21, p. 142.)
---. (1993). "Duelo a muerte y jugada amorosa: la novela, el libro y la institución", en: *Revista de Crítica Cultural*. 6: 26-27.
---. (1993a). "Tres funciones de escritura: desconstrucción, simulación, hibridación", en: Lértora, Juan Carlos. (ed.). *Una poética de literatura menor. La narrativa de Diamela Eltit*. Santiago de Chile: Cuarto Propio, pp. 37-51.
Rouch, Hélène. (1987). "Le Placenta comme Tiers", en: *Langages*. 85: 75.
Schwab, Gail M. (1994). "Mother's Body, Father's Tongue. Mediation and the Symbolic Order", en: Burke, Carolyn/Schor, Naomi/Whitford, Margaret. *Engaging with Irigaray. Feminist Philosophy and Modern European Thought*. New York: Columbia University Press, pp. 351-378.
---. (1998). "Sexual Difference as Model: An Ethics for the Global Future", en: *Diacritics*. 28, 1: 76-92.
Smith, Barbara Herrnstein. (1978). *On the Margins of Discourse. The Relation of Literature to Language*. Chicago: University of Chicago Press.

Sotomayor, Áurea María. (1996). "El trecho de lo visible o el hacer sereno. Conjunciones sobre film, pintura, fotografía y literatura", en: *Cupey*: 8: 67-73.

---. (1997). "[To be] Just in the Threshold of Memory: Founding Violences in Diamela Eltit's *Lumpérica* and Dorfman's, *The Death and the Maiden*", en: *Nómada*. 3, (junio): 23-29.

---. (1998). "Cuerpo Caribe; entre el *performance*, la poesía (y el tono... su esplendor)", en: *Cuadernos de Literatura*. 4, 7-8: 119-130; también en: *Nómada* 4, (1999): 10-16.

Suleiman, Susan Rubin. (1985). "Writing and Motherhood", en: Nelson Garner, Shirley/Kahane, Claire/Sprengnether, Madelon. (eds.). *The (M)other Tongue. Essays in Feminist Psychoanalytic Interpretation*. Ithaca: Cornell University Press, pp. 352-377.

Stanton, Donna C. (1989). "Difference on Trial. A Critique of the Maternal Metaphor in Cixous, Irigaray and Kristeva", en: Allen, Jeffner/Young, Iris Marion. (eds.). *The Thinking muse: feminism and modern French*. Bloomington: Indiana University Press, pp. 156-179.

Whitford, Margaret. (1986). "Speaking as a Woman: Luce Irigaray and the Female Imaginary", en: *Radical Philosophy*. 43: 4.

---. (1988). "Luce Irigaray's Critique of Rationality", en: Griffith, Morwenna/ Whitford, Margaret. (eds.). *Feminist Perspectives in Philosophy*. Bloomington: Indiana University Press, pp. 109-130.

---. (1991). (ed.). *The Irigaray Reader*. Oxford: Basil Blackwell Publishers.

---. (1991a). Introducción a "Ethics and Subjectivity; Towards the Future", en: *ídem*. (ed.). *The Irigaray Reader*. Oxford: Basil Blackwell Publishers, p. 158.

---. (1994). "Reading Irigaray in the Nineties", en: Burke, Carolyn/Schor, Naomi/ Whitford, Margaret. *Engaging with Irigaray. Feminist Philosophy and Modern European Thought*. New York: Columbia University Press, pp. 15-33.

---. (1994a). "Irigaray, Utopia, and the Death Drive", en: Burke, Carolyn/Schor, Naomi/Whitford, Margaret. *Engaging with Irigaray. Feminist Philosophy and Modern European Thought*. New York: Columbia University Press, pp. 379-400.

Susana Reisz

Graduate Center New York

ESTÉTICAS COMPLACIENTES Y FORMAS DE DESOBEDIENCIA EN LA PRODUCCIÓN FEMENINA ACTUAL: ¿ES POSIBLE EL DIÁLOGO?

Este ensayo se ha ido gestando en una zona bastante nebulosa de mi conciencia crítica y ha crecido a partir de cierta insatisfacción con las autoras que saludé entusiastamente hace poco más de una década. Algunos de los disparadores de mis actuales dudas y de la necesidad de explicarme a mí misma ese cambio de actitud, han sido mi decepción con la novela "multimediática" y "new age" de Laura Esquivel *La ley del amor* (1995), mi creciente desgano ante el romanticismo hiperbólico de Ángeles Mastretta en *Mal de amores* (1996) y mi fatiga con los escarceos culinarios de Isabel Allende en *Afrodita: cuentos, recetas y otros afrodisíacos* (1997). La insistencia en tanto amor, tanta cocina y tantas actividades tradicionalmente femeninas terminaron por saturar mi capacidad de absorción.

En ningún momento dejé de reconocer el talento de esas escritoras súper-exitosas (y de otras que vinieron un poco después, como Marcela Serrano y Laura Restrepo) para contar historias atrayentes y persuasivas a despecho de sus exageraciones, capaces de divertir y de conmover, de vivo interés para la mayoría de las mujeres y, en general, bien escritas. Sin embargo, ya no me fue posible revivir el agrado de mis primeros contactos con *La casa de los espíritus* (1982), *Arráncame la vida* (1986) o *Como agua para chocolate* (1989). Tuve que concluir que o esas autoras habían perdido la inspiración o que yo había perdido la inocencia y que, por lo mismo, aquellos placeres de lectura derivados del descubrimiento de que lo casero-sin importancia podía adquirir dignidad literaria e incentivar vuelos de la imaginación, se me habían esfumado sin retorno posible.

El más reciente estímulo para las ideas que trataré de ordenar a continuación me vino, algo paradójicamente, de la lectura de un texto crítico que aunque formulaba reservas similares a las mías, juzgaba a esas autoras de *best sellers* desde una perspectiva estético-política tan unilateral, que me llevó a revisar mis propios juicios negativos en la sospecha de que también yo podía estar incurriendo en alguna forma de monologismo. Me refiero al ensayo-epílogo "From Romance to Refractory Aesthetic" ("De la novela de amor a la estética refractaria"), breve pero sustancioso estudio con el que Jean Franco cierra un *reader* de lecturas feministas de escritoras latinoamericanas aparecido en Oxford en 1996.

En ese trabajo, que ostenta la sabiduría, la brillantez argumentativa y la formidable capacidad de síntesis que son las marcas de su estilo crítico, Franco contrapone dos formas de narrar que parecen representar las antípodas tanto en la esfera artística como en la política: en un extremo ubica a las tres novelas paradigmáticas del éxito masivo, *La casa de los espíritus*, *Arráncame la vida* y *Como agua para chocolate*, y en el extremo opuesto (que coincide nítidamente con sus propias preferencias) destaca la obra narrativa de Diamela Eltit y de Tununa Mercado, así como los conceptos críticos de Nelly Richards, en los que ella misma se inspira. De un lado los *best sellers*, con su entradora simplicidad y su feminismo del progreso paulatino, de la lucha por la igualdad social o de la exaltación de la diferencia, y al otro lado del espectro literario, la neo-vanguardia con su disrupción del significado, su rechazo de los discursos hegemónicos, su afán por trabajar en los bordes del orden simbólico y su negativa a separar lo femenino del ancho espacio de lo marginal y subalterno. De un lado mujeres fuertes y mujeres débiles, amas de casa y aventureras, guerrilleras y señoritas bien, madres e hijas, esposas y amantes. Del otro, la disociación del romance y los afectos, de la esfera privada y la familia, del cuerpo y la conciencia de sí (como en la experiencia limítrofe de la tortura).

Jean Franco admite que la narrativa de Allende, Mastretta o Esquivel tiene una calidad artística diferente del folletín o de la novela rosa, del mismo modo que reconoce que la mayor parte del público y la crítica adjudica a esos *best sellers* un contenido feminista y antiautoritario. Sin embargo, deja en claro que, en su opinión, esas formas de narrar en las que domina el relato lineal, la construcción de caracteres típicos y el énfasis en temas como la sentimentalidad femenina, el amor o el matrimonio, "refuerzan el status quo" en lugar de cuestionarlo.

Esta falta de simpatía hacia todo tipo de relato que no desafíe, desde los cimientos mismos del lenguaje, los valores hegemónicos y el logocentrismo dominante, parecería negar la validez y la importancia de las "tretas del débil", noción que Josefina Ludmer (1984) utilizó convincentemente para analizar a Sor Juana Inés de la Cruz y con la que la mayor parte de la crítica feminista ha estado de acuerdo. Da la sensación de que para Jean Franco (y para las autoras de la neo-vanguardia con las que ella se identifica) esas "tretas", como los tejemanejes del pícaro, no constituirían intentos de cambiar el orden establecido sino meras formas de utilizarlo y sacar provecho de él.

Dado que yo tiendo a asociar las dicotomías tajantes con maneras estáticas de ver fenómenos cuya complejidad radica precisamente en su carácter dinámico, no me es fácil compartir esta visión polarizadora ni los juicios de valor que se derivan de ella. Prefiero, por tanto, hacer un esfuerzo por reexaminar los textos en debate desde una posición móvil y dialógica, capaz de dar cuenta tanto de la fascinación como del hartazgo que pueden producir los cuentos de Scheherazada (especialmente cuando la narradora insiste en las mismas maniobras de seducción y termina por mostrarse como una copia multiplicada de sí misma).

ESTÉTICAS COMPLACIENTES

Para completar el proyecto de revisión desde un ángulo que permita ver la pluralidad detectable en los supuestos polos (y a lo largo del continuo que los intercomunica), intentaré echar una mirada a la obra de algunas narradoras que aunque no se dejan subsumir fácilmente en la neo-vanguardia descrita y admirada por Jean Franco y aunque aún no han alcanzado la consagración crítica de que gozan en la mayor parte de los ambiente intelectuales y académicos Diamela Eltit o Cristina Peri Rossi (la otra gran disidente), comparten con esas autoras el imperativo de producir una escritura sin concesiones ni contemplaciones con la opinión mayoritaria en materia de género literario o sexual. Me refiero a Reina Roffé, narradora sigilosa y perfeccionista, de quien he tomado la noción de "desobediencia", y a dos poetas que se han revelado en los últimos años como originales novelistas, María Negroni y Carmen Ollé.

Si se quiere hacer un balance más ecuánime del "boom femenino hispánico", de su difusión fuera de Iberoamérica y de sus relaciones con otras formas de escritura no orientadas al gran público, conviene recordar aquí el lado positivo de la que fue en su momento una nueva estética, pese a su apariencia de "déjà vu".

Las tres primeras novelas de Isabel Allende (*La casa de los espíritus* [1982], *De amor y de sombra* [1984] y *Eva Luna* [1987]), el arrollador *best seller* de Laura Esquivel *Como agua para chocolate* (1989) y, más recientemente, la muy celebrada *Dulce compañía* de la colombiana Laura Restrepo (1995) tienen en común un aura ambigua, que les ha acarreado tanta celebridad como menosprecio: su aire de familia con García Márquez. Ese innegable parentesco es responsable de que hayan sido ignoradas o tratadas con cierto desdén por muchos de los escritores y críticos de Hispanoamérica (especialmente hombres), quienes tienden a ver esos textos como imitaciones oportunistas del "arte insuperable" del "maestro" de lo real maravilloso. Se me hace imprescindible, por eso, repetir aquí lo que señalé hace algunos años en defensa del que yo consideraba (y sigo considerando) un proyecto literario específicamente "femenino" (y en muchos aspectos feminista), que por eso mismo, sólo había sido entendido a medias o leído con mala voluntad.

En un estudio dedicado a una de las más conocidas novelistas españolas de entonces y de ahora, Rosa Montero, introduje el marbete "boom femenino hispánico de los ochenta" (*cfr*. Reisz 1995) para referirme a un grupo de narradoras de Hispanoamérica y de España cuyo común denominador me parecía, por un lado, su éxito con el público local y extranjero y, por otro, el cultivo de una escritura con *apariencia* de candor y de falta de originalidad, una escritura cuya fachada invitadora camuflaba ideas poco convencionales sobre temas tan candentes como el rol de la mujer en la sociedad hispana o las relaciones entre política y sexualidad:

> "Esta es una novela sencilla, sin pretensiones experimentales ni de renovación del género, que, sin embargo, juega con habilidad y éxito la carta de la contemporaneidad. Durante varios meses estuvo entre los libros más vendidos en toda España", se lee en una de las muchas reseñas periodísticas que saludaron la aparición de *Amado Amo*, de Rosa Montero, con un tono casi siempre condescendiente (*cfr*. Márquez Rodríguez 1990).

Huelga decir que esa apretada síntesis, con su ambigua mezcla de desdén y aprobación, habría sido aplicable y sigue siendo aplicable a autoras como las chilenas Isabel Allende y Marcela Serrano, las mexicanas Ángeles Mastretta y Laura Esquivel, la colombiana Laura Restrepo, las puertorriqueñas Rosario Ferré, Ana Lydia Vega, o Mayra Montero, las españolas Almudena Grandes o Lucía Etxebarría e incluso algunas "Latina writers" de los Estados Unidos vueltas célebres en los noventa como la chicana Sandra Cisneros, la cubana-americana Cristina García o la dominicana-americana Julia Álvarez, quienes, pese a escribir en inglés, se identifican con la mayor parte de los valores culturales de las hispanohablantes y utilizan estrategias narrativas comparables.

En más de una ocasión señalé que el estilo de casi todas las autoras mencionadas se podía leer, si uno no quería tomarse el trabajo de tomarlas en serio, como "copia" de otros estilos literarios cultos o populares, incluidas allí las más variadas manifestaciones de la moderna cultura de masas (desde García Márquez y Roa Bastos hasta el tango, el bolero, la telenovela o las "imitaciones" de "imitaciones" de tangos, boleros y telenovelas)[1]. Todavía sigo convencida de que, si se tiene la paciencia de escuchar sus voces con un oído adicional, se podrá descubrir que tras la cobertura de un real-maravilloso de segunda mano (a lo Allende o Esquivel), de un realismo anacrónico (a lo Mastretta), de un ventrilocuismo bufonesco (a lo Vega) o de un *pot pourri* de géneros menores (a la manera de la *Eva Luna* de Allende o de *Te trataré como a una reina* de Montero) se oculta un programa literario realmente innovador. El problema —añadiría ahora acicateada por mi propia experiencia de lectora— es que las innovaciones dejan de serlo cuando sus creadores se enamoran de ellas y las repiten hasta convertirlas en estilos "prefabricados".

Sigo pensando, asimismo, que uno de los principales recursos de que se valen estas autoras para transmitir su visión del mundo desde su experiencia de marginación por pertenecer al género femenino, es el cultivo de un mimetismo "polifónico" y "dialógico" —en el sentido bajtiniano de estos términos— que tiene por objeto las incontables variantes de lenguaje patriarcal autoritario operantes, dentro del mundo hispánico, en los campos del arte, el intelecto, la política o la vida práctica[2]. Me parece conveniente aclarar una vez más[3] que, a semejanza de la parodia y de los usos irónicos del

---

1   En lo que sigue, me permito la libertad de plagiarme a mí misma, con algunas modificaciones de las que es responsable, más que a mi voluntad, el paso del tiempo.

2   He acuñado la noción de "mimetismo polifónico" (o "plurilingüe") practicando, como salta a la vista, una contaminación de las ideas de Luce Irigaray y de Mijaíl Bajtin. Mi primera lectura de la obra de Allende me sugirió la conveniencia de introducir dicha noción para describir el peculiar estilo de su discurso novelesco, pero pronto descubrí que el radio de acción de esta estrategia literaria se extendía a muchas otras autoras de hoy, tanto narradoras como poetas (*cfr.* Reisz 1988, 1990, 1991, 1991a y 1996).

3   He tratado el tema ampliamente en muchos trabajos anteriores a éste. Véanse, por ejemplo, los trabajos mencionados en la nota anterior y, en particular, Reisz (1996: 63-102).

cliché lingüístico, esa actividad mimética está sutilmente sobreacentuada para hacerla portadora de críticas implícitas a lo consuetudinario.

Cabría añadir, como elemento unitivo adicional de todas las autoras mencionadas, que parte de la crítica periodística de Hispanoamérica y de España suele ser poco receptiva con las más "vendedoras", mientras que, por el contrario, en los Estados Unidos abundan los trabajos académicos dedicados a sus obras.

Pongo aquí sólo dos ejemplos de evaluación negativa del mismo tipo, especialmente interesantes por la coincidencia y por los prejuicios sexistas que revelan (independientemente del sexo de quienes proceden): a Mastretta una reseñante de la revista *Vuelta* le reprochó confundir la historia con la chismografía[4], del mismo modo que a Montero un crítico del *Diario de Caracas* le echó en cara el presentar el mundo interno del protagonista de *Amado Amo* como un interminable "cotilleo mental"[5].

Como señala acertadamente Toril Moi (1991) en un análisis de los aportes de la sociología crítica de Bourdieu al pensamiento feminista, lo que las mentes patriarcales tienden a trivializar como "chisme" —en el sobreentendido de que el chisme es cosa propia de mujeres o de "maricones"— suele ser socialmente muy significativo y, por lo mismo, digno de estudio (*cfr.* Moi 1991: 1020). En consecuencia, no me parece producto del azar que en los Estados Unidos estas mismas autoras "chismosas" hayan merecido especial atención, ya que, a diferencia del mundo hispano, en el mundo anglosajón es muy grande el interés por estudiar la incidencia del género, de la preferencia sexual, de la raza y, en general, de todos los factores sociales limitantes, en la configuración de los lenguajes literarios.

---

4   Se trata de Fabienne Bradu (1987: 62), quien comenta irritada:

> En cuanto al propósito de escribir una versión de la historia mexicana desde un punto de vista femenino, *Arráncame la vida* llega desgraciadamente a confundir la historia con el rumor, como si ésta fuera para las mujeres un inmenso chisme.

5   Resulta interesante comparar las opiniones de este crítico, Nelson Rivera (1989), con las de la autora acerca de su propio trabajo de escritura en esa novela:

> Este es, a la postre, el lado flaco del libro: su excesiva y medular coloquialidad que utilizada para narrar lo que debían ser unos pensamientos "temerosos" y "angustiados" del protagonista, parece un ordinario e insustantivo cotilleo mental de un hombre que no se siente en ninguna situación límite.

El autobalance de Rosa Montero, hecho sin vanagloria pero con la satisfacción de quien cree haber dado cima a una ardua tarea, es casi el exacto reverso de semejante juicio:

> Sí, estoy contenta, porque creo que el estilo está muy trabajado y no me refiero a que haya encontrado frases bonitas, sino por la adecuación de lo que dices con lo que quieres decir (Cantavella 1988).

Por supuesto, tampoco en los Estados Unidos faltan opiniones hipercríticas sobre Allende, Mastretta o Esquivel, sobre todo entre las élites intelectuales y académicas[6]. Recuerdo, como ejemplo extremo, una reseña de la mordaz Michiko Kakutani en el *New York Times* del 25 de junio de 1993, escrita con motivo de la aparición de la traducción al inglés de *El plan infinito* de Isabel Allende, en la que la novela era duramente vapuleada y puesta en el ámbito de la "pulp fiction", anglosajón equivalente de la novela rosa, la literatura trivial o el folletín de quinta categoría...

Puesto que he dedicado un par de trabajos a examinar la situación fronteriza de los textos de Allende que, como *Eva Luna* o *El plan infinito*, se mueven al filo de la navaja que separa el arte "culto" del arte "popular" o "masivo", me limitaré a remitir a ellos (*cfr.* Reisz 1991a, 1994) y a contemplar aquí las posibles relaciones entre nuestras novelistas hispanoamericanas súper-exitosas y los *best sellers* femeninos en los Estados Unidos y Europa.

Un interesante estudio de comienzos de esta década dedicado a explorar las características y el modo de funcionamiento de la ficción popular femenina en Francia y los Estados Unidos (Dudovitz 1990) pone de relieve la transformación del género a partir de los años sesenta como reflejo directo de los cambios sociales, enfatiza la participación activa de las propias mujeres lectoras en esa transformación y sugiere la posibilidad de que la recepción masiva de esas ficciones represente, más que un mero escapismo, una "forma fácil de educación" (Dudovitz 1990: 11). La autora del estudio, Resa Dudovitz, no pretende que esas obras tengan un contenido realmente subversivo ni que cuestionen el *status quo* pues tiene muy en claro que abogar por cambios radicales sería una amenaza al delicado equilibrio entre el consenso social (del que participan las lectoras) y los intereses de grupos particulares (*ibíd.*: 6). Semejante amenaza funcionaría, en efecto, como un repelente para el grueso de las consumidoras de *best sellers*, quienes, por un lado, quieren reconocerse a sí mismas en las protagonistas y en su feminidad tradicional pero, por otro lado, aspiran a tener un mayor control en sus vidas y a compensar sus carencias con los éxitos de sus pares ficcionales.

Según Dudovitz, el resultado de esas transacciones entre la realidad y el deseo culmina en los años ochenta con "el mito de la Supermujer", equivalente femenino del icono popular "Superman", quien es capaz, al menos en la ficción, de compatibilizar eficazmente en su persona el romance, la capacidad de seducción, las labores caseras típicas de su género y los logros profesionales a la par de sus colegas masculinos. Todo

---

6 Baste, como muestra de los reparos académicos que sus nombres pueden suscitar, el libro de Castillo (1992), en el que la autora sólo menciona brevemente a Allende comentando con cierto desdén que

> [...] [she] has arrived belatedly on the "boom" scene twenty years after its vogue but with the same assumptions intact (ha llegado tardíamente a la escena del "boom" veinte años después de su auge pero dejando intactos los mismos presupuestos) (Castillo 1992: 23).

ello, por supuesto, sin cuestionar el orden social del que depende la división de roles y la distribución de tareas. Del mismo modo que "Superman" desface entuertos sin poner en tela de juicio el sistema capitalista en que se producen las injusticias, "Superwoman" se multiplica para llenar funciones "de mujer" y "de hombre" sin que jamás se le cruce la idea de que su contraparte masculina podría o debería hacer otro tanto si ambos vivieran en una sociedad realmente equitativa para hombres y mujeres.

La descripción precedente me parece un marco adecuado para entender algunas de las características del "boom femenino" hispanoamericano, sus muy probables nexos con los mitos genéricos del primer mundo, su potencial pedagógico en relación con sus lectoras y, al mismo tiempo, sus vasos comunicantes y sus diferencias básicas con aquellas formas de arte popular que, a la manera del cuento de hadas, plantean y resuelven conflictos sin apelar al entramado social del que nacen.

Casi todas las heroínas de Isabel Allende tienen algo de esta "Superwoman". Como ella, son fuertes, decididas, capaces de tomar sobre sus espaldas las tareas más pesadas o audaces. Como ella, son sensibles, magnánimas y con una inagotable capacidad de amar. Y como ella, suelen encontrar, después de muchas luchas, al hombre ideal, uno capaz de valorar esas cualidades femeninas superiores y de corresponder afectos con largueza.

El "feminismo romántico" en que se sustenta la poética ficcional de Allende, centrada en un pequeño universo de mujeres idealizadas, admirables por su fortaleza moral y por su manera generosa y valiente de luchar contra las peores calamidades, se combina con los paradigmas de la moderna "mujer-maravilla" y de la "self made woman" en su cuarta novela, *El plan infinito* (1991). El cambio de escenario (Estados Unidos en lugar de Hispanoamérica) y las características de la protagonista (una modesta chicana de Los Ángeles vuelta empresaria) parecen haber favorecido la eclosión de ese mito tan típicamente gringo, así como el viraje hacia un realismo más clásico.

En lugar de los portentos o extrañísimos fenómenos propios de lo real-maravilloso, el comienzo de la historia nos da a degustar las chifladuras y excentricidades de Charles Reeves, uno de esos predicadores —bastante comunes en la cotidianidad americana— que recorren el país para "revelar la verdad" y "salvar almas". El "plan infinito" del profeta, la idea de que el más insignificante suceso particular está conectado con todo lo que ocurre en el universo y obedece a un diseño perfecto, tiene su más cumplida ejemplificación en el modo de novelar de Allende, en el que cada mínimo gesto de cada personaje, cada detalle de apariencia banal o cada palabra dicha al pasar anticipa, prepara o sugiere lo que sucederá muchos años más tarde. Todo está calculado, todo encaja al milímetro, como las piezas de un rompecabezas. Como en el cuento de hadas, aquí no hay lugar para el azar o el desorden de la vida real ni para finales ambiguos. Una vez más la autora corrige con su fantasía las injusticias y sinsentidos de la experiencia diaria de la gente común. Después de muchas penurias, de muchas pruebas difíciles y de muchos riesgos, los "buenos" de la historia, el abogado Gregory Reeves (hijo del predicador) y su mejor amiga, Carmen Morales, resultan premiados en su edad madura. No en la otra vida sino en ésta. No con vagas abstracciones (como la satisfacción del deber cumplido o la promesa de vida eterna) sino con amor y bienestar material.

Pese al final feliz y a los trazos idealizadores en la construcción de los personajes y de la trama, no podría decirse, sin embargo, que campea aquí el utopismo ingenuo y socialmente acrítico de la ficción romántica popular. El tumultuoso mundo latinoamericano de obras anteriores está sustituido por una galería de ambientes y tipos humanos característicos de las grandes urbes estadounidenses, marcados, casi sin excepción, por la sorda violencia del sistema: inmigrantes europeos y mexicanos, blancos ricos y blancos pobres, bandas de adolescentes del barrio hispano de Los Ángeles, *hippies* y feministas de los años locos de Berkeley, combatientes en Vietnam, abogados *yuppies* y lo que llama algo malévolamente Michiko Kakutani en la reseña aludida más arriba, "a multicultural supporting cast" ("un elenco secundario multicultural"), integrado por norteamericanos de origen africano y asiático.

Al igual que en *Eva Luna*, que transcurre en un medio inspirado en la realidad de Venezuela y de otros países sudamericanos conmocionados por el enfrentamiento entre el estado y la guerrilla, se aplican, también en este caso, las premisas a partir de las cuales es posible rescatar la ficción del ámbito de lo trivial-conformista, pese a sus innegables concesiones al *establishment*. La diferencia sustancial con la novela rosa, radica, a mi juicio, en que el pensamiento utópico que asoma intermitentemente en algunos de los lenguajes sociales mimetizados en ambos textos —como la idea de la revolución por el amor— no intenta disimular sus propias contradicciones. En este acto de autodesnudamiento radica su capacidad de denunciar —como en contrapunto— las contradicciones del pensamiento autoritario que le da origen y contra el cual se rebela.

Marcela Serrano, otra novelista chilena cuyo programa literario y cuyos éxitos de venta la acercan a Isabel Allende tanto como la alejan de Diamela Eltit y del "polo" neo-vanguardista, ofrece una variante del mismo mito de la "mujer maravilla" en la figura de Isabel, una de las protagonistas de su ya célebre novela *Nosotras que nos queremos tanto* (1991).

El personaje, verdadero compendio del discreto encanto de un seudo-feminismo burgués, reúne en su persona las máximas virtudes de profesional, madre y ama de casa. Admirable por su elegancia minimalista, su inteligencia y su disciplina, esta figura femenina que no conoce privaciones materiales y que cuenta incluso con la ayuda de una cocinera y una niñera, trajina incansablemente desde las seis de la mañana hasta las diez de la noche pues además de dar clases y de cumplir con un horario de oficina, se ocupa personalmente del aseo y la alimentación de sus cinco hijos, de transportarlos en auto al colegio y a sus diversas clases particulares, de hablar con ellos y de acompañarlos a la cama. Y todo ello sin desmayos ni quejas y sin perturbar el reposo nocturno del marido con el recuento de sus afanes cotidianos.

Sin embargo, un detalle desestabiliza el paradigma: el personaje se entrega al alcoholismo con la misma puntualidad y precisión con que realiza sus innumerables faenas, por lo que sus rituales de bebedora se muestran claramente como formas distorsionadas de automedicación contra sus depresiones.

ESTÉTICAS COMPLACIENTES

Tanto desde una perspectiva política anticapitalista como desde una posición feminista radical, las preocupaciones de este personaje, tan alejado de las angustias materiales, la violencia doméstica y las miserias de todo tipo con que se confronta la gran mayoría de las mujeres de Hispanoamérica, pueden parecer frívolas e indignas de ser tomadas seriamente en cuenta como problemas de género. No obstante, un feminismo realmente pluralista y dialógico debería estar en condiciones de reconocer en esta imagen, a despecho de los privilegios de clase, una de las múltiples variantes de la subordinación de la mujer al hombre y del notorio desbalance entre las obligaciones y responsabilidades hogareñas de uno y otro lado.

Desde la óptica polarizadora que mencioné al comienzo, el tipo de relato que acabo de examinar podrá ser considerado "feminista" por su interés en los problemas de las mujeres y por su intención reformadora, pero representa, en el mejor de los casos, un feminismo blando y cuestionable, puesto que transa con el sistema y reproduce los mecanismos de poder hasta en la forma misma de narrar.

Es innegable que la linealidad del discurso, conseguida mediante la seriación de los elementos discursivos y el bloqueo sistemático de todos los contextos simultáneos en los que podría proyectarse cada elemento, trae consigo una drástica reducción y simplificación del sentido y abre el camino para el reinado de los estereotipos. Análogamente, el encadenamiento cronológico de los sucesos y su localización en espacios físicos reconocibles para el lector, instaura un orden ilusorio, en el que las relaciones temporales tienden a ser interpretadas como conexiones causales y en el que el caos de lo real, la informe provisoriedad de cada vida y las indefiniciones, ambigüedades y ambivalencias propias de casi todos los contactos humanos dejan paso a un universo bien estructurado, racional, "habitable" pese a todo (injusticias y atropellos incluidos).

Si la descripción precedente es correcta, habrá que aceptar, entonces, que el relato lineal, con caracteres y una trama resumible, es el instrumento más idóneo para cumplir una función educativa y adoctrinadora pero que, al mismo tiempo, es también el instrumento de la perpetuación de los clichés. Habrá que admitir, asimismo, que la más radical subversión del orden dominante (un orden logocéntrico y patriarcal, fundado en la *ratio* masculina) es el ataque a esa misma racionalidad simplificadora pero que, al mismo tiempo, ese ataque limita la posibilidad de difundir valores alternativos.

Tengo la impresión de que la mayoría de las narradoras hispanoamericanas actuales siguen tratando de resolver —cada una a su manera y con los recursos más afines a sus respectivas personalidades artísticas— el problema con el que se confrontaba Cortázar hace cerca de treinta años, cuando confesaba, a propósito del proceso de escritura de *El libro de Manuel*:

> Pero de entrada me di cuenta de que, paradójicamente, si éste era un libro de nuestro *hoy y aquí*, es decir de lo inmediato, no tenía sentido mediatizarlo en el plano de la experimentación y la escritura: el contacto más profundo se vería trabado por los medios puestos en práctica para establecerlo (Cortázar 1973: 19-20).

Su solución al dilema que le planteaba *El libro de Manuel* no parece transferible al resto de la producción cortazariana pero sí a buena parte de la narrativa femenina de hoy. He aquí la "receta":

> Vi bien claro que Manuel vendría en argentino [...] y que su lectura no requeriría ningún código, ninguna grilla, ninguna semiótica especial; pero a la vez y entonces, dentro de ese ómnibus lingüístico accesible a cualquier pasajero de cualquier esquina, entonces sí apretar el fierro y acelerar a fondo, entonces sí hablar de tanta cosa que habría que vivir de otra manera (Cortázar 1973: 20).

Tal vez no sea descaminado pensar que las narradoras del *boom* han querido construir unos "ómnibus lingüísticos" accesibles a todas las pasajeras que se quieran montar en ellos y que en algunos casos, pero no en todos, han decidido "apretar el fierro y acelerar a fondo"...

Pocos años después de su formulación literaria, el dilema cortazariano adquiriría un sesgo aún más paradójico en la Argentina de la guerra sucia. Para Reina Roffé y, en general, para las escritoras y escritores de su generación, los que entraron en escena durante ese período siniestro que se extendió del 76 al 83, la gran pregunta iba a ser cómo construir un "ómnibus lingüístico" apto para todos (o al menos para unos cuantos) en un país en el que sólo los administradores del terror tenían el poder de opinar en público.

A los miedos habituales de toda escritora (cómo "hablar sin permiso", desde las propias pulsiones y con una voz propia) se les sobreimpuso un miedo mucho más primario, común a hombres y mujeres, el de tener que enfrentar la amenaza (directa, material, no simbólica) de ser arrojados a una fosa común o de perder la condición de humanos en las cárceles secretas del régimen.

Como lo señala Reina Roffé (1999) en un sagaz balance artístico de esos años[7], la escritura de casi todos se volvió "cada vez más elusiva, elíptica". Arrollada por el caos de lo real y la ininteligibilidad de la violencia institucionalizada, la narrativa le dio la espalda a los cánones del realismo y comenzó a problematizar la relación entre ficción e historia poniendo en juego precisamente esos "códigos" y esas "grillas" que rechazaba Cortázar para su libro "de lo inmediato".

Resulta bastante natural conjeturar que el repliegue de la escritura sobre sí misma, la buscada opacidad de los signos y la insistencia en "privilegiar la supremacía del deseo" sobre la experiencia de la realidad fueron consecuencia de la falta de libertades en todos los órdenes de la vida argentina. Sin embargo, el peculiar estilo narrativo de Roffé y de otros escritores afines a ella no queda explicado, ni se agota, en la mera necesidad de camuflar o velar la denuncia del terror como un medio de burlar la censura. El pro-

---

7   En lo que sigue cito algunas ideas suyas que me parecen cruciales para entender su propia obra y el período histórico del que surge. Las extraigo de un manuscrito inédito, que fue leído como ponencia en la Universidad de Granada el 24 de marzo de 1999, y que lleva el título "Rompiendo aguas: mujer y escritura en la narrativa argentina contemporánea".

blema con el que esa generación de escritores sigue confrontándose hasta el presente, muchos años después del restablecimiento de la democracia formal, es cómo darle voz al silencio, a la autocensura, a la todopoderosa mordaza del miedo; cómo articular lo inarticulable, el punto de sutura entre la vida y la muerte, el terror-pánico que no se deja nombrar; cómo reproducir la parálisis sin volver a paralizarse...

Por cierto que otras escritoras, como Isabel Allende en *La casa de los espíritus* y en *De amor y de sombra* o Ángeles Mastretta en *Arráncame la vida*, han tratado de expresar análogas vivencias de terror político con medios narrativos más convencionales, más "accesibles a todos los pasajeros". Sin embargo, su proyecto literario sólo guarda un parecido muy superficial con el de quienes, como Reina Roffé, Diamela Eltit o Cristina Peri Rossi, se proponen ir más allá de lo que se puede "contar" hasta tocar el umbral de lo simbolizable, aunque tengan que correr el penoso riesgo de que sus "ómnibus lingüísticos" se conviertan en taxis de lujo, sólo abordables por una minoría.

La menor accesibilidad de los textos "desobedientes" (y, en consecuencia, sus escasas posibilidades de transformarse en *best sellers*) no sólo se deriva de su desafío a las convenciones lingüísticas y a las formas "normales" de narrar, sino, sobre todo, del contenido político-sexual implícito en el deliberado desordenamiento de los significantes y en la disrupción de la racionalidad de la voz narrativa.

Reina Roffé apunta al *quid* de la cuestión cuando traza una línea divisoria entre los escritores y las escritoras de su generación. Ella concede que en circunstancias históricas excepcionales (como las que vivió la Argentina en la época del "proceso") muchos hombres y muchas mujeres son empujados a los márgenes del poder y participan por igual en la producción de "escrituras oprimidas", que hacen del "no decir" o del "decir elíptico" un instrumento de denuncia. Recuerda, sin embargo, que los parecidos son engañosos puesto que las posiciones marginales no son idénticas cuando se considera la variable del género. La mujer, por tener una identidad "segunda" —por ser "el otro" del varón— está condicionada para callar, para "no decir", para decir menos. Es por eso que, en opinión de Roffé, las escritoras introdujeron una perspectiva adicional en su esfuerzo por entender su propia experiencia histórica. Para ellas la gran pregunta ha sido y sigue siendo "cómo disociar y evaluar el discurso autoritario *transitorio* de los generales del discurso autoritario *permanente* de los argentinos" y, sobre todo, "de qué manera separar las censuras y autocensuras propiciadas por la dictadura de esas otras más sutiles, pero profundamente enraizadas, que afectan a la mujer de continuo" (Roffé 1999: 9).

En su novela *La Rompiente* Roffé ha logrado elaborar una síntesis brillante de todos esos temas transfiriéndolos del plano referencial-anecdótico al de los experimentos con diversos niveles de ficción y con las voces que alternativamente articulan, superponen, disocian o contaminan esos niveles hasta volver imposible para el lector la labor de categorizarlos con nitidez y de adjudicar los sucesos al orden de lo vivido, lo soñado, lo imaginado, lo recordado, lo escrito, lo conversado o lo pensado. Por lo mismo, el texto reclama lectores cuya capacidad de reflexión metaliteraria les permita adentrarse en ese laberinto de significados con un tercer oído para captar la corriente subterránea de angustia, las pulsiones paranoides generadas por el miedo, la invasión de la vida por la muerte y de lo "real" por lo onírico-pesadillesco.

Por lo general la "verdadera" identidad de los personajes queda en la nebulosa: uno puede ser un ex-seminarista, un profesor o un fullero; otro puede ser un crítico literario, un jugador empedernido, un conspirador o una pobre víctima de oscuras fuerzas del mal; la principal voz narrativa parece ser de a ratos la de una amante abandonada antes de empezar una relación amorosa, de a ratos la de una pobre inmigrante perdida en un mundo desconocido y en otras ocasiones la de una aspirante a escritora, una mentirosa, una charlatana o una víctima de acoso.

Tampoco es tarea fácil determinar su respectivo estatuto en la ficción: puede tratarse de individuos reales, figuraciones de una mente exaltada o personajes de una novela tal vez escrita a medias o tal vez sólo imaginada. No es posible decidirse categóricamente en uno u otro sentido y tampoco importa mucho hacerlo. Lo que cuenta es el clima emocional, la supremacía del miedo en la vida real (o los sueños o las fantasías de la narradora), y, sobre todo, las vacilaciones de su voz o, mejor dicho, de *las voces* de que ella se vale para expresar el valor agregado de un miedo y una autocensura nacidos de su condición femenina.

Bajo la presión inquisitorial de una voz que pide cuentas y que podría ser la de un interlocutor "real" o la de su conciencia (en el sentido de una autoridad internalizada) la voz narradora, sin llegar a adquirir el espesor de persona, va desgranando anécdotas de un viaje decepcionante, pautado por desencuentros y ansiedades, y va deslizando fragmentos de una novela que no la satisface y que queda a medio hacer, sin perspectivas de lograrse...

Lo único que triunfa en el universo asfixiante de *La rompiente* (y que no es poca cosa si se lo evalúa desde el proyecto estético-político de su autora, Reina Roffé) es la articulación, fragmentaria, intermitente, interferida por registros ajenos, de una voz que, pese a todo, es consecuente en su deseo de afirmarse y de ser realmente "propia". Una voz que se abre paso desde el silencio de tumba del terror político y desde los más oscuros terrores personales para responder a los "autoritarismos transitorios" de la historia hispanoamericana reciente y al "autoritarismo permanente" de la lógica patriarcal.

El motivo del viaje a un medio desconocido y hostil tiende un significativo puente entre Reina Roffé y las otras dos poetas-narradoras que mencioné al comienzo (Carmen Ollé y María Negroni) y, al mismo tiempo, marca distancias en relación con los universos ficcionales predominantes en el "boom femenino". Mientras que los grandes *best sellers* suelen centrar sus historias en el ámbito tradicional de la feminidad, el espacio cerrado de la casa, e incluso de la cocina (la casa señorial en *La Casa de los espíritus* de Allende, la cocina de la casa materna en *Como agua para chocolate* de Esquivel, las residencias privadas de los políticos y sus mujeres en *Arráncame la vida* de Mastretta), las novelas "desobedientes" parecen recurrir a la metáfora del viaje a tierras extrañas como un intento por fundar una épica femenina, que en lugar de exaltar las proezas guerreras y las glorias del "safari" y la conquista territorial, pone a consideración de sus lectoras la más modesta hazaña de superar la autocensura, el temor a lo desconocido y la dolorosa escisión interna entre la necesidad de independencia y el terror a la soledad.

Las dos caras del deseo de Carmen Ollé (1994) tiene en común con *La rompiente* la desesperanza y la ausencia de metas claras de su figura central, quien también es escritora sin mucha fe en sus capacidades y también emprende un viaje a los Estados Unidos con la sola compañía de su desconcierto, sus temores y su escasez de recursos materiales y emocionales[8].

Ada, la protagonista de *Las dos caras del deseo*, es escritora y profesora universitaria como la autora del texto y como ella se mueve en un medio erizado de dificultades, poco propicio al desarrollo de vocaciones intelectuales y artísticas. A semejanza de su creadora, Ada es bastante escéptica, no aspira al brillo social y anda por el mundo con una actitud de deliberado desapego afectivo. Su viaje a los Estados Unidos, patrocinado por su ex-marido, sólo le permite cambiar la grisura de su modesta existencia limeña por la aún más desabrida y fatigosa experiencia de obrera ilegal en un desangelado pueblo de New Jersey. Por añadidura, como si esa trayectoria vital no fuera suficientemente desalentadora para la avidez de sucesos de la gran mayoría de lectores de novelas, la escritora completa la labor de 'desanimar' al gran público dotando a su personaje de una conducta sexual inconsecuente y errática, que la lleva a sentirse intensamente atraída por una chica mucho más joven que ella con la que no logra construir una relación ni erótica ni amistosa y, al mismo tiempo, a encontrar placer con hombres vulgares y hasta despreciables.

Desde la perspectiva estético-ideológica de quienes gozan con los relatos de Allende, Serrano, Mastretta o Esquivel, la historia de Ada no es atractiva ni está contada de modo atractivo. En relación con este último aspecto conviene aclarar que los escollos no provienen de la fractura del discurso narrativo ni de osados experimentos verbales como los que se permiten Diamela Eltit o la misma Reina Roffé. En ésta, su primera novela, Carmen Ollé no ha tenido interés en producir una escritura que se autoanalice ni se ha entretenido en jugar con las convenciones de los géneros novelescos como lo haría en su segunda novela, *Pista Falsa* (1999), con la que ofrece un ingenioso desafío a los consumidores del género policial.

La narradora de *Las dos caras del deseo* se distingue (o, mejor dicho, pasa desapercibida) por su estilo simple, lineal, sin desvíos. Podría decirse que Ollé, a semejanza de las autoras de *best sellers*, se propone "ir al grano" y poner ante los ojos del lector, con un mínimo de mediaciones, los hechos y pensamientos de su protagonista, recurriendo, para ello, a un realismo instrumental, capaz de invisibilizar los hilos del entramado narrativo. No obstante, el paralelismo se derrumba no bien comparamos la riqueza de sucesos sorprendentes y las características glamurosas de las protagonistas de las novelas del "boom femenino" con la trama de *Las dos caras del deseo* y los rasgos de sus figuras centrales.

La a-posicionalidad de la protagonista de Ollé en cuestiones de preferencia sexual o de conducta social y su visión poco convencional de la feminidad y de la masculinidad resultan difíciles de digerir o, cuando menos, sumamente desconcertantes desde la

---

8   Recojo, en lo que sigue, algunas de las ideas expuestas en Reisz (1998).

óptica mayoritaria, que tiende a ser conservadora. Ada es una figura que no se deja encasillar en ninguno de los roles que la sociedad hispanoamericana tiene previstos para una mujer de mediana edad, de clase media, con vocación de escritora y un puesto en la docencia. Casi cualquier predicación basada en el supuesto de que el personaje tiene un modo de ser esencial y estable resulta inapropiada: Ada no *es* ni lesbiana ni heterosexual, ni virtuosa ni promiscua, ni intelectual ni mujer del montón, ni soñadora ni pragmática, ni artista tocada por el genio ni mediocre fracasada, ni pobre víctima ni triunfadora sobre la adversidad. Puede asumir cualquiera de esas caras o, mejor dicho, "las dos caras" de cualquiera de esos roles casi en cualquier momento de su existencia, con sólo que estén dadas las condiciones para que se muestre una de esas latencias.

El título de la novela, *Las dos caras del deseo*, pone en primer plano el aspecto erótico de esa movilidad constitutiva del personaje. Sugiere, ante todo, la facilidad con que una mujer puede desplazar su líbido —en una forma apenas perceptible para los demás y sorpresiva para ella misma mas no por eso aterradora o vergonzante— de un objeto masculino a otro femenino. Sin embargo, en la medida en que la protagonista, a diferencia de su amiga Martha (quien sólo puede pensarse a sí misma como lesbiana), no excluye de antemano la posibilidad de vivir experiencias sexuales inéditas, su carácter y su conducta resultan demasiado "anómalos" como para hacer de ella un personaje fácil de aceptar o de rechazar. La novela no abre un cauce cómodo para la identificación o la reacción airada, pues la historia de Ada no es rica en hechos impactantes: lo que ella vive es, sin dudas, "raro", pero está articulado en un tono narrativo menor, que no admite el drama ni el escándalo.

El tema del homoerotismo femenino, que hasta el presente no parece haber tenido mucho éxito de público en Hispanoamérica (como sí parece ser el caso del homoerotismo masculino) no está presentado aquí en un marco de clandestinidad, sufrimiento, drogadicción o locura, ni tampoco aderezado con revelaciones "picantes". Es un componente más en la intrincada red de las emociones humanas, una opción erótica alternativa sin más ni menos trascendencia que el resto de las experiencias de los personajes. Y como en la vida real, esas experiencias no tienen forma totalmente inteligible ni una teleología clara para quienes las están viviendo.

Aunque por su estilo narrativo *Las dos caras del deseo* se podría considerar un "ómnibus lingüístico", su conductora acelera tan a fondo y propone un itinerario tan poco trillado, que no todos los pasajeros se sentirán cómodos en su interior. ¿Pero acaso no sería éste el tipo de ómnibus que quería construir Cortázar?

Por su falta de motivaciones heroicas y el tono dominante de desgano existencial, el viaje de Ada, como el de la protagonista innominada de *La Rompiente*, parecería estar en las antípodas de la gran aventura que constituye el núcleo de *El sueño de Úrsula*, primera ficción narrativa de la poeta argentina María Negroni (1998)[9]. Sin embargo, más allá de la diversidad de contextos históricos en que se ubican las respectivas historias (y de las diversas intenciones artísticas subyacentes) en las tres obras se puede

---

9   La obra resultó Primera Finalista del Premio Planeta de 1997.

reconocer un diseño común que corrobora las hipótesis de Reina Roffé sobre las preocupaciones de las escritoras "desobedientes", aquellas que se proponen, ante todo, construirse una voz "propia" y libre de autocensura, aun al precio de la disonancia.

Aplicado a *El sueño de Úrsula*, el rótulo "novela" resulta estrecho o parcialmente inapropiado. Ya sea que se la defina como novela lírica, epopeya en prosa o "largo poema dramático" (como la autora misma se inclina a caracterizarla en charla informal) es ésta una obra que por su misma resistencia al encasillamiento en cualquiera de los géneros canónicos, parecería contradecir y reafirmar a la vez las convicciones de Mijaíl Bajtin en torno a las diferencias de voz y de lenguaje entre novela y poesía.

Como es sabido, la novela era para el gran teórico soviético el ámbito ideal para el despliegue de la polifonía, de la multiplicidad de voces y lenguajes sociales, el espacio en que el autor se borra tras la palabra —siempre diferenciada de la propia— de sus personajes y sus respectivos medios sociales. La poesía, en cambio era vista por él como el ámbito de la voz única, la del poeta y su verdad, intransferible a otras voces e intraducible a otros lenguajes no subordinados a su propia, personalísima necesidad de expresar problemas y emociones emanados de su centro vital.

A quienes estén familiarizados con la gran lírica coral griega *El sueño de Úrsula* probablemente les traerá reminiscencias del "Partheneion" de Alcmán, con sus dos semicoros de muchachas en competencia, y tal vez también de la lírica epitalámica de Corina y Safo, esos dos nombres de mujer que quedan plantados como grandes enigmas en los comienzos de la tradición literaria de Occidente. No se trata, por cierto, de parecidos obvios ni superficiales, sino de analogías poco visibles pero sustantivas: en *El sueño de Úrsula* la lirización del impulso narrativo se sostiene inalterable desde la primera hasta la última frase del libro y crea frecuentemente la sensación de que, como en el canto coral al unísono, muchas voces diversas en su fisicalidad se unen en una misma línea melódica.

Todas las mujeres de la novela, la princesa Úrsula de Britannia y sus compañeras de rotundos nombres latinos (Brictola, Cordula, Pinnosa, Saturnia, Saulae, Palladia) sugieren, a despecho de la variedad y de la clara individuación de sus caracteres, diversas figuraciones de una misma mujer, representativa de la limitante vulnerabilidad de su género y de la encrucijada de definirse como ser humano completo, creativo e independiente, dentro de esas estrechas fronteras genéricas.

La metáfora del viaje (el de la joven reticente al matrimonio y las once mil vírgenes que emprenden con ella la aventura "masculina" de cruzar el mar) tiene, desde este punto de vista, toda una gama de significados subversivos, que en una nueva paradoja, conectan la individualidad y subjetividad de la mujer y escritora María Negroni con la condición femenina en sus múltiples cambios a través de la historia. La dialéctica borgiana del "uno-todos-ninguno" (que aquí adquiere la coloración específica del "un*a*-tod*a*s-ningun*a*"), *del regressus ad infinitum*, de la unión encarnizada de los contrarios y del reflejo especular en abismo, campea por toda la novela como una sombra familiar.

Extraña y sorprendentemente "actual" es esta novela escrita por una creadora que se ha caracterizado por prestar tan poca atención a las posibilidades de éxito inmediato que suelen traer consigo los temas "de actualidad". Por el mismo motivo, su modo de inserción en el presente y en las preocupaciones contemporáneas es muy poco convencional y contraría las expectativas creadas por el "boom femenino hispánico".

¿Quién podría esperar que una historia extraída de la hagiografía medieval sobre el martirio de unas castas viajeras, que van de Britania a Roma para ser bautizadas en la fe cristiana y que acaban masacradas por los hunos en Colonia, pudiera tener especial interés para una lectora de este globalizado, materialista e incrédulo final de milenio?

La improbable lectora conjurada en la pregunta soy yo misma, que quedé seducida por el texto tras una resistencia previa. Por eso mismo, no pretendo que las siguientes reflexiones tengan validez general...

Confieso que empecé a leer con desconfianza, preparada para el bostezo, dispuesta a desoír cualquier llamado de sirena en dirección del misticismo o de la reflexión metafísica. Confieso que corrí a consultar enciclopedias para enterarme de los pormenores de la vida de la santa y ver si había en ellos algo que diera pie a un relato atractivo y que, de ese modo, llegué a la misma fuente de la que partió la autora: *La leyenda áurea* de Jacobus (o Giacopo) de Varazze o de Voragine (o Jacques de Voragine), quien —me enteré al hojear la introducción al grueso par de volúmenes— fue un monje dominico del siglo XIII que llegó a arzobispo de Génova.

En charla con María Negroni me enteré asimismo de que sus otras fuentes (o disparadores de su imaginación) habían sido las revelaciones de Isabel de Schönau, discípula de Hildegard von Bingen, así como la serie de pinturas, inspiradas en la leyenda de la santa, del famoso veneciano Carpaccio.

Como lo había sospechado de antemano, el relato recogido en *La leyenda áurea,* la historia de una princesa nórdica y cristiana que, para no casarse con un príncipe pagano, emprende un viaje de tres años por mar y tierra a Roma acompañada por una muchedumbre de doncellas, que es seguida y perseguida por su apasionado y tenaz pretendiente y que acaba por morir virgen y mártir a las puertas de Colonia generando, con esas mismas acciones, la conversión a la fe cristiana y el martirio de su prometido, no despertó en mí mayor interés y, por supuesto, desistí de intentar averiguar cómo habían sido las "revelaciones" de Isabel, escritas en latín muchos siglos después de la época en que se originó la leyenda de las once mil vírgenes. Con muy buen tino, me limité a dejarme llevar por la voz de la narradora (sin importarme ya si podía o no identificarla como Úrsula, como Isabel de Schönau o como María Negroni) y por la melodía irresistible que ella iba entonando en conjunción con las voces de sus acompañantes-interlocutoras.

A poco de entregar mi oído al coro, se me impuso con toda naturalidad la idea de que yo podría ser cualquiera de ellas o alternativamente cada una de ellas en diferentes momentos y aspectos de mi experiencia como mujer de este siglo... o de cualquier siglo anterior. El deliberado anacronismo de las indumentarias y de ciertos detalles escénicos cuidadosamente descritos me impedía enamorarme de colores locales o históricos y, más bien, me ayudaba a concentrarme en lo sustancial: las tensiones y los momentos mágicos de la camaradería femenina, las ansiedades del viaje, de todos los viajes, de todos los cambios, separaciones y decisiones cruciales en la vida de una mujer, el desgarramiento irresoluble entre el lado privado y el lado público de esa vida, el miedo de amar a un hombre (el padre, el marido, el amante), el miedo de ser amada por un hombre, el miedo de no ser amada por un hombre, el miedo de amar demasiado a otra mujer, el miedo de que nuestra madre nos abandone o nos defraude cuando más la necesitamos, el miedo de morir, el miedo de escribir o de no poder escribir sobre todo aquello...

Pensé en primer lugar en miedos pero también en las increíbles muestras de heroísmo que tan frecuentemente nacen de esas angustias y esos terrores. Cuando pude establecer esa conexión, la voluntaria muerte de Úrsula y sus compañeras a manos de las huestes bárbaras, muy lejos de sus países de origen y sin la presencia ni la ayuda de padres, maridos o amantes, me pareció más cercana, más natural, cada vez más distante de la hagiografía y más próxima a la experiencia cotidiana de las mujeres de hoy o, mejor dicho, a las emociones generadas por vivencias no idénticas en la forma, pero comparables en intensidad.

Pensé, (es decir, fantaseé, pues *El sueño de Úrsula* se resiste a la clausura de su sentido no menos que el relato mítico que su autora intenta mimetizar) que el amante/perseguidor de la leyenda, Aetherius, es en la novela una invención de Úrsula, quien sólo puede sostener su deseo en la huida, sabiéndose a su vez deseada y perseguida. Pensé (fantaseé) que esta Úrsula está a punto de perder el impulso heroico cuando su perseguidor parece esfumarse en el momento en que más lo necesita, pero que, sin embargo, recupera su formidable estatura moral en el mismo acto en que toma control de su vida (y de su muerte) venciendo al fantasma de la soledad y escuchando tan sólo el rumor de su corazón.

No sé si la pregunta que incluí en el título de este ensayo ha sido respondida a través de los análisis comparativos, las reflexiones, las objeciones y los prejuicios inconcientes que he ido desplegando en las páginas anteriores. Mi intención ha sido demostrar que el diálogo casi siempre es posible, pero que la diferencia de lenguajes sociales y literarios vuelve arduo el intento de intercambio.

Puesto que soy lectora de *best sellers* y también de novelas orientadas a un público minoritario, mi propia experiencia tal vez pueda servir como medida de la significación que uno y otro tipo de textos pueden tener para las mujeres que acuden a ellos no sólo movidas por intereses literarios, sino en busca de respuestas para sus interrogantes existenciales. En mi caso particular, los primeros éxitos masivos de las narradoras hispanoamericanas, además de instilarme un orgullo genérico enteramente novedoso para mí, me impulsaron a transitar nuevos senderos críticos. Para ser justa con esas narradoras y conmigo misma, tengo que admitir que sus novelas me facilitaron la tarea de des-aprender la impostada neutralidad genérica con que solía acercarme a la literatura y de reinscribir mi experiencia de mujer en el proceso de lectura. Después de haber sido educada por ellas, estuve en condiciones de percibir sus automatismos o sus limitaciones artísticas e ideológicas. Después de haber gozado con sus relatos me pude dar el lujo de reclamar estéticas feministas más radicales y de volverme, yo misma, una escritora "desobediente".

Bibliografía

Obra

Allende, Isabel. (1982). *La casa de los espíritus*. Barcelona: Plaza & Janés.
---. (1984). *De amor y de sombra*. Barcelona: Plaza & Janés.
---. (1987). *Eva Luna*. Bogotá: Oveja Negra.
---. (1991). *El plan infinito*. Barcelona: Plaza & Janés.
---. (1997). *Afrodita: cuentos, recetas y otros afrodisíacos*. Barcelona: Plaza & Janés.
Esquivel, Laura. (1989). *Como agua para chocolate. Novela de entregas mensuales con recetas, amores y remedios caseros*. México: Planeta.
---. (1995). *La ley del amor*. México: Grijalbo.
Mastretta, Ángeles. (1986). *Arráncame la vida*. México: Océano.
---. (1996). *Mal de amores*. México: Alfaguara.
Montero, Rosa. (1983). *Te trataré como a una reina*. Barcelona: Seix Barral.
Ollé, Carmen (1994). *Las dos caras del deseo*. Lima: Peisa.
---. (1999). *Pista falsa*. Lima: El Santo Oficio.
Negroni, María. (1998). *El sueño de Úrsula*. Buenos Aires: Espasa Calpe/Seix Barral.
Restrepo, Laura. (1995). *Dulce compañía*. Bogotá: Editorial Norma.
Roffé, Reina. (1998). *La rompiente*. Santiago de Chile: Editorial Cuarto Propio.
---. (1999). "Rompiendo aguas: mujer y escritura en la narrativa argentina contemporánea", Ponencia leída en la Universidad de Granada, 24 de marzo de 1999.
Serrano, Marcela. (1991). *Nosotras que nos queremos tanto*. Santiago de Chile: Editorial Los Andes.

Crítica

Bradu, Fabienne. (1987). "¿Los nuevos realistas?" (Reseña de cuatro novelas, entre ellas *Arráncame la vida* de Ángeles Mastretta), en: *Vuelta*. 11, 129 : 60-63.
Cantavella, Juan. (1988). "Rosa Montero: 'La literatura es un amante fogoso del que no quiero desprenderme'" (Entrevista), en: *D. M.*, 24 de marzo de 1988.
Castillo, Debra A. (1992). *Talking back. Toward a Latin American Feminist Literary Criticism*. Ithaca, London: Cornell University Press.
Cortázar, Julio. (1973). [Texto sin título], en: Ortega, Julio. (ed.). *Convergencias/ Divergencias/Incidencias*. Barcelona: Tusquets, pp. 13-36.
Dudovitz, Resa L. (1990). *The Myth of Superwoman. Women's bestsellers in France and the United States*. London, New York: Routledge.
Franco, Jean. (1996). "From Romance to Refractory Aesthetic", en: Brooksbank Jones, Anny/Davies, Catherine. (eds.). *Latin American Women's Writing. Feminist Readings in Theory and Crisis*. Oxford: Clarendon Press; New York: Oxford University Press, pp. 226-237.

Kakutani, Michiko. (1993). "Rites of Passage Toward Great Unhappiness" (reseña de la versión inglesa de *El plan infinito* de Isabel Allende: *The Infinite Plan*, en: *The New York Times*. 25 de junio de 1993).
Ludmer, Josefina. (1984). "Tretas del débil", en: González, Patricia E./Ortega, Eliana. (eds.). *La sartén por el mango*. San Juan: Ed. Huracán, pp. 47-54.
Márquez Rodríguez, Alexis. (1990). "Rosa Montero: *Amado amo*", en: *El Nacional*. 19 de octubre de 1990 (Caracas).
Moi, Toril. (1991). "Appropriating Bourdieu's Sociology of Culture", en: *New Literary History*. 22: 1017-1049.
Reisz, Susana. (1988). "Poesía y polifonía: de la 'voz' poética a las 'voces' del discurso poético en *Ova completa* de Susana Thénon", en: *Filología*. 23, 1: 177-194.
---. (1990). "Hipótesis sobre el tema 'escritura femenina' e hispanidad", en: *Tropelías: Revista de Teoría de la Literatura y Literatura Comparada*. 1: 199-213.
---. (1991). "Cuando las mujeres cantan tango...", en: *Americana eystettensia*. Serie A: Kongressakten. 7: 141-156.
---. (1991a). "¿Una Scheherazada hispanoamericana? Sobre Isabel Allende y Eva Luna", en: *Mester*. 20, 2: 107-126.
---. (1994). "The Infinite Plan by Isabel Allende", en: *Review: Latin American Literature and Arts*. 48.
---. (1995). "Tropical como en el trópico: Rosa Montero y el 'boom' femenino hispánico de los ochenta", en: *Revista Hispánica Moderna*. 48, 1: 189-204.
---. (1996). *Voces sexuadas. Género y poesía en Hispanoamérica*. Lérida: Edicions de la Universitat de Lleida.
---. (1998). "¿Transgresión o negociación?: sexualidad y homoerotismo en la narrativa peruana reciente", en: *Arrabal*. 1: 47-52.
Rivera, Nelson. (1989). "El derrumbamiento de un publicista" (Reseña de *Amado amo*), en: *El Diario de Caracas*. 29 de enero de 1989.

Debra A. Castillo

Cornell University

FINDING FEMINISMS

Sara Castro-Klarén's "La crítica literaria feminista y la escritora en América Latina" (Feminist Literary Criticism and the Latin American Woman Writer), one of the most well-known and frequently cited essays in the Latin American feminist corpus, in 1985 highlighted a call to action in which she recognizes:

> We now have a goodly number of texts written by Latin American women, but we still have not elaborated theoretical positions derived from the reading of *those* texts (Castro-Klarén 1985: 43).

In a later article, Castro-Klarén (1989: 95) specifically takes up the discussion begun in her "Teoría del la crítica literaria [...]" ("In a way, what I would like to do here is to continue the essay written five years ago"). She ends this essay, like her earlier one, with an imperative call to action:

> [...] the study of Latin American literature is ripe for a re-writing of its history. The figure of Women and the subsequent problematics implied by its presence should cause a profound re-thinking of the possible history of Latin America and its symbolic systems (*ibid.*: 105).

That is, both Latin American literature and history, and the history of literature, require immediate and profound re-examination. Such necessary re-examination, with the concomitant reconstruction of a literary genealogy that moves women from the footnotes to the main text, that fills in the temporal and topographical gaps between Sor Juana Inés de la Cruz and Luisa Valenzuela, represents, indeed a transgenerational biographical (or, radically, an autobiographical) act. It is also a politic and political strategic move.

Before the "sudden explosion" of women writers on the Latin American literary scene during the decade of the 1980s, even the most assiduous historian of literature would be hard pressed to talk about a feminine literary culture beyond the three or four women —always the same names: Sor Juana Inés de la Cruz, Gabriela Mistral, Delmira Agustini, Alfonsina Storni— grouped together in literary anthologies as a spurious community of the also-rans: las poetisas. This infinitesimal marginalized category includes both the perversely lustful and the sweetly virginal, as well as that wonder of nature,

Nobel-laureate Gabriela Mistral, who tends to be defined as both "virile" and "maternal" in the same breath[1].

In my book, *Talking Back: Toward a Latin American Feminist Literary Criticism* (1992)[2], I set out to explore, first of all, the theoretical issues involved in the hypothetical construction of a (various) specifically Hispanic feminism(s); secondly, to discuss some of the strategies of a feminist literary practice in the Latin American context and to offer sample applications of these strategies to readings of specific texts; and finally, to suggest some of the difficulties inherent in the analysis of "a different writing" by what we might call, with a willfully reversed transvaluation of Cortázar's derisive term, "el lector hembra" (the female reader). The feminist critic, at this stage and as a strategic move, needs to challenge the ideological implications in this characterization, as well as to work through the consequences. Even now academics rarely demonstrate the kind of radical commitment to the broad definition of feminist activity implicit in the words of playwright Griselda Gámbaro. Gámbaro (1978: 18-19) begins:

> [...] as a rule, a work is considered to touch on the theme of feminism when its leading characters are women and are repressed or in rebellion.

For Gámbaro, however, this narrow definition represents an unnatural restriction of the field of feminist activity:

> [...] as far as I'm concerned, a work is feminist insofar as it attempts to explain the mechanics of cruelty, oppression, and violence through a story that is developed in a world in which men and women exist (*ibid.*).

The key words here are "and women"; Gámbaro's comprehensive feminism compels recognition of the existence of women —a step most people in this prematurely post-feminist age, have not yet taken[3].

---

1   I should also confess that this paper too is complicit to some degree with such outdated structures to the degree that it operates under the false, but historically consistent, presumption of compulsory heterosexuality for all women writers that has flattened out our understanding even of women like Gabriela Mistral, where revisionist feminist critics have quite correctly pointed out the role of the apparitional lesbian subtext in her work.

2   This paper represents an updating of the central argument in my book, *Talking Back* (1992).

3   I do not mean, in my turn, to be inappropriately dismissive here; and I applaud, for example, the efforts of Ana Rosa Domenella, Elena Urrutia, and other organizers and participants in the Colegio de México's "taller de literatura femenina mexicana", and the labors of that same country's "Centros de Documentación sobre la Mujer". To date, relatively few contributions have appeared in print, however.

Thus, Sylvia Molloy (1991) quite rightly points to an originary instability in describing the woman writer, where the two words put in juxtaposition vibrate on the page as a scandalous oximoron. Post-independence male writers allowed that scribbling ladies could legitimately produce affecting lyric poetry, and could even contribute to schoolmarmish didactic texts. As Molloy (1991: 108) reminds us, what they could not accept was the idea of a woman author —that is, a writer of intellectual power and cultural significance. What is curious and ideologically significant is that the existence of such women in pre-1980s literary history is both categorically denied *and* fiercely repressed, in such a manner that the inevitable return of the repressed figures the potency of the threat. If post-independence patriarchal culture posits that women cannot write great literature (ie. male-identified forms), it is also curious that such theoretically non-existent forms must continually be decried and rejected. When we turn from the general socioliterary context to the more narrowly defined one of literary-historical conventions, the field of study is correspondingly open. Questions that might be usefully asked in relation to the under-examined texts produced by Latin American women authors may include a discussion of characteristic genres (Why, for example, the outpouring of lyric poetry and why the narrative emphasis on the autobiography or its near relative, the pseudo-memoir?) and the potential reasons for such genre choice, as well as examination of the strategies employed in the construction of these texts, of the nuances of their enunciative structures, of the influence of ideological constraints in the ongoing construction of the typical narrative —fictional or non-fictional— of women's lives, of the social function of these texts in the societies of Latin America, of the reception of these texts by women readers, of the role of the critic and theoretician.

Rosario Castellanos, in an article on Simone de Beauvoir discusses in germ many of these issues. She divides women authors into three categories based on their reaction to a generalized ("universal") perception that women are emotional beings, capable of flashes of intuition but unable to maintain the sustained rational efforts of pellucid intelligence. For her, questions of the "natural" capabilities of women and men, in terms defined by traditional approaches derived from considerations of philosophical or intellectual adequacy as such, tend to short-circuit discussion. Philosophy, after all, is one of those domains defined by the absence of women or of "feminine" qualities. So too, the woman is philosophically off limits, described from the outside as the absence of valorized, and implicitly masculine, qualities: "lucidity", she writes, "is apparently a quality (or a disgrace?) awarded to women with great parsimony and extreme infrequency". Castellanos' marking of the word "apparently" and her humorous ambivalence about the value of lucidity —quality or disgrace— signals both her awareness of the operations of the system and her ability to resist the common tendency to be co-opted by the influential structures of power. Women may or may not be "lucid"; whether lucidity is bane or boon is left undecided. Instead, she continues:

> [...] they are conceded [...] the fugitive lightning bolt of intuitions that light up a phenomenon [...] as long as it doesn't require any previous discipline, any intelligent effort, any effort of attention, or any consistent will (Castellanos 1966: 19).

Attention, will, and intelligence define the male-appropriated approach to an object of knowledge; to women are left the untutored "natural" responses: animal instinct and unexplained "lightning bolts" of intuition. Castellanos is unconvinced by either the traditional male value of lucidity (in its standard definition) or the traditional female value of intuition (as a second-rate substitute). Nevertheless, she recognizes the power of these long-held clichés in determining a woman's relation to writing, her ability to frame self-concepts. The women who accept this theory follow the path of subordination and abnegation.

Let me make this point somewhat more specifically with what is only a slightly hyperbolic statement: Latin American women do not write. From this statement depend other corollaries, other truisms of standard Latin American literary histories. Latin American women certainly do not write narrative. What little they do write —poetry, mostly— deserves oblivion. What narrative they produce, straightforward neo-realist domestic fiction, does not stand up to comparison with the great male writers of the Boom and after, and is mercifully relegated to a mere footnote. The occasional exception —Western-trained and European-oriented women like María Luisa Bombal in Chile, Elvira Orphée, Victoria and Silvina Ocampo in Argentina, the Puerto Ricans Rosario Ferré and Ana Lydia Vega, the Brazilian Clarice Lispector, or Mexican women like Elena Garro, Margo Glantz, Barbara Jacobs, and Elena Poniatowska (whose non-Hispanic-sounding last names are almost too suggestive)— neatly demonstrates the point, but they represent something of a conundrum in traditional literary histories. Certainly these women refuse to subscribe to the synthetic, neatly patterned style typical of the traditional, nineteenth-century realist style of male narrative, or to the other, recognizably constructed, pseudo-disconnected narratives of the "boom". Their works, like their lives, are fragmented, other-directed, marginally fictionalized. Yet these women are the privileged minority in society and in literary history. And even privileged women are discouraged from taking their work seriously; they write, as Castellanos would say, from a fictional but very real state of dependence. Few women are accorded the accolades of strength, lucidity, intelligence: the varonile virtues begrudgingly handed out to the occasional and extraordinary Sor Juana Inés de la Cruz. Nevertheless, the vast majority of Latin American women, unless they have the great good luck of the access to the advantages implicit in names like Glantz or Poniatowska —the advantages of birth, education, and affluence— do not write at all. Black, mestizo, and Indian women tend to be poor and illiterate. The extraordinary campesina may, in extraordinary circumstances, dictate her testimonial to a more privileged, politically-compromised poet, anthropologist, or novelist, but even in such cases the unlettered woman is all too often stripped of agency[4].

---

4 Rigoberta Menchú's extraordinarily well-distributed story is not the only case of such, often well-meaning, appropriation; other familiar examples include *Si me permiten hablar* [...] *Testimonio de Domitila, una mujer de las minas de Bolivia* (*Let me Speak! Testimony of Domitila, A Woman of the Bolivian Mines*), dictated to Moema Viezzer; Leonor Cortina's

To counter such perceptions, Castellanos defines the qualities of the strong writer, who is both lucid and visionary. It is, in fact, this quality of a socially-committed, poetically-tinged lucidity rather than a strictly-defined veracity or even verisimilitude that is most outstanding in her own texts, both of prose and poetry, as well, as she intentionally and seriously proposes a counterbalance and counterforce to confront the overdetermined murmurings of official history and the even more deadly substrata of impacted cultural usages. To uncover the hidden aspects of things and name them represents, for her, the primary use value of the fully-realized feminine text as a recontextualization of specific reading and writing practices in terms of political strategies. Her position, and implicitly the position she stakes out for other strong Latin American woman writers as well, is one of alterity, of double-voicing, in an uncommon sense: not the commonplace denigration/apotheosis of woman as a vaguely defined and safely distanced Other, but another woman, a creative woman for whom social commitment is an enabling condition of writing, the difficulties of which it would be naive to underestimate. Castellanos (1975: 194) presciently suggested that the renegotiation of the gap between reality and fiction in the perception of women and woman's work offers an opportunity for reinvention as well:

> It is not enough to imitate models proposed to us, and that offer solutions to circumstances different from our own. It is not even enough to discover who we are. We must invent ourselves.

Implicitly, "we have to invent ourselves" in a continual process of re-elaboration, of reworking the crazy quilt of custom.

One tactic, suggests Castellanos (1973: 25), is to use the myth of silence to create a free space either for intellectual activity or simple privacy:

> Women have been accused of being hypocrites, and the accusation is not unfounded. But hypocrisy is the answer that the oppressed give to the oppressor, that the weak give to the strong, that the subordinates give to the master.

That is, she suggests that women give the oppressors the response they want to hear, but maintain the mental reservations that permit a minimal independence of thought. "Sir", says Victoria Ocampo (*Testimonios*, X: 44) to one of the men charged with reforming Argentina's civil code in 1935, "slaves always try to deceive. Only free beings

---

Lucía (Mexico); Alegría's *No me agarran viva: La mujer salvadoreña en la lucha* (*They'll Never Take me Alive*) (El Salvador); Verdugo and Orego's *Detenidos-desaparecidos: Una herida abierta* (*Detained-Disappeared: An Open Wound*) (Chile); or Poniatowska's non-fiction novel, *Hasta no verte Jesús mío* (*Until We Meet Again, my Jesus*), recreating the life of Mexico City laundrywoman and ex-soldadera pseudonymously named Jesusa Palancares in (more-or-less) her own words.

learn to despise lies". She is referring, of course, to the accusation that women must be treated differently under the law because they are naturally mendacious, that they tell men one thing and then go out and do something quite different, that they practice subterfuges and covert manipulations.

Under old, traditional codes, the woman —ambiguously the figure of truth or of untruth— remained silent and withdrawn. In the counter-hegemonic response to this official silencing, she executes a dizzying dance of negativity, appropriating silence as a tactic neither for saying nor for unsaying, but for concealing a coded speech between the lines of the said and the unsaid. In the felicitous phrase of Brazilian novelist Clarice Lispector (1986: 114): "Since it is necessary to write, at least do not smudge the space between the lines with words". This tactic of speaking between the lines and selectively, playfully, withholding speech is the essence of what Ludmer (1985: 48) calls the transformatory machine of Sor Juana Inés de la Cruz' radical manipulation of her rhetoric:

> Sor Juana's writing is a vast transformatory mechanism that works with only a few elements: in this letter ["Reply to Sor Filotea"] the matrix has only three: two verbs and the negation: *to know*, *to say*, *not*. [...] To know and to say, Juana shows, constitute opposing camps for a woman. [...] To say that she does not know, to not know how to say, to know about not saying: this series links the apparently diverse sectors of the text (autobiography, polemic, quotation) and serves as the basis for two fundamental movements that sustain the tactics that we will examine: in the first place, the separation of knowledge from the field of speech; in the second place, the reorganization of the field of knowledge in function of not saying (keeping quiet).

Ludmer signals the way in which Sor Juana's letter on the one hand recognizes the injustice of the traditional imposition of silence on women; her argument against St. Paul's statement —"Mulieres in Ecclesiis taceant, non enim permittitur eis loqui" 'Women are silent in church; they are not permitted to speak'— outlines a exegetical practice grounded in the scholastic tradition but clearly departing from it in a prototypical feminist reading. On the other hand, Sor Juana also, in her autobiographical revelations about the necessity to hide her knowledge, intimates that, in Ludmer's words (1985: 50), "silence constitutes a space of resistance before the power of the others". For Sor Juana an obligatory early silence, which could be coded as untruth or as hypocrisy, is unmasked by her present breaking of silence (the confession or autobiography), in which her very frankness could well code other resistances, other silences.

By its very nature, however, any radical breaking of silence remains a utopic exercise, always impaired by the system of discourse that establishes silence as a norm, and the transformatory mode as a revolutionary praxis. It is more reasonable in such circumstances to reflect upon options for thwarting cooptation or recuperation of the feminine within established models through a practice of tactical resistance, of deliberately eschewing polished definition, deliberately finessing issues of closure, deliberately unraveling the familiar, uncomfortable fabric of self and society. "I write", says Puerto Rican Rosario Ferré (1986: 228):

> [...] because I am poorly adjusted to reality. [...] This destructive urge that moves me to write is tied to my need to hate, my need for vengeance. I write so as to avenge myself against reality and against myself; I write to give permanence to what hurts me and to what tempts me.

How to write of this reality that both wounds and seduces is a recurrent problem; Ferré cogently recognizes that her practice as a feminine, feminist writer is inevitably bound up in her involvement with the relations of a dominantly masculinist power structure that seduces as it wounds her. Ferré realistically, and painfully, reminds us that to write is for her to write out of both hatred and love —not mere impossible rejection, but the effective resistance to co-optation inscribed in the bridging of contradiction.

Another response to the threat of cooption is appropriation. In one of her autobiographical notes, Victoria Ocampo (*Testimonios* X: 15) comments: "I resisted reading in Spanish. [...] I was submerged in French and English literature, which is for us a little like our Greek and our Latin". With the exception of the Chilean mestiza poet and Nobel prize winner Gabriela Mistral, whom she greatly admired, Ocampo's most loving attention and most insistent references are to European authors —Virginia Woolf and Vita Sackville-West; George Eliot, Jane Austen, and the Brontës; Colette, the Countess de Noailles, Claudel, Valéry, and Camus; Dante— many of whom she translated into Spanish for her fellow Argentinians. Ocampo would agree with Rosario Castellanos on the need for women to reinvent themselves, critically and creatively, and, while repeatedly deploring her own inability to reinvent in the more traditionally creative genres —novel, poetry— she puts her vast erudition to the task of a critical re-elaboration in her voluminous essays and in her autobiography. The result of this indirect, but careful, critical attention to the situation of Latin American women through her readings of European women writers is a practice based on selective appropriation of whatever material may be available —*A Room of One's Own*, the poems of Valéry, the Vaccaro medal, a scrap of embroidered ribbon— for her cause. Through this means, Victoria Ocampo intends to invent the self through a judicious self-distancing, to observe meticulously the practices of her country by first sensitizing herself to its particular adumbrations of difference in her meditations on the works of others, of foreigners, men and women.

Note, for example, this 1929 appreciation of the Argentine pampa, and Gabriela Mistral's reaction to it, as framed through reference to Ocampo's favored British models, Woolf and Brontë:

> I feel as comforted by the success [of Virginia Woolf] as by that of Emily Brontë, lost in the Yorkshire moors. [...] I took Gabriela [Mistral] to several *estancias* near Mar de Plata, during that Summer, and together we looked at plants, stones, grasses. In Balcarce I showed her the *curros*, a spiny bush covered, in March, with white flowers that smell like vanilla. The curro is considered a national plague; nevertheless I like it so much that when it flowers I always go to visit it. Gabriela later wrote to me: "I continue to live with the stones, the grasses, and the little animals from our America. [...] I see that geometry of thorns, that look and do not touch, that machine-gun of silence. [...] You could be like that [...] (Ocampo, *Testimonios* X: 20-1).

The pampa in this passage becomes charged with the tensions of Emily Brontë's moors. And in this appropriation, Ocampo frees herself of her private reluctance to give this affinity a name, the heritage of her training in the honorable shyness of a girl of good family. Through Mistral, she intimates her similarity to the "curro", the "machine-gun of silence", a common plague, a national symbol, a beautiful, ineradicable weed. In reconstructing the bits and pieces of her vast storehouse of knowledge to fit present needs, Ocampo not only gives herself over to the appropriative gestures of a transcultural bricolage, but also struggles with the various forms and domains of cultural knowledge as they impinge upon, contradict, and clarify each other, outlining her own genealogy as a prickly, persistent weed, sketching clearly the configurations of her own region through a necessary attentiveness to the dual demands of an audience divided between the nativist and the Eurocentric.

Literary criticism and interpretation are generally seen as a process of excavation. We search for "hidden meanings", enjoin our students and colleagues "to dig deeper", acknowledge our preference for the "profound". Great literature, accordingly, is that endowed with "creative depth", that which "probes below the surface" of daily life in search of universal values and eternal verities. What is "real" and "true" and "valuable" is what is underground, hidden behind veils, sunk in a postmodern *mise en abîme*, discovered at the end of arduous delving by the enterprising critic as archaeologist. In this metaphorical model, while the critic is not always male, the truth that must be uncovered has an abstractly feminine quality, and "women" tend to be relegated to the domain of the superficial. This division between an abstract feminine quality and abstracted female nature is an essential one, for oddly enough, the superficial beauties of a text's manifest discourse have frequently been associated with the artifices of feminine beautification as a kind of rhetorical cosmetics; after uncovering / unveiling / digging through these superficialities, the critic arrives at an abstract, ultimately unknowable quality.

On a less abstract level, much of traditional feminist scholarship is also ruled by the metaphor of surface and depth. New writers and forgotten voices are "dredged up from the depths" and "brought to the surface" where they can be recognized and inserted into an evolving canon. Given its long history of validation, there is, it seems to me, a certain inevitability about the appropriation and deployment of this metaphor and a good deal of discomfort with any alternative model. As Rena Fraden (1990: 277) says:

> I wonder whether it is inevitable that the embrace of multiplicity means that I must concede hierarchy or metaphors of depth to the traditional humanists. Depth may not be something I am willing to give up altogether — at least with respect to morality and politics, if not aestheticism.

An aesthetics of the superficial may be forgiven, but in Fraden's view it is something quite different, and quite reprehensible, to speak of a politics or morality of the surface.

It is in this context, then, that Rosario Castellanos' striking proposal to Latin American women novelists to celebrate and polish the superficial as their particular charge in the world of letters sounds a radically subversive call to re-examine an entire system of inherited values. First of all, she takes back knowledge of women from men, asserting her own property rights. Secondly, she suggests that real women, constantly confronted by the male-constructed image of feminity, do not necessarily have to recognize themselves in it, while at the same time Castellanos (1973: 145) gives us license to play with that fantasy-product:

> When the Latin American woman takes a piece of literature between her hands she does it with the same gesture and the same intention with which she picks up a mirror: to contemplate her image. First the face appears [...] Then the body [...] The body is dressed in silk and velvet, that are ornamented with precious metals and jewels, that changes her appearance like a snake changes its skin to express [...] What? Latin American women novelists seem to have discovered long before Robbe-Grillet and the theoreticians of the *nouveau roman* that the universe is surface. And if it is surface, let us polish it so that it does not present any roughnesses to the touch, no shock to the gaze. So that it shines, so that it sparkles, in order to make us forget that desire, that need, that mania, of looking for what is beyond, on the other side of the veil, behind the curtain. Let us remain, therefore, with what has been given us: not the development of an intimate structure but the unenveloping of a series of transformations.

Castellanos here confronts directly the rhetorical tradition that defines good prose as clear, straightforward, masculine, and bad taste in prose as a fondness for the excessively ornamented, and therefore effeminate. Thus, according to Jacqueline Lichtenstein (1989: 78):

> [...] when Cicero attempted to describe a simple style [...] he recommended leaving aside overly gaudy ornament and excessively bright colors, and taking as a model those beauties [the modest housewives] whose simplicity has no need for enhancement by pearls and makeup.

In her challenge to this ingrained metaphor Castellanos intuits the startling possibilities of a feminine aesthetics as a radically different model for feminist politics. Implicit in and emerging from Castellanos' celebration of superficiality are a number of difficult questions. By breaking the hierarchy of surface and depth, she interrogates not only that binary, and other binaries constitutive of the Western concept of self —male / female, mind / body— but also asks the far more difficult question of why such distinctions exercise our minds and why we assume they are necessarily meaningful. Furthermore, in positing a self that changes at will through a skillful manipulation of appearances, Castellanos also confronts directly a Platonic philosophical tradition that defines truth as unitary and as deceivingly veiled, posing instead a polyphonic model of linked and mutually interactive stances or theories that can be adopted and abandoned without penalty. Truth, then, is no longer something to be found under an illusory appearance, in the depths of profound reasoning, but something that has been and will continue to be constructed and interpreted. The writers' and readers' commitment, then, becomes linked to something like conversation, rather than something like domination, to the production of an evolving series of transformations rather than to the discovery of a hidden jewel of knowledge.

In short, Castellanos is engaged in the process of rethinking the rules for all sorts of human exchanges, including sexual exchange, at their most basic levels. Her project represents, not a superficial politics, in the reductive sense that Rena Fraden might have feared, but an ideological stance in its purest form; her questioning opens a free space for a different, virgin exploration. Reading this excerpt in conjunction with other of her essays, such as "Language as an Instrument of Domination" or "Herlinda Leaves", reminds us as well that for Castellanos this project of clearing a space for the display of the many and multifarious forms of life is not exempt from considerations of social class. She refuses the easy answer or the utopic vision, and never blindly dismisses the incongruencies —roughnesses?— in her own program with a high-handed disregard for unpleasant "details". While advocating the strategies of polish and pluralism, at the same time she signals their limitations both as theory and as practice in Latin American societies. It is, clearly, the upper class woman whose body "is dressed in silks and velvets, adorned with metals and precious stones"; likewise, it is leisure that allows for the elegancies of reading and writing. In "Language as an Instrument of Domination", she notes the particular ideological significance of surface manifestations for the Spanish-speaking *criollo* in Colonial times, a value that has not been surrendered in modern Mexico:

> The most important thing then was to display signs of distinction that demonstrated at first glance, and in the eyes of any passing stranger, the rank that one held in society. The color of one's skin said a lot but not everything; one had to add the purity and antiquity of faith and something else: the command of the oral means of expression (Ahern 1988: 250).

Even purity of skin and faith and language was not enough, of course; the American-born Spaniard also needed ample time, the by-product of luxury:

> Leisure offered the *criollo* the chance to refine, polish, embellish himself with all the adornments that wealth offers and cleverness can procure: the decorative quality of language, skillful word matches, verbal fencing (Ahern 1988: 251).

In "Herlinda Leaves", poignantly, she adds a tacit acknowledgement of her own contemporary complicity in retaining such privileges in her hands and in unconsciously refusing these refinements to her own servants (*cfr. ibid.*: 268). Implicitly, intimately, Castellanos questions as well the binary she herself has proposed —the binary rough/ smooth— and the ideological mode of an oppositional style that operates by offering only a smooth surface (smoothness to *whose* touch?), that does not offend the gaze (*whose* gaze?).

Deeply problematized in such productions as these is the role of the reader or viewing public. I hinted above that the audience's gaze upon these public/private spectacles is hypothetically voyeuristic. The issue is more complicated, however, because the circuit of exchange involves a recognition of the audience as voyeur looking upon a primal scene of narcissistic self-contemplation that is, nevertheless, a staged scene, meant to be overlooked. Rosario Castellanos' direct address to "you, madam, self-sacrificing little Mexican woman" is only the most overt of such gestures. We might also say that what is most seductive about these women's texts is precisely their pose of mortal self-absorption, their apparent extreme narcissism, that nevertheless can only operate as indexed by the ignored response of an implicit, but vitally essential, audience. Or, in Vincent Descombes' formulation:

> What seduces is not some feminine wile, but the fact that it is directed at you. It is seductive to be seduced, and consequently, it is being seduced that is seductive. In other words, the being seduced finds himself in the person seducing. What the person seduced sees in the one who seduced him, the unique object of his fascination, is his own seductive, charming self, his lovable self-image [...] (qtd. in Baudrillard 1990: 68).

The fact that for Descombes the "you" is necessarily a "he" is not gratuitous. It merely reproduces the archetypal economy of the man (lover, writer, critic) reading (seducing/seduced by, writing, interpreting) woman (the mistress, the work of art, the text). But what happens in the case that "you" is a female reader? Is the text unreadable? Does the reader automatically reposition herself as a transvestite? Is the female reader a she posing as a he posing as a she?

To further complicate matters, while women have been traditionally prohibited from attempting male-identified cultural expressions, neither can they legitimately speak to the feminine experience; in Molloy's words (1991: 109) "woman cannot write woman" in late nineteenth-early twentieth-century literature. Ironically the figure of Woman is the centerpiece of the modernismo aesthetic, so here too, the absence of women writers in a literary moment marked by Woman serves as a constant reminder of what must be ignored, erased, remain ferociously repressed. Given such historical and ideological restrictions on masculinist understandings of female-authored texts, it is unsurprising that the few women who slip through this sanitary cordon are safely quarantined in their own little footnote or subject sub-heading, so that they avoid contaminating the main/male literary historical text.

The concern is a historical one, which Molloy anchors in the specific moment of literary modernismo in Latin America. However, the principle can be expanded — and in fact has been expanded in work by Magnarelli, Sommer, Masiello, and Franco, among others— to other periods/genres as well. In each case, these writers point to a certain dissonance in the canonical male literary text (eg. nineteenth century national narratives in Sommer's case; Boom novels in Franco's) which operates as a surface feminization of the male text, while retaining a male-centered, even misogynistic aesthetic as a salient commonality in the deep structure of narrative. Here too, as in the texts of modernismo that Molloy uses as her example, the apparent feminization of the male text serves the counter-function of limiting women writers even more forcefully to what Soledad Bianchi (1992: 26) calls "el ghetto del sexo" 'the ghetto of sex', writing Woman across the pages of traditional literary histories, while effectively de-authorizing women writers or limiting them to the canon's margins.

Let us remind ourselves of a very few basic structural constraints on women writers that have remained constant from post-Independence times to the present:

(1) public literary culture by definition is male culture; thus, women's literary culture occurs most typically in specific, restricted spaces such as the women's periodical, the upper class women's literary salons or teas, or the contemporary workshops with an almost purely internal exchange of materials and little public resonance outside the group and its limited distribution network;
(2) women readers are perceived by the literary establishment as slightly scandalous —frivolous and/or inadequate readers of mostly inferior texts written for them by other women;
(3) oddly enough, however, women writers are harbingers of the potential dissolution of society, and prominent writers throughout the last two hundred years have pontificated on the repercussions of taking women's texts too seriously —or, alternatively, not seriously enough. As the Seminar writers (1990) remind us:

> [...] the image of women as readers seems to pose little threat to this configuration: reading counts as a form of consumption in bourgeois terms. The image of the women who writes, on the other hand, can be threatening.

One index to the threat can be read in the precarious publication histories of women's fiction and female-run and woman-oriented presses, journals, and magazines such that:

> [...] the short lives of most of the entries [...] attest to the hostile environment in which many of these publications were often carried out. The ephemeral character of many of the publications [...] should thus be read as a sign of struggle and scarcity (Seminar 1990: 175, 178).

One general, if trite, conclusion to usually drawn from such works as appear in adequate press runs, from mainstream Latin American presses, and that make it to English translation is that, in Poniatowska's words (1982: 23), "La literatura de mujeres es parte de la literatura de los oprimidos" (Women's Literature is Literature of the Oppressed). It is a realization that has been made many times, in slightly different terms, by writers of the first world as well as the third. Irregardless of the in-fighting and the rejection of similarities between classes, and notwithstanding the real concerns raised, for example, in the problematic attribution of testimonial authorship, Poniatowska's statement is, nonetheless, true on a variety of levels, and has specific implications for Latin America that are more than trite ones:

(1) literature by Latin American women can clearly *not* afford the luxurious impulses nor the strange urges besetting middle-aged European men. The record that needs

to be set straight is always a more than personal one; the threat, in countries where intellectuals regularly "disappear", is not existential angst or oncroaching senility but government security forces,
(2) for the critic, assertions made about these texts have to be accompanied by readings made cumbersome through the need to introduce, even to a knowledgeable audience, a group of works that barely circulate, even (or especially) within their own countries,
(3) the critic feels an uneasy suspicion that she may be behaving, in her own context, in a fashion parallel to that Spivak ascribes to Kipling in India, as the unwitting, and therefore all the more culpable, participant in a questionable cultural translation from a colonial to metropolitan context that enacts a literary structure of rape[5].

Well-intentioned mistranslation or misapplication of theory, like the equally unintended misrepresentation or oversimplification of primary texts, are specters than loom large in the minds of dedicated cultural critics.

There still remains the bedrock common sense conclusion that in traditional Latin American letters something (however defined) has been left out, and that whatever the social or ideological interests are involved in maintaining these absences or repressions, the result is impoverishment for the entire community. The recognition and re-evaluation of the contributions of women writers will necessarily pose a healthy challenge to the dominant discourse. For many critics this is more than enough. The need to name is in itself a driving force that not only allows for the re-inscription and insertion of feminine voices into the canon, but also provides a space for alteration of the terms of that discourse from a dynamical stance, both inside and outside the canon, simultaneously. The tension, nevertheless, between a need for an established body of common texts as the foundation that makes theory possible, and a very particularized fear of any intellectual or political versions of totalization is not easy to resolve.

Writing in Latin America is, for men as well as women, often carried out under dismal conditions either at home or in exile, under the pressure of long days spent in other work, against the instituted situations of subtle or overt censorship, sometimes with the risk of imprisonment, torture, disappearance. Critics and authors of fiction alike

---

5   Spivak (1987: 329) writes:

> [...] the incantation of the names, far from being a composition of place, is precisely that combination of effacement-of-specificity *and* appropriation that one might call violation.

And she continues with a more general lesson derived from her reading of Kipling:

> [...] unless third-worldist feminist criticism develops a vigilance against such tendencies [e.g., the structure of translation-as-violation], it cannot help but participate in them [...]. (*ibid.*: 331).

have recognized as one of their prime responsibilities the obligation to commit themselves to the struggle over the history of meanings, not only to reveal the ways in which rhetorical concerns discursively construct reality, but also to intervene into and counter these processes of reality-construction. Fiction politicized is often not enough; the reading public demands more concrete manifestations of commitment. The demands are met through a vociferous and persistent speaking out against the abuse of human rights, taking an active part in political processes, offering the organs for the circulation of repressed, alternative histories to the official stories circulated by government officials, opposing repressive regimes that make terror the only definition of injustice, by which tactic governments participate in blurring or evading demands for more equitable laws.

Men and women alert to these baroquely quilted constructions in Latin American post-colonial society in general, and to their specific implications for a gender-conscious evaluation, may still bear the weight of a "pre-feminist" past, and even a "post-feminist" present, but current discussions impinge upon their consciousness, if only as an alluring alternative or as a distanced threat. Despite societal pressures, no longer are women telling themselves, uncritically, the same story men have told them, and told about them, for centuries; no longer is exploitation by colonial powers the sole measure of oppression. No longer are they wholeheartedly accepting the systems of value that denigrate or ridicule activities and language associated with the private sphere. The United Nation's sponsorship of an International Year of the Woman (1974) provided a tremendous impetus to feminist rethinkings of traditional gender relationships. Widespread discussions and the creation of international networks in preparation for the 1995 Beijing Conference on Women signal, as Sonia Álvarez (1998: 298-99) has noted, both:

> [...] a vertiginous multiplication of the spaces and places in which women who call themselves feminists act today and a reconfiguration of feminist identities [as well as a] significant decentering of contemporary Latin American feminist practices [...] contribut[ing] to a redefinition and expansion of the feminist agenda for social transformation.

Often this redefinition has taken the form of questioning older models of theory production as well as hierarchical patterns of social organization to create more fluid structures. Pratt's discussion (1998: 435) of the effect of this widening of the agenda on theory-construction is apposite:

> Theory [...] resists heterogeneity and multiplies its terms and categories only if someone with access to the process insists on the need to do so. [...] The picture diversifies because others —the Others— are now in it. Indeed, for noncitizens, fragmentation and disintegration better describe what existed before, when the categories of the social or the political were homogeneously defined through structures of exclusion and willful ignorance.

As men and women from throughout the world met in conferences and symposia in various locations throughout the world, they began the exchange of ideas and the exploration of issues of significance to women that is continuing today. Conferences and publications from established presses throughout Latin America and the United States demonstrate an increasing interest in writing by Latin American women and a growing commitment to research in gender issues on the part of literary critics, philosophers, social scientists, anthropologists, etc., even as —paradoxically— the post-l990s women's movement in many Latin American countries seems to have lost visibility with the selective mainstreaming of their work and with what is frequently perceived as the fragmentation with respect to social, political, literary debates.

In Latin America, the general bias towards a revolutionary rather than a theoretical mode is quite clear, and strategy has been given, in application, a clear advantage over abstraction. On the other hand, theory, no matter how provisional, has a way of authenticating itself in academic discourse, and underdevelopment in theoretical work is not viewed with the same sympathy and understanding in philosophical circles as economic underdevelopment. Though the heroic days of demonstrations and barricades seem already to be receding to the past, the need for considered and positioned theoretical stances particular to Latin America remains urgent, not only for the specific conditions obtaining there, but also so as to avoid the more general impasses of work in feminism that Jardine (1985: 260ss.) has noted in another context:

> [...] what I perceived was a series of impasses between theory and praxis: theories of women or the feminine and their insistence on the (always) potentially subversive power of the feminine in patriarchal culture had produced either no possibility for social and political praxis or had resulted in a praxis that I perceived as being reactionary for women. At the same time, those who had chosen to reject or ignore the major theorists [...] most often produced no theory at all, and, in any case —in their refusal to listen to their own discourse— their praxis was often more reactionary than that of their feminine-minded sisters [...].

Furthermore in the perceived absence of indigenous theory, the Latin Americanist tends to conscript other theories to fill the gap, ironically, and sometimes inappropriately, uncritically utilizing the resources of a first-worldist approach in the service of the critique of imperialism, creating strange hybrids of dubious applicability, and —in the context of the nations of Latin America— with unacceptable political ramifications. The issue remains one of the major unresolved issues of post-colonial feminist theory.

Nelly Richard (1996) reminds her readers of the consequences of the traditional global division of intellectual labor. From a Latin American perspective, theoretical feminism, she reminds us, is still seen to function largely within the context of the European and North American university structure. There is a widespread and irritated conclusion that U.S. and European feminist theorists, even Latin Americanist feminists, speak largely to each other without taking into serious consideration the theoretical contributions of Latin American theoreticians "so they do not have to share with them the exclusive privilege of conceptualizing" (Richard 1996: 738). At the same time, Richard notes that the conditions in Latin America militate against theorization in the Euro-North American mold:

> This same question [What does feminism denounce?] when transferred to the Latin American scene achieves a renewed power since the conditions demand, according to many feminists, more action than discourse, more political commitment than philosophical doubt, more testimonial denunciation than deconstructive arabesques (*ibid*.: 735).

Richard's comments implicitly point to an unrecognized complicity between North American theorists and Latin American activists, in which the old stereotype that Latin America is the locus of praxis rather than theory is rewritten in a different context, one in which many Latin American feminists take a principled stand to support a moratorium on theory until urgent social problems can be effectively addressed.

Euro-American-based and Latin American-based Latin Americanist feminists differ not only in the degree of commitment to theoretical discourse within their specific social contexts, but also for that subset of Latin American feminists located in academic settings in Latin America, there is also a significant difference in academic feminist institutional locations: U.S. Latin Americanist feminists work more in humanities; Latin Americans tend toward social sciences (*cfr*. Kaminsky 1993: 9). While I do not have the space here to go into the implications of this disciplinary divide, I would like to suggest that one of the reasons for the apparent lack of exchange of theoretical discussions between Euro-Americans and Latin Americans has to do precisely with the disparities in the construction of knowledge in these very different disciplines.

At the same time, a more expansive model of the unequal global exchanges of theoretical capital would also take into account the mediary function of Euro-North American Latin Americanist feminists, who are largely disauthorized as theorists within the academic sites in Europe and North America. In the northern hemisphere, theory still tends to be associated with what happens in French and in English. Latin Americanist feminists in these locations often have a strange/strained relationship with colleagues working in those more theoretically-privileged languages. As Kaminsky (1993: 1) writes trenchantly: "The racism and xenophobia that results in this country's devaluation of the Spanish language also devalues the thinking that is expressed in that language". In this respect, the Euro-North American Latin Americanists who serve as a primary market for both Latin American literary and critical-theoretical works encounter reduced possibilities of circulation in the academy for their own work, as the culture of the Euro-North American academy tends to downplay their contributions to either theoretical or cultural discussions. An obvious case in point in is the extraordinary Anglo-French career of Brazilian novelist Clarice Lispector who, thanks to the idiosyncrasy of Hélène Cixous' interest in her work, has become a major figure in international theoretical circles, to the exclusion of *both* Euro-North American and Latin American feminist thinkers.

Then, too, Richard, an extraordinarily well-read and theoretically-informed thinker (in both the Euro-North American and the Latin American contexts) would clearly reject the confusion of the broad continental positions she outlines with individual nuance. Strikingly, almost all of the writers she cites in the article quoted above, "Feminismo, Experiencia y Representación" 'Feminism, Experience, and Representation', are writers firmly ensconced in the Euro-North American theoretical canon (Wittig, de Lauretis, Butler, Kristeva) or are Latin Americans and Latin Americanists whose primary location is the U.S. academy (Franco, Guerra, Vidal, Santí). Thus, implicitly, Richard hints that the theory/praxis divide is far more complexly negotiated than her programmatic statements may suggest, and that these nuances may help account for the increasing quality and quantity of exchanges among, say, Anglo-American Latin Americanists in the North American academy (Franco, Kaminsky, Pratt, or myself, for example), Latin Americans in the North American academy (Molloy, Castro-Klarén, Guerra, etc.), and Latin American feminists in Latin America (Richard, Araújo, Sarlo, Poniatowska, etc.). While these exchanges still occur along the margins of the more established structures of the literary theoretical institution, increasingly, together, Latin American and Latin Americanist feminists are posing a challenge to the Euro-North American cultural biases of theoretical discourse.

Thus, to return to an example cited earlier in this paper, Josefina Ludmer's "Tretas del débil" (1985) (Feints of the Weak) presents a careful and attentive close reading of Sor Juana Inés de la Cruz' "Reply to Sor Filotea", that is clearly informed about but not determined by the various poststructuralist theories and implicitly engaged in the current feminist debates about representation, power, difference, and the ideological import of masculinist rhetorical and political conventions. Her "strategies" are never naively imagined, however, and imply a specific "perspective" that both takes the woman writer out of a narrow repertoire of options for representability, and at the same time re-evaluates the importance for theory, and for a critique of imperialism itself, of a rhetoric derived from the private sphere:

> A fundamental datum is shown there: that the regional spaces which the dominant culture has extracted from the personal and the quotidian and has constituted as separate kingdoms (politics, science, philosophy) are constituted in the woman precisely at that point considered personal, and are undissociable from it. And if the personal, private, and quotidian are included as a point of departure and perspective for other discourses and practices, they disappear as personal, private, and quotidian: that is one of the possible results of the feints of the weak (Ludmer 1985: 54).

Ludmer brilliantly points to a reading practice that repoliticizes writing strategies without collapsing them simply into some reductionist version of use-value, so as to effect a change in the conditions of representability that will assist in rescuing the past —recovering for the modern reader the genius of Sor Juana— but also in offering a repertoire of possible tactics useful in the present and with a continuing importance in the perspectives for the future[6]. One of the most attractive features of Ludmer's essay is

---

6   I would also like to recognize the work of Guerra Cunningham (1989) in the same direction, especially the passionate and provocative material included in the subsection of her

her deployment of the "tretas del débil" in a more theoretically generalizable framework. The weak (woman) strategically refers not only to Sor Juana, and not only to the colonial nun, but also to Ludmer, the postcolonial critic. In divining Sor Juana's tactics, Ludmer hints at her own: to take from tradition whatever is salvagable and useful, to borrow from other writers what is needful and helpful, to fill in the gaps with her own meditations.

A contributing factor to a more fruitful dialogue has been the literary feminists' growing awareness of the limited and shrinking market for literature, in Latin America as elsewhere, under pressure from television as narrative genre of increasing preference, popular song as the preferred poetry, and testimonios as an ever-more heralded hybrid of oral and written cultures. U.S. Latin Americanist literary feminism is increasingly taking cognizance of popular culture forms, and as it moves closer to culture studies, there are opportunities for renewed connections with the strong tradition of well-developed, social science-based Latin American feminist theories. Curiously, the lite lit/avant garde debate is reinscribed here once again. Franco (1992: 70) notes:

> The class privilege of the intelligentsia has always posed a problem for Latin Americans, but in women's writing it becomes particularly acute since women writers are privileged and marginalized at one and the same time.

I would add to Franco's comment that privilege and marginalization act as floating signifiers that can be applied almost universally, with different valences, to widely different writers: for instance, Diamela Eltit is privileged (in the traditionally-theoretical realms of the academy) and marginalized (in popular terms); Laura Esquivel is also privileged (in popular culture, and in popular culture studies) and marginalized (in the academy), in precisely the opposite configuration. Lite lit, thus, seems to offer a distinct advantage not only to the hordes of female readers throughout the Spanish-speaking world, but also as the basis for smart, social-science informed studies of popular culture. By implication then, the perceived hegemony of metropolitan thought will necessarily be broken up against more culturally-sensitive local elaborations of theory. Latin American feminist sociology focusing on specific female cultures in regions —for instance, Iglesias Prieto's *La flor más bella de la maquiladora* (1985) (*Beautiful Flowers*

---

article "Las sombras de la escritura", entitled "Estrategias discursivas de la mujer latinoamericana como subjeto/objeto de la escritura". Guerra Cunningham (1989: 143), like Ludmer, and González and Ortega, uses the metaphor of discursive strategies to outline a potential feminist literary practice. Her list of suggestions includes:

> [...] the aesthetic phenomena of silence and the void, the palimpsest, the diglossia of the feminine, mimicry with a transgressive value, and the feminization of other dominated groups, visible or blank margins that modify the assimilated intertextual space creating signifying fissures in the phallogocentric ideological system.

of the Maquiladora)— and the international literary market are slowly coming to accomodations, mutual recognitions, and fruitful collaborative efforts.

There is another factor that needs to be taken into account as well, though it has been severely undertheorized at this date. Compuserve and AOL and the web have moved into Latin America faster and more effectively than I ever dreamed possible, back in the Stone Age of the l980s, when communication was still largely limited to computer jocks in research institutes. A decade later the scenario has completely changed, with the greatest acceleration in this transformation occurring as of the mid-1990s. Since that time, indigenous women have been transmitting their messages from the mountains of Chiapas, the Madres de la Plaza de Mayo have set up their website and instant action network, and NGOs began serving as conduits for international networks of everything from grassroots agrarian movements to rock groups. Verónica Schild (1998: 93) quite rightly points out that since the l990s feminist NGOs "[...] are engaged in the production of knowledge, including categories that become part of the moral repertoires used by the state". While international networks such as these have often become extremely controversial, since it is not clear that they are either representative or accountable in any traditional sense (*cfr.* Álvarez 1998: 312-13)[7], nevertheless, they pose intriguing new challenges for the future.

It is entirely unsurprising, thus, that Latin American writers have accompanied Latin American political and social movements into the communication age. Given the much lamented difficulties of text distribution for all except the most prominent writers, the instant and international distribution possibilities of the net (albeit sadly deficient in royalties) offer obvious attractions. Writers can get their works out to an ever-larger international community of casual readers, fellow writers, and literary scholars, and do it extremely rapidly and efficiently. I will give just one example to anchor this point. In late October l997, a colleague sent me an e-mail to tell me about her recent trip to the US-Mexico border, and mentioned, among other things, that she had picked up a copy of a local Tijuana newspaper only to discover that Rosina Conde (an author who has interested me for a number of years) was publishing a novel called *Genara* in installments in that paper. I was delighted to hear about Conde's new work. After checking the web and verifying that this particular paper did not seem to exist online, I immediately wrote an e-note to a friend in Tijuana, who also happened to be a librarian at the Universidad Autónoma de Baja California, to ask if he could check his archives and save me copies of the installments. Instead, he wrote back with Conde's e-mail address. I wrote her, expressing my interest in her book, and she responded with

---

7   Schild (1998: 105-6) notes:

> Winners and losers are emerging from this scramble to survive [...]. For many women's NGOs, this means having to abandon the kinds of projects they closely associated with feminist commitments [...]. The big losers are activist NGOs related to the grass roots.

a query about whether or not I would be interested in reading a copy, which she would be happy to send me as an e-mail attachment. And so it came about that less than 24 hours after I learned of this novel's existence, and several e-mail exchanges later, it was downloading on my computer and printing out in the comfort of my home.

Writers and critics can engage in dialogues heretofore impossible or exceptionally complicated —exchanging drafts of work-in-progress and completed but still-unpublished fictions and critical appreciations, responding to queries, providing access to out-of-print works through downloadable files. Through the increasingly pervasive computer network, underrecognized writers from Spain, Puerto Rico, Argentina, and the U.S. can meet and share their works. Some of these fictions are more traditional in form and style, while others respond directly to the inspirations of the technology that underwrites their conditions of possibility: creating web-based poetry journals, collaborative fictions, and online mixed genre creative works that include text, sound, and moving images.

I agree with Nelly Richard and Verónica Schild that it is now impossible to talk about Latin America, even from within Latin America, without reference to metropolitan discourse. Richard, for instance, would acknowledge that her own metropolitan debt is very much apparent in her theoretically informed, rigorous analyses of feminist theory in the Chilean context. I am more optimistic than her, however, about the current situation, at least as it involves Latin American and Latin Americanist feminist culture workers. Thinkers throughout the Americas have become disillusioned with canonical theoretical models that were created out of and for other cultural conditions. Most importantly, the last few years have seen a widespread recognition of cultural basis and bias of a theoretical structure formerly imagined to be transparent and universal. While the power/knowledge relations remain severely unequal between theory talk and any kind of Latin American-ish work, the most pertinent question for Latin Americanists seems to me no longer to be a concern about to do or not to do Cixous in relation to Latin American writers, as a straightforward application of French theory, but rather *how* to rethink issues derived from Euro-American theoretical discourse so as to recontextualize it for a reality that we all know is vastly distinct from that of the Paris intellectual environment. This work is going forward: in Cuarto Propio Press in Chile, in *Debate Feminista* in Mexico, in *Feminaria* in Argentina, in universities and research institutes throughout the Americas, and in many, many other sites and publications, both physical and virtual, where thinkers and theorists are finding a third way, neither rigidly local nor uncritical metropolitan, to speak and write Latin American feminisms.

Bibliography

Works

Castellanos, Rosario. (1973/1984). *Mujer que sabe latín*. México: Fondo de Cultura Económica.
---. (1966/1984). *Juicios sumarios*. México: Fondo de Cultura Económica.
---. (1975). *El eterno femenino: farsa*. México: Fondo de Cultura Económica.
Ferré, Rosario. (1986). "The Writer's Kitchen", in: *Feminist Studies*. 12: 227-42.
Gambaro, Griselda. (l978). "Feminism or Femeneity?", in: *Américas*. 30, 1: 18-19.
Iglesias Prieto, Norma. (l985). *La flor más bella de la maquiladora*. Tijuana: Colegio de la frontera norte.
Lispector, Clarice. (1986). *The Foreign Legion*. Manchester: Carcanet Press.
Ocampo, Victoria. (l935, 1941, 1946, 1950, 1957, 1963, 1967, 1971, l975, l977). *Testimonios*. 10 Vol. Buenos Aires: Sur.

Critical Works

Ahern, Maureen. (ed.). (1988). *A Rosario Castellanos Reader: An Anthology of Her Poetry, Short Fiction, Essays, and Drama*. Austin: University of Texas Press.
Álvarez, Sonia E. (1998). "Latin American Feminisms 'Go Global'", in: Álvarez, Sonia E./ Dagnino, Evelina/Escobar, Arturo. (eds.). *Cultures of Politics, Politics of Cultures: Re-visioning Latin American Social Movements*. Boulder: Westview, pp. 293-324.
Álvarez, Sonia E./Dagnino, Evelina/Escobar, Arturo. (eds.). (1998). *Cultures of Politics, Politics of Cultures: Re-visioning Latin American Social Movements*. Boulder: Westview.
Baudrillard, Jean. (1990). *Seduction*. New York: St. Martin's Press.
Bianchi, Soledad. (1992). "Lectura de mujeres", in: Grau, Olga. (ed.).*Ver desde la mujer*. Santiago, Chile: Cuarto Propio.
Castro-Klarén, Sara. (1985). "La crítica literaria feminista y la escritora en América Latina", in: González, Patricia Elena/Ortega, Eliana. (eds.). *La sartén por el mango*. Río Piedras: Huracán, pp. 27-46.
---. (1989). "The Novelness of a Possible Poetics for Women", in: Vidal, Hernán. (ed.). *Cultural and Historical Grounding for Hispanic and Luso-Brazilian Feminist Literary Criticism*. Minneapolis: Institute for the Study of Ideologies and Literature, pp. 95-106.
Castillo, Debra. (1992). *Talking Back: Toward a Latin American Feminist Literary Criticism*. Ithaca: Cornell University Press.
Fraden, Rena. (1990). "Response to Professor Carolyn Porter", in: *New Literary History*. 21: 273-278.

Franco, Jean. (1986). "Apuntes sobre la crítica feminista y la literatura hispanoamericana", in: *Hispamérica*. 15, 45: 31-43.
---. (1988). "Beyond Ethnocentrism: Gender, Power, and the Third World Intelligentsia", in: Nelson, Cary/Grossberg, Lawrence. (eds.). *Marxism and the Interpretation of Culture*. Urbana: University of Illinois Press, pp. 503-515.
---. (1992). "Going Public: Reinhabiting the Private", in: Yúdice, George/Franco, Jean/Flores, Juan. (eds.). *On Edge: The Crisis of Contemporary Latin American Culture*. Minneapolis: University of Minnesota Press, pp. 65-83.
---. (1996). "Afterword: From Romance to Refractory Aesthetic", in: Brooksbank Jones, Anny/Davies, Catherine. (eds.). *Latin American Women's Writing: Feminist Readings in Theory and Crisis*. Oxford: Oxford University Press, pp. 226-237.
González, Patricia Elena/Ortega, Eliana. (eds.). (1985). *La sartén por el mango*. Río Piedras: Huracán.
Guerra-Cunningham, Lucía. (1989). "Las sombras de la escritura: hacia una teoría de la producción literaria de la mujer latinoamericana", in: Vidal, Hernán. (ed.). *Cultural and Historical Grounding for Hispanic and Luso-Brazilian Feminist Literary Criticism*. Minneapolis: Institute for the Study of Ideologies and Literature, pp. 129-164.
Jardine, Alice. (1985). *Gynesis: Configurations of Women and Modernity*. Ithaca: Cornell University Press.
Kaminsky, Amy K. (1993). *Reading the Body Politic: Feminist Criticism and Latin American Women Writers*. Minneapolis: University of Minnesota Press.
Lichtenstein, Jacqueline. (1989). "Making Up Representation: The Risks of Femininity", in: Bloch, R. Howard/Ferguson, Frances. (eds.). *Misogyny, Misandry, and Misanthropy*. Berkeley: University of California Press, p. 78
Ludmer, Josefina. (1985). "Tretas del débil", in: González, Patricia Elena/Ortega, Eliana. (eds.). *La sartén por el mango*. Río Piedras: Huracán, pp. 47-54.
Magnarelli, Sharon. (1985). *The Lost Rib: Female Characters in the Spanish-American Novel*. Lewisburg: Bucknell University Press.
Masiello, Francine. (1986). "Discurso de mujeres, lenguaje de poder: reflexiones sobre la crítica feminista a mediados de la decada del 80", in: *Hispamérica*. 15, 45: 53-60.
---. (1989). "Between Civilization and Barbarism: Women, Family and Literary Culture in Mid-Nineteenth Century Argentina", in: Vidal, Hernán. (ed.). *Cultural and Historical Grounding for Hispanic and Luso-Brazilian Feminist Literary Criticism*. Minneapolis: Institute for the Study of Ideologies and Literature, pp. 517-566.
---. (1989). "Women, State, and Family in Latin American Literature of the 1920s", in: *Seminar on Feminism and Culture in Latin America. Women, Culture, and Politics in Latin America*. Berkeley: University of California Press, pp. 27-47.
Molloy, Sylvia. (1991). "Introduction", in: Castro-Klarén, Sara/Molloy, Sylvia /Sarlo, Beatriz. (eds.). *Women's Writing in Latin America*. Boulder: Westview Press, pp. 107-124.

Poniatowska, Elena. (1982). "La literatura de las mujeres es parte de la literatura de los oprimidos", in: *Fem.* 6, 21: 23-27.
Pratt, Mary Louise. (1998). "Where to? What Next?", in: Álvarez, Sonia E./Dagnino, Evelina/Escobar, Arturo. (eds.). *Cultures of Politics, Politics of Cultures: Re-visioning Latin American Social Movements*. Boulder: Westview, pp. 430-436.
Richard, Nelly. (1993). *Masculino/femenino: Prácticas de la diferencia y cultura democrática*. Santiago, Chile: Francisco Zegers.
---. (1996). "Feminismo, experiencia y representación", in: *Revista Iberoamericana*. 62, 176-177: 733-744.
Schild, Verónica. (1998). "New Subjects of Rights? Women's Movements and the Construction of Citizenship in the 'New Democracies'", in: Álvarez, Sonia E./Dagnino, Evelina/Escobar, Arturo. (eds.). *Cultures of Politics, Politics of Cultures: Re-visioning Latin American Social Movements*. Boulder: Westview, pp. 93-117.
Seminar on Feminism and Culture in Latin America. (1990). *Women, Culture, and Politics in Latin America*. Berkeley: University of California Press.
Sommer, Doris. (1991). *Foundational Fictions: National Romances of Latin America*. Berkeley: University of California Press.
Spivak, Gayatri. (1987). "Imperialism and Sexual Difference", in: Koelband, Clayton/Lokke, Virgil. (eds.). *The Current in Criticism*. West Lafayette: Purdue University Press, pp. 319-337.
Steele, Cynthia. (1992). *Politics, Gender, and the Mexican Novel, 1968-1988: Beyond the Pyramid*. Austin: University of Texas Press.
Vidal, Hernán. (ed.). (1989). *Cultural and Historical Grounding for Hispanic and Luso-Brazilian Feminist Literary Criticism*. Minneapolis: Institute for the Study of Ideologies and Literature.

Annegret Thiem

Universität Leipzig

LA BÚSQUEDA DEL YO
EN EL CENTRO DEL *LOGOS*

> El ser humano existe,
> en tanto que se sepa y se quiera.
> (Johannes Scotus Eriugena)[1]

La joven autora cubana Yanitzia Canetti, que reside en Boston, obtuvo con su segunda novela *Al otro lado* (1997) gran reputación en el mundo literario. Lamentablemente las críticas no solamente se basan en una evaluación literaria del texto sino todavía hay opiniones que intentan proclamar la diferencia de los sexos como criterio de la crítica literaria, reduciendo el éxito del libro a "la sensibilidad de una mujer" (Pablos Miguel 1998) que permite "establecer un círculo tan magistral, una prosa tan llena de encanto [...]" (*ibíd*.). Incluso se llega a comparar a Yanitzia Canetti con la autora Zoé Valdés, buscando semejanzas entre el éxito de las dos y creyendo haberlas encontrado en el *ser mujer*, "[...] porque también es mujer, [...] sabe lo que es una menstruación, parir con dolor, darle candela a un hombre [...]" (*El Periódico de Aragón* 1998). No queda muy claro lo que estos dos aspectos tienen en común y la comparación de dos autoras basándose en su sexo biológico, en vez de los textos literarios, sigue la misma trampa de siempre: que el sexo de la autora oculta la verdadera dimensión del texto y sigue tratando la literatura escrita por mujeres en la mayoría de los casos como algo exótico apoyando con esta actitud los mecanismos de exclusión de la literatura escrita por mujeres[2].

Sin embargo Yanitzia Canetti logra con su texto *Al otro lado* una excelente subversión de este discurso hegemónico y *falogocentrista* (*cfr*. Derrida 1967, Irigaray 1974)

---

1   La traducción es mía, la cita en alemán es la siguiente: "Der Mensch existiert, sofern er sich weiß und sich will" (Eriugena en Flasch 1986: 165).

2   La cantidad de opiniones parecidas es sorprendente. En una correspondencia privada con la autora Noemí Ulla por email (del 19.01.2001) ella me comentó lo siguiente, sobre una crítica semejante que se le hizo a su propia obra:

mediante una contaminación del origen del *logos* occidental, de la iglesia (católica) al realizar el encuentro nunca tolerado entre el deseo corporal —sobre todo el deseo femenino— de la protagonista y la iglesia católica, representada en la figura del padre Jonathan.

Al principio del texto la protagonista explica el título y con éste la intención que la motivó a escribir su historia, quiere tomar el riesgo y hacer un viaje hacia sí misma y conocer lo que se encuentra *al otro lado* de su Yo: "[...] estoy decidida a tomar el riesgo de buscar quién soy y quién vive al otro lado" (Canetti 1997: 9). La búsqueda del *otro lado* constituye esta novela. Como una búsqueda siempre implica un camino, algo inseguro e indeterminado, las/los lectora/es consecuentemente no llegan a saber el verdadero nombre de la protagonista. Al contrario, la autora cambia el nombre de episodio a episodio utilizando el vasto fondo de la mitología e historia y marca así las diferentes etapas en la vida de la protagonista. Antes de tomar la decisión de narrar su historia a un cura en un confesionario había intentado diferentes posibilidades de cruzar el umbral hacia el *otro lado*, hablar con amigos, hacer terapias y sobre todo utilizar el sexo para trascender el propio Yo. Como nada dio resultado, se decidió a confesar su vida porque cree que el sitio donde se sigue celebrando el *logos* debe ofrecer la posibilidad de encontrar el verdadero Yo. Aunque no cree de una manera tradicional eclesiástica —represiva— sino más bien de un modo humano laico, se siente culpable de algo que no sabe denominar, pero al que hace responsable de sus dudas respecto del (sin)sentido de su vida. Es decir, ella produce para sí un círculo vicioso en el que equipara la búsqueda del Yo con la búsqueda de conocimiento cuyo valor como pecado original es responsable de la expulsión del paraíso y con ello de la pregunta del Yo propio:

> ¡La iglesia sí! La iglesia es el único lugar que me queda para expiar el pecado. Pero lo terrible es que no creo [...] Yo necesito [...] un cura misericordioso que me ayude a encontrarme (*ibíd.*).

A partir de este momento empieza a contar toda su historia en el confesionario en forma de una confesión tradicional con el cura Jonathan, cuya belleza le sorprende. Esta confesión determina la estructura de 21 capítulos de los 25 existentes que se dividen en dos partes. La primera parte —en itálica— describe los diarios paseos de la protagonista a la iglesia y sus impresiones de la iglesia como edificio. La segunda parte consta de la confesión misma en la que cuenta fragmentos de su vida desde su existencia prenatal —en el vientre de su madre— hasta el momento en el que decide abandonar su 'isla del Caribe'. La primera parte siempre motiva a la segunda, es decir, una palabra o una idea son el punto de partida para cierta memoria de las diferentes experiencias o aventuras de la protagonista.

Lo más sorprendente es que él está convencido de haberme favorecido con semejantes reflexiones. Así es la cosa. La crítica está sumergida en prejuicios que vienen de muy lejos y que debemos tratar de desterrar.

LA BÚSQUEDA DEL YO

Estos medios de la construcción textual permiten cuestionar el discurso logocéntrico ya que la protagonista logra contaminar con su 'feminidad' y subvertir este *logos*, que en este caso representa la *absentia* y exclusión de la mujer. Aunque sigue siendo ella la que confiesa al cura callado —jerárquico superior— su 'culpa', poco a poco se establece entre los dos cierta complicidad en la que se vislumbra la misma pretensión de ambos: la búsqueda del Yo con los roles cambiados, ella mediante la palabra y él mediante su silencio absoluto.

Al otro lado es una confesión *a este lado* y al *ser* humano. Deconstruye al mismo tiempo las *Confesiones* de San Agustín cuya meta era entregarse a Dios y con esto al más allá junto con la idea de que el ser humano sólo debería saber lo que sus cinco sentidos le permiten percibir. Pero de buena manera 'fáustica' el querer saber más de sí mismo se desarrolla como una búsqueda mediante el cuerpo, en este caso el cuerpo y el deseo femeninos. Mediante la expresión del deseo, la protagonista intenta acercarse a los secretos de su alma y de su espíritu, no siempre consciente de la cercanía entre experiencias vitales y mortales. Cómo al final Yanitzia Canetti logra subvertir el *logos*, intentamos aclararlo analizando detalladamente el texto.

Partiendo de la estructura del texto reconocemos en los títulos de los capítulos la Biblia como *pretexto*. *El principio*, *Pecado original*, *La tentación* o *El perdón* son motivos bíblicos que la autora utiliza, *habita*, para construir una historia femenina subjetiva e individual. El segundo capítulo, *Pecado original*, reduce, por ejemplo, el motivo universal a un sentimiento de culpa particular: "*Tenía que saber, primero, cuál consideraba yo que era mi pecado original*. Saberme viva fue el pecado original" (Canetti 1997: 21).

El sexto capítulo, *El miedo*, recurre al miedo que resultó de la educación católica represiva en la que figura(ba)n palabras claves como castigo, mala consciencia, falta de libertad, fe ciega o impureza como medios de garantizar la obediencia de los/las creyentes. Una referencia a este miedo se advierte en la protagonista al entrar por primera vez en la iglesia. Este miedo se relaciona con su propio miedo desde los días de su infancia y cuya arbitrariedad intenta entender en la confesión:

> A mi alma regresa una queja, un miedo temible... Le temo a todo, Padre, le temo a todo y a todos. [...] A ese *Alguien* o *Algo* que vive al otro lado de mí. [...] Sentir miedo me proporcionaba un extraño e indefinido placer. Era el riesgo a ser poseída por una fuerza ajena a mí (*ibíd*.: 46-47).

El principio: al principio Dios creó el cielo y el mundo, y la primera confesión empieza con la referencia a la creación del mundo contando el comienzo de su propia vida. Pero al principio también era la palabra. La palabra y la escritura figuran aquí como posibilidad de evocar el verdadero Yo —puesto que el sujeto se constituye primero con el acceso al orden simbólico (*cfr*. Lacan 1973)—, y de encontrar e integrar desde la distancia narrativa lo siempre perdido en este orden simbólico. Para lograr aquello la protagonista está dispuesta a "[...] virarme al revés [...] Tal vez si yo me pusiera fuera de mí misma a través de la palabra, me libraría de ese otro ser o no-ser desconocido" (*ibíd*.: 14).

La autora sigue desarrollando una descripción de la vida de una joven paralela a la doctrina de la gracia: de la creación del hombre y su pecado original hasta el cristianismo y su implícita salvación seguimos el camino de la protagonista hacia su independencia, su autonomía de actuar. Esta orientación según mitos bíblicos, hace visible tanto el debate entre la predestinación y el libre albedrío como el conflicto entre el alma y el cuerpo, el deseo y la abstención. Muy precaria en esta discusión es la situación de la mujer como símbolo del pecado, de lo eternamente malo. Y este es para Yanitzia Canetti el punto de arranque, cuestionar la situación femenina en el discurso falogocéntrico. En un sistema patriarcal el pecado de la protagonista es su intento de emanciparse en el sentido literal de la palabra: de liberarse del poder paternal. Al principio se siente confundida en un *no-saber* de sí misma, de lo cual se quiere desprender y que la enfrenta una y otra vez con Cristo o la tradición católica, dificultando así la confesión mediante un enredo de sus pensamientos que a veces parecen una red rizomática de la cual no encuentra salida:

> Él sabe que no tengo principio, que nunca podré comenzar. Todo está enloquecido en mi tiempo de vida. Termino con el principio o comienzo con el final o... y lo peor es que no sé... que no sé... El padre sabe que no tengo idea de lo que quiero decir y que ni siquiera sé que no tengo idea de la idea que tengo de lo que quiero decir (Canetti 1997: 72).

El Principio no nos presenta sólo los comienzos de la protagonista sino también cuenta su primer encuentro con la iglesia como edificio. Al entrar por primera vez allí *siente* el lugar, su medio preferido de familiarizarse con algo o alguien. La arquitectura de la iglesia le recuerda la crucifixión: "[e]s una iglesia en forma de cruz que te crucifica apenas entras" (*ibíd*.: 10). Empieza a describir la iglesia como un cuerpo humano, haciendo visible de esta manera el conflicto entre la Iglesia y la corporalidad. El cuerpo como medio de transmitir sentimientos hace de la iglesia un sitio humano en el que desaparece su reclamo de deshumanizar el ser humano. La protagonista describe la iglesia como un ser hermafrodita con rasgos sexuales tanto masculinos como femeninos. Al principio los atributos masculinos dejan la impresión de una *superpotencia* que hace visible la diferencia de los sexos en su jerarquía absoluta:

> [...] una arquitectura hermafrodita, donde un rosetón inmenso y abundante en pétalos se abre entre las piernas de una iglesia masculina, que más que elevación suprema y espiritual, es un prominente cuerpo fálico proyectado al cielo (*ibíd*.: 10).

Incluso la luz que entra por las vidrieras se vuelve corporal. Penetra la ventana y reina en la oscuridad con sus "emanaciones excesivas", haciendo la iglesia "exuberante y florida" [...] "con profusión de formas y volúmenes, color y enigma" (*ibíd*.: 11). Esta referencia al acto generador convierte a la iglesia en un lugar en el que se acepta la *vida* sin excepciones. Este aspecto humano del edificio le quita a la iglesia su dominancia masculina y los atributos femeninos paulatinamente conquistan este lugar sacral.

En el primer capítulo la iglesia simboliza el seno materno y constituye el motivo para la segunda parte, la confesión, que empieza con los principios de la protagonista en el vientre de su madre. Ahí ya conoce antes de su nacimiento el placer del amor participando en un acto sexual de sus padres y conociendo el 'hacer el amor' como algo muy natural y maravilloso:

> Era mi padre, era la sangre de mi padre que arremolinaba las aguas oceánicas de mi madre. Yo no podía dormir y aprendí a amar aquella música y aquel vaivén de dos cuerpos que se amaban y que me amaban. Cuando terminábamos de hacer el amor, me quedaba dormida —mis padres también— con las piernas bien apretadas a mi pecho y el corazoncito acelerado (*ibíd*.: 16).

Esta experiencia temprana se le queda grabada como un *trace* (*cfr*. Derrida 1972) y determina toda su vida. Siendo bebé descubre su propio deseo en los barrotes de su cuna, sin embargo decide ocultar este descubrimiento teniendo la impresión de una gran culpa, nunca mencionada pero transmitida por una memoria (femenina) cultural que impide disfrutar su propio cuerpo:

> Tal vez yo sí luché por salir de la cuna alguna vez y en esa lucha de mis piernas con los barrotes de madera, descubrí una rara sensación de placer de apenas unos segundos. No sé por qué intuición ancestral callé el secreto. Entré al pecado por la puerta ancha. Con el placer y con el secreto (Canetti 1997: 27).

La aceptación de la vida, saberse viva y el deseo corporal de la protagonista se vuelven en su propio pecado original doblemente peor por la explícita confesión del deseo femenino que (no solamente) en la iglesia se compara con algo diabólico. Esta confesión al *ser* humano, al *ser* mujer, a verse a sí misma como una entidad de cuerpo *y* alma hace de la expulsión del paraíso "algo supremo, el mejor castigo de los castigos creados por ¿Dios?" (*ibíd*.: 22-23). Al mismo tiempo justifica la existencia del cuerpo como una invención divina y cuestiona a Dios como categoría autoritaria. En el discurso de las confesiones la protagonista se da cuenta de que no tiene nada que confesar, que lo que califica como pecado no es más que una convención cultural que hay que superar y que la tarea principal del hombre (y de la mujer) es aceptarse como uno/a es, con todo lo que implica vivir.

En su segunda visita la iglesia parece un lugar que conoce muy bien los deseos. La descripción corporal esta vez recurre a una postura de espera de satisfacción sexual que aún no logra. Todavía no hay posibilidad de una reconciliación entre la parte masculina y femenina:

> Las campanas están sonando ahora. Cada una por su lado, sin ponerse de acuerdo. [...] Las puertas de la iglesia están hoy un poco más abiertas [...] La sillería de madera se muestra dura, rígida, lisa (ibíd.: 25).

Reprimir forzosamente sentimientos y deseos parece absurdo a la protagonista, ya que cada uno/a es el resultado de este placer prohibido: "[s]omos hijos legítimos del placer" (*ibíd.*: 26). Su propio deseo figura aquí como una protección de sí misma, pues en el momento en que se entrega al deseo, acepta su cuerpo, se vuelve íntegra y quita el poder del pecado corporal. La corporalidad femenina, que en el discurso falogocéntrico llega a ser 'mitologizada', ya no puede ser utilizada como medio represivo diabólico. Se salva por la aceptación de *ser* humano:

> ¡Me parece un vicio empedernido y morboso prescindir de ciertos placeres, en lugar de obedecerlos! Un placer que no florece, se nos pudre dentro. Y luego sale de algún modo —podrido de estar tanto tiempo enterrado vivo (*ibíd.*).

El conflicto del que todavía no encuentra salida se desarrolla entonces entre la llamada *verdad*, es decir, entre las normas sociales y eclesiásticas que deben cumplirse y la *no-verdad*, todo lo que está en contra de la norma y lo que sale de su propia experiencia. De esta manera para ella no existe ningún modo de comunicarse con el mundo exterior, incluso con su propia familia. Cada intento de articular sus sentimientos o sus propias observaciones respecto del mundo fracasa porque siempre termina en un malentendido.

Subrayando así la falibilidad de la lengua, la articulación del deseo resulta impronunciable. Intenta desviar los esfuerzos de sus padres de integrarla a la sociedad, viviendo su propia verdad. Esto le crea conflictos grandes no solamente con su familia sino más tarde también con el sistema político represivo de la pequeña isla del Caribe. Siendo niña se rebela contra la *verdad* que la obliga a creer lo que su madre dice. Una verdad que nada tiene que ver con sus propias fantasías:

> Aunque yo no tenga bien claro los límites entre lo cierto y lo incierto de la vida, juro que me esmeré en decir lo que sentía —del corazón a la boca. Quizás mi mente nunca quiso ver la realidad. Quizás. Y fui castigada por eso hasta que finalmente aprendí la lección: debo decir la verdad de los demás y no mi propia verdad; debo ver con los ojos de los demás y no con mis propios ojos; debo decir lo que los demás esperan y no alterar su noción exacta de las cosas; debo creer en lo que veo y no en lo que imagino (Canetti 1997: 32).

Su madre no comprendió nunca sus juegos de niña cuando ella representaba diferentes personajes y los vivía seriamente cambiando así las identidades en un acto de *performance*, según la terminología de Butler (1990). Ya desde muy pequeña resiste una identidad *a priori* determinada que la limita y encarcela. Por esta razón tampoco tiene un nombre definitivo, este cambia según el personaje cuyo papel desempeña. Siendo niña decide, por ejemplo, ser Cenicienta y se esconde un día entero con un pie desnudo debajo de la mesa porque, según ella, había perdido el zapato. Desde luego no contestaba a las llamadas de su madre que buscaba a la niña —que no era ella en este momento— causando desesperación en su madre por no poder encontrarla. Cenicienta no entiende el castigo porque no comprende la diferencia entre la realidad de su madre y su propia realidad imaginada que se construye en su mundo propio:

Yo era Cenicienta ese día. [...] Pero mi madre no me creyó, decía que yo sí era la niña, y una niña muy mentirosa por cierto. [...] Y que el castigo sería doble por andar con un solo zapato. Por más que le dije que el hechizo se había roto cuando ella me encontró, mi madre —harta de mis mentiras— me castigó una vez más (*ibíd.*: 33).

La autora consigue con esta actitud de la protagonista cuestionar estructuras de pensar restringidas y abre camino para ver y pensar el mundo desde diferentes perspectivas. El juego del cambio de identidades resulta un medio para caracterizarse a sí misma y a los diversos personajes con los que trata a lo largo de la novela y pone de relieve las diferentes fases de su desarrollo personal. En el colegio empieza su verdadero juego de roles. Junto a sus compañeras Ninfa, Náyade y Nereida, ella, Ondina, luchaba por la atención de los compañeros Alejandro Magno, Atila o El Zar: las (inocentes) ninfas del agua intentan acercarse a los grandes guerreros de la Historia, caracterizando así de manera irónica los primeros encuentros entre los sexos diferentes. A veces la autora invierte el sentido histórico o mitológico de las figuras. La protagonista sí hace el amor con los héroes como Caupolicán, Hércules o Claudio. Sin embargo, respecto del amor, los héroes ya no lo son tanto y son atacados en su punto más débil, su supuesta potencia:

Así pasó con Caupolicán, que vino a verme con un tronco en la mano y gritando que Hércules era un comemierda griego, todo debilucho e impotente, y que él sí era un macho remacho. [...] Y antes de que yo pudiera articular alguna cosa, mi pobre Caupolicán eyaculó y huyó con el rabo entre las piernas (Canetti 1997: 189).

La protagonista es Juana de Arco, Ondina o Josefina; es Penélope que durante las clases mira hacia la puerta esperando ser salvada por Ulises. Sus primeras experiencias sexuales, que resultan más bien abusos sexuales, las tiene con Donanciano Sade en un ascensor quien la obliga —Teresita del niño Jesús— a 'dejarse tocar'. Cuando por fin las puertas del ascensor se abren, Teresita se encuentra frente a un grupo de hombres que esperan el ascensor y cuya indignación se dirige en seguida contra ella y no contra él, demostrando una vez más lo diabólico inherente de la mujer:

[...] y que qué desfachatez, tan chiquita y haciendo esas cosas, y miraron al marqués que se subía el pantalón y mostraba sus dientes de cremallera, y otra vez los señores me miraron a mí y que qué barbaridad, que niña tan perversa si lo que tiene serán diez años y que qué se habrá creído esta mocosa con esa cara de yo no fui [...] (*ibíd.*: 58).

El cambio de los roles significa también un juego de máscaras mediante el cual no sólo se pueden seguir los pasos desde su niñez hasta el ser adulto sino que también demuestra una subjetividad momentánea (*cfr.* Derrida 1967) que impide atribuirle características fijas evidenciando así una identidad que se escurre entre los diferentes personajes protagonizados. Por medio del cambio de roles la identidad de la protagonista se fragmentariza aun más de confesión en confesión, siendo esto un resultado de las normas sociales que rechaza. Sin embargo, lo que ella realmente está buscando se encuentra detrás de este cambio de roles: su verdadero Yo. Para no caer en la trampa de creer algún axioma sin haberlo cuestionado se ha creado su propio *credo* que contiene la filosofía de su vida, todo lo que para ella es importante. De esta manera subvierte el dogma eclesiástico represivo y reclama la *presentia* femenina. La iglesia se vuelve "*una caja de Pandora*" (Canetti 1997: 29) de la que ya ha salido lo peor y donde aguarda muy en el fondo todavía la esperanza. La protagonista articula su esperanza en una igualdad de los sexos en su (No) *Credo*:

> No creo en la santidad de los apóstoles ni en la virginidad de la Virgen. Creo en la virginidad de su alma callada. Veo más casta su maternidad consciente, que su coito con un espíritu alado. [...] La madre del Señor sigue siendo pura para mí, pero pura por su dolor y por amamantar a un hombre bueno. No creo que la fricción de las carnes sea más impura que la eyaculación de una paloma enviada por Dios. No creo en la pureza... no creo en la impureza... no creo en nada y creo en todo. No quiero creer en lo que creo y creo en lo que no quiero creer (*ibíd.*: 29-30).

En este pasaje la autora logra cuestionar la verdad absoluta, los prejuicios del *logos*, la jerarquización de la función de los órganos sexuales y la implícita negación del cuerpo femenino que está representada en la Virgen María. El mudo dolor de esta alma dolorida es lo que la protagonista rechaza, en su lugar profesa su propio deseo y cuerpo femenino.

El sufrimiento callado de María se proyecta en el padre Jonathan con quien se confiesa. Este cura es tan hermoso que su belleza parece irreal. Sus ojos azules, una dádiva divina. Sin embargo este cura recuerda con su fragilidad, su belleza y su aspecto espiritual a muchas figuras literarias femeninas al estilo de Thomas Mann que parecen irreales por su transparencia y fragilidad y la muerte que les rodea. El color azul es un símbolo de lo espiritual y además el color del cielo. En el cristianismo también representa tanto la verdad y la eternidad de Dios como la inmortalidad del alma. De este modo los ojos de Jonathan parecen un pozo, en cuyo fondo la verdad espera:

> ¡Qué cura tan hermoso! No imaginé que un cura pudiera ser hermoso. Tiene los ojos como abismos de cielo. Ni una nube empeña ese azul manso de quietud milenaria. Ojos sin fondo. Ojos de maniquí en vidriera. No me miran pero sí los miro y sé que no existen ojos así en otro lugar, son tan irrepetibles como el infinito (Canetti 1997: 14).

Pero Jonathan no solamente representa la verdad eterna, también simboliza el deseo reprimido en y por la iglesia, pues el deseo no le parece desconocido, si pensamos en la figura bíblica Jonatán, hijo de Saúl, quien probó de la miel prohibida (*cfr*. 1 Samuel 14, 27). De repente el azul de sus ojos cambia a "una huella de luz... una huella azul... de un azul casi infernal" (Canetti 1997: 15). La protagonista descubre que Jonathan, a quien utiliza como medio entre sí misma y el cielo, también queda atrapado en una lucha interna, luchando con su propio deseo masculino, que le queda prohibido. Poco a poco el cura se vuelve más sensual y su belleza parece venir directamente de Dios. Como Dios lo ha querido así, el pecado del deseo pierde su dimensión diabólica. La protagonista queda impresionada por el carisma del cura y lo describe detalladamente pronunciando todos sus deseos interiores. Con cada descripción Jonathan parece más femenino y los límites entre los sexos se desdibujan:

> *Dios mío, ahora veo su boca. Es divina. Con razón este hombre intercede entre el cielo y yo. ¡¿Cómo no advertirla antes?! ¡¿Cómo pudieron sus ojos abismales ocultarme la línea tenue de su boca?! Tal vez no sea un cura. [...] Tal vez sea un ángel.* [...] *Son labios tan rojos como los que sólo existen en los cuentos de hadas. Son labios finos y pulposos como una rodaja de sandía. Son una herida abierta y leve en pleno rostro* (ibíd.: 31).

El afecto que ella siente por él poco a poco tiene efecto en el cura. Ella empieza a subvertir el discurso de la pureza, causando el deseo del padre. Con cada confesión ella lo desea más y sus reacciones silenciosas dejan deducir el mismo afecto. Juntos 'viven' la fuerza de los sentimientos sin haberse tocado jamás o hablado fuera del confesionario. El cura intenta solucionar este conflicto buscando apoyo en Cristo al pie del crucifijo. Pero la iglesia pronto cambia de aspecto y se vuelve un lugar en el que se acepta el deseo y en el que todos los santos van de dos en dos, "primero San Pablo, luego la Inmaculada, luego San Jerónimo, más allá Santa Teresita [...]" (ibíd.: 37). Incluso Jonathan no encuentra el apoyo necesario en Cristo, porque Cristo aparece "de mayúsculas dimensiones viriles" (Canetti 1997: 38) y no puede aplacar el deseo. De nuevo, la mujer como lo malo, causa su sufrimiento en carne viva, pero esta vez no son los sentimientos de la protagonista lo que lo sofocan, sino que está amenazado por sí mismo:

> *Siento la sofocación del Padre. Miro al Cristo, debilitado por la cruz pero de mayúsculas dimensiones viriles. Y luego miro al Padre, cuya estatura roza los pies de Jesús. Un hombre frente a otro. Uno sangrante y otro sofocado.* [...] *Las mejillas del Padre están encendidas. Tienen alguna emoción, algo ha llenado el alma del cura. Aunque sus ojos no me miran, me presienten cerca de él* [...] *Sus mejillas están inyectadas de sangre y gritan alguna resurrección. Se ahoga. Sus venas se asoman impetuosas, como una corriente de sangre a punto de desbordarse.* [...] *Quiere decir algo. Quiere mirarme. Quiere...* (ibíd.).

El deseo mutuo de ambos en un nivel retórico-erótico hace de ellos cómplices y de la lengua el lugar donde se articula el deseo y la búsqueda del conocimiento de sí mismos. Paulatinamente se tratan más íntimamente. Gestos y miradas sustituyen el contacto físico, y ella intenta encontrar salida de esta situación mediante la completa confianza contando al cura la historia de su vida incluyendo toda clase de experiencias sexuales: le entrega su vida y se entrega a sí misma para por fin poder encontrar *el otro lado*:

Nunca me mira a los ojos. Pero hoy ha mirado fijamente mi cuerpo. Más bien mis caderas. Yo bajo la vista. Yo creía que hoy me iba a balancear en uno de los suspiros del Padre, pero sus ojos me encienden el deseo de confesar y de entregarle toda mi vida hecha pecado (*ibíd*.: 46).

Ya han llegado a tal familiaridad que Jonathan la espera en la puerta de la iglesia, la saluda con los brazos abiertos y la acompaña al confesionario, todo sin pronunciar palabra. Sin embargo este afecto un poco insólito remite a una proyección del otro lado de la protagonista en la figura de Jonathan. Él le ofrece la posibilidad de contar su vida sin valorar ninguna actitud, solamente escucha. El soliloquio de ella libera su inconsciente recoleccionando fragmentos de su existencia por la memoria que empieza a fluir. Entonces el deseo que siente hacia él resulta el deseo por conocer y por aceptar el otro lado de sí misma aunque todavía no sea capaz de pasar esta frontera entre ambos lados:

> Le pertenezco. Le debo la resurrección de mis años, el misterio de mi pecado, la duda de no saber y algunas de mis mejores lágrimas y palabras en busca de mí, del otro lado de mí (*ibíd*.: 93). [...] Él es mi fruto, mi manzana, mi dolor, mi angustia, mi miedo y mi duda. Él es mi incertidumbre, lo que no alcanzo y que me alcanza (*ibíd*.: 204).

En el momento en que ella está dispuesta a aceptarse a sí misma con todos los fallos humanos, recibe el abrazo del cura, "Transcurren los milenios, y el Padre y yo seguimos abrazados" (*ibíd*.: 213). Que este abrazo no fue un acontecimiento real sino un acto simbólico del primer paso hacia sí misma, se aclara al día siguiente:

> La iglesia ya no existe —¿no existió nunca?— y del padre no queda huella. Hay sólo un cementerio abandonado y descuidado en el que ella encuentra una lámina con el nombre del cura y unas palabras que dicen "murió de amor sencillamente" (*ibíd*.: 216).

En este momento decide abandonar su país en busca de nuevos caminos hacia su Yo: "Adiós, mi isla. [...] Ahora vivo en otro país. Viajé como mis antepasados, en busca de mí [...]" (Canetti 1997: 216). La confesión entonces no era sólo el intento (fracasado) de liberarse a sí misma, de su Yo, mediante la palabra después de haberlo intentado tantas veces a través del cuerpo, es también el intento de reconciliar ambos medios, cuerpo y lengua hacia la integridad de su propio ser. Sin embargo todavía no ha llegado al final de este camino, al contrario, en el nuevo país al principio "la sombra crece" (*ibíd*.: 170).

La confesión también representa en su significado tradicional el pensar dentro del marco de estructuras logocéntricas de una sociedad patriarcal, en la que entre otras cosas la diferencia jerárquica de sexos es la base del pensamiento. En la confesión la protagonista alza su voz y busca el confesionario como lugar desde donde hablar. Utiliza el origen del *logos* para hablar y para contaminarlo con la confesión de su vida. Invierte el significado original y demuestra la imposibilidad de crear una identidad por medio de paradigmas y roles antiguos de la tradición bíblica. La protagonista fracasa porque no se encuentra a sí misma en estos roles y por eso acepta la vida como el máximo don del ser humano y con esto acepta y goza al mismo tiempo su vida sexual, su propio cuerpo femenino. De la misma forma enfrenta la inestabilidad de los sentimientos y el cambio permanente, el fluir, como principio de la vida y del mundo:

> Padre, cuando yo nací, ya Eva había probado del fruto prohibido. Y lo lamenté. Me hubiera gustado saber a qué sabía aquella primera fruta. Debo confesarle que de aquel fruto, yo nunca probé ni un pedacito siquiera; pero de aquel árbol fértil, creo haberme llenado la boca de jugos y sabores. Y como Eva, fui dotada de cierto entendimiento. Al menos para entender que vivir era algo supremo [...] (ibíd.: 22).

Esta convicción se refleja en lo que cuenta de su vida y que parece ser un viaje por la literatura erótica pero no es más que su manera de rebelarse contra las normas rígidas que la rodean.

Su primer amor se llama Romeo y ella es para él su "novia para toda la vida" (*ibíd*.: 63). Esta confirmación la llena de mucho miedo después de sus experiencias con el marqués, pero confía en Romeo. Sin embargo su miedo estaba justificado, pues ese amor "para toda la vida" termina en el acto casi bélico de su defloración y, para colmo por no haber sangrado, con la devolución del 'juguete quebrado', es decir, Romeo la lleva a la casa de su padre devolviéndole a su hija por no haber correspondido con sus conceptos de mujer. El traslado de la situación a un nivel completamente patriarcal en el que la protagonista desempeña sólo un papel secundario e inferior en el que el verdadero conflicto es un asunto entre los 'dueños' de una propiedad, significa para ella la ruptura definitiva con los valores tradicionales y ella se decide por una vida según sus propios ideales:

> Pero ya a esta altura, yo estaba persuadida de que no quería que hubiese un primer hombre y mucho menos un primer novio para toda la vida. Y después que mi padre logró que aquel muchacho estuviera totalmente convencido de su error [...] yo le dije a mi primer novio de manera simple y lacónica: "Ni te creas que fuiste el primero" (Canetti 1997: 66).

Sus propios ideales, sin embargo, la llevan a grandes problemas con la sociedad y con el estado de la pequeña isla, donde vive. En la universidad conoce a su gran amor, Calígula. Con él vive todos los cambios de identidad que ha querido y que además él le pide. Una vez es la luna, otras veces Perséfone y "Artemisa y Minerva y Venus y Dafne y Clío" (*ibíd*.: 75) hasta es también su propia madre. Con él inventa el mundo a su manera y puede vivir sus fantasías que hasta entonces siempre había tenido que reprimir. Sin embargo esta etapa feliz no dura mucho, pues Calígula es buscado por la policía. Él le exige no saber "nada de nada" (*ibíd*.: 76), pero no advierte que con esto ha tocado su punto débil: ella no ha sabido nunca nada y es lo que ahora piensa enfrentar: su nada, su Yo. Pero antes de esto le espera todavía una temporada dura. Por ser la amante de Calígula, la policía encarcela también a la protagonista —a partir de ahora Juana de Arco— y empieza una odisea de la que no cree poder salir viva. Es una prueba de su voluntad de (sobre)vivir. Aunque sus padres son "gente cabal, honrada y sobre todo, revolucionaria" (*ibíd.*: 78), la arrestan en la universidad, la llevan al coche de Julio César quien la conduce a su casa para registrarla y luego a la cárcel donde el Capitán Aquino y el Capitán Torquemada la interrogan de manera inquisitorial. Después la maltratan, la torturan y la violan:

> Noches enteras estuve gritando y gritando y gritando hasta que perdí la voz. Lo segundo que perdí fue la noción del tiempo. [...] Luego, y casi simultáneamente, perdí el sentido espacial. [...] Tiritaba de calor y me ahogaba de frío (ibíd.: 83).
> [...]
> Había un médico que me auscultaba con las manos y me inyectaba cafeína para activar mi presión sanguínea. [...] Aquel médico me había llenado todo el cuerpo de pinchazos porque decía que quería salvarme la vida [...] y dejaban que toda la aguja entrara hasta arañar el hueso. [...] Yo sentía su aliento a medicina detrás de mí.[...] y me decía: Eso que sientes ahora no es la jeringuilla. [...] reapareció el sereno, un viejo [...] me agarraba por los pelos y empezó su faena.[...] Vamos, mi ratoncito, ábreme la boquita para que no caiga al suelo [...] (*ibíd.*: 89).

Por primera vez se da cuenta de que su cuerpo no la puede salvar de esta situación y que su propia verdad no le sirve de ninguna manera en esta situación extrema. Después de treinta y tres días en la cárcel la ponen en libertad y le informan que será acusada por "complicidad, encubrimiento, corrupción, espionaje" (*ibíd.*: 96), delitos que nunca acometió. "La verdad era lo menos importante" (*ibíd.*: 99) es lo que llega a comprender y la contradicción de vivir según la verdad del mundo de los adultos... ¿qué verdad?

De nuevo la encarcelan, esta vez en una cárcel de mujeres en la que sólo sobrevive porque la adoran como una Virgen anunciada por una de las presas. Al salir de este lugar ya no queda vida en ella, ha perdido lo que más la aferraba a este mundo. Su resurrección se la debe a un cisne que "[...] vivía en un jarrón de porcelana [...] y mordisqueaba dulcemente el rostro desnudo de Leda" (*ibíd.*: 133-134). Se mira atentamente en el espejo y se da cuenta de las miles de diferentes caras que viven dentro de ella:

> Unas hermosas y otras más hermosas. Unas desnudas y otras más desnudas. Unas suspirantes, otras sofocadas; unas enfurecidas, otras doblegadas; unas poderosas, otras amedrentadas. Unas seductoras y otras seducidas. Y todas con cara de hembra en celo, dispuesta a llenarse el vientre de placeres. [...] Todas me gustaban, todas, todas. [...] ¿Será mucho pecado querer vivir? (Canetti 1997: 134).

Con esta decisión por su deseo rechaza cualquier aspiración de dar un sentido a su ser y vuelve a su cuerpo sin cualquier tabú o límite. Ahora el sexo es para ella un medio para olvidar y es un estar fuera de sí misma en el acto sexual, un esfuerzo de transcender su Yo, la búsqueda del Yo. Vive cualquier experiencia sexual e intenta averiguar cuánta vida cabe en una sola persona. Participa en orgías con Dionisio, se acuesta con Cimarrón, con Tristán y su amigo Cástor, quienes viven un amor homosexual platónico. Pasa una noche con Antonio, que en verdad es una mujer, y por su cama transitan

Marco Antonio, Caupolicán, Hércules, Claudio, Ibsen y Napoleón. A veces ella es Mesalina, otras veces Cleopatra, Nefertiti o Josefina. Mediante esta presencia de todos los grandes amores la autora reduce el amor a un mero acto sexual, que es la base para que la vida siga. Además, el deseo sexual es para la protagonista el único punto seguro en un mundo de cambios y una diversidad de identidades que solamente se vislumbran en el acto de escribir pero que no se pueden ni fijar ni acertar. Al final de su confesión le queda claro que los muchos roles que ha desempeñado hacen de ella una mera construcción de múltiples máscaras que le imposibilitan encontrar su verdadero Yo. Amor le ayuda a advertir que este juego contraría su intención de encontrar su *otro lado*; él no la amaba a ella sino a todo lo que él proyectaba en ella, es decir, todo lo que él quería ver en ella, y ella respondía a esto cada vez con la máscara correspondiente en la que se confundían realidad e imaginación:

> Amor fue honesto: no amaba a la mujer de verdad. Amaba a la mujer que quería amar [...] —¿Por qué me amas?—pregunté con la respuesta en mi cabeza, que fui recitando casi al mismo tiempo sin que él me escuchara. —Porque *porque* eres *eres* real *real* y *y* verdadera *verdadera*—dijimos; él en voz alta y yo en voz baja. No puedo negar, Padre, que me gustaba la idea que Amor se había hecho de mí. [...] Hasta yo misma casi me llegué a creer que yo era esa mujer perfecta de la que Amor me hablaba [...] Me di cuenta, Padre, que yo acababa de inventar al personaje de mí misma (*ibíd.*: 207-208).

Debido a la distancia narrativa en el discurso de la confesión, a la protagonista le fue posible reconocer su construcción personal y queda evidente que para encontrar el otro lado es necesario quitarse todas las máscaras y prescindir de todas las aspiraciones a cumplir roles o ideas. Esto implica que hay que despedirse de un comportamiento bien aprendido en un sistema patriarcal: de la idea de que una se acepta a sí misma sólo cuando los demás la quieren, es decir, si cumple todas las expectativas de otras personas.

Con esta lucha por la apreciación subjetiva se enfrenta a la lucha del ser humano en general: el enfrentamiento a su propia muerte. En cuanto cualquier envoltura externa se ha disuelto y perdido su valor, queda a la vista su posición como "Una voz en medio de los siglos" (*ibíd.*: 210), la nulidad de la existencia humana. Por el cambio de la situación femenina a un nivel de una confrontación universal, la diferencia de los sexos ante la muerte ha perdido su valor por completo y el abrazo del cura simboliza esta complicidad humana en la que el *ser mujer* encuentra reconciliación en la iglesia donde siempre ha sido lo otro, lo extraño, lo malo. Se emancipa del padre y se decide finalmente por aceptarse a sí misma y su corporalidad. En el abrazo ocurre la contaminación del *logos* que a partir de este momento pierde su poder. Ella no necesita ninguna absolución, la iglesia se ha vuelto innecesaria para su propósito y por eso la destrucción —o la imaginación— de la iglesia parece una consecuencia lógica. Con esta destrucción puede empezar a buscar su Yo fuera del *logos* dominante. La deconstrucción definitiva, sin embargo, ocurre en el exilio. En una iglesia abandonada encuentra a una vieja que cuida el único tesoro de este templo descuidado: un crucifijo muy grande. La vieja deja a la protagonista sola con Cristo y ella se le enfrenta a su manera: se desnuda ante la *palabra hecha carne* para demostrarle que lo quiere sobre todo por haber sido ser humano ya que el cuerpo humano es lo que Dios había querido crear. Se le acerca, lo besa, le quita su corona espinosa y se la pone, toca sus manos y sangran las de ella. En esta fusión espera respuesta al por qué del ser y la esperanza de poder volver al principio cuando aún no existía ningún *logos*:

> Quiero que al besarme dejes caer tu hechizo poderoso y me hagas definitivamente virgen, me devuelvas al principio de las constelaciones, donde no hay ni hombres, ni mujeres, ni miedos, ni recuerdos, ni infancia, ni vejez, ni luna, ni calor, ni jugos, ni mares congelados, ni animales feroces, ni aullidos, ni misas, donde apenas estás tú (*ibíd.*: 235).

En este abrazo definitivo la protagonista ha devorado con su deseo el orden simbólico falogocéntrico, avanzando hacia su origen y mediante la apropiación del mismo lo contamina, lo cambia y lo deconstruye. Después vuelve a casa y finalmente logra encontrar el *otro lado*, que no es nada más ni menos que ella misma: "Al otro lado, estoy yo simplemente. Al otro lado vuelvo a estar yo infinitamente" (*ibíd.*: 250):

> No me culpo de existir. [...] Mi vida es un signo grande de interrogación. Somos todos unos signos de interrogación que vamos, pregunta a pregunta, por el planeta. Por eso, yo me perdono de lo que me pueda condenar. Me perdono todo lo que me acusé y me acusaron alguna vez (*ibíd.*).

Al otro lado representa no sólo una deconstrucción del orden simbólico falogocéntrico sino también niega la existencia de una identidad *a priori* determinada y que de ninguna manera se deja construir basándose en roles tradicionales femeninos. La Biblia como pretexto ofrece la posibilidad de cuestionar motivos cristianos en favor de la secularización de una actitud autónoma humana —y sobre todo femenina—, independientemente de una vida predeterminada y liberándose de Dios.

Por este motivo no hemos analizado la novela en el contexto del misticismo. Tampoco queremos denominar a la protagonista una "nueva mística" pues lo principal del texto nos parece la *confesión* absoluta de la narradora a su propio deseo corporal y no el deseo por una *unio mystica* con Dios. El objetivo no es negar la existencia humana en toda su limitación para llegar a participar del ser divino, sino al revés, la aceptación de la corta existencia humana y la afirmación de disfrutar todo lo que significa humano incluso y sobre todo el cuerpo femenino.

En la medida en que la protagonista se desarrolla, cambia su identidad momentánea y la autora subraya sus diferentes pasos mediante las figuras históricas o mitológicas. Al final del texto la formación de la protagonista no ha llegado a ningún fin, al contrario, ella se ha dado cuenta de que es parte de un proceso que tarda toda su vida en el que cualquier intento de determinarla tiene que fracasar:

Tengo que aprender a andar con lo que soy como si no fuera yo, sino un ser que no se alcanza todavía, pero que sí lo intenta. En el intento está mi amor por mí y por las otras yo que viven en los espejos de mí, que son los otros. Como yo soy el espejo de las otras yo que se reflejan en mí. En esa casa de espejos, estamos nosotros —que somos yo, yo y yo. O lo que es lo mismo: tú, tú y tú (*ibíd*.).

El discurso tradicional de la confesión queda subvertido y se utiliza para justificar el propio Yo en vez de ser un *suicidio moral* para una vida determinada por las normas eclesiásticas. Siguiendo el ejemplo del discurso religioso de este texto parece lógico que la novela termine con otra referencia religiosa. Termina con un rezo y la señal de la cruz: ambas referencias quedan liberadas de su significado original y son revalorizadas. Ahora no se trata del discurso patriarcal en el que creer sino del propio Yo (femenino), que en su corta existencia tiene que aceptarse como es: un ser humano pasajero:

En el nombre de mi corta existencia, de mi larga muerte y en mi propio nombre desconocido. Amén (Canetti 1997: 250).

Bibliografía

Obra

Canetti, Yanitzia. (1997). *Al otro lado*. Barcelona: Seix Barral.

Crítica

Butler, Judith. (1990). *Gender Trouble. Feminism and the Subversion of Identity*. New York/ London: Routledge.
Derrida, Jacques. (1967). *De la grammatologie*. Paris: Éditions de Minuit.
---. (1972). *La dissémination*. Paris: Éditions de Minuit.
Flasch, Kurt. (1986). *Das philosophische Denken im Mittelalter*. Stuttgart: Reclam.
Irigaray, Luce. (1974). *Speculum de l'autre femme*. Paris: Éditions de Minuit.
Lacan, Jacques. (1966/1971). *Écrits I+II*. Paris: Éditions du Seuil.
Pablos Miguel, Clemente de. (1998). "Erotismo y represión", en: *El Norte de Castilla*. 10. April.

NOTES ON THE CONTRIBUTORS

LAURA J. BEARD holds a B.A. in English from Carleton College and the M.A. and PhD in Spanish from The Johns Hopkins University. An Associate Professor at Texas Tech University in Lubbock, Texas, where she is a member of the Spanish & Portuguese, Comparative Literature, Latin American & Iberian Studies and Women's Studies faculties, she has published articles on twentieth-century narratives by Spanish American and Brazilian women writers. She is currently completing a book on narratives by women writers of the Americas, contemporary narrative and feminist theories, and the construction of personal, cultural, ethnic and national identity through the testimonial and autobiographical genres. During the 1990-2000 academic year, she was a Fulbright Senior Scholar in Mexico, studying the social construction of gender. In the summer of 1998 and 2000, she made research trips to Brazil. Beard also has strong research and teaching interests in Native American and First Nations cultures and literatures and has an article forthcoming in *Studies in American Indian Literatures* entitled "Giving Voice: Autobiographical/Testimonial Literature by First Nations Women of British Columbia". She is editor of the comparative literature journal *Intertexts*.

ALICIA BORINSKY is fellow of The University Professors, Professor of Latin American and Comparative Literature, College of Arts and Sciences at Boston University. M.A., Ph.D., University of Pittsburgh. Professor Borinsky is a literary scholar, fiction writer, and poet. She has published extensively in Spanish and English, in the United States, Latin America, and Europe. Her most recent books are a volume of literary criticism, *Theoretical Fables: The Pedagogical Dream in Contemporary Latin American Fiction* (1993); a novel, *Mean Woman* (1993); the collections of poems, *La pareja desmontable* (1994), *Madres alquiladas* (1997) and the novels *Sueños del seductor abandonado* (1996) and *Cine continuado* (1997). Her creative work has been translated, anthologized, and published in *The Massachusetts Review*, *Confluencia*, *The American Voice*, *Under the Pomegranate Tree*, *New American Writing*, *Tameme*, and *Beacons*, among others. Professor Borinsky has held visiting professorships at Harvard University and Washington University in St. Louis and has won several awards, among them the Metcalf Award for Excellence in Teaching (1985), and the Latino Literature Prize for Fiction (1996). She is a member of the Boston University Chelsea Management Team, and Director of the Boston University Program in Latin American Studies.

DEBRA A. CASTILLO is Professor of Romance Studies and of Comparative Literature, Director of Latin American Studies Program, Director of Graduate Studies for the Women's Studies Program at Cornell University. Her publications include *The Translated World: A Postmodern Tour of Libraries in Literature* (1984), *Talking Back:*

Toward a Latin American Feminist Literary Criticism (1992), *Easy Women: Sex and Gender in Modern Mexican Fiction* (1998), translation and introduction of *Tijuana: Stories on the Border* (1995), co-author of *Este ambiente de noche: La prostitución femenina en Tijuana*, co-editor of *Transforming Cultures in the Americas* (1999), *Rethinking Feminisms in the Americas* (2000), *Beyond the Lettered City: Latin American Literature and Mass Media* (2000), forthcoming *Border Shorts: Theory in Practice*. Over 75 articles and reviews.

SARA CASTRO-KLARÉN is Research Professor of Latin American Literature and Culture at The Johns Hopkins University. She is the former Director of the Latin American Studies Program at The Johns Hopkins University, Homewood Campus. She has published extensively on the work of modern and colonial Latin American writers. She published *Escritura, transgresión y sujeto en la literatura latinoamericana* (1989). With Sylvia Molloy and Beatriz Sarlo she edited *Women's Writing in Latin America* (1991). Her work in cultural studies includes recent essays on the sixteenth-century millennial movement Taqui Onqoy, on the work of Guamán Poma, on "cannibalism" as a key rope in the cultural history of modernity both in Europe and Brazil, and on the relationship of anthropology to the novels of Vargas Llosa.

JEAN FRANCO received the PhD. from King's College, University of London in 1964, writing a dissertation entitled *Theme and Technique in the Novels of Ángel Ganivet*. She was named Doctor of the University, Essex University, in 1992. Her teaching career began in 1958, in a post with the London Education Authority. Since then she has held positions at Queen Mary College and King's College of London University; was named Professor of Latin American Literature, University of Essex in 1968; was appointed Professor of Spanish at Stanford University in 1972, holding the Olive H. Palmer Chair of Humanities from 1979 to 1982; and became Professor of Spanish at Columbia University in 1982. She has held visiting professorships at several universities, including Freie Universität Berlin and the University of California, at San Diego. Jean Franco has held several university administrative positions and has been the recipient of many honors and research grants over her long career. She is the author of nine books, the latest of which, *Critical Passions*, is due for publication by Duke University Press in October 2000. She also has nearly 90 articles and quoted interviews to her credit. In 1987 Professor Franco was elected vice president and president elect of LASA. She served as the Association's president from November of 1989 to April of 1991.

MARÍA INÉS LAGOS POPE is Professor of Spanish at Washington University in St. Louis. She also teaches in the Women's Studies and the Latin American Studies programs and is director of the WU Program in Santiago, Chile. She is the author of *H.A. Murena en sus ensayos y narraciones: de líder revisionista a marginado* (1989), *En tono mayor: relatos de formación de protagonista femenina en Hispanoamérica* (1996), editor of *Exile in Literature* (1988), *Creación y resistencia: la narrativa de Diamela Eltit, 1983-1998* (2000), and co-editor of *La palabra en vilo: narrativa de Luisa Valenzuela* (1996). She has published articles on Latin American women writers and prepares a study on US Latinas and Latin American women writers in the United States.

DIANE E. MARTING has taught at the University of Florida, Columbia University, the University of Nebraska, and UCLA. A specialist in twentieth-century Spanish-American and Brazilian women writers, she has authored *The Sexual Woman in Latin American Fiction: Dangerous Desires* (University Press of Florida, 2001), and edited *Women Writers of Spanish America* (1987), *Spanish American Women Writers* (1990, in Spanish as *Escritoras de Hispanoamérica*, Siglo XXI, 1991), and *Clarice Lispector: a Bio-Bibliography* (1993), all three from Grenwood Publishing. Her articles have appeared in *MLN*, *World Literature Today*, *Chasqui*, *Hispanic Review*, *Afro-Hispanic Review*, *The Review of Contemporary Fiction* and *The Journal of Interdisciplinary Literary Studies*. Her most important fellowship awards have been two Fullbright fellowships, one to Brazil and one to Colombia, and an American Council of Learned Societies Fellowship to France.

FRANCINE MASIELLO is Professor of Comparative Literature and Spanish at the University of California at Berkeley, where she has taught since 1977. She works on topics related to Spanish American Literature of the 19th and 20th centuries, gender theory, and comparative North/South cultures; most recently, she has developed projects on globalization and culture. Her books include *Lenguaje e ideología: las escuelas argentinas de vanguardia* (1986), *Between Civilization and Barbarism: Women, Nation, and Literary Culture in Modern Argentina* (1992), winner of the Modern Language Association award for best book on a Latin American topic and subsequently revised and translated into Spanish (1997), and *La mujer y el espacio público* (1994). *An Art of Transition: Latin American Culture and Neoliberal Crisis* is forthcoming from Duke. She is now completing a critical edition of the writings of nineteenth-century feminist Juana Manuela Gorriti for Oxford. Masiello is also co-author of *Women, Politics, and Culture in Latin America* (1991), written with members of the Berkeley-Stanford Seminar on feminism and Latin American culture, and editor, in collaboration with Tulio Halperín Donghi and Gwen Patrick, of *Sarmiento, Author of a Nation* (1994).

STEPHANIE MERRIM is professor of Hispanic Studies and Comparative Literature. B.A. (Princeton University), Ph.D. (Yale University). Professor Merrim came to Brown University in 1981; she has held a tenured position at Princeton University. At Brown, she teaches a wide variety of courses in colonial and twentieth-century Latin American literature. Her areas of specialization include: 16th-century New World historiography; 17th-century Latin American letters; 17th-century women's writing in Spanish, English, and French. Professor Merrim has published and lectured extensively on Latin American literature. Her most recent book is *Early Modern Women's Writing and Sor Juana Inés de la Cruz* (Vanderbilt University Press).

SYLVIA MOLLOY, licenciada en Letras y Literaturas Modernas, recibida en la Universidad de París, Sorbona, 1960. Diploma de Estudios Superiores en Letras Modernas otorgado por la Universidad de París, Sorbona, 1961. Doctora en Literatura Comparada recibida en la Universidad de París, Sorbona, 1967. Presidente del Instituto Internacional de Literatura Iberoamericana, 1992-1994. Profesora Catedrática de Literatura Hispanoamericana de la Princeton University, 1981-1986. Profesora Catedrática de Literatura Hispanoamericana y Jefa del Departamento de Español y Portugués de la Yale University, 1986-1990. Profesora Catedrática de Literatura Hispanoamericana y Comparada y Jefa del Departamento de Español y Portugués de la New York University, desde 1990. Miembro del Comité de Redacción de las siguientes revistas: *Revista Iberoamericana*, *Filología*, *Latin American Literary Review*, *La Torre*, *PMLA*, *Nueva Revista de Filología Hispánica*. Miembro de la Asociación Internacional de Hispanistas, del Instituto Internacional de Literatura Hispanoamericana, de la Modern Language Association, de la Academy of Literary Studies, de la Latin American Studies Association, del Centre d'Études des Littératures et Civilisations du Río de la Plata. Libros y/o trabajos publicados o encomendados: *La diffusion de la littérature hispano-américaine en France au xxe siècle* (1972), *Las letras de Borges* (1979), *En breve cárcel* (1981), *Of Absence* (1989), *At Face Value: Autobiographical Writing in Spanish America* (1991), *Women's Writing in Latin America* (en colaboración con Sara Castro-Klarén y Beatriz Sarlo, 1991). Ha publicado más de 60 artículos en publicaciones diversas sobre temas de literatura hispanoamericana y comparada. Ha dado conferencias y participado en coloquios internacionales en Latinoamérica y Europa.

ERNA PFEIFFER, nacida en 1953 en Graz, Austria, cursó sus estudios de doctorado en Graz, Bogotá y San Gall (Suiza). Desde 1996 es Profesora Titular de Literatura Hispánica en el Instituto de Romanística de la Universidad de Graz. Es, además, traductora literaria del español al alemán. Entre sus obras académicas más importantes se cuentan: *Literarische Struktur und Realitätsbezug im kolumbianischen Violencia-Roman* (*Estructura literaria y referencia a la realidad en la novela de la Violencia colombiana*), Frankfurt: Editorial Peter Lang, 1984; *EntreVistas: Diez escritoras mexicanas desde bastidores* (Frankfurt am Main: Vervuert Verlag, 1992, edición mexicana: SERSA, 1993); *Exiliadas, emigrantes, viajeras. Encuentros con diez escritoras latinoamericanas* (Frankfurt am Main: Vervuert Verlag, 1995); *Territorium Frau: Körpererfahrung als Erkenntnisprozeß in Texten zeitgenössischer lateinamerikanischer Autorinnen* (*Territorio Mujer: la experiencia corporal como proceso de conocimiento en textos de autoras latinoamericanas contemporáneas*. Frankfurt: Vervuert Verlag, 1998). Ha publicado, además, numerosos artículos en revistas y libros. Entre sus traducciones más importantes hay que mencionar: *AMORica Latina* —Textos eróticos de mujeres (Wien:

Wiener Frauenverlag, 1991), *Torturada* —Textos de mujeres sobre la violencia política (Wien: Wiener Frauenverlag, 1993), *Tristana*, de Galdós (Frankfurt: Suhrkamp, 1989), *Son vacas, somos puercos*, de Carmen Boullosa (Frankfurt: Suhrkamp, 1993), *Puerta abierta*, de Luisa Valenzuela (Wien: Wiener Frauenverlag, 1996), *En defensa de la haraganería* de Miguel de Unamuno (Graz-Wien: Droschl, 1996), *Soliloquios y conversaciones* de Miguel de Unamuno (Graz-Wien: Droschl, 1997), *Patas de avestruz* de Alicia Kozameh (Wien: Milena, 1997), "Un pobre hombre rico" y "Una historia de amor" de Miguel de Unamuno (Berlin: Ullstein, 1998), *Pasos bajo el agua* de Alicia Kozameh (Wien: Milena, 1999) y *Cómo se hace una novela* de Miguel de Unamuno (Graz-Wien: Droschl, 2000).

SUSANA REISZ. Licenciada en Letras, recibida en la Universidad de Buenos Aires, 1967. Doctora en Filología Clásica, recibida en la Universidad de Heidelberg, Alemania, 1973. Becas obtenidas: Semestre de Estudio e Investigación, PUCP, 1980. Semestre de Estudio e Investigación, PUCP, 1984. Beca de Investigación del DAAD, Alemania, 1987. Semestre de Estudio e Investigación, PUCP, 1988. Premios obtenidos: Diploma de Honor otorgado por la Facultad de Filosofía y Letras de la Universidad de Buenos Aires, 1967. Premio de Investigación otorgado por la Universidad de la Ciudad de Nueva York, 1992-1993. Cargos: Profesora Principal de la Universidad Católica del Perú, 1976-1989. Profesora Visitante del Dartmouth College, 1989-1990. Profesora Principal del Lehman College y Graduate Center de la Universidad de Nueva York, desde 1990. Miembro del Comité de Redacción de Filología de la Universidad Nacional de Buenos Aires. Directora del Doctorado en Literaturas Hispánicas de la Universidad de Nueva York, desde 1993. Libros y/o trabajos publicados o encomendados: *Poetische Äquivalenzen,* Amsterdam, 1977, *Teoría literaria. Una Propuesta*, Lima, 1986, *Teoría y análisis del texto literario*, 1989, *Voces sexuadas. Género y poesía en Hispanoamérica*, Asociación Española de Hispanoamericanistas, 1996.

ILEANA RODRÍGUEZ is associate Professor of Latin American Literature and Cultures at Ohio State University. Philosophy, Universidad Nacional Autónoma de México, 1963. B.A., Philosophy, University of California, San Diego, 1970. Ph.D., Spanish Literature, University of California, San Diego, 1976. Areas of specialization: Latin American Literature and Culture, Caribbean and Central American Narratives, Feminist Studies, Post-Colonial Theory, Subaltern Studies. Academic appointments: Visiting Associate Professor (Summer, 1989). Literature Department, University of California San Diego. La Jolla, CA. Associate Professor (1980-85). Department of Spanish and Portuguese, University of Minnesota. Minneapolis, MN. Assistant Professor (1975-79). Department of Spanish and Portuguese, University of Minnesota. Minneapolis, MN. Visiting Assistant Professor (Winter, 1977). Literature Department, University of California San Diego, La Jolla. CA. Books: *Women, Guerrillas, and Love: Understanding War in Central America*. London: University of Minnesota Press, 1996; *House /Garden/Nation: Space, Gender, and Ethnicity in Post-Colonial Latin American Literatures by Women*. Durham, London: Duke

University Press, 1994; *On Ungovernability and Citizenship*. Ed. Ileana Rodríguez and Mara Milagros López. Durham: Duke University Press (forthcoming); *Process of Unity in Caribbean Society: Ideologies and Literature*. Ed. Ileana Rodríguez and Marc Zimmerman. Minneapolis: Institute for the Study of Ideologies and Literature, 1983; *Nicaragua in Revolution: The Poets Speak. Nicaragua en Revolución: Los poetas hablan*. Minneapolis: Marxist Educational Press, 1981; *Marxism and New Left Ideology*. Ed. Ileana Rodríguez and William L. Rowe. 1977. Current research projects: my current research is on the methods of constructing discourses and defining fields of knowledge.

ÁUREA MARÍA SOTOMAYOR is poet, literary critic, essayist. Professor (Catedrática) at the University of Puerto Rico, School of General Studies, Department of Spanish. Ph.D. in Latin American Literature at Stanford University (*Los parámetros de la narración en la obra de Macedonio Fernández*), 1980, Master of Arts in Comparative Literature at Indiana University, Bloomington (1976) and Bachillerato en Artes at the University of Puerto Rico. Editor of the literary journal *Nómada*. Her publications include literary critique: *De lengua, razón y cuerpo* (1987), *Hilo de Aracne, literatura puertorriqueña hoy* (1995), and poetry books: *Aquelarre de una bobina tartamuda* (1973), *Velando mi sueño de madera* (1980), *Sitios de la memoria* (1983), *La gula de la tinta* (1994), *Rizoma* (1998). Poems are also included in Anthologies and published in literary journals. Many short essays and reviews on poetry, narrative and cultural events. Co-founder of several literary journals in Puerto Rico (*La sapa tsé-tsé, Postdata* and *Nómada*), anthologist.

ANNEGRET THIEM es traductora y licenciada en filología hispánica y germánica. Desde 1997 es colaboradora científica en la cátedra de Prof. Dr. Alfonso de Toro en la Universidad de Leipzig, donde trabaja en el proyecto científico auspiciado por el Consejo Alemán de Investigación (Deutsche Forschungsgemeinschaft): *Comunicación transcultural y transdisciplinaria bajo el signo de la postmodernidad y postcolonialidad. Latinoamérica y la pluralidad de los discursos*. Acaba de terminar su tesis doctoral sobre *Formas de representación de subjetividad e identidad en novelas contemporáneas de escritoras latinoamericanas: estrategias postmodernas y postcoloniales*.

MARY BETH TIERNEY TELLO es profesora asociada de literatura latinoamericana y lengua en Wheaton College, Massachusetts, EE.UU. Sus publicaciones incluyen un libro *Allegories of Transgression and Transformation: Experimental Fiction by Women Writing Under Dictatorship* (1996), y varios artículos sobre la literatura latinoamericana. En este momento está trabajando en un proyecto sobre las representaciones de la niñez en la narrativa peruana contemporánea.

VICKY UNRUH who received her Ph.D. from the University of Texas at Austin in 1984, teaches Latin American literary and cultural studies at the University of Kansas. Her research and teaching fields include 20th-century Latin American narrative and theater, the intellectual and cultural life of Latin America in the 1920s and 1930s, and Hispanic Caribbean Literature. She is the author of *Latin American Vanguards: The Art of Contentious Encounters*, and her numerous articles have appeared in *Hispanic Review*, *Revista Iberoamericana*, *Latin American Research Review*, *Hispania*, *Revista de Crítica Literaria Latinoamericana*, *Discurso Literario*, *Revista de Estudios Hispánicos*, *Revista Canadiense de Estudios Hispánicos*, *Latin American Literary Review*, *Romance Quarterly*, *Modern Drama*, *Latin American Theatre Review*, and *Cuadernos Americanos*, and in several book-length collections. She is Associate Editor of *Latin American Theatre Review*, and she has been on the editorial or consulting boards of *Latin American Research Review*, *Anuario Mariateguiano*, and *Corner: On-Line Journal of the Avant-Garde*, and has served as a referee for numerous journals and university presses. She is currently completing a book on the relationship of women artists and intellectuals to the modernizing cultural projects of the 1920s and 1930s, with a focus on the connections between these women's performative roles in cultural life and the fashioning of their own literary projects.

GEORGE YÚDICE is Professor of American Studies and Spanish & Portuguese at New York University. He is Director of Graduate Studies in the American Studies Program, as well as Director of the Rockefeller Foundation funded Privatization of Cultural Studies Network. He has published widely on Latin American literature and on North and Latin American cultural studies and cultural policy. He is the author of *Vicente Huidobro y la motivación del lenguaje poético* (Galerna, 1978), *We Are Not the World: Identity and Representation in an Age of Global Restructuring* (Duke University Press, forthcoming), editor of *The Challenge of Cultural Policy* (University of Minnesota Press, forthcoming), and the co-author of *On Edge: The Crisis of Contemporary Latin American Culture* (University of Minnesota Press, 1992). He is co-editor of the Cultural Studies of the Americas book series at the University of Minnesota Press; member of the *Social Text* Collective; advisory editor for *Cultural Studies* and *Topia*.

ACKNOWLEDGMENTS*

Some essays in this volume have appeared elsewhere, and therefore the publishers and editors wish to thank their original editors for their reprint permission. Every effort has been made to trace copyright holders, but if any have been inadvertently overlooked we will be pleased to make the necessary arrangement at the first opportunity.

Stephanie Merrim's *"Still Ringing True*: Sor Juana's Early/Postmodernity" is based on various parts of her book *Early Modern Women's Writing and Sor Juana Inés de la Cruz* (Nashville: Vanderbilt University Press, 1999), and is reprinted with permission from the publisher.

Francine Masiello's "Women as Double Agents in History" appeared previously as "Women as Double Agents in History: (Ad-)dressing the Nation in Different Clothes" in *Confluencia* (Colorado) 13: No. 2 (1998), and is reprinted with permission from the author.

Jean Franco's "On the Impossibility of Antigone and the Inevitability of La Malinche: Rewriting the National Allegory" appeared previously as chapter 6 (pp. 129-140) in the author's book *Plotting Women. Gender and Representation in Mexico* (New York: Columbia University Press, 1989).

George Yúdice's "De la guerra civil a la guerra cultural: testimonio, posmodernidad y el debate sobre la autenticidad" is an original essay, though some parts of it have been published as "Testimonio and Postmodernism" in *Latin American Perspectives* 18, 3 (Summer 1991): 15-31, which was also republished in Georg M. Gugelberger (ed.). *The Real Thing: Testimonial Discourse and Latin America* (Durham: Duke University Press,

---

*   Las publicaciones aquí incluidas han sido originalmente concebidas para el proyecto *Narrativa Femenina en América Latina: Prácticas y Perspectivas Teóricas. Latin American Women's Narrative: Practices and Theoretical Perspectives* —con la excepción de aquellas de Jean Franco y Sylvia Molloy— incluidas por su carácter paradigmático y fundamental en cualquier tipo de discusión con respecto al tema en cuestión. Algunas de éstas fueron publicadas, parcialmente o en forma de resúmenes, con mi permiso en otros lugares —aquí documentados— a raíz de que el proyecto y el plan de publicación tuvieron un retraso normal de aproximadamente un año.

Alfonso de Toro
Director del Proyecto

1996); and as "Testimonio y concientización" in *Revista de crítica literaria latinoamericana* 36 (1992): 207-227. Those parts are reprinted here with permission of the author.

Silvia Molloy's "The Theatrics of Reading: Body and Book in Victoria Ocampo" was previously published in her book (pp. 55-75) *At Face Value: Autobiographical Writing in Spanish America* (Cambridge: Cambridge University Press, 1991), and is reprinted with permission from the publisher.

Diane E. Marting's "Dangerous (to) Women: Sexual Fiction in Spanish America" appeared previously in *The Sexual Woman in Latin American Literature: Dangerous Desires* (Gainesville, Florida: University Press of Florida, 2001), and is reprinted courtesy of the University Press of Florida.

María Inés Lagos Pope's "Relatos de formación de protagonista femenina en Hispanoamérica: desde *Ifigenia* (1924) hasta *Narcisa la Bella* (1985)" was previously published in her book *En tono mayor: relatos de formación de protagonista femenina en Hispanoamérica* (Santiago de Chile: Editorial Cuarto Propio, 1996), and is reprinted with permission from the publisher.

Mary Beth Tierney-Tello's "Reading and Writing a Feminist Poetics: Reina Roffé's *La Rompiente*" appeared previously in the author's book *Allegories of Transgression and Transformation: Experimental Fiction by Women* (New York: SUNY Press, 1996), and is reprinted with permission from the publisher.

Áurea María Sotomayor's "Tres caricias: una lectura de Luce Irigaray en la narrativa de Diamela Eltit" was previously published in *MLN* 115 (2000): 299-322, and is reprinted here with permission from the author.

Debra A. Castillo's "Finding Feminisms" has been published earlier in her book *Talking Back: Toward a Latin American Feminist Criticism* (New York: Cornell University Press, 1992), and is reprinted with permission from the author.

TCCL - TEORÍA Y CRÍTICA DE LA CULTURA Y LITERATURA
TKKL – THEORIE UND KRITIK DER KULTUR UND LITERATUR
TCCL - THEORY AND CRITICISM OF CULTURE AND LITERATURE

1. E. Cros: *Ideosemas y Morfogénesis del Texto*. Frankfurt am Main 1992, 203 p.

2. K. A. Blüher/A. de Toro (eds.): *Jorge Luis Borges. Variaciones interpretativas sobre sus procedimientos literarios y bases epistemológicas*. Frankfurt am Main / Madrid[2] 1995, 212 p.

3. A. de Toro: *Los laberintos del tiempo. Temporalidad y narración como estrategia textual y lectora en la novela contemporánea*. Frankfurt am Main 1992, 268 p.

4. D. Castillo Durante: *Ernesto Sábato. La littérature et les abattoirs de la modernité*. Frankfurt am Main / Madrid 1995, 154 p.

5. F. de Toro/A. de Toro (eds.): *Borders and Margins. Post-Colonialism and Post-Modernism*. Frankfurt am Main / Madrid 1995, 205 p.

6. A. K. Robertson: *The Grotesque Interface. Deformity, Debasement, Dissolution*. Frankfurt am Main / Madrid 1996, 132 p.

7. J. Joset: *Historias cruzadas de novelas hispanoamericanas*. Frankfurt am Main / Madrid 1995, 202 p.

8. E. Höfner/K. Schoell (Hrsg.): *Erzählte Welt. Studien zur Narrativik in Frankreich, Spanien und Lateinamerika*. Frankfurt am Main 1996, 320 p.

9. E. Aizenberg: *Borges, el tejedor del Aleph. Del hebraísmo al poscolonialismo*, Frankfurt am Main / Madrid 1997, 176 p.

10. J. M. Cevalier: *A Postmodern Revelation: Signs of Astrology and the Apocalypse*. Frankfurt am Main / Madrid 1997, 418 p.

11. A. de Toro (ed.): *Postmodernidad y postcolonialidad. Breves reflexiones sobre Latinoamérica*. Frankfurt am Main / Madrid 1997, 288 p.

12. W. Krysinski: *La novela en sus modernidades. A favor y en contra de Bajtin*. Frankfurt am Main / Madrid 1998, 256 p.

13. L. Pollmann: *La separación de los estilos. Para una historia de la conciencia literaria argentina*. Frankfurt am Main / Madrid 1998, 152 p.

14. P. Imbert: *The Permanent Transition*. Frankfurt am Main / Madrid 1998, 122 p.

15. F. de Toro (ed.): *Explorations on Post-Theory: Toward a Third Space*. Frankfurt am Main / Madrid 1999, 188 p.

16. A. de Toro/F. de Toro (eds.): *Jorge Luis Borges: Pensamiento y saber en el siglo xx*. Frankfurt am Main / Madrid 1999, 376 p.

17. A. de Toro/F. de Toro (eds.): *Jorge Luis Borges: Thought and Knowledge in the xxth Century*. Frankfurt am Main / Madrid 1999, 316 p.

18. A. de Toro/F. de Toro (eds.): *El debate de la postcolonialidad en Latinoamérica*. Frankfurt am Main / Madrid 1999, 408 p.

19. A. de Toro/F. de Toro (eds.): *El siglo de Borges. Vol. I: Retrospectiva - Presente - Futuro*. Frankfurt am Main / Madrid 1999, 602 p.

20. A. de Toro/S. Regazzoni (eds.): *El siglo de Borges. Vol. II: Literatura - Ciencia - Filosofía*. Frankfurt am Main / Madrid 1999, 224 p.

21. Valter Sinder: *Configurações da narrativa: Verdade, literatura e etnografia*. Frankfurt am Main / Madrid 2002, 130 p.

22. Susanna Regazzoni (eds.): *Cuba: una literatura sin fronteras*. Frankfurt am Main / Madrid 2001, 152 p.

23. Alfonso de Toro/Susanna Regazzoni (eds.): *Homenaje a Adolfo Bioy Casares. Retrospectiva - Literatura - Ensayo - Filosofía - Teoría de la Cultura - Crítica Literaria*. Frankfurt am Main / Madrid 2002, 352 p.

24. Sara Castro-Klarén (ed.): *Narrativa Femenina en América Latina: Prácticas y perspectivas teóricas / Latin American Women's Narrative: Practices and Theoretical Perspectives*. Frankfurt am Main / Madrid 2002, 404 p.

25. Annegret Thiem: *Repräsentationsformen von Subjektivität und Identität in zeitgenössischen Texten lateinamerikanischer Autorinnen: Postmoderne und postkoloniale Strategien*, Frankfurt am Main 2002, 244 p.

26. Fernando de Toro: *Intersections II. Essays on Culture and Literature in the Post-Modern and Post-Colonial Condition*. Frankfurt am Main / Madrid 2003, 160 p.

TPT - TEORÍA Y PRÁCTICA DEL TEATRO
TTP - THEATRE THEORY AND PRACTICE

1. Alfonso de Toro/Fernando de Toro (eds.): *Hacia una nueva crítica y un nuevo teatro latinoamericano*. Frankfurt/M. 1993.
2. John P. Gabriele (ed.): *De lo particular a lo universal. El teatro español del siglo XX y su contexto*. Frankfurt/M. 1994.
3. Fernando de Toro: *Theatre Semiotics.Text and Staging in Modern Theatre*. Frankfurt/M. 1995.
4. Wladimir Krysinski: *El paradigma inquieto. Pirandello y el campo de la modernidad*. Frankfurt/M./Madrid 1995.
5. Alfonso de Toro/Klaus Pörtl (eds.): *Variaciones sobre el teatro latinoamericano. Tendencias y perspectivas*. Frankfurt/M./Madrid 1996.
6. Herbert Fritz: *Der Traum im spanischen Gegenwartsdrama. Formen und Funktionen*. Frankfurt/M. 1996.
7. Henry W. Sullivan: *El Calderón alemán: Recepción e influencia de un genio hispano, 1654-1980*, Frankfurt/M./Madrid 1998.
8. Fernando de Toro/Alfonso de Toro (eds.): *Acercamientos al teatro actual (1970-1995). Historia - Teoría - Práctica*. Frankfurt/M./Madrid 1998.
9. Alfonso de Toro: *De las similitudes y diferencias. Honor y drama de los siglos XVI y XVII en Italia y España*, Frankfurt/M./Madrid 1998.
10. Fernando de Toro: *Intersecciones: Ensayos sobre teatro. Semiótica, antropología, teatro latinoamericano, post-modernidad, feminismo, post-colonialidad*, Frankfurt/M./Madrid 1999.

Iberoamericana
de Libros y Ediciones, S.L.
c/Amor de Dios, 1
E - 28014 Madrid
Tel.: (+34) 91-429 35 22
Fax: (+34) 91-429 53 97
E-mail: info@iberoamericanalibros.com
www.ibero-americana.net

Vervuert
Verlagsgesellschaft
Wielandstr. 40
D - 60318 Frankfurt am Main
Tel.: (+49) 69-597 46 17
Fax: (+49) 69-597 87 43
E-mail: info@iberoamericanalibros.com
www.ibero-americana.net